# 約款による契約論

# 約款による契約論

石原　全

信山社双書

信山社

## はしがき

　約款の法取引における重要性は、法化の時代を迎えたといわれる近時では、旧時に較べて一層増したといえる。その法理論としての蓄積は、内容規制にややもすれば重点が置かれ、出発点である個別契約への組込については分析はそれほど深められていないといえよう。しかし、既に、その解明の必要性は指摘されていた。この点は、従来の法規範説でも強調されていたことである。前著「約款法の基礎理論」で法規範説を展開し、起発契約としての「約款による契約」が必要であることを指摘したが、その展開は後の検討に委ねた。本研究は、この課題を検討したものである。

　第1章では、約款による契約の成否につき、詳細な判例の蓄積を有する英米法系の母法であるイギリス法と、約款法としての法規定を有するドイツ法をとりあげた。旧稿「英国における免責約款の司法的規制（Ⅰ）（Ⅱ）」商学討究23巻1号、2号 (1972)、「約款による契約の成否」法学研究（一橋大学研究年報）32号 (1999) を補正したものである。いずれも、その後の判例、学説の発展、法規定の改正などがあり、補正といっても、大幅で、書き下ろしに近い作業になった。第2章では、商人間取引における書式の戦いを採りあげた。この問題は、諸外国では種々検討されているが、わが国ではその法文化の関係かあまり検討されていない。この研究も、旧稿「商取引における契約の成否と契約内容（1）～（3・完）」民商法雑誌85巻5号、6号、86巻1号 (1982) を下敷きにして、その後の発展をも追跡したものである。判例学説の発展はいうまでもないが、近時の米国の統一商法典改正、国際的取引分野における国連条約、さらには、国際商事契約に関する原則など、注目に値する変化も生じて

## はしがき

いる。これらも検討の対象とした。本章においては，この様な形態で旧稿を本書に採録することに快く承諾を与えて戴いた株式会社有斐閣に謝意を表します。第3章では、約款における「言語の危険」問題を検討したが、これも、旧稿「言語の危険（Sprachrisiko）について」法学研究（一橋大学研究年報）28号（1995）を補正したものである。国際的取引の発展、特に、インターネット取引などによるグローバル化とともに、言語の問題はこれからますます重要性を帯びると思われる。この点もわが国ではそれほど注目されていないが、早晩、消費者保護との関係でも、検討を深めることが必要となろう。

　本研究は、上記のように、旧稿を中心としたため、表現の不統一、文献の引用の過誤などにつきできる限り訂正に努めましたが、まだ多くの不備が存する点はご寛恕を乞う次第です。

　この拙いながらも本研究がまがりなりにも完成したことについては、多くの方々のご支援を得ております。約款研究という深遠なテーマを示唆戴きました恩師である喜多了祐一橋大学名誉教授の学恩の深さはいうまでもありませんが、信山社社長今井貴氏には、原稿完成が遅れたにも拘わらず、大変なご尽力を戴きました。この場を借りて御礼申しあげます。また、本研究の出版には、現在在職している関東学院大学法学部の法学会著書出版助成基金からの援助を受けました。衷心から謝意を申しあげます。

2006年1月

石　原　　全

# 目　次

はしがき

## 第1章　約款による契約の成否 …………………………………… 1
### 第1節　イギリス法 ……………………………………… 2
#### 第1款　認識必然性 ……………………………………… 4
(1) 契約書面性 (5)
(2) 合理的認識手段 (9)
#### 第2款　署　名 ……………………………………………… 36
#### 第3款　確認書 ……………………………………………… 53
#### 第4款　インターネット取引 …………………………… 56
### 第2節　ドイツ法 ……………………………………………… 62
#### 第1款　非商人との取引 ………………………………… 68
(1) 原則的組込 (69)
　(i) 明示的指定 (69)
　(ii) 合理的認識可能性 (81)
　(iii) 同　意 (94)
　(iv) 効果と立証責任 (98)
(2) 枠組契約 (100)
#### 第2款　商人間取引 ……………………………………… 104
(1) 原　則 (107)
(2) 取引慣行及び商慣習 (114)
(3) 継続的取引関係 (118)
(4) 商人間における確認書及び注文確認書 (122)
#### 第3款　インターネット取引 ………………………… 134
### 第3節　日本法 ………………………………………………… 144

目　次

　　第1款　判例・学説の概観……………………………146
　　第2款　約款による契約………………………………151
　　　(1)　約款の指定（152）
　　　(2)　認識可能性（153）
　　　(3)　附合行為（158）
　　第3款　インターネット取引…………………………161
　第4節　結　語……………………………………………162

第2章　商取引における契約の成否と契約内容……167
　　　──書式の戦い──
　第1節　アメリカ法………………………………………170
　　第1款　契約の成否……………………………………179
　　第2款　契約内容………………………………………193
　　第3款　2003年UCC改正法……………………………218
　第2節　イギリス法………………………………………229
　　第1款　契約の成否……………………………………231
　　第2款　契約内容………………………………………235
　　第3款　確認書…………………………………………239
　第3節　ドイツ法…………………………………………243
　　第1款　契約の成否……………………………………244
　　第2款　契約内容………………………………………254
　　第3款　確認書…………………………………………261
　第4節　国際的統一法……………………………………265
　　第1款　1964年国際的動産売買契約の成立に
　　　　　　関する条約……………………………………265
　　第2款　1980年国際的動産売買契約に関する
　　　　　　国連条約………………………………………276

目　次

　　第3款　国際商事契約に関する原則
　　　　　（UNIDROIT）……………………………*290*
　　第4款　ヨーロッパ契約原則 ……………………………*300*
　第5節　オランダ法 ……………………………………………*305*
　第6節　日本法 …………………………………………………*309*
　　第1款　申込・承諾に関する一般原則 …………………*309*
　　第2款　契約の成否 ………………………………………*316*
　　第3款　契約内容 …………………………………………*322*
　第7節　結　語 …………………………………………………*327*

第3章　「言語の危険」問題 ………………………………………*331*
　第1節　アメリカ法 ……………………………………………*334*
　第2節　イギリス法 ……………………………………………*338*
　第3節　ドイツ法 ………………………………………………*341*
　　第1款　一般的な「言語の危険」問題 …………………*344*
　　第2款　約款と「言語問題」 ……………………………*347*
　　第3款　異なる言語による複数契約書 …………………*357*
　第4節　日本法 …………………………………………………*360*
　第5節　結　語 …………………………………………………*367*

事項索引（巻末）

約款による契約論

# 第1章　約款による契約の成否

　わが国の約款に関する法理論が1970年代以降格段に進展したことは衆目の一致するところであり、近時は、約款に限定していないが消費者契約法の立法化がなされた。しかし、これらの進展は、どちらかというと契約内容の規制に重点が置かれているといえる。その反面、その入り口である、約款の個々の契約への組込（採用ともいわれる）面での解明については、もちろん多くの研究成果がみられているのは否定しないが、若干消極的であるようにみうけられる。これは、わが国の判例が意思推定理論を早くから採用し、判例法といっても過言ではないこと、学説上は約款によるという事実上の慣行が存するという白地慣習説が支配的であること、さらには、約款が適用される取引の日常生活上の重要性から約款の組込を否定しても、契約相手方の保護とはならないという認識などに基づくといえよう。

　他方、諸外国では、この点の解明は詳細である。そこでは、契約合意が基礎理論であることから、約款現象ではそれがどの程度変容されうるかが問題となる。もともと、契約に組込まれてこそ、内容規制が問題となるといえる。既に、約款現象に対して、その内容規制に近時重点が置かれているが、それのみでは解決にならず、約款による契約の成立要件を確定することが必要であると指摘されている。また、我々は約款＝法規範と解する見解を展開したが、そこでも約款の規範的要素が発動するには起発契約たる「約款による契約」の成立を要する旨を既に指摘した。そこで、本研究では、具体的にいかなる要件の下で「約款による契約」が成立するかにつき、少々アットランダムであるが、若干の外国法の法状況を比較法的に

第1章　約款による契約の成否

採りあげて検討し、その解明を図るものである。

## 第1節　イギリス法

　英法上、約款は契約に基づき効力を生ずるから、契約への約款組込は契約の一般原則によることになる[1]。契約は申込と承諾により成立するが、申込には契約要素となるべき全ての条項が含まれていなければならない。したがって、企業は自己の約款で契約を締結するつもりであるならば、その旨を示しておくことを要する[2]。そして、この申込内容がいかなるものであるかは、客観的見地に基づき決定され、文言及び個別事情における申込者の行態から、被申込者が合理的に推論しえたかにより、主観的意思は問題とされない[3]。つまり、「ある者の真の意図がいかなるものであろうとも、合理的な者が相手方によって提供された条項に同意していると信じるような行為をこの者自身がなし、かつ、相手方がこれを信じてこの者と契約を締結したならば、このような行為をした者は、あたかも相手方の条項に合意するつもりであったとして同様に拘束されることになる[4]。したがって、約款による旨の企業の意思を相手方が知っていたか又は合理的に認識しなければならなかった場合に、約款は契約に組込まれることになる[5]。

　約款の存在を相手方が認識している場合は、たとえ相手方が約款の記載された書面を読まず、したがって、その内容を知らなかったときであっても、約款は契約に組込まれることは一般に認められている[6]。これは、いうまでもなく、一方当事者よって提供された約款の存在を知っている相手方が、単に条項を読まないことを選択することによってその拘束を免れることができるとするのは一般に認めることができないからである[7]。

　問題は、相手方が約款の存在を認識しなかった場合である。これ

第1節　イギリス法

については、英法上、(A)書面自体、つまり、書面が約款を通常含むような種類のものであり（契約書面性（contractual document））、かつ、約款の存在につき合理的な認識手段（reasonable sufficiency of notice）がなされているとき[8]、(B)署名がなされているとき、には、約款は契約に組込まれるとされる[9]。これは、相手方に約款を見るチャンスを付与している限り、この者は実際に（合理的な根拠によって）相手方が合意していると信じているならば、合意という事実によって、約款条項が適用されるとする正当性を有することになる[10]。

（1）　既に、英法に関しては、田中和夫「英法における免責約款の効力」一橋論叢47巻5号（1962）によって解明がなされている。われわれも一つの素描を試みている。拙稿「英国における免責約款の司法的規整(I)(II)」商学討究23巻1号、2号（1972）。なお、英法における約款による契約の成否については、田中和夫・英米契約法（新版）（1970）30頁以下、同・英米契約法概説（1977）17頁以下が参考になる。

（2）　約款が契約に組込まれている旨の立証責任は、当該約款条項を援用する側（通常は企業）に存する。Treitel, G. H., Law of Contract, 9th ed., 1995, p. 197（以下、Contract と略記）; Applebey, G., Contract Law, 2001, p. 269（以下、Contract と略記）.

（3）　Kade, T., Richterliche Kontrolle von formularmäßigen Haftungsfreizeichnungen im englischen Recht, 1970, S. 35（以下、Richterliche Kontrolle と略記）; Sayn-Wittgenstein-Berleburg, S. P. zu, Allgemeine Geschäftsbedingungen im englischen Recht, 1969, S. 5 u. Fn. 4（以下、AGB と略記）; Schmitz, G., Haftungsausschlußklauseln in allgemeinen Geschäftsbedingungen nach englishem und internationalem Privatrecht, 1977, S. 16（以下、Haftungsausschlußklauseln と略記）; Cheshire-Fifoot-Furmston, Law of Contract, 10th ed., 1981, pp. 25-6; Trentham Ltd. v. Archital Luxfer ［1993］1 Lloyd's Rep. 25, 27. もっとも、この契約成立に関する客観理論につき、疑問を提起する見解も存する。この点につき、See Spencer, J. R., Signature, Consent, and the Rule in L' Estrange v. Graucob, ［1973］Cam. L. J. 104; Samek, G., The Objective Theory of Contract and the Rule in L' Estrange v. Graucob, 52 Can. B. Rev. 351（1974）; Howarth, W., The Meaning of Objectivity in Contract, 100 L. Q. R. 265（1984）.

（4）　Smith v. Hughes（1871）6 L. R. Q. B. 597, 607（per Blackburn, J.）. Collins,

第1章 約款による契約の成否

H., The Law of Contract, 3rd. ed., 1997, p. 112（以下、Contract と略記）は、この客観テストがもっとも重要な実際上の効果をもたらすのは、約款の有効性に関してであると指摘する。ただし、Collins, H., supra. p. 116 は、約款による契約の締結に関しては、現実には同意は重要ではなく、合理的信頼の問題となっていることを指摘している。

（5） Schmitz, G., Haftungsausschlußklauseln, S. 17. Sales, H. B., Standard form contract, 16 M. L. R. 318, 319-21（1953）に一覧表が作成されている。

（6） Harris v. Great Western Ry. Co.（1876）1 Q. B. D. 515, 524, 532. See also Parker v. South Eastern Ry Co.（1877）L. R. 2 C. P. D. 416, 421, 425 ; Clarke, M., Notice of Contractual Terms, [1976] Cam. L. J. 51, 52-3 ; Sayn-Wittgenstein-Berleburg, S. P. zu, AGB, S. 8.

（7） Cartwright, J., Unequal Bargaining. A Study of Vitiating Factors in the Formation of Contracts, 1991, p. 39（以下、Unequal Bargaining と略記）; Harris v. Great Western Railway Co.（1876）1 Q. P. D.515, 530.

（8） Cheshire-Fifoot-Furmston, Contract, 10th ed., p. 140 ; Wilson, N. S., Freedom of Contract and Adhesion Contracts, 14 Int. Comp. L. Q. 172, 177（1965）は、書面が契約性を有することを要するという要件は、相手方が約款を知っているか又は十分に認識しているというと要件とは区別され、かつ、付加される要件であるとする。しかし、これは適切でなく、両者は互換性を有すると解される。Clarke, M., [1976] Cam. L. J. 51, 53 ; Anson-Guest, Law of Contract, 25th ed., 1979, p. 157（以下、Contract, 25th ed. と略記）; Wilson, J. F., Principles of the Law of Contract, 1957, p. 247（以下、Contract と略記）.

（9） 因みに、1977年不公正契約条項法における合理性基準（同法11条2項、同法第2付則C項参照）は、本文で述べたコモン・ロー上の約款組込に関する原則に影響を及ぼさない（同法11条2項但書）。もっとも、署名原則については、約款が細字印刷であるとか、相手方によって完全に読まれることが殆ど望めないというような事実を顧慮に入れることは可能である。See Rogers & Clarke, The Unfair Contract Terms Act, 1977, Comm. to § 11 ; Law Commission, Exemption Clauses, 2nd ed., 1975, p. 123.

（10） Cartwright, J., Unequal Bargaining, p. 39.

## 第1款　認識必然性

　約款が相手方に単に手交された書面上に記載されているか、もしくはその書面上で指定されているか、又は、契約が締結された場所

に掲示されているときには、約款の存在につき相手方に合理的な認識が提供されているという要件の下で、約款は契約に組込まれる[1]。これは、一言で言えば、認識必然性の要件といえる。この要件の充足いかんは、(i)契約書面性を有するか、(ii)合理的認識手段の提供がなされているか、による[2]。

（1） See Treitel, G. H., Contract, p. 198.
（2） もっとも、契約書面性と合理的認識手段の提供とは、互換性を有する。例えば、Treitel, G. H., Contract, p. 198 は、手交された相手方が、契約上の効果を生ずべきことを意図されていたことを知っているか、又は、約款を含むという事実につき合理的認識が与えられるような状況で交付されているときは、書面は契約性を有する、とする。See also The Polyduke [1978] 1 Lloyd's Rep. 211, 215.

(1) 契約書面性

約款への指定は、合理的な者が、通常契約内容がそこに存し、かつ、契約の不可欠な要素であるとみなすような書面上に存することを要する[1]。この種の書面を受領した者は、約款に服して契約をなすのであり、かつ、この約款を自己が受領した書面上に必然的に見い出しうることを知らなければならない。かくて、この者は、当該書面において約款につき自己の注意をもたらすように合理的になされていれば、合理的な者として書面を読むことが期待され、かつ、約款に拘束されることになる[2]。逆に、合理的な者が受領証にすぎないと推測するであろうような書面の内容に拘束されるとするのは、常識に非常に反することになる[3]。この契約書面性の要件により、契約相手方は不意打ちから保護されることになる[4]。

では、いかなる書面がこれに該当するか。契約書面性を有するかは事実問題である[5]が、書面の名称（例えば、受領証、注文書等）いかんは問わず[6]、契約を構成するものであると意図されているに違いないと合理的な者にとって明確であれば、契約書面性は肯定され

第1章　約款による契約の成否

る[7]。したがって、その当時の取引慣行によることになる[8]。例えば、1877年当時においては鉄道の携帯品預り証は約款を含んでいるという一般的慣行は存在しない[9]とされたが、1951年の1判例によると、今日では非常に多くの人が約款を通常含んでいることを知っているから、このようなチケットは契約書面性を有するとされる[10]。その他、旅客運送におけるチケット、船荷証券、手荷物預り所のチケット、受託者の発行した書面等は、これに該当するとされる[11]。

　他方、既述のように、契約上効力を生ずることを意図[12]していない書面に記載された約款は、契約に組込まれない。例えば、原告が海岸で被告から時間制で安楽椅子を賃借し、料金を払ってチケットを交付されたが、一瞥してポケットに入れてしまった。チケット裏面に免責条項が存した事案で、「チケットは単なる領収証 (voucher or receipt) にすぎないのであり、その目的は、料金を支払ったこと及び椅子の使用時間を示すにすぎない」[13]とされた。又、運行予定が記載されている案内書の裏面に約款が存した場合に、この案内書は旅行に関する情報を記載したものにすぎず契約上効力を有しないとされた[14]。これ以外にも若干の否定例をあげれば、自動車道路通行料金徴収所の発行するチケット[15]、公衆浴場チケット[16]、カタログ[17]、注文書[18]、自動販売機によって交付された駐車場チケット[19]、小切手帳カバー[20]等である[21]。

　ところで、契約書面性の要件が、どの程度のウェイトを占めるかは、それほど明確ではない。契約書面性を有すれば即座に約款は契約に組込まれるかというと、そうとは即断できない。これに加えて、企業側が約款につき合理的認識手段を尽くしているときにのみ、約款は契約に組込まれるとされるからである[22]。他方、契約書面性を有しないときは約款は契約に組込まれない[23]と一般に解されているが、この場合でも企業側は約款につき相手方の注意を特に喚起

第 1 節　イギリス法

する措置をとり、相手方の同意を得なければならない旨指摘されることもある(24)。したがって、契約書面性の要件は、次に述べる合理的認識手段の提供要件における合理性に影響を及ぼす一要素と位置づけるのが適当と思われる(25)。

（1）　Wilson, J. F., Contract, pp. 247, 248 ; Id., Landesbericht Grossbritannien, In : Richterliche Kontrolle von Geschäftsbedingungen, p. 37 ; Id., Modern Problems of Consumer Protection in England, RabelsZ 28（1964）, 645, 647 ; Anson's Law of Contract, 27th ed., 1998, p. 165（Beatson）(以下、Anson-Beatson, Contract と略記) ; Cheshire-Fifoot-Furmston, Law of Contract, 14th ed., 2001, p. 173 (以下、Contract と略記) ; Chitty, The Law of Contracts. Vol. 1, General Principles, 27th ed., 1994, para. 12-008（Guest）(以下、Chitty-Guest, General Principles と略記) ; Wright, M., Exclusion Clauses. Rationale and Effect, 122 New L. J. 490, 491（1972）; Lawson, R., Exclusion Clauses and Unfair Contract Terms, 5th ed., 1998.、p. 3 (以下、Exclusion Clauses と略記) ; Yates, D., Exclusion Clauses in Contracts, 2nd ed., 1982, pp. 63-4 (以下、Exclusion Clauses と略記) ; Parker v. South Eastern Ry. Co.（1877）L. R. 2 C. P. D. 416, 422 ; Harling v. Eddy［1951］2 KB 739, 748 ; White v. Blackmore［1972］2 QB 651, 666f.

（2）　Wilson, J. F., Contract, p. 248. See also Nunan v. Southern Ry. Co.［1923］2 KB 703, 709 ; Thompson v. London, Midland & Scottish Ry.［1930］1 KB 41, 46.

（3）　Cheshire-Fifoot-Furmston, Contract, p. 173. See also Parker v. South Eastern Ry. Co.（1877）L. R. 2 C. P. D. 416, 422.

（4）　Schmitz, G., Haftungsausschlusklauseln, S. 18 ; Thieme u. Mitscherlich, Die Einbeziehung（incorporation）Allgemeiner Geschäftsbedingungen in den Vertrag nach englischem Recht, AWD-BB 1974, 173, 177.

（5）　Yates, D., Exclusion Clauses, p. 65 ; McKendrick, E., Contract Law, 6th ed., 2005, p. 191 (以下、Contract と略記).

（6）　Watkins v. Rymill（1833）L. R. 10 Q. P. D. 178, 183. See also Harling v. Eddy［1951］2 KB 739.

（7）　Treitel, G. H., Contract, p. 198 ; Yates, D., Exclusion Clauses, pp. 64-5 ; Mickelburgh, J., Consumer Protection, 1979, pp. 321-2 (以下、Consumer Protection と略記) ; Richards, P., Law of Contract, 7th ed., 2005, p. 147 (以下、Contract と略記), Stone, R., The Modern Law of Contract, 6th ed., 2005, p. 228 (以下、Contract と略記).

（8）　Treitel, G. H., Contract, p. 198 ; Thieme u. Mitscherlich, AWD-BB 1974, 173, 177 ; Schmitz, G., Haftungsausschlußklauseln, 18f. なお、Yates, D., Exclusion Clauses,

7

第 1 章　約款による契約の成否

p. 65 は、契約書面性は、商人間取引の慣行と消費者取引の慣行とで異なりうると指摘する。

（9）　Parker v. South Eastern Ry. Co.（1877）L. R. 2 C. P. D. 416, 424.

（10）　Alexander v. Railway Executive［1951］2 KB 882, 886.

（11）　Sales, H. B., 16 M. L. R. 318, 321（1953）; Prausnitz, O., The Standardization of Commercial Contracts in English and Continental Law, 1937, pp. 65-8（以下、Standardization と略記）; Chitty-Guest, General Principles, para. 12-008 ; Mickelburgh, J., Consumer Protection, p. 322. 判例として若干あげると、Thompson v. London, Midland & Scottish Ry.［1930］1 KB 41 ; Hood v. Anchor Line［1918］AC 837 ; Alexander v. Railway Executive[1951]2 KB 882;Cockerton v. Naviera Aznar S. S.［1960］2 Lloyd's Rep.451. 船荷証券の契約書面性につき、詳しくは、See, Carver-Colinvaux, Carriage by Sea, 11th ed., 1963, pp. 49-62. なお、契約書面性及びこのようなものとして相手方に受領されたことの立証責任は、企業側に存する。See Harling v. Eddy［1951］2 KB 739, 748. See also White v. Blackmore［1972］3 All E. R. 158, 167 ; Cheshire-Fifoot-Furmston, Contract, p. 173.

（12）　単に、書面が手渡され、相手方が異議申立をせずに書面を受領したという事実は、両当事者が契約上の効果を有すると意図しているという十分な証拠ではない。Mickelburgh, J., Consumer Protection, pp. 321-2.

（13）　Chapelton v. Barry U. D. C.［1940］1 KB 532, 538, 539.

（14）　Anglo-Continental Holidays v. Typaldos Lines, Ltd.［1967］2 Lloyd's Rep. 61, 66.

（15）　Cf. Parker v. South Eastern Ry.（1877）L R. 2 C. P. D. 416, 422.

（16）　Taylor v. Glasgow Corp.（1952）SC 444（cited in Wülfing, G., Die gerichtliche Kontrolle von Haftungsbeschränkungen in Standardverträgen im englischen und deutschen Recht, 1970, S. 79（以下、Die gerichtliche Kontrolle と略記））.

（17）　Walls v. Centaur Co.（1922）126 L. T. 242（cited in Wülfing, G., Die gerichtliche Kontrolle, S. 81）. See also Prausnitz, O., Standardization, p. 47 ; Harling v. Eddy［1951］2 KB 739, 746-7. もっとも、カタログに添付された書面で注文をなすことが要求されている場合には、約款が適用される余地がある。Prausnitz, O., supra. p. 48.

（18）　Webster v. Higgn［1948］2 All E. R. 127, 128.

（19）　Thornton v. Shoe Lane Parking Ltd.［971］2 W. L. R. 585. Cf. Mendelssohn v. Normand, Ltd.［1969］2 All E. R. 1215, 1217.

（20）　Burnett v. Westminster Bank Ltd.［1965］3 W. L. R. 863, 874.

（21）　Chitty-Guest, General Principles, para. 12-008 ; Clarke, M.,［1976］Cam. L.

第 1 節　イギリス法

J. 51, 56-7.
　(22)　Mickelburgh, J., Consumer Protection, p. 323.
　(23)　例えば、Treitel, G. H., Contract, p. 198. 特に、Cheshire-Fifoot-Furmston, Contract, p. 173 は、Chapelton Case［1940］1 KB 532 につき、企業がチケットは契約書面性を有するという第一要件を充足しなかったため、約款につき妥当な告知（announcement）が含まれているかを問題にするのは不必要とされたとする。
　(24)　例えば、White v. Blackmore［1972］3 All E. R. 158, 165.
　(25)　Yates, D., Exclusion Clauses, pp. 63-4 ; Macdonald, E., Exemption Clauses and Unfair Terms, 1999, p. 18（以下、Exemption Clauses と略記）; Furmston, M. (ed.), Law of Contract, 1999, para 3. 15（以下、Contract と略記）.

(2)　合理的認識手段

　元来、契約が成立するためには、申込・承諾の一般原則に基づき、被申込者が契約内容の性質及び範囲につき主観的に知っていることを要する。しかし、既述のように、近代における約款の重要性に基づく要請により、約款に関する合意にはより客観的見地が導入され[1]、合理的認識手段の提供[2]が決め手となっている[3]。つまり、企業は、相手方に現実に約款を提供する必要はなく、認識するように合理的手段を採ればたり[4]、それも、約款内容についてではなく、約款の存在につき認識を与えれば足りる[5]。
　これは、ある判例で、「書面を提供する一方当事者が約款につき相手方に知らせるのに合理的に十分なことをなし、相手方が書面上に文章又は印刷（writing or printing）が存することを知ったが、約款を含むことを知らなかったときには、約款は両当事者間の契約内容となる」[6]とされ、以後、踏襲されている[7]。この手段を尽くせば、企業は相手方が認識したと正当に仮定できる[8]とともに、特定の相手方は自己の例外的な不知、愚かさ、不注意（ignorance or stupidity or carelessness）を理由として他の者よりもより有利な地位に置かれるべきではない[9]からである。仮に、単に企業が相手方が約款を実際に読まなかったことを知っていても、組込は肯定される。読

## 第1章　約款による契約の成否

まなかったということは、相手方が自己が合意しない条項が存在することを知りながら危険を冒しているといえる[10]。

この合理的認識手段が尽くされているかは事実問題と一般に解され[11]具体的事案における諸状況いかんによるが、裁判所は法問題として約款の存在についての通知を合理的に十分とみなすに足る証拠が存するかを判断しなければならず[12]、その立証責任は企業側に存する[13]。合理的か否かは客観的基準による。つまり、特定人が現実に約款を知ったかではなく、この者の地位に置かれた合理的な者が約款の存在を知るべきであったかによる[14]と共に、特定の者が能力上なんらかの欠陥を有していても、例えば、英語を話せないとか、視覚障害であるとか、無学であるといった事実は、通知 (notice) がこの者の属するクラスにとって合理的に十分なものであれば、問題とされない[15]。

例えば、原告は無学で識字能力を欠いていたが、姪が彼女の為に鉄道主催の遊覧旅行のチケットを購入した。チケット表面には「約款につき裏面参照」の文言が記載されると共に、時刻表及び本旅行に関する掲示を読むように言及されていた。掲示はさらに時刻表(代金六ペニー)に言及しており、時刻表には免責条項が存した事案で、「無学というものはなんらの効果も生じない。なされた通知 (notice) は遠回りであるが、原告の属するクラス、つまり、通常の旅行者にとっては合理的で十分である」[16]とされた。これは、例えば無学な者に約款条項を口頭で知らせなければならないとすると、約款の効用が減殺されてしまうし、取引生活が閉塞してしまうからである[17]。しかし、企業側が相手方の理解能力の欠如 (disability) を知っているか又は知らなければならないとされる場合は、状況は異なる[18]。例えば、「原告は三等船客 (Steerage passenger) であり、このクラスの者は殆ど教育を受けていないか全く受けていないのであり、細字で印刷された約款を読むことは期待できない」という事

第 1 節　イギリス法

実も合理的認識手段の提供を尽くしていないという判断の一要素とされた[19]。さらに、通知 (notice) が英語で書かれていたが、原告はドイツ人で英語を殆ど使えなかったので被告にドイツ語で話していた事案で、原告が通知を見もしなかったし読みもしなかったことを肯定し、「被告は通知に原告の注意を惹くことを欲したならば、これをドイツ語に翻訳すべきであったろう。そうすれば、原告は理解し、見たと推定されよう」とした[20]。元来、相手方が事実上不知であるにも拘らず約款の組込が一般に正当化される根拠は、相手方が約款への同意を企業に表示しているものとされるからである。だが、何らかの助力なしには約款の存在を知ることが明らかに不可能であって、しかも、企業側もこの能力欠缺を知っているか又は知りうべきときには、かかる表示は殆どありえないのであり、前提が崩れているからである[21]。したがって、ドイツ人である乗客が英語を解さなかったため、運送会社との交渉はドイツ語でなされたが、免責条項を記載した掲示は英語で書かれており、乗客がこれに気づかなかった事案で、運送会社は、この乗客が掲示に気づくように、ドイツ語に翻訳すべきであったとして、条項の適用を否定している[22]。

　この合理的認識手段の提供は、契約締結前又は締結時になされていることを要する[23]。これは、申込が完全であることが明らかな時点、つまり、拘束的契約を構成するのに十分な内容となっている時点から、相手方は申込を承諾できるからである。かつ、理論上は、この時点で相手方が少なくとも交渉を求めるか、それとも、契約締結を拒否するか否かの一種の選択を有することになるからである[24]。したがって、契約締結と通知とは相互に影響を及ぼし合うことになる[25]。例えば、原告が被告のホテルに宿泊するためにカウンターで記帳し、部屋に入って初めて被告の免責約款に関する掲示を見た場合につき、契約は既に被告が原告を客として受け入れる

第 1 章　約款による契約の成否

ことに同意したカウンターでなされたのであり、部屋の掲示は締結後に知ったのであるから、契約に組込まれない、とされた[26]。この原則は、自動販売機によるチケットの発行の場合にも適用される。例えば、原告が駐車場に車を乗り入れたが、駐車場外には、料金と「全ての自動車は所有者自身の危険の下で駐車される」旨掲示されていた。車を中に入れると、チケットが自動販売機から出てきた。原告は駐車可能時間を見るためにチケットを見て、何か印刷された文言が存することは知ったが、読まなかった。文言によると、チケットは営業所に掲示された約款の下で発行されるとされていたが、約款の掲示は簡単に発見できる場所にはなかったし、約款の文言は冗長で、かつ、「駐車中の自動車に関する損害のみならず、原因の如何を問わず顧客の身体障害のいかなるものに対しても責任を負わない」とする条項が存した事案で、「機械に代金を入れた正にその瞬間に原告は拘束され、契約は締結された。…申込は、機械の所有者が代金受領を意図して機械を提供しているときになされている。承諾は顧客が代金を入れたときになされる。申込の条件は代金に対し何が提供されるかを述べている機械上又はその近くに置かれた通知（notice）に含まれている。顧客はこれらの条項が前もって自己の認識に達するような処置が十分になされている場合にのみ拘束される。チケットの条項が掲示と異なるときは、これに拘束されない。それというのも、チケットは余りに遅く発行されたからであり、契約は既に締結されている。チケットは代金の領収書にすぎず、契約はチケット発行前に申込まれ承諾されている」として、チケット自体に印刷された、いかなる文言によっても変更できないとされた[27]。もっとも、契約締結後であっても、両当事者が別の根拠に基づいて新たな契約を締結したという明確な証拠が存すれば、別である[28]。

　では、具体的に、どの程度のものが合理的認識手段、つまり、十

分な通知であるとされるのか。約款の存在に関する通知が契約書面性を有する書面に含まれている場合には、書面の表に顕著な形態で約款が示されているか又は約款への指定が存すれば通常十分とされる[29]。一般には「裏面参照」の文言が使用されるが、これで十分とされる[30]。例えば、原告が価額10ポンドを超えるバッグを鉄道の荷物預所に寄託し、通常料金を支払い、チケットを受領した。チケットには「裏面参照」の文言が存し、裏面には多数の条項が記載されており、それによると、超過料金を支払わなければ価額10ポンド以上の手荷物につき責任を負わないとされていた。さらに、当該約款は、手荷物預所にも掲示されていた。原告は、掲示もチケットも読まなかったが、チケットに何か書かれていることは知っていた事案で、「契約締結過程で、一方当事者が相手方に書面を交付し、受領者が書面には約款が存することを知っている時には、書面受領者は、書面を受領し保持することによって、書面に存する約款を読まず、かつ、それが何かを知らないときであっても、約款に同意しているものとされる」[31]とした。チケットが封筒に入れられていた場合はどうかというと、例えば、封筒の表面には大文字で乗客が同封の約款を読むよう要求した通知がなされており、チケットの表面には約款に服する旨の文言が存し、チケットの下部には大文字で「乗客は上記の契約を注意深く読むように要求される」旨の文言が表示されていたという場合には、これ以上の了知手段は考えられないとされた[32]。以上に反し、約款が裏面印刷されていたが書面の表面に何ら参照文言が存しない[33]とか、チケットが折った状態で手渡され、中に記載されたものを開かなければ読めないと共に、赤インクのスタンプで部分的に読めなくなっていた[34]とか、「約款につき裏面参照」という文言が日付スタンプで判読不可能となっている[35]とか、約款が無数の広告中に埋没している[36]等の場合には、不十分であるとされる[37]。これは、合理的認識手段の提供を尽く

第1章　約款による契約の成否

すことにより相手方は読まないときであっても約款の存在を知り同意したと推定されることになるが、そこには、相手方は自己が受領した書面での約款へのアクセス（約款の存在場所はどこか、かつ、その内容は何かを知りうる）可能性と約款の利用可能性（availability）とが含意されるべきだからである[38]。

では、約款の記載された他の書面又は掲示などを、契約書面で指定（reference）することでも足りるか。これは、例えば、1837年以降、旅客運送分野で、名刺大（pasteboard）のチケット使用が一般的となり、このサイズではこれに約款を印刷するとか又は非常に顕著な活字体を使用するのが物理的に不可能となり、チケットの表面で他の書面への単なる指定をなすという慣行が生じたのである[39]。この問題は、一般に肯定される[40]。例えば、遊覧チケットに「当社の運行及び遊覧予定表に存する約款に服する」旨の指定文言が存したが、原告が運行予定表の内容に気づかなかった事案で、「ある者が知る手段を利用するか否かを問わず、この者は自己が知る手段を有していたことにつき知っているものと推定される。本件では、原告はチケットを読んだが、チケットが言及している予定表を繙くことをなさなかったといわなければならない。この過失は原告自身のものであり、約款の不知は自身が生ぜしめたものである」[41]とされたし、「現実に約款を見い出すためにたどる方法が単に遠回りであることは、相手方が約款が存在することを知る妨げとはならない」[42]とされた。これは、組込まれるのは指定された書面の内容であり、単に書面自体ではないからである[43]と共に、このような指定による組込を否定してしまうと、多くの契約書面は不可能な程に大部となってしまうからである[44]。

では、掲示された約款への指定はどうか。これは一般に肯定される。例えば、原告が被告に馬車を寄託し、被告から「掲示された約款に服する」旨の文言の存する領収証を受領した。さらに、約款は

第1節　イギリス法

被告の営業所でも人目を惹く数ヶ所に掲示されていた事案で、「なされた通知（notice）は状況からみて合理的で十分なものである」とされた(45)。勿論、掲示の場所、サイズ及び読み易さという付加要素が重要となる(46)。因みに、掲示のみではどうかというと、契約締結時に契約相手方が容易に見ることができる顕著な一般的掲示は署名された書面又は約款による旨記載された書面の交付と同じ効果を有する(47)とする見解も存するが、一般には、単なる掲示では不十分で、相手方には営業所に掲示された約款を読むことは期待できないから、掲示内容が相手方によって十分納得され、契約内容として承諾されるようにすることを要するとされる(48)。

　では、約款条項の内容は、合理的認識手段提供の存否に影響を及ぼすか。伝統的には、これは無関係とされていた(49)。しかし、傍論ながら、「条項が不合理なものであればある程、当該条項につきなされなければならない通知の程度は強められる。若干の条項は、通知が十分であるとされるためには、事前に条項の存在をレッド・ハンド（red hand）で示している書面上で赤インクで印刷されていることも必要とされよう」(50)と指摘されて以来、積極に解されている(51)。この点については、「異常な条項」と「通常の条項」との区別が困難として消極に解する見解(52)も存するが、一般には近時支持を得ており、要求される通知の程度は援用される条項の内容によって決定され、異常なまたは不合理な条項の場合は通常の条項の際に要求される以上に顕著にするか又は注意を惹くようにその他の特別な措置をとらなければならない(53)。つまり、条項が異常または不合理なものであればあるほど、明確に契約相手方の注意を惹くような措置を執ることがより一層要求されるのである(54)。

　元来、現行法の前提は、契約は合意に依拠し、合意は認識を要するが、一定の状況の下では認識が推定されることにある。ある条項の存在が既知であるからといって、いかなる条項であってもその存

15

## 第1章　約款による契約の成否

在が既知であるとは結論づけられない。通知は認識を可能とするものであるから、条項の内容は通知に関連することになるのである(55)。さらには、思想が変化して、契約自由が何が公正かを判断する際の最も重要な指針といえなくなったのであり、公正さの観念も異なって、一般に約款条項につき知ることができなかったならば、この者にはより大きい保護が与えられるべきことを要求されることになるとされる(56)。この点に関する主要な事例をあげると、広告代理店である被告が写真図書館である原告に対して、1950年代の写真の利用を電話で申し込んだ。同日、原告は被告に小包で四七枚のスライドを送ったが、在中していた引渡証 (delivery note) によると、二週間以内に返還することを明確に要求していた。そこでは、表題は目立つ形態で「契約条項」とうたわれ、9条から構成されていたが、その2条では、返還日を超えてスライドを使用する場合には延滞料金を課すものとされていた。被告は小包を受け取ったが、14日を過ぎて返還した。そこで、原告が延滞金の支払を請求したが、1枚のスライドにつき1日ごとに5ポンドとされており、これは、他の図書館における1週間につき通常3ポンド50ペンスというのに比べると大変高額であった。この事案では、2条は契約に組み込まれていないとされたが、Parker Case のテストの適用を肯定した後、「印刷された契約条項のセットのうちである条項が特に負担を課すものかまたは異常であるときは、その適用を求める当事者は当該特定条項は適切に契約相手方の注意を惹くようなものとなっていたことを証明しなければならないことは、コモン・ローの論理的発展である」とされ、引渡証における「契約条項」という表題の使用以上に2条に被告の注意を向けさせる試みを原告はなしていないので、同条は契約内容に組み込まれないとされた(57)。本件は、伝統的に免責条項の組込に適用されていたコモン・ロー上の原則を苛酷な負担を課す条項にも適用されることをはっきりと認めた点で注目

第1節　イギリス法

されるが、問題は、異常な条項又は不合理な条項とする基準は何かである。

　異常な条項か否かは、取引慣行 (trade practice) 又は取引過程の点から見て、合理的な者が当該条項と同じタイプの条項が契約に存すると予測できるか否かである。不合理な条項か否かは、不公正契約条項法11条及び同法第2付則による合理性の判断基準が適用されることになる(58)。もっとも、ある条項が長年にわたって使用されているか又は広く使用されていても、必ずしも合理的条項とはいえない、つまり、通常的な条項であっても不合理な条項とされることがありうる(59)。

　しかし、条項の内容いかんにより特別な開示を要求することは疑問である。約款による契約においては、一体としての約款の組込が問題なのであるし、特別な開示がなされても、約款において多く見られる相手方が締結せざるを得ない状況では気休めにすぎない。むしろ、不意打ち条項の無効という原則で処理するのが妥当といえる(60)。さらには、1977年不公正契約条項法などによって、不当条項の規制が発展している現状からは、条項の内容いかんで組込要件に差異を設ける必要があるのかは疑問である。条項の過酷な内容いかんによって組込要件に異なる基準を設ける必要はなく、すべての条項に同一の基準を適用すべきである(61)。

　では、両当事者間に以前から取引関係が存し、約款組込の要件を充足していたが、たまたまある取引の際に通常なされていた取引方法（例えば、約款記載のある書面の交付又は署名）が履践されなかった場合に、当該取引に約款は組込まれるのか(62)。ある判例によると、これは否定に解され、「当事者間に従前から取引関係があったという単なる事実は、決して被告（約款を援用する企業）を助けるものではない。ある者が99回（本件における様な3、4回の場合は勿論）同一書式で契約をなしているという事実それ自体は、書式が使用されな

## 第1章　約款による契約の成否

かった100回目の契約に影響を及ぼさない。以前の取引関係が重要となるのは、推定でなく事実上約款につき認識を有し、かつ、これに同意したことを立証する場合のみである。ある条項が契約上明示されていないならば、契約に組込むことができる唯一の方法は推定によることである。しかし、推定は、当事者の一方が条項につき不知であるときには、この者の不利益になしえない。以前の取引関係から、99回の取引で条項を知り、かつ、同意したことが明らかであるときには、明示されなくとも100回目の契約に当該条項が組込まれるとする一根拠があるといえる。組込を正当化するのに十分か否かは個々の事情によるといえるが、しかし、少なくとも、認識が立証されることが不可欠な要件である。認識が存しなければ零（nothing）である」[63]とされた。しかし、一般には、契約において、あまりに明白で当然視される場合には明示を要せず暗黙の了解とされる[64]。これによれば、約款に基づき取引がなされたという契約関係が両当事者間に以前から存在する場合には、相手方にとって新たな契約関係も約款組込の下でなされるべきだと合理的に仮定しうるのであり、約款の現実の認識は要しないことになる[65]。判例もMcCutcheon Case以前の1判例[66]で、「(両当事者は以前から取引関係にあり)、被告は以前に（約款指定が表面になされ、裏面に約款が記載された）多数の荷揚報告書（landing account）を受領していたが、あえて約款を読もうとはしなかった。この書面を受取った時に被告はこれにつきなんら異議も申立ることもなく、その後の数ヶ月の倉敷料を支払った。取引過程及び両当事者の行為により、約款は契約内容になったと考えられる」とされ、以後、取引過程（the course of dealing）理論として、この立場が踏襲されている[67]。つまり、長期の取引関係において、その各取引に際し実質的に同一な約款で互いに取引をしていた当事者は、毎回全ての契約書面を読む必要はなく、単純に以前の取引過程に一致しているものと仮定することができ[68]、

約款につきいずれかの段階で合理的通知がなされていれば、現実に認識が無くとも約款は契約に組込まれるのである[69]。ここでは、自己の言動によって相手方にあることを合理的に信じさせたならば、自己が企図した行為は履行すべき一種の法的義務となるのである[70]。これは、相手方が合理的な者として信じさせられたであろうということに関するのであって、相手方が実際に信じたということではない[71]。つまり、契約時において、各当事者は合理的な者として、過去の取引及び当該ケースにおける相手方の言動から、約款が契約内容となっていると当然推論できたと認められるか否か、ということになる[72]。

　この取引過程理論による適用肯定には以下の要件を充足することを要する[73]。第一に、当事者間に以前からある程度規則的に多数の取引がなされていることを要する[74]。どの程度の取引回数又は取引の間隔を要するかの問題は決定困難であるし、それほど重要でない。取引の頻度は、契約の重要性とか、企業の慣行を理解するために取引相手方に付与されているのは何か、といった事案の状況によって異なりうるし、約款適用ありと相手方が合理的に仮定しうるように企業がなしたかの判断の一要素であるにすぎないからである[75]。例えば、8ヶ月間に10回取引が行われたが、相手方は、書面は受領の承認にすぎず、したがって、契約書面性を有しないと考えたときには、書面は「取引過程」に基づいては組込まれないとされる[76]。とまれ、参考のために判例を若干示しておくと、「10年を超えて無数の取引」、「3年間に毎月3、4回の取引」、「多年にわたる取引」、「6ヶ月間に11回の同種の取引」では十分[77]とされ、「当該契約以前に少なくとも8ヶ月間に2回の契約」、「5年間に3、4回の取引」では不十分[78]とされる。第二に、これらの取引において、約款の存在及び約款が契約の一部を構成する旨意図されていることの両者つき合理的通知が相手方に対してなされていることを

要する[79]。もっとも、約款内容を現実に認識していることは要せず、取引過程によって作出された認識と同意しているという評価(impression)が決め手となる[80]。第三に、以前の取引と当該取引とが実質的に同一であることを要する[81]。例えば、通常は給油のため給油所を利用していたが、当該取引では修理のために車を寄託した。約款は事務所に掲示されていたが、原告は2、3度事務所に入ったことはあっても約款の存在は知らなかったし、寄託の際も車庫に入ったが事務所に入らなかった事案で、「原告が以前から当該営業所を利用していたのは給油のためであり、修理のために利用するのは今回が初めてであり、事務所の窓に掲示された約款を知るべきであったとすることはできない」[82]とされた。過去及び現在の取引が基本的に同様なものであることから、最直近の取引にも同一条項が基礎とされるであろうという印象が創出されるからである[83]。この点から、取引過程の終始一貫性(consistency)が要請される。

問題はどの程度の一貫性が必要かである。まず、当該取引でたまたま署名がなされていなかったとか、約款記載した書面が交付されなかったときは、どうか。否定に解する見解[84]も存するが、一般には、以前の取引関係で何らかの方法で相手方が企業は書面に存する約款を適用する意図であることを知っているのであって、その限りで、署名がないとか書面不交付とかがあっても、取引過程の一貫性は肯定されている[85]。では、取引過程の一貫性肯定には、過去の取引で基礎とされた約款がその内容の点で当該取引においても同一であることを要するか。例えば、印刷上の過誤である単語が欠落している場合である[86]。この点については、相手方に対して約款存在につき合理的通知が与えられている限り、全く同一であることを要しない、とされる[87]。特定の一条項が課されることを示唆する取引過程が存するかではなく、約款が課されることを示唆する過程(course)が存在するかが問題なのであり、その内容よりもその

存在に関することだからである⁽⁸⁸⁾。もっとも、企業が従来の約款を自己の有利に（例えば事務処理上の便宜のために）変更しようとするときには、当該変更につき相手方の注意を惹起するように特別な手段をなすことを要する。例えば、原告は被告銀行の2支店に口座を以前から開設していたが、小切手振出に際して、Borough支店口座用の小切手をBromley口座から引落とすことを希望して、Borough支店の文言を抹消して、Bromley支店へと変更した。その後、小切手支払停止を欲してBromley支店にその旨指図したが、結局、Borough支店口座から支払われてしまった。本件小切手は、新たに交付された小切手帳によるものであり、そのカバーには、以前のものと異なり、「本小切手帳の小切手はその開設された口座に適用される。顧客はしたがってそれ以外の他の口座に利用することは認められない」という条項が存した事案で、「小切手帳カバーは契約条項を含むという目的では以前から全く利用されていなかったし、相手方が全く約款を含まないと合理的に仮定しうるカテゴリーの書面に入る。この新小切手帳が相手方が口座開設の際に初めて発行されたのであれば状況は異なるが、それ以前から口座を有する顧客の場合には、新小切手帳カバー上の文言の単なる存在は既存の契約関係に効果を及ぼすには不十分である。小切手の利用につき新たな制限を顧客に課すために十分な通知を与えたといえるには、顧客が当該文言を読んだか、又は、この効果発生に同意する旨を表わす何らかの書面に署名したことを要する。署名の点では、小切手上の顧客の署名でも足りるといえるが、それには小切手フォーム自体に、その利用は小切手上に印刷されて示されている銀行、支店及び口座に制限される旨の文言がなされていることを要する。しかし、本件小切手にはかかる文言は示されていない」⁽⁸⁹⁾とされた。これは、相手方は、慣例の約款で取引過程が継続されることを合理的に仮定しうるからである⁽⁹⁰⁾。

第1章　約款による契約の成否

　以上は、契約当事者間の取引過程についてであるが、さらに、一般的取引過程（general course of dealing）が取引慣習又は慣行となっていることによって、約款が契約に組込まれることもある[91]。つまり、これによって、以前の取引回数がごく僅かであっても、約款の組込が肯定される。例えば、原告、被告両会社は、重土木機械の賃貸借業を営んでいた。被告が緊急にドラッグライン・クレーンが必要となり、原告から賃借した。合意は電話でなされたが、その際約款についてはなんら言及されなかった。クレーンが引渡された直後に、原告はその通常の慣行に従って署名のために約款を記載した書面を被告に送付した。被告が署名をなす前に、事故が発生した事案につき、「両当事者は、営業者であると共に取引能力も対等である。かつ、各々は機械を賃貸する機械賃貸業を営む会社である。被告は、機械賃貸借取引では常に機械の賃貸借に関して約款を課すことと共に、その約款は殆ど同じものであることを知っていたし、被告自身も賃貸する際には当該約款を使用していた。……証拠上、両当事者は機械の供給者により約款が常に課されることを十分知っていたと共に、約款の内容も知っていたことは明らかである。……約款は契約に組込まれたとみなされるべきである。これは、取引過程よりも、むしろ、両当事者の行為から推論される共通の了解（common understanding）に基礎づけられる」[92]とされた。しかし、共通の理解に根拠を求めるのは不確実性をもたらすし、取引能力の点で劣位であるという事実は契約内容に関する理解に影響を及ぼさないなど批判[93]されており、この根拠づけは商人間取引の特殊な場合と限定すべきであろう[94]。

　なお、約款条項が変更されることはしばしば生じる。この場合、通常は変更約款は組み込まれないことはいうまでもないが、取引過程の理論によると組込が生じるかが問題となる。この場合、決め手は、取引過程理論のもとで、かかる変更の重要性が評価できるか、

第1節　イギリス法

かつ、そのような仮定が当然引き出されるかである。当該約款の利用が当該取引圏で全く標準となっているならば、変更は十分知られ、最新版使用が当事者間でも意図されているといえる。もし、異なった版が使用されている場合には、企業によって使用された版をもとにして契約されたといえる。ただ、この場合には、レッド・ハンド・ルール（red hand rule）によって、新約款が不合理な条項を導入したときは、それにつき特別な注意が払われるような措置が執られなければ、組み込まれないといえる[95]。

（1）　Anson-Beatson, Contract, p. 162.
（2）　これも、相手方を不意打から保護するためである。Thieme u. Mitscherlich, AWD-BB 1974, 173, 177. なお、英法上の通知（notice）の沿革につき、See Adams, J. N., The Standardization of Commercial Contracts, or the Contractualization of Standard Forms, 1978 Anglo-American L. Rev. 136.
（3）　この合理的認識手段が登場してきたのは、Adams, J. and Brownsword, R., Key Issues in Contract, 1995, p. 60 f.（以下、Key Issues と略記）によると、以下の通りである。18世紀半ばには、公運送人はその職業に基づき自己に委託された運送品の保険者とみなされ、運送品の滅失損傷については不可抗力又は敵国の行為によるものでない限り、無過失責任を負っていた。産業革命が進行するにつれて、大量の銀行券が国内で循環する必要性が非常に高まった。銀行券はいうまでもなくパッケージされて運送されたが、これはサイズは小さいが非常に高額なものであったため、盗難の危険性が高く、実際しばしば盗まれた。その結果、保険者としての運送人の責任は破滅的なものとなった。そこで、その免責をえるためには、運送人が自身の物品を保管するのと同じように運送品を保管することを引き受けるにすぎないという特別な合意（special acceptance）をなすべきことが要求された。当初、この特別な合意は責任制限額の制限であったが、その後、次第にその範囲を拡張して、免責自体を意図するものとなった。例えば、波止場経営者が物品受領書に火災による損害につき責任を負わないという通知を記載していた場合につき、これはこの目的のために、この者と物品を引き渡して受領書を受け取ったすべての者との特別な契約を証明するものであるとされた（Maving v. Todd（1815）4 Camp 225, 226. 特別な合意が存するか否かの問題であることを指摘するものとして、Lesson v. Holt（1816）1 Starkie 186, 188）。かくて、特別な合意が必要であるから、通知は明確に示されることが要求されてきたのである。例えば、Clayton v. Hunt（1811）3 Camp.

第 1 章　約款による契約の成否

27, 28 は、事務所における掲示（notice）は、運送品を引き渡した荷送人が誰であっても重過失がなければ読み落とすことがあり得ないような、大文字でなされていることを要するとする。この結果、必要な手段がとられていれば、荷送人は契約条項に合意しているとする見解が正当化されることとなった。See also Pollock, F., Principles of Contract, 4th ed., 1888, p. 47.

（4）　Treitel, G. H., Contract, p. 198. 約款を記載した書面を受領した者が約款を読んだことを要するとか、この者が約款の重要性又は効果につき主観的に知った状態にすることを要するとかは、必ずしも要求されない。Chitty-Guest, General Principles, para. 12-011.

（5）　Treitel, G. H., Contract, p. 199 ; Stone, R., Contract, P. 226 ; Clarke, M., [1976] Cam. L. J. 51, 53-4 ; Wilson, J. F., RabelsZ 28（1964）, 644, 647 ; Id., Landesbericht Grossbritannien I, In : Richerliche Kontrolle von Geschäftsbedingungen, S. 47 ; Kade, T., Richterliche Kontrolle, S. 36 u. 39 ; Sales, H. B., 16 M. L. R. 318, 320-1（1953）. Atiyah, P. S., An Introduction to the Law of Contract, 5th ed., 1995, p. 187（以下、Introduction と略記）は、通知は約款の存在の通知か、それとも約款内容の通知を意味するのかが問題となるが、不幸にも、判例はその存在の通知で足りるとしていると指摘する。

（6）　Parker v. The South Eastern Ry. Co.（1877）L. R. 2 C. P. D. 416, 421, 423（per Mellish L. J.）.

（7）　Richardson, Spence & Co. v. Rowntree [1894] AC 217, 220 ; Hood v. Anchor Line [1918] AC 837, 846-7, 848-9 ; Cockerton v. Naviera Aznar, S. A. [1960] 2 Lloyd's Rep. 450, 463 ; McCutcheon v. David MackBrayne Ltd. [1964] 1 W. L. R. 125, 129 ; Burnett v. Westminster Bank [1965] 3 W. L. R. 863, 873 ; Thornton v. Shoe Lane Parking [1971] 2 W. L. R. 585, 589-92.

（8）　Clarke, M., [1976] Cam. L. J. 51, 54. See also Parker Case [1877] L. R. 2 C. P. D. 416, 421 ; Wülfing, G., Die gerichtliche Kontrolle, S. 73.

（9）　Parker Case [1877] L. R. 2 C. P. D. 416, 423. 但し、法的な無能力者（未成年者、精神障害者）の場合は、このことは当てはまらない。See Flower v. London and North Western Rly Co. [1894] 2 QB 65 ; Imperial Loan Co. v. Stone [1892] 1 QB 599.

（10）　Cartwright, J., Unequal Bargaining, p. 42f ; Hood v. Anchor Line（Henderson Brothers）, Ltd. [1918] AC 837, 845f.

（11）　Parker Case [1877] L. R. 2 C. P. D. 416, 421-2, 426 ; Richardson, Spence & Co. v. Rowentree [1894] AC 217, 220 ; Roe v. R. A. Naylor, Ltd. [1917] 1 KB 712, 716 ; Hood v. Anchor Line [1918] AC 837, 844, 847 ; Keeton Sons & Co Ltd v. Carl Prior Ltd. [1986] BTLC 30（LexisNexis）; Cheshire-Fifoot-Furmston, Contract, p.

第 1 節　イギリス法

174 ; Mickelburgh, J., Consumer Protection, p. 323 ; Macdonald, E., Exemption Clauses, p. 17 ; Lawson, R., Exclusion Clauses, p. 8 ; Applebey, G., Contract, p. 270.

(12)　Chitty-Guest, General Principles, para. 12-012 ; Thompson v. London, Midland & Scottish Ry. Co. [1930] 1 KB 41, 51. Anson-Guest, Contract, 25th ed., p. 156 は、厳密には、各特定事案における事実問題であるが、しかし、この要件は、法問題であるというのが今日では正しいといえようとする。See also Clarke, M., [1976] Cam. L. J. 51, 68. もっとも、Anson-Beatson, Contract, p. 163 は、事実問題とする。興味深いのは、Atiyah, P. S., The Rise and Fall of Freedom of Contract, 1979, p. 732 における指摘で、それによると、特にいわゆるチケット・ケースで妥当するが、陪審はほとんど常に鉄道会社よりも消費者の方に味方したが、裁判所は鉄道会社を何らかの方法で保護する必要性を感じていたのであり、したがって、裁判所は合理的認識手段をなしたか否かの問題の性質を事実問題から法問題へとシフトしなけらばならなかったとする。

(13)　Parker Case (1877) L. R. 2 C. P. D. 416, 425 ; Hood v. Anchor Line [1918] AC 837, 845, 849 ; Cockerton v. Naviera Aznar, S. A. [1960] 2 Lloyd's Rep. 450, 458 ; Clarke, M., [1976] Cam. L. J. 51, 68 ; Furmston, M. (ed.), Contract, para 3. 16.

(14)　Wilson, J. F., RabelsZ 28 (1964), 645, 647 ; Roe v. R. A. Naylor, Ltd. [1917] 1 KB 712, 716.

(15)　Anson-Beatson, Contract, p. 163 ; Yates, D., Exclusion Clauses, p. 62 ; Chitty-Guest, General Principles, para. 12-014 ; Wilson, J. F., Contract. p. 249 ; Clarke, M., [1976] Cam. L. J. 51, 67 ; Macdonald, E., Exemption Clauses, p. 16.

(16)　Thompson v. London, Midland & Scotish Ry. Co. [1930] 1 KB 41, 46, 48, 51. See also Lawson, R., Exclusion Clauses, p. 10 ; Parker Case [1877] L. R. 2 C. P. D. 416, 423 ; Marriott v. Yeoward Brothers [1909] 2 KB 987, 993. もっとも、カナダの事案であるが、原告がウクライナ人で、英語を理解し読む能力の点で相対的に制限されている場合には、合理的認識手段提供を尽くしていないとされた。Firchuk and Firchuk v. Waterfront Cartage [1969] 2 Lloyd's Rep. 533, 534. なお、Treitel, G. H., Contract, p. 199 は、Thompson Case [1930] 1 KB 41 につき、余りに間接的であり、約款組込へと採られた手段は、今日では、十分なものとみなされないであろうとする。McKendrick, E., Contract, p. 192 も、Thompson Case では免責条項の存する時刻表は 552 頁に及び、かつ、時刻表の価格は運送賃の 5 分の 1 であったのであり、このような事案で合理的手段を尽くしたとするような大まかな立場は、今日でも維持できるかは疑わしいと指摘する。

(17)　Adams, J. N., 1978 Anglo-American L. Rev. 136, 150 ; Wülfing, G., Die gerichtliche Kontrolle, S. 74.

第1章　約款による契約の成否

(18)　Treitel, G. H., Contract, p. 199f. ; Macdonald, E., Exemption Clauses, p. 16f. ; Furmston, M. (ed.), Contract, para. 3. 14 ; Richards, P., Contract, p. 8 ; Clarke, M., [1976] Cam. L. J. 51, 67-8. 特に、Clarke, M., supra. p. 75 は、相手方に認識を与えるために特別な措置をとらなければならないとする。See also Stone, R., Contract, p. 225.

(19)　Richardson, Spence & Co. v. Rowntree [1894] AC 217, 221.

(20)　Geier v. Kujawa, Weston & Warne Bros. (Transport) Ltd. [1970] 1 Lloyd's Rep. 364, 368. もっとも、翻訳がなされたときには、約款組込をなそうとする者は、約款の一部のみを翻訳することには用心すべきである。というのは、これをなすことによって、残余条項は重要でないことを示唆することになり、援用しえなくなるからである。Treitel, G. H., Contract, p. 199. 例えば、ドイツの輸出商とイギリスの輸入商との間で、ジャガイモの輸入契約が締結されたが、交渉は英語でなされ、ドイツ語の約款が適用されるとされていたが、その一部のみが英語に翻訳されていた事案で、「輸入商には、翻訳された部分について読み、理解し、拘束されるといえるが、翻訳されなかった部分について読み、理解することは期待できない。翻訳されなかったドイツ語の部分は契約に組込む意図はなかった」とされた。H. Glynn (Covet Garden) Ltd. v. Wittleder [1959] 2 Lloyd's Rep. 409, 420.

(21)　Clarke, M., [1976] Cam. L. J. 51, 68 ; Macdonald, E., Exemption Clauses, p. 16f.

(22)　Geier v. Kujawa Weston and Warne Bros. (Transport) Ltd. [1970] 1 Lloyd's Rep. 364, 368.

(23)　Wilson, J. F., Contract, p. 249 ; Clarke, M., [1976] Cam. L. J. 51, 65 ; Wright, M., 122 New L. J. 490, 491 (1972) ; Treitel, G. H., Contract, p. 200 ; Yates, D., Exclusion Clauses, p. 56 ; Anson-Beatson, Contract, p. 161 ; Cheshire-Fifoot-Furmston, Contract, p. 174 ; Schmitz, G., Haftungsausschlußklauseln, S. 24 ; Lawson, R., Exclusion Clauses, p. 17.

(24)　Reynolds, F., Formulation of Standard Terms and Their Incorporation in Contracts, In : Standard Terms in Contracts (Proceeding of the Eighth Colloquy on European Law University of Neuchâtel), 1979, p. 25.

(25)　Clarke, M., [1976] Cam. L. J. 51, 65.

(26)　Olley v. Marlborough Court, Ltd. [1949] 1 KB 532, 548, 549. See also Fosbroke-Hobbes v. Airwork, Ltd. [1937] 1 All E. R. 108, 114 ; Hollingworth v. Sourthern Ferries Ltd. The "Eagle" [1977] 2 Lloyd's Rep. 70, 75-6 ; Daly v. General Steamship Navigation Co. Ltd. The "Dragon" [1979] 1 Lloyd's Rep. 257, 262. もっとも、チケット発行の時に契約が締結されたとする判例として、see Cockerton v. Naviera

第 1 節　イギリス法

Azmar, S. A.［1960］2 Lloyd's Rep. 450, 460-1.

（27）　Thornton v. Shoe Lane Parking, Ltd.［1971］2 W. L. R. 585, 588-9, 592, 593. もっとも、契約締結後であったとするのには、批判がある。例えば、チケットは単なるレシートであり、かつ、掲示は容易に見える場所になされていなかったが故に、合理的な通知を充たしていないとする可能性があったとか、組込に採られた措置は通常の条項であれば十分なものであったといえるが、条項の内容が異常であるが故に不十分とされたと解すべきとされる。これらの点については、see Wright, M., 122 New L. J. 490, 491（1972）; Treitel, G. H., Contract, p. 200 ; Brownsword, R., Incorporating Exemption Clauses, 35 M. L. R. 179（1972）.

（28）　Anson-Beatson, Contract, p. 161 ; Schmitz, G., Haftungsausschlußklauseln, S. 26 ; Hoggett, Changing a Bargain by Confirming It, 33 M. L. R. 518, 521（1970）. See also Levision v. Patent Steam Cleaning Co. Ltd.［1978］1 Q. B. 69, 83. なお、Atiyah, P. S., Introduction, p. 186 は、合意がなされた時点で、他の条項を含む書面がその後の交付されることが既知であるときは異なるとし、その例として、海上物品運送契約における船荷証券をあげる。Jayaar Impex Ltd. v. Toaken Group Ltd.［1996］2 Lloyd's Rep. 437, 445 は、電話での交渉によって契約が合意された後に、売主によって契約書面が送付され、そこに仲裁条項が存した事案であるが、最終的には拘束性を否定されたが、売主の約款は買主によって既存契約の変更として承諾された場合にのみ買主を拘束する可能性を認める。

（29）　Treitel, G.H., Contract, p. 198 ; Applebey, G., Contract, p. 271 ; Zunz v. South Eastern Ry., Co.（1869）L. R. 4 Q. B. 539, 544 ; Stewart v. The London and North Western Ry. Co.（1864）3 H. & C. 135, 138-9, 140 ; Wilson, J. F., Contract, p. 248 ; Marriott v. Yeoward Brothers［1909］2 KB 987, 994. もっとも、ファックスが使用された場合に、表頁では約款については裏面参照の文言が存したが、裏面が送信されなかった場合は、裏面の約款は組み込まれない。Poseidon Freight Forwarding Co. Ltd. v. Davies Turner Southern Ltd.［1996］2 Lloyd's Rep. 388, 392.

なお、締結されるべき契約は約款に服する旨記載してあるカタログ又は小冊子（brochure）の発行は、契約締結時に約款組込のために何らかの特別な措置がなされなければ十分とされないことになろう。Chitty-Guest, General Principles, para. 12-015. See also Hollingworth v. Southern Ferries Ltd. The "Eagle"［1977］2 Lloyd's Rep. 70, 78-9.

（30）　Henderson v. Stevenson（1875）L. R. 2 Sc. & Div. 470, 473, 474f., 480 ; White v. Blackmore［1972］3 All E. R. 158, 165 ; Chitty-Guest, General Principles, para. 12-012. もっとも、法の問題としては、書面の表面に「裏書参照」のような文言が印刷されていることを必ずしも要しない。Treitel, G. H., Contract, p. 199. 例えば、クーポ

第 1 章　約款による契約の成否

ン式乗車券が冊子とされていて、表紙には中を参照という文言は存しなかったが、表紙を開くと、免責約款が存した事案で「クーポンの全部が契約の継続中に使用されるのであり、旅客は最初のページをめくり、最初のクーポンを使用するためには必然的に約款が目に入る状態にある。クーポンが契約内容を形成するが故に、最初のページが全契約を構成することは否定できない」とされた。Burke v. The South Eastern Ry. Co. (1879) L. R. 5 C. P. D. 1, 5, 6.

(31)　Parker v. South Eastern Ry. Co. (1877) L. R. 2 C. P. D. 416, 421, 428 (本件は、リーディング・ケースとして引用されるものである)。See also Nunan v. South Eastern Ry. [1923] 2 KB 703, 707-8 ; Thompson v. London, Midland & Scottish Ry. [1930] 1 KB 41, 52 ; Renton v. Southern Ry. [1931] 2 KB 103, 109-11. See also Prausnitz, O., Standardization, pp. 71-2 ; Mickelburgh, J., Consumer Protection, p. 323.

(32)　Hood v. Anchor Line [1918] AC 837, 842. もっとも、傍論ながら、「自動販売機でのチケット購入で、短時間の旅行であれば別である。このような取引では、特別な約定 (stipulation) がなければ、法が与える全ての権利を得ているかを立止まって見ることは一般に期待できない。しかし、本件では、数日間の航海のためのチケット購入であり、通常人は自己がなした取引が何かを理解するように努めるべきであり、当然そうしたとみなされるべきで、不知の主張は許されない」とする指摘も存することに注意すべきである。Id., p. 845 (per Viscount Haldane).

(33)　Henderson v. Stevenson (1875) L. R. 2 Sc. & Div. 470, 473, 477. See also White v. Blackmore [1972] 3 All E. R. 158, 165.

(34)　Richardson, Spence & Co. v. Rowntree [1894] AC 217, 220, 221.

(35)　Suger v. Londen, Midland & Scottish Ry. [1941] 1 All E. R. 172, 174.

(36)　Stephen v. International Sleeping Car Co. Ltd. (1903) 19 TLR 621 (cited in Wülfing, G., Die gerichtliche Kontrolle, S. 80).

(37)　Chitty-Guest, General Principles, para. 12-012 ; Schmitz, G., Haftungsausschlußklauseln, S. 22 ; Mickelburgh, J., Consumer Protection, p. 323 ; Thieme u. Mitscherlich, AWD 1974, 173, 177 ; Wülfing, G., Die gerichtliche Kontrolle, S. 80.

(38)　Cf. Clarke, M., [1976] Cam. L. J. 51, 72-3. もっとも、Clarke 自身は、約款組込要件として、アクセス可能性と約款の利用可能性の重要性を強調論述する。

なお、この面からいえば、約款が非常に細字か否か、約款ないしはその特定条項の記載場所がどこか、つまり、これらによって合理的な者が合理的な注意をもって読んでも、見落してしまうものであるか、が問題となる。これが肯定されるときは、約款は拘束力を生じない旨指摘するものとして、See Roe v. R. A. Naylor, Ltd. [1917] 1 KB 712, 715 ; Crooks v. Allan (1879) L. R. 5 Q. B. D. 38, 40 ; Richardson, Spence & Co. v. Rowntree [1894] AC 217, 221. もっとも、一般には細字印刷であることは、約

第 1 節　イギリス法

款を無視してよいとか、重要でないとする根拠とはならないとされる。See D. & J. Koskas v. Standard Marine Insce. Co.（1926）27 Ll. L. R. 59, 62 ; Cote, Exculpatory Clauses, In : Friedman（ed.), Studies in Canadian Business Law, 1972, p. 5（以下、Studies in Canadian Business Law と略記）; Ivamy, General Principles of Insurance Law, 3rd ed., 1975, pp. 257, 257 Fn. 22 and p. 310（以下、Insurance Law と略記）.

(39)　Adams, J. N., 1978 Anglo-American L. Rev. 136, 152.

(40)　Mickelburgh, J., Consumer Protection, p. 323 ; Prausnitz, O., Standardization, p. 72 ; Thieme u. Mitscherlich, AWD-BB 1974, 173, 178 ; Cote, In : Studies in Canadian Business Law, p. 5 ; Wülfing, G., Die gerichtliche Kontrolle, S. 73 u. 74 Fn. 17 ; Ivamy, Insurance law, p. 204 and Fn. 9 ; Clarke, M., [1976] Cam. L. J. 51, 73.

(41)　Stewart v. The London and North Western Ry. Co.（1864）3 H. & C. 135, 138-9, 140.

(42)　Thompson, v. London, Midland and Scottish Ry. Co. [1930] 1 KB 41, 48. See also Timmis v. Moreland Street Property [1957] 3 All E. R. 265, 276 ; Nunan v. Sourthern Ry. Co. [1923] 2 KB 703, 707-8 ; Goodyear Tyre & Rubber Co. v. Lancashire Batteries, Ltd. [1958] 3 All E. R. 7, 14. 若干、特殊な場合として、次の様なケースが存する。モーター製造業者と電気工事会社との間で保守契約が締結され、「当社（モーター製造業者）の約款に従うものとする。約款は請求により付与される」とされていた。だが、約款は三つあって、初版、1969年改訂版、1970年改訂版とが存した。電気工事会社は約款の請求をしなかったが、1970年7月に1969年版を受領した。これは、両会社の別の取引との混同から、誤って送付されたものであった。そこで、送付された約款が適用されるのか、それとも契約当時（1970年5月）の約款、つまり、1970年版が適用されるか、が問題となったが、「申込書における指定は、約款を契約に含める意図であることを明確に示している。相手方はその組込に全く異議を申立ていないし、約款に関して質問も全くしていない。しかも1969年版の約款を受領した2、3日後に作業を開始した。このような状況の下では、3版ある約款のいずれかが組込まれたといえる。では、いずれの版かというと、約款への指定は、契約締結当時適用されているもの、つまり、1970年改訂版への指定であると解さなければならない。もし、相手方が約款を請求すれば、当然送付されるべきであったのは1970年改訂版であるし、相手方は1969年版送付によってミスリードされていないから、最新版が本契約に組込まれていると解される」とした。Smith v. South Wales Switchgear [1978] 1 W. L. R. 165, 167, 171, 177 では、相手方が、契約締結前に約款を請求したが、何らかの理由で約款は送付できないと返答され、それにも拘らず、この者が契約を締結した場合はどうかが問題となった事案であるが、この点につき、約款を請求した者の態度と反応によって多くは状況を明確にしうる。

第1章 約款による契約の成否

つまり、この者の態度が「約款を送付されなくとも、それは実際には問題でない」とするものであれば約款が組込まれ、約款の適用なしということで契約を進めるのであれば、約款は不適用となる、と解する見解が存する。See Lawson, R., Exclusion Clauses, p. 11. しかし、相手方の意図いかんで適用可否を決するのは疑問であり、約款へのアクセス可能性と利用可能性の点から、原則として適用を否定すべきである。

(43)　Cote, In : Studies in Canadian Business Law, p. 5 ; Adamastos Shipping Co. v. Anglo-Saxon Petroleum Co. [1959] AC 133, 152, 154.

(44)　Treitel, G. H., Contract, 6th ed., p. 169 ; Clarke, M., [1976] Cam. L. J. 51, 73.

(45)　Watkins v. Rymill (1833) L. R. 10 Q. B. D. 178, 183, 188.

(46)　Mickelburgh, J., Consumer Protection, p. 323 ; Birth v. Thomas [1972] 1 All E. R. 905, 907 ; Smith v. Taylor [1966] 2 Lloyd's Rep. 231, 235 ; Thornton v. Shoe Lane Parking [1971] 2 W. L. R. 585, 592 ; Mendelssohn v. Normand, Ltd. [1969] 2 All E. R. 1215, 1217. Siehe auch Wülfing, G., Die gerichtliche Kontrolle, S. 86 f.

(47)　See Olley v. Marlborough Court Ltd. [1949] 1 KB 532, 549 (per Denning L. J.). Kade, T., Richterliche Kontrolle, S. 39 Fn. 65 も、掲示が見落すようなものでないときには、その他の引用がなくても契約内容となるとする。See also Chitty-Guest, General Prtinciples, para. 12-015.

(48)　Anson-Guest, Contract, 25th ed., p. 157 ; Sayn-Wittgenstein-Berleburg, S. P. zu, AGB, S. 9 ; Kade, T., Richterliche Kontrolle, S. 39 ; Schmitz, G., Haftungsausschlußklauseln, S. 22 ; Hadding v. Eddy [1951] 2 KB 736, 748 (per Denning L. J.); McCutcheon v. David MacBrayne Ltd. [1964] 1 W. L. R.127, 130 ; Ashdown v. Samuel Williams & Sons Ltd. [1957] 1 QB 409, 422 ; Adams (Durham), Ltd. v. Trust Houses, Ltd. [1960] 1 Lloyd's Rep. 380, 386-7 ; White v. Blackmore [1972] 3 All E. R. 158, 165-6 ; Birth v. Thomas [1972] 1 All E. R. 905, 907, 909 ; Mendelssohn v. Normand, Ltd. [1969] 2 All E. R. 1215, 1217 ; Stephenson, Incorporation of Conditions into Contracts, 114 New L. J. 452 (1964).

(49)　Brownsword, R., 35 M. L. R. 179, 183 (1972). しかも、合理的通知に関する伝統的基準は、顕著性、読み易さ及び通知を吟味する機会である。Id., supra. Fn. 31.

(50)　J. Spurling Ltd. v. Bradshaw [1956] 1 W. L. R. 461, 466 (per Denning L. J.).

(51)　Adams (Durham), Ltd. v. Trust Houses, Ltd. [1960] 1 Lloyd's Rep. 380, 387 ; Cockerton v. Naviera Aznar S. A. [1960] 2 Lloyd's Rep. 451, 462 ; Jaque v. Lloyd D. George & Partners, Ltd. [1968] 2 All E. R. 187, 190 ; Thornton v. Shoe Lane Parking [1971] 2 W. L. R. 585, 589, 591 ; Hollingsworth v. Southern Ferries Ltd. The "Eagle" [1977] 2 Lloyd's Rep. 70, 77-9. なお、一般には「不合理な条項」の代りに、「異常な(unusual)条項」という表現が用いられているが、それが何を意味するかは、それ

第 1 節　イギリス法

ほど明確でない。Lord Denning M. R. in Thornton Case, supra. p. 589 は、「非常に広範囲であり、かつ、権利を非常に害するものであって、何人も最大限に明確な方法で当該条項に注目するようになされてなければ拘束されるとは思われない条項」とするし、Megaw L. J. in Thornton Case, supra. p. 591f. は、異常な条項とは当該クラスの契約において通常なものといえない制限を含むものであり、通常性は、一般的な認識（general knowledge）、慣習、慣行又は記載するために選択されたフレーズがどのようなものか、によるとする。一般には、異常に広範囲とか、異常に苛酷とか、制定法によって付与された権利の否定を含むとか、予測できない内容であるものとされる。Chitty-Guest, General Principles, para. 12-013. See also Clarke, M., [1976] Cam. L. J. 51, 69-70. なお、近時では、一方的な（onerous）という語が使用されるが、これは不合理な条項の一タイプにすぎないと解するのが妥当であろうとされる。Furmston, M. (ed.), Contract, para 3. 16. なお、判例における不合理などの文言の分析については、see Macdonald,E.,The Duty to give Notice of Unusual Contracts Terms, [1988] J. Buss. L. 375, 377f.

（52）　Brawnsword, R., 35 M. L. R. 179, 183（1972）; Schmitz, G., Haftungsausschluß-klauseln, S. 24 Fn. 46. See also Lawson, R., Exclusion Clauses, 2nd ed., 1983, p. 8.

（53）　Chitty-Guest, General Principles, para. 12-013 ; Treitel, G. H., Contract, p. 199 ; Mickelburgh, J., Consumer Protection, p. 323 ; Anson-Guest, Contract, 25th ed., p. 156 ; Gluck, G., Standard Form Contracts:The Contract Theory Reconsidered, 28 Int. Comp. L. Q. 72, 85（1979）; Stone, R., Contract, p. 226f. ; Yates, D., Exclusion Clauses, p. 61 ; Macdonld, E., Exemption Clauses, p. 15f. ; Furnston, M. (ed.), Contract, para. 3. 13 and 3. 17 ; Appelbey, G., Contract, p. 272f ; Richards, P., Contract, p. 148 ; Cartwright, J., Unequal Bargaining, p. 40. なお、Lord Denning M. R. in Thornton Case[1971] 2 W. L. R. 585, 589. は、十分な通知といえるには、レッド・ハンド（red hand）で条項の存在位置を示すと共に赤インクで条項を印刷するか、又はこれと同等な強調した手段を使用することが必要とする。近時の判例をあげると、Hollingworth v. Southern Ferries Ltd. [1977] 2 Lloyd's Rep. 70, 78 ; Interfoto Picture Library Ltd. v. Stiletto Visual Programmes Ltd. [1988] 2 W. L. R. 615 ; Dillon v. Baltic Shipping Co. [1991] 2 Lloyd's Rep. 155. また、近時の判例では、当該条項が当該タイプの契約において苛酷または異常な条項とはいえないという指摘をなして、従来の合理的認識手段提供という要件を充足していることを肯定しているものが存する。Ocean Chemical Transport Inc. v. Exnor Craggs Ltd. [2000] 1 Lloyd's Rep. 446, 453, 454. O'Brien v. MGN Ltd. [2001] EWCA Civ 1279（LexisNexis）（Hale L. J.）も、端的に、公正で合理的な通知といえるかは、取引の性質及び条項の性質に依存するといえようとする。

（54）　どのような条項が異常または不合理なものとされるかは、質的な評価の問

第 1 章　約款による契約の成否

題であるが、主として、同一市場における同業者の使用する条項との比較によって決定されることになる。それ以外にも、条項の内容自体の見地から判断されるものとしては、過失に基づく人身傷害に対する責任からの免責、制定法によって与えられた権利を排除する条項、さらには、制定法によって黙示された条項違反による責任を制限する条項、企業による履行における本質的エレメントに関する責任を排除する条項、があげられる。Macdonald, E., Exemption Clauses, p. 22f. See also Chapman, M., Common Law Contract and Consent : Signature and Objectivity, 49 Nor. Ire. L. Q. 363, 381f.（1998）. この種の条項に該当しないとした事例として、see O'Brien v. MGN Ltd.［2001］EWCA Civ 1279（LexisNexis）.

（55）　Clarke, M.,［1976］Cam. L. J. 51, 70 ; Gluck, G., 28 Int. Comp. L. Q. 72, 85（1979）. 更に、Clarke, M., supra. は、条項の内容によって通知の程度を区別しないと、慎重な取引相手方は、取引毎に新たな予測しない条項が存しないかを常に吟味することを要することになると指摘する。

なお、特定条項が通常のものである旨の立証責任は、特定条項の範囲を知っているのは企業であるし、かつ、必要な証拠を提出するには相手方よりも企業が有利な地位にあるから、企業側に存する。Clarke, M.,［1976］Cam. L. J. 51, 70-1. もっとも、Hobhouse L. J. in AEG（UK）Ltd v. Logic Resource Ltd.［1995］CLR 265, 278（未見。Applebey, G., Contract, p. 273 より引用）は「過去においては、厳格な基準を導入する傾向があったといえようが、不公正契約条項法が制定された今日では、このことはもはや必要ではないといえる」とする。本判決の詳細な分析として、See Bradgate, R., Unresonable Standard Terms, 60 M. L. R. 582（1997）.

（56）　Macdonald, E.,［1988］J. Buss. L. 375, 382.

（57）　Interfoto Picture Library Ltd. v. Stiletto Visual Programmes Ltd［1988］2 W. L. R. 615, 620. 但し、本件では、契約相手方は消費者ではなく、商人であって、引渡証が契約条項を含むものであり、実際に条項が存したことを見ていたと思われる。もし、これらを読むことを選択しかなかったならば、この者は意識的に危険を冒しているといえ、本件のような処理が妥当かは疑問であるという指摘も存する。McLean, H., Incorporation of Onerous or Unusual Terms,［1988］Cam. L. J. 172, 174.

（58）　Macdonald, E.,［1988］J. Bus. L. 375, 383. もっとも、第 2 付則によると取引能力の点があげられており、対等な取引能力を有する商人間では一応条項は合理的と推定されるといえそうであるが、判例は必ずしもこれに踏み切っていないとされる。Cf. Macdonald, E., supra. p. 384.

（59）　Macdonald, E.,［1988］J. Bus. L. 375, 384. 判例としては、広く使用されている全国販売約款（National Conditions of Sale（19th. ed.））における「物件に関する誤り、説明の間違い、説明をしなかったことは売買契約を無効としない」という

第 1 節　イギリス法

条項は合理性の要件を充足しないとされたし（Walker v. Boyle［1982］1 All. E. R. 634）、多年に渡って使用されてきたにもかかわらず、過失免責条項は不合理とされた（Phillips Products Ltd. v. Hyland［1987］2 All E. R. 620, 628- 9）。

(60)　Cf. Dillon v. Baltic Shipping Co.［1991］2 Lloyd's Rep. 155, 171（per Kirby, P.）.

(61)　McKendrick, E., Contract, p. 193-4.

(62)　この問題は、相手方が消費者である場合ではなく、両当事者が商人である場合に主として問題となる。Macdonald, E., Incorporation of contract terms by a 'constant course of dealing', 8 L. S. 48, 53（1988）; Hollier v. Rambler Motors［1972］2 QB 71 ; British Crane Hire v. Ispwich Plant Hire［1975］QB 303.

(63)　McCutcheon v. David MacBryne Ltd.［1964］1 W. L. R. 125, 130, 131-2, 134, 138（本文は、Lord Devlin, supra. p. 134 による）。

(64)　Cf. Shirlaw v. Southern Foundries,Ltd.［1939］2 KB 206, 227（per Mackinnon L. J.）. See also Macdonald, E., 8 L. S. 49, 55（1988）.

(65)　See Clarke, P. H., Incorporating Terms into the Contract by a Course of Dealing,［1979］J. Bus. L. 23, 25. See also Hardwick Game Farm v. S. A. P. P. A.［1969］2 AC 31, 113（per Lord Pearce）.

(66)　J. Spurling Ltd. v. Bradshaw［1956］1 W. L. R.461, 467. See also The Kite（1933）P. 154, 162.

(67)　Hardwick Game Farm v. S. A. P. P. A.［1969］2 AC 31, 90, 104-5, 113, 130 ; Transmotors Ltd. v. Robertson, Buckley & Co. Ltd.［1970］1 Lloyd's Rep. 224, 234 ; Eastman Chemical v. N. M. T. Trading Ltd.［1972］2 Lloyd's Rep. 25, 32 ; S. I. A. T. v. Tradax［1978］2 Lloyd's Rep. 470, 490 ; Walek v. Chapman and Ball［1980］2 Lloyd's Rep. 279, 283. なお、判例では、合理的認識手段の提供の場合と同様に、取引過程による組込に関しても、当該条項がとくに苛酷ないし不合理でないことを指摘して、組込を肯定したものが存する。Circle Freight International Ltd. v. Medeast Gulf Exports Ltd.［1988］2 Lloyd's Rep. 427, 433. Macdonald, E., Exemption Clauses, p. 31 はこの立場を肯定する。

(68)　Yates, D., Exclusion Clauses, pp. 46-7.

(69)　Clarke, P. H.,［1979］J. Bus. L. 23, 23 ; Anson-Guest, Contract, 25th ed., pp. 153-4 ; Treitel, G. H., Contract, p. 200f. ; Schmitz, G., Haftungsausschlußklauseln, S. 25 ; Stephenson, Construction and Interpretation of Exemption Clauses, 122 New L. J. 764, 765（1972）; Evans, D. M., Incorporation of Exemption Clauses in a Contract — Course of Dealing, 27 M. L. R. 354, 356（1964）; Thieme u. Mitscherlich, AWD-BB 1974, 173, 178f. ; Mickelburgh, J., Consumer Protection, p. 324. Macdonald, E., Exemp-

## 第1章　約款による契約の成否

tion Clauses, p. 32 は、過去の取引過程で合理的な認識手段がなされていることを要することを強調する。

なお、Prausnitz, O., Standardization, pp. 52-3 は、この理論は商人間取引にのみ妥当するもので、商人対非商人間では不適当とする。確かに、適用の場は多くは商人間取引であるといえるが、消費者取引でも、この理論は適用される余地がある。See Hollier v. Rambler Motars (A. M. C.) Ltd. [1972] 2 W. L. R. 401, 404 ; Mickelburgh, supra. p. 324.

(70)　Diplock L. J. in Hardwick Game Farm v. S. A. P. P. A. [1966] 1 W. L. R. 287, 339. See also Lord Wilberforce in Henry Kendall & Sons v. William Lillico & Sons Ltd. [1969] 2 A. C. 31, 130.

(71)　SIAT di del Ferro v. Tradax Overseas SA [1978] 2 Lloyds Rep. 470, 490.

(72)　Macdonald, E., Exemption Clauses, p. 27 ; Furmston, M. (ed.), Contract, para. 3. 18. Cartwright, J., Unequal Bargaining, p. 42 は、取引過程理論は、Smith v. Hughes (1871) 6 L. R. Q. B. 597 における客観テストの一適用であると指摘する。

(73)　以下は主として、Clarke, P. H., [1979] J. Bus. L. 23, 26-32 による。

(74)　Clarke, P. H., [1979] J. Bus. L. 23, 26 ; Mickleburgh, J., Consumer protection, p. 324 ; McKendrick, E., Contract, p. 194.

(75)　See Clarke, M., [1976] Cam. L. J. 51, 60 ; Clarke, P. H., [1979] J. Bus. L. 23, 26.

(76)　D. J. Hill & Co. Pty. Ltd. v. Walter H. Wright Pty., Ltd. [1971] V. R. 749 (cited by Clarke, M., [1976] Cam. L. J. 51, 62 Fn. 79). See also Smith v. Taylor [1966] 2 Lloyd's Rep. 231, 235. 取引過程に該当するかは、事実問題である。Richards, P., Contract, p. 130.

(77)　Transmotors Ltd. v. Robertson, Buckely & Co. Ltd. [1970] 1 Lloyd's Rep. 224, 226 ; Hardwick Game Farm v. S. A. F. F. A. [1969] 2 AC 31, 113 ; Victoria Fur Traders Ltd. v. Roadline [1981] 1 Lloyd's Rep. 570, 576 ; Circle Freight International Ltd. v. Medeast Gulf Exports Ltd. [1988] 2 Lloyds Rep. 427, 433.

(78)　British Crane Hire v. Ipswich Plant Hire [1974] 1 All E. R. 1059 ; Hollier v. Rambler Motors [1972] 2 W. L. R. 401, 404.

(79)　Clarke, P. H., [1979] J. Bus. L. 23, 28 ; Treitel, G. H., Contract, p. 201 ; Mickelburgh, J., Consumer Protection, p. 324 ; Yates, D., Exclusion Clauses, p. 51. See also Mendelssohn v. Normand Ltd. [1969] 2 All E. R. 1215, 1217 ; Smith v. Taylor [1966] 2 Lloyd's Rep. 231.

(80)　Clarke, P. H., [1979] J. Bus. L. 23, 28 ; Hardwick Game Farm v. S. A. P. P. A. [1969] 2 AC 31, 104.

第 1 節　イギリス法

(81)　Clarke, P. H., [1979] J. Bus. L. 23, 28 ; Clarke, M., [1976] Cam. L. J. 51, 60 ; Mickelburgh, J., Consumer Protection, p. 324 ; Treitel, G. H., Contract, p. 201 ; Appelbey, G., Contract, p. 274 ; Metaahlhandel v. Ardfields [1988] 1 Lloyd's Rep. 197, 203. 従来の態様と異なったが、注文書の確認をなしている場合に、取引過程を肯定したものとして、see PLM Trading Co., Ltd v. Georgiou (1986) BTLC 404 (LexisNexis).

(82)　Smith v. Taylor [1966] 2 Lloyd's Rep. 231, 235-6.

(83)　Clarke, P. H., [1979] J. Bus. L. 23, 28-9 ; Clarke, M., [1976] Cam. L. J. 51, 60. See also McCutcheon v. David MacBrayne Ltd. [1964] 1 W. L. R. 125, 138 (per Lord Pearce). 取引商品が異なるとか、取引条件が FOB ではなく、CIF であっても、肯定される。SIAT v. Tradax [1980] 1 Lloyds Rep. 53, 56 ; Bankque Paribas v. Cargill International SA [1992] 1 Lloyds Rep. 96, 98 ; Macdonald, E., Exemption Clauses, p. 30.

(84)　Hoggett, 33 M. L. R. 518, 520 (1970). Cf. also Hardwick Game Farm v. S. A. P. P. A. [1969] 1 AC 31, 113. もっとも、ある時は書面を送付して署名がなされているが、ある時は書面も交付されず署名もなされていないというように、以前の取引関係で取引過程が確定しえないときは、当然否定される。McCutcheon v. David MacBrayne Ltd. [1964] 1 W. L. R. 125, 128.

(85)　Clarke, M., [1976] Cam. L. J. 51, 61 ; Clarke, P. H., [1979] J. Bus. L. 23, 30-31. Lord Reid in McCutcheon Case [1964] 1 W. L. R. 125, 128 は、「契約締結時に、相手方が企業は常に書面に署名することを要求していることを知っていると共に、企業が単に署名のための書面を交付するのを忘れたことを知っているときには、自己が気付いていた相手方の誤りを利用することはできない」とする。See also S. I. A. T. v. Tradax [1978] 2 Lloyd's Rep. 470, 490 ; Victoria Fur Traders Ltd. v. Roadline [1981] 1 Lloyd's Rep. 570, 575-6. この点、Macdonald, E.,8 L. S. 48, 59 (1988) は、判例を分析して、当事者間における過去の取引が、約款が契約内容になっていると相手方の態度から合理的に推論できるものであったかという単純な問題であって、ある取引が他の取引からどの程度異なっているかを検討する必要はないとする。

(86)　Mendelssohn v. Normand, Ltd. [1969] 2 All E. R. 1215, 1217.

(87)　Hoggett, 33 M. L. R. 518, 520 (1970) ; Yates, D., Exclusion Clauses, p. 51 ; Clarke, M., [1976] Cam. L. J. 51, 61 ; Clarke, P. H., [1979] J. Bus. L. 23, 30 ; J. Spurling Ltd. v. Bradschaw [1956] 1 W. L. R. 461, 468 ; Lamport & Holt Lines v. Coubro & Scrutton (M & I) and Coubro & Scrutton (Riggers & Shipwrights) [1981] 2 Lloyd's Rep. 659, 661.

(88)　Clarke, M., [1976] Cam. L. J. 51, 61.

(89)　Burnett v. Westminster Bank Ltd. [1965] 3 W. L. R. 863, 874-5. なお、変更に

第1章　約款による契約の成否

つき書面で通知し、相手方がこれに署名して返送したときは、十分な通知をなしたものとされる。See In re Bond Worth Ltd.［1980］1 Ch. 228, 224.

(90)　Treitel, G. H., Contract, p. 201.

(91)　Treitel, G. H., Contract, p. 201 ; Chitty-Guest, General Principles, para. 12-010 ; Furmston, M. (ed.), Contract,para 3. 18 ; Richards, P., Contract, p. 151.

(92)　British Crane Hire v. Ipswich Plant Hire［1974］1 All E. R. 1059, 1062. See also Victoria FurTraders Ltd. v. Roadline［1981］1 Lloyd's Rep. 570, 576 ; The "Ulyanovsk"［1990］1 Lloyd's Rep. 425, 431f.

(93)　この点については、See Elkan, B., Common Understanding, 125 New L. J. 200, 202（1975）; Lawson, R., Exclusion Clauses, p. 26.

(94)　因みに、英法上、たとえ明示されなくとも、慣習に基づき契約に条項が黙示されることは一般に肯定されている。しかし、慣習と認められるためには、特定性、周知性、合理性、適法性の要件を充足することを要する。Chitty-Guest, General Principles, para. 12-114. この要件の点で（特に、周知性、合理性の充足の点で）、約款による契約が慣習化されているかは疑問である。See Clarke, M.,［1976］Cam. L. J. 51, 59. Megaw L. J. in Thornton v. Shoe Lane Parking［1971］2 W. L. R. 585, 592 は、一般的認識（general knowledge）、慣習、慣行（practice）の問題として、契約条項が通常含まれるとすることを肯定しうる状況には未だ至っていないとする。

(95)　Macdonald, E., Exemption Clauses, p. 33. なお、この場合におけるレッド・ハンド・ルール（red hand rule）の適用は、特定の苛酷なまたは不合理な条項の組込とは異なり、約款全体が組み込まれるか否かという二者択一となる。企業は約款全体の組込を意図しているからである。Id., p. 33 Fn. 11.

## 第2款　署　名

契約文書に署名した者は、詐欺、不実表示または証書作成否認（non est factum）の答弁が存しないならば、たとえ約款を認識しなかったか又は読まなくとも、当該約款に拘束されるという原則は確立しており、署名は約款をも含めた全契約につき同意するという決定的証拠であるとされる[1]。例えば、喫茶店営業者である原告が煙草自動販売機を購入した。契約書には非常に小さな字で記載された免責条項が存したが、原告は読まずに署名した事案で、「契約が鉄道のチケット又はその他の署名されていない書面に含まれている

場合には、相手方がその内容に気づいていたか又は当然気づくべきであったことを立証することを要する。これは、書面が署名されている場合には適用されない。契約内容を含む書面に署名がなされている場合には、詐欺又は不実表示が存在しなければ、署名した者は拘束される。この者が書面を読んだか否かは全く問題とされない」(2)とされた。この原則は、英語を解しない外国人が署名した場合(3)、明らかに心裡留保が存する場合(4)でも、適用される。この原則は、客観理論にリンクするものであり、当事者が自己の署名が明確に存する書面を否定することを避けるためには実際的であるといえる(5)。

もっとも、この原則には例外が存し、詐欺、不実表示又は証書の性格を誤認したことによる場合は適用されない(6)。

まず、詐欺であるが、これについては一般原則に基づき取消しうる(7)。もっとも、約款組込に関しての判例は未だ存しない(8)。

次に、不実表示であるが、事実に関して相手方(企業)のなした不実な表示に基づいて契約を締結したときは、契約を取消しうると共に、損害賠償を請求できる(1967年不実表示法2条)(9)。約款においては、約款の組込に関する場合と申込に含まれた約款の内容に関する場合とが考えられる。前者の場合は、自己の約款を基礎として契約を締結しようとする企業は、自己の申込の範囲内で十分誤解を生じないように約款を指定することを要し、これをなさなければ約款は申込の内容とならない。したがって、申込に約款につき明確な指定が存しても同時に相手方に約款は含まれていないという信頼を惹起した場合には、約款は申込に含まれず、契約に組込まれない(10)。後者の場合については、当該条項は契約内容とはならない。例えば、原告が白サテンのドレスをクリーニング業者である被告にクリーニングに出したが、その際、「領収証」と表示された書面を交付され、署名を求められた。原告が署名を要求される理由を尋ねると、被告

第1章　約款による契約の成否

は一定の特別な危険、つまり、ドレスについているビーズや金属製の装飾品によるか又はそれらについての毀損責任を負いたくないからである旨の解答を得た。だが、実際には「領収証」には「当社はいかなる原因であるかを問わずすべての損害につき全く責任を負わない」旨の免責条項が存した事案で、「いかなる行為も、言語又は行動であれ、免責条項の存在又は範囲につき相手方に誤解を生ぜしめるものであれば、不実表示であるとするのに十分である。誤った印象をもたらすならば、それで十分である。誤った印象が故意に作り出された場合は詐欺的不実表示であるし、無意識によるのであれば善意不実表示であるが、いずれも、かかる表示をなした者に免責の利益を認めないとするのに十分である」(11)とされた。しかも、免責表示の存在又は内容につき、注意を惹起しなかったときには、一定の状況の下では不実表示となりうる余地がある(12)とされる。

　では、実際上しばしば見られる承認条項(13)が存するときはどうか。この種の条項は、承認をなした当事者は反対のことを主張することはできないという禁反言を生ずるにすぎず、積極的な契約上の義務として作用しない(14)。しかも、この種の禁反言を生ずるためには、承認が明確で曖昧でないこと、承認をなした者が相手方によってこれに従って行為されることを意図したか、又は少なくとも合理的な者が相手方の地位に置かれたならば承認を真実とみなし、これに従って行為することを要すると信ずるような行動をなしたこと、さらに、相手方が実際に真実と信じ、この信頼に基づいて行為するように誘因させられたこと、の三要件を充足することを要する(15)。もっとも、以上の三要件の立証責任は、相手方に存するから(16)、禁反言を生ずることは実際上は極く稀である(17)。したがって、この種の条項は、両当事者の意図を純粋に表示するものとみなされる場合でない限り、決定的（conclusive）とはされない(18)。

　最後に、証書作成否認答弁（non est factum）であるが、これは、

第 1 節　イギリス法

自己が本来意図して署名した書面と実際に署名した書面とが根本的に異なるときに主張しうる答弁（plea）である[19]。この例外が許容されるのは、このような場合には、契約における意思の合致（consensus ad idem）の原則に一致しないからである[20]。つまり、署名者の意思が署名に付随していないことによる[21]。それに、契約成立に関する客観主義は、署名者の錯誤を知っている契約当事者の利益には作用しないからである[22]。本質的には、署名という現実の事実が存するにも拘らず、公正及び正義（fairness and justice）への考慮から、書面にはあたかも事実上署名されていないかの如く取扱うことが要請されるのである[23]。とはいえ、この法理は今日混乱状況にある旨指摘されている[24]。

　元来、この法理は捺印証書に関する中世のコモン・ローから発展したものであり、当初は、視覚障害、識字能力の欠如、病気又はその他の先天的制限能力（innate incapacity）というハンディキャップを負った者は、情報提供者を信頼するほかなく、ミスリードされがちであるので、これらの者を保護することにあり、成年者で完全な能力を有する者には適用されないとされていた[25]。しかし、この法理の根拠が同意を欠くことに求められると共に、19世紀以降社会的に教育が普及してくると、単純契約にも適用が肯定されることになり、かつ、識字能力の欠如の要件は放棄された[26]。つまり、教養に欠陥が存するか、病気又は先天的制限能力に帰因するか否かを問わず、自身に過失なく、しかも説明なしには、特定書面の目的を実際に理解するのが恒常的に又は一時的に不可能である者にも適用されると共に、トリックにかけられて署名した者にも適用されることとなった[27]。したがって、視覚に障害があって無学である者のみならず、老齢者とか、非常に知能の低い者とか英語を読めない者にも適用されるが、教養があり十分な能力を有する者は通常保護されず、特別事情の存するときにのみ適用されることになる[28]。他

39

面、この法理は取引安全を害する危険性が大きい。適用が肯定されると、全く契約が存しないことになり、署名当時の事情に不知な善意の第三者も保護されないからである[29]。

そこで、以下の二要件充足の場合にのみ適用が肯定される。

第一に、錯誤[30]が重大なものであることを要する。単に、署名者が読み理解したならば、口頭合意とは一致しないと異議申立したであろうということだけでは足りない[31]。重大か否かは、当該事案における全ての事実に照して判断されるべきことである[32]。従来の判例は、錯誤が取引の性質自体ないしは書面の性格及びクラスに関するときは肯定し、書面の内容に関するときは否定していた[33]。この区別は、処理し易い限界内にこの法理をとどめておくという実際上の必要性の点で正当化しうる[34]が、この区別は実際の適用上困難である[35]。何よりも、書面の種類及び性格は明らかに書面内容に依存するのであり、内容に関する錯誤は、必ずしも常にそうであるといえないとしても書面の種類または性格に関する錯誤を伴う[36]といえ、この区別は近時の判例では採用されていない。一般には、署名を意図した書面と実際の書面との相違が考慮されるべき全事情からみて本質的なものにかかわるものであることを要するとされる[37]。この点で、相違が根本的とか、実質的であることを要すると表現される[38]が、結局は、署名者が相違を知ったならば決して署名しなかったであろうといえる程度の相違ということになる。したがって、錯誤の重大性は、「法的性質の相違」よりも、むしろ、「実際上の結果における相違」によって判断されることになる[39]。もっとも、書面の性質につき正確な観念を有しないで「単なる形式」にすぎないと信じて署名した者は、この答弁を利用できない[40]。ただ、自己が署名する資格に関し誤信して書面に署名したときは肯定される[41]。例えば、自己の署名は証人としての資格で要求されたのであり、かつ、書面はプライベートな性質のも

のである旨の詐欺的表示によって、約束手形に署名させられた者は、自己が署名した書面がいかなるタイプの書面であると観念したかにつき正確に説明できなかったにも拘らず、この答弁を肯定された[42]。なお、錯誤は詐欺によって誘発されることが多いし、実際にもこの答弁が肯定された事例の多くではこれが存在していた[43]。しかし、詐欺の存在は不可欠なファクターとはいえない[44]。問題なのは同意の不存在であり、この結果をもたらした手段ではないからである[45]。では、一部白地の書面に署名したが、相手方が合意内容と異なる内容で補充したときはどうか。例えば、買主がディーラーから自動車の割賦販売契約を締結して一部白地の融資会社の約款に署名し、白地（金額欄）補充をディーラーに委ねたが、この者から買主に送付された書式はローン契約のものであり、かつ、金額は合意内容と異なる額が記入されていた場合である[46]。この場合でもこの答弁は可能である[47]といえるが、しかし、書面で意図している取引が本来意図された取引と実質の点で又は種類の点で本質的に異なるものではないときには、署名者は責任を負わされる[48]。なお、完成した書面への署名と一部白地の書面への署名とでは適用される法原則が異なるのではないか[49]という疑問が生ずるが、この区別は否定される。つまり、自己の契約上の意図を相手方がミスリードする結果を生ぜしめた不注意な行為が、署名のために自己の面前に置かれた既に完成した書面を読まないとか理解しなかったという不注意な行為よりも、法的に重要性を有せず効果も小さいとする理由は全くなく、この種の区別は当然認め難い、とされる[50]。

　第二に、署名者が署名をなす際に不注意（carelessness）でないことを要する[51]。この点については従来見解が分れていた。否定説[52]は、「被告が原告に対してなんらかの義務を負っているのでない限り重要な過失（material negligence）は全く存在しえない。署名が詐欺に基づきなされ、かつ、当該書面が流通証券でないときは、過

失の認定は重要でない」、「過失は、証書 (deed) が実際に被告の証書であるか否かの問題に関しては全く関係しない。過失はエストッペルの問題についてのみ関連する」としたのに対し、肯定説(53)は、消極的な形ながら過失の存するときは証書作成否認の答弁は阻止されるとした。過失がないことが要件であることは、Gallie Case で明言され、「流通証券とそれ以外の書面とで区別するのは全く非常識である。…署名者はいずれの書面であるかを問わず書面を読まずに不注意で署名することにより書面を自己の書面としている」「書面を過失で読まずに署名したときは、署名者はその署名の通常の結果から免れる目的で自身の過失行為を援用することはできない。このような状況では、証書作成否認の答弁をなすことはできない」(54)とされ、次いで、Saunders Case で確認された。つまり、いかなるクラスの書面か問題となるのであれ、署名者側の過失又は不注意(55)は証書作成否認の答弁の成立を阻止するのであり、これは、エストッペル理論に基づく(56)のではなく、何人も自身の過ち (wrong) を利用しえないという原則に基づく、とされた(57)。ここでいう不注意とは、なすことを要する注意の程度がそれを欠くと不法行為上の過失と同視されるというものとは関連せず、単に署名をなす際に、通常の慎重さを有する者が自己の事務を処理する際になす注意をしたか、である(58)。当然に、事実問題であり、当該事案の具体的状況及び署名された書面の性質による。書面が重要な性質のものであれば、そうでない書面のときよりもより高度の注意をなすことが求められる(59)。但し、この不注意は合理的な者の注意という基準にはよりえない。というのは、かかる者は証書作成否認の法理に通常依拠できないからである(60)。したがって、この法理を利用しうるクラスに該当し、かつ、このような不利の立場にある者がなすことを期待される程度の注意をなしたか否かによる(61)。もっとも、書面を読まないことが全ての場合にこの答弁を排除するとは結論づ

第 1 節　イギリス法

けられない。例えば、書面を読んだとしても署名者の能力が制限されていたために書面の真の性質が明らかにならなかったであろうとされるときには、この答弁は利用できる[62]。以上の二要件、つまり、根本的な相違と自己に不注意がなかったことの立証責任は署名者側に存する[63]。これは、署名された当時の状況に不知である善意の第三者が署名された書面に信頼したにも拘らず、この答弁により全部無効の結果を生ずるのであるから、この救済を求める者に立証責任が課される[64]のである。と同時に、署名者は、いかなる認識の下で又は認識を欠いて、かつ、いかなる意図で署名したかを知っているし、どのようにして署名を誘発されたか又は署名することになったかを知っており、したがって、自己の側における過失によって署名がなされたものでないことを立証する責任が生ずるのである[65]。

　以上が証書作成否認の法理の概要であるが、約款の組込との関係でいえば、契約交渉の際に企業が約款を含む書面を署名へと提示しながらも、これは約款に関せず、なされた交渉結果の確認のために署名を求めると述べるとか、その他の方法で書面の法的性質につき欺罔するときには、この法理の適用がありうる[66]。

　以上、署名に関する法原則につき略述したが、注意すべきことは、この法原則の適用が肯定される場合であっても、約款に相手方にとって厳格な、かつ非常に負担を課す条項が存するときには、企業は当該事項に関して一般的理解を超えるものであることを明確にするために、その効果を説明すべきであり、これがなされないときは、たとえ署名が存し相手方が約款を読まないものであっても、企業は当該条項を援用できないとされる傾向に近時はある[67]。つまり、「近代の商取引上の実務では、約款が印刷された書面は読まれずに又は理解されずに署名されている。企業は契約に対する相手方の署名は署名者の真の意図を示していず、かつ、署名者は約款に含まれ

43

第1章　約款による契約の成否

ている厳格で非常に負担を課す条項に気づいていないことを知っているか又は当然に知っているべきである。かかる状況の下では、当該条項を援用する者は、まず第一に、かかる条項につき相手方の注意を惹くように合理的手段をなさなければ条項を援用しえないとされるべきである。かかる合理的手段がなされていなければ、条項の認識を否定する相手方は、詐欺、不実表示又は証書作成否認を立証することは必ずしも必要としない」(68)とされる。ことに、近時では、不公正契約条項法、消費者契約における不公正条項に関する規則が制定されており、契約締結及びその履行を当事者は誠実になすことを要すると解されてきており、これは本質的に公正でオープンな取引が原則であること意味するといえる。したがって、一方で、明確な契約書を受領したが、その内容を認識する機会を有しなかった者は不当な条項に拘束されないとされるのに対して、他方では、同様な状況で書面に署名した者は、条項が不当であるか否かを問わず、すべての条項に拘束されるとするのは矛盾であるといえる。このため、署名された場合であっても、署名に際して内容を知って承諾する合理的な機会が提供されない場合は、従来のような拘束性を生じないと解されることになる(69)。さらに、1999年消費者契約における不公正条項に関する規則(70)第2付則1項ⅰ号は「契約締結前に消費者がその内容に精通する機会を実際に有しなかった条項に消費者を拘束し、取消を認めない条項は不公正条項とする」旨規定しており、この規定の主たる適用範囲は署名がない場合であるが、署名がなされた場合であっても適用される余地があり、とくに、書面作成に使用された言語を消費者が知らないことが相手方に明らかな場合には適用される(71)。

　これは不意打ち条項は契約内容にならないとする約款法理論の一原則を想起せしめる。さらに、署名に関する原則は非常に技巧的であって、この種の書面は読まれるものとはいえず、ましてや、理解

されるものとはいえないのであって、そこへの署名は、真実には、取引の形式的な締結を表象する握手と同じくらいの意味しか有しない[72]と指摘されており、不公正契約条項法が制定された今日では、同法における合理性テストの範囲内で意味を有するにとどまる[73]とされる。

（1） Anson-Beatson, Contract, p. 160 ; Cheshire-Fifoot-Furmston, Contract, p. 179 ; Mickelburgh, J., Consumer Protection, p. 321 ; Treitel, G. H., Contract, p. 197 ; Prausnitz, O., Standardization, p. 41 ; Wilson, J. F., Landesbericht Grossbritannien I., In : Richterliche Kontrolle von Allgemeinen Geschaftsbedingungen, S. 37 ; Macdonald, E., Exemption Clauses, p. 5 ; Parker v. South Eastern Ry. Co. (1877) C. P. D. 416, 421 ; L'Estrange v. Graucob [1934] 2 KB 394, 403 ; Gore v. Van Der Lann [1967] 2 QB 31, 41 ; McCutcheon v. David MacBrayne Ltd. [1964] 1 W. L. R. 125, 134. いうまでもないが、署名のなされた書面が契約性を有することを要する。しばしば、署名者は署名することによって書面の契約性を承認しているといえるが、場合によっては署名がなされても、書面の契約性の点で、約款の組込が否定されることもある。Macdonald, E., Exemption Clauses, p. 7 ; Applebey, G., Contract, p. 268 ; McKendrick, E., Contract, p. 187. 例えば、タイムカードへの署名は、これが契約性を認められないため、そこでなされている条項へ組込は否定されている。つまり、タイムカードの目的は既存の契約の下でなされた労働のためであって、一方当事者の契約上の義務の履行を記録するものにすぎない。タイムカードは本質的に管理上の、かつ、計算上の書面にすぎないものであって、約款組込に必要な意味も目的も持つものではないとされる。Grogan v. Meredith Plant Hire and Triact Civil Engineering Ltd (1996) Sol. J. LB 57. 基本的には、合理的な者が、書面の性質及び目的、さらに、当事者間で書面が使用された状況を考慮すると、書面が契約上の効果を持つものとして、意図されていたとみなしたか否か、による。但し、署名者本人が書面には契約上の条項が含まれるとみなしたならば、合理的な者がどのように解したかを問わず、契約書面性は肯定される。Furmston, M. (ed.), Contract, para 3.9 and Fn. 3. このような署名の原則につき、Collins, H., Contract, p. 217 は、異常で、一方的な条項については相手方の注意を惹くように合理的なステップが採られるべきであるという認識に反する。この二原則を調和させるためには、署名の効果を契約内容を決定するというよりも契約上の責任の根拠に限定するのが適切であろうと指摘する。

（2） L'Estrange v. Graucob [1934] 2 KB 394, 403, 406. See also Bahamas Oil Refining Co. v. Kristiansands Trankrederie A. S. The "Polyduke" [1978] 1 Lloyd's Rep.

第 1 章　約款による契約の成否

211, 215-6 ; Saphir (Merchants) Ltd. v. Zissimos (1960) 1 Ll. L. Rep. 490, 499.

（3）　The Luna [1920] P. 22, 28.

（4）　Smith v. Mansi [1962] 3 All E. R. 857, 859. さらに、フォームの作成につき保険ブローカーが原告からの解答を間違えて誤記したが、原告が確認を求められても、読みもせずに誤りなしと答えて署名した場合には、原告はブローカーに損害賠償を請求できず、責められるべきは原告自身であるとされる。O'Connor v. B. D. B. Kirby & Co. [1971] 2 All E. R. 1415, 1421.

（5）　Applebey, G., Contract, pp. 266, 268. Harris v. Great Western Railway (1876) 1 Q. B. D. 125 では、署名者は表示による禁反言によって書面の有効性を否定できないとするが、この理論の適用は否定的に解されている。Applebey, G., supra p. 268.

（6）　Cheshire-Fifoot-Furmston, Contract, p. 284 ; Atiyah, P. S., Introduction, p. 182 ; Yates, D., Exclusion Clauses, p. 54 ; Thieme u. Mitscherlich, AWD-BB 1974, 173, 175f. ; Schmitz, G., Haftungsausschlußklauseln, S. 20f ; L'Estrange v. Graucob [1934] 2 KB 394, 403, 406 ; Blay v. Pollard and Morris [1930] 1 KB 628 ; Blay v. Polland and Morris [1930] 1 KB 628, 632. もっとも、Spencer, J. R., [1973] Cam. L. J. 104 は、上記以外にも、企業側が契約相手方が誤って署名したか、署名する前に書面を読まなかったかないしは理解しなかったことを知っていたか、又は知り得べきであったときには、相手方は当該条項に合意していなかった、つまり、錯誤の抗弁を提起しうるとするのが公平であるとする。しかし、この見解は、一般に支持されていない。この点につき、See Nicol, A., How Potent is the Magic of a Signature?, [1979] Cam. L. J. 273, 274.

（7）　Atiyah, P. S., Introduction, p. 182. 判例上も、「詐欺がない限り」という限定付きで署名の効力を肯定している。See Parker v. South Eastern Railiway Co. (1877) 2 C. P. D. 416, 421.

（8）　Clarke, M., [1976] Cam. L. J. 51, 79.

因みに、傍論ながら、詐欺に言及したものとして、Gibaud v. Great Eastern Ry. Co. [1920] 3 KB 689 がある。つまり、「条項が余りに異常で、尊敬すべき紳士ならば、このような条項を自己の約款中に挿入しようとは思いもつかないものであるし、通常人にとっても、このような条項が約款中に存するとは夢想だにしないようなものであるならば、このような条項の合意は詐欺に等しいものであり、無効」とし、そのような条項として「寄託契約において、5分以内に請求しなければ寄託物の返還請求権を失う」とする条項を例示している。Ibid., pp. 699-700, 703.

（9）　不実表示の法理一般については、see Traitel, G. H., Contract, p. 307f. ; Cheshire-Fifoot-Furmston, Contract, p. 291f.

（10）　Sayn-Wittgenstein-Berleburg, S. P. zu, AGB, S. 18 ; Cote, In : Studies in Canadian Business Law, p. 6 ; Clarke, M., [1976] Cam. L. J. 51, 77.

　因みに、約款中の一条項は一定の状況において自己には適用されないであろうと説明されたことによって、契約書に署名するように誘因されたときには、言明をなした者は禁反言される。City and Westminster Properties (1934) Ltd. v. Mudd [1959] Ch. 129, 145-7 ; Cote, In : Studies in Canadian Business Law, p. 7.

　(11)　Curtis v. Chemical Cleaning & Dyeing Co. [1951] 1 KB 805, 808-9. See also Jaques v. Lloyd D. George & Patners, Ltd. [1968] 2 All E. R. 187, 190-1 ; Mendelssohn v. Normand, Ltd. [1969] 2 All E. R. 1215, 1218, 1220 ; Chitty-Guest, General Principles, para. 14-116 ; Wilson, J. F., Contract, pp. 146-7. もっとも、Curtis Case は、特殊なケースとして把握するのが妥当とするものとして、see Clarke, M., [1976] Cam. L. J. 51, 79. Applebey, G., Contract, p. 269 は、Curtis Case を、書面上の条項を口頭の合意で変更した事案として把握し、そこでの原則によって、他の証明を排除することを意図した「完全合意条項」または「完璧」条項を契約に入れる結果をもたらしたが、商人間契約ではこの種の条項は普及しており、多くの場合は強行しうるが、消費者契約では不公正とされ、1999年消費者契約規則における不公正条項とみなされ、強行できないことになろうとする。

　(12)　Per Denning J. in Curtis Case [1951] 1 KB 805, 809. しかし、この立場は広すぎると考えられ、その当否は疑問である。もっとも、不実表示は書面自体から生じうる場合として、Harvey v. Ventilaternfabrik (1988) 8 Tr. L. 138 (LexisNexis) があげられる。これは、ドイツ語に通じていない契約相手方に対して、英語の2通の書面が署名のため提供されたが、本来は両者同一であることが意図されていたのもかかわらず、その1通にはドイツ語による裁判管轄条項が含まれており、ドイツ語による条項は重要でないと考えるのが自然であるとされた。See also Macdonald, E., Exemption Clauses, p. 8f.

　(13)　例えば、「ここに含まれている全ての言明は意見を述べたものにすぎない」とか、「売主側の表示のいかなるものによっても契約締結させられたものではないことを購入者は承認する」とか、「これらの言明の正確性は保障されない」とか、「購入者はこれらの言明の正確さを納得しているものとする」といった条項である。以上は、Murdoch, J. R., Misstatement and the Unfair Contract Terms Act 1977, 129 New L. J. 4, 4 (1979) による。

　(14)(15)　Lowe, v. Lombank, Ltd. [1960] 1 All E. R. 611, 615-6. See also Chitty-Guest, General Principles, para. 14-117.

　(16)　Lowe Case [1960] 1 All E. R. 611, 616.

　(17)　Benjamin-Reynolds, Sale of Goods, 2nd ed., 1981, para. 973 (以下、Sale と略記)。

第 1 章　約款による契約の成否

(18)　Benjamin-Reynolds, Sale, para 973. See also Walker v. Boyle [1982] 1 All E. R. 634, 640. なお、この種の条項により不実表示に関する責任を免責しうるか、が問題となるが、今日では、1977 年不公正契約条項法 8 条により合理性の基準で判断される。詳しくは、See Murdoch, J. R., 129 New L. J. 4, 5-6（1979）; Walker v. Boyle [1982] 1 All E. R. 634, 644-5.

(19)　Lawson, R., Exclusion Clauses, p. 28 ; Chitty-Beale, General Principles, para. 5-033 ; Yates, D., Exclusion Clauses, p. 69 Fn. 18 ; Macdonald, E., Exemption clauses, p. 11.
証書作成否認の答弁に関する重要な判例は、Gallie v. Le e [1969] 2 Ch. 17 と Saunders（Executrix to the Will of Rose Maud Gallie, Deceased）v. Anglia Building Society [1971] AC 1004 である。以下では、前者を Gallie Case、後者を Saunders Case として引用する。両判決を詳細に分析するものとして、see Stone, J., The Limits of Non Est Factum after Gallie v. Lee, 88 L. Q.R. 190（1972）.

(20)　Treitel, G. H., Contract, p. 302 ; Wilson, J. F., Contract, p. 112.

(21)　Foster v. Mackinon（1869）L. R. 4 C. P. 704, 711 ; Saunders Case [1971] AC 1004, 1024. この意味では錯誤に陥った当事者の意図（intention）が極めて重要なファクターとなる。Cheshire-Fifoot-Furmston, Contract, p. 285. もっとも、Lord Reid in Saunders Case [1971] AC 1004, 1016 は、本文で述べた理由づけは、署名者が全く用心しなかった場合をもカバーしてしまうことになり、広すぎる、とする。

(22)　Treitel, G. H., Contract, p. 303. もっとも、証書作成否認の理論には、意図確定につき、客観的基準よりも主観的基準を適用することを必然的に含意する。つまり、相手方に表明した意図（合理的な者がこの者の文言及び行為から推論するであろう意図）よりも、この者の内心に有する意図に重点が置かれる。See Lord Pearson in Saunders Case [1971] AC 1004, 1035-6.

(23)　Stone, J., 88 L. Q. R. 190, 206（1972）. McKendrick, E., Contract, p. 189 は、この理論は、第一に、ある者が同意する意思を生じていない取引にこの者を拘束することの不当性、第二に、ある者が署名した書面にこの者を拘束する必要性（特に、善意の第三者が署名の有効性を信頼して自己の地位に不利益を生じせしめた場合）という競合する政策を両立させるという課題を背負っており、いずれ重点を置くかで流動することになるとする。

(24)　Per Salmon L. J. in Gallie Case [1969] 2 Ch. 17, 43 ; Per Lord Reid in Saunders Case [1971] AC 1004, 1015.

(25)　Foster v. Mackinnon（1869）L. R. 6 C. P. 704, 711 ; Gallie Case [1969] 2 Ch. 17, 42 ; Saunders Case [1971] AC 1004, 1019, 1021, 1024, 1027 ; Treitel, G. H., Contract, p. 303 ; Cheshire-Fifoot-Furmston, Contract, p. 284f. この法理の沿革については、

第1節　イギリス法

see Baker, J. H., Non Est Factum, [1970] C. L. P. 53.

(26)　Cheshire-Fifoot-Furmston, Contract, p. 285. Spencer, J. R., [1973] Cam. L. J. 104, 120-1 は、単純契約一般に適用肯定するのは沿革に反するとする。

(27)　Gallie Case [1969] 2 Ch. 17, 42 ; Saunders Case [1971] AC 1004, 1016, 1025, 1034 ; Macdonald, E., Exemption Clauses, p. 11.

(28)　Treitel, G. H., Contract, p. 304 ; McKendrick, E., Contract, p. 190 ; Richards, P., Contract, p. 242f. See also Gallie Case [1969] 2 Ch. 17, 36-7 ; Saunders Case [1971] AC 1016, 1023, 1025, 1033, 1034 ; Stone, J., 88 L. Q. R. 190, 193-4 (1972).

(29)　Treitel, G. H., Contract, p. 303 ; Macdonald, E., Exemption Clauses, p. 11 ; Gallie Case [1969] 2 Ch. 17, 30-1. Cf. also Saunders Case [1971] AC 1004, 1023-4.

(30)　Spencer, J. R., [1973] Cam. L. J. 104, 119-20 は、署名の効力を否定するのに、錯誤のときは証書作成否認の答弁の形でのみ主張しうるとするのは正当でない。詐欺、不実表示はそれ自体主張しうるとされるが、この両者は錯誤の特殊なものにすぎない。錯誤とは、意思（mind）が事実と一致しない状態であり、詐欺は、相手方により故意に生ぜしめられた錯誤であり、善意の不実表示は、相手方により善意で生ぜしめられた錯誤である。したがって、詐欺、不実表示の抗弁が独立に主張しうるのであれば、錯誤もそれ自体主張しうるとすべきとする。Cf. also Samek, G., 52 Can. B. Rev. 351, 363 (1974)（エクイティ上の錯誤で処理すべきとする）。

(31)　Blay v. Pollard and Morris [1930] 1 KB 628, 636 ; Gallie Case [1969] 2 Ch. 17, 48.

(32)　Saunders Case [1971] AC 1004, 1017.

(33)　Cheshire-Fifoot-Furmston, Contract, p. 287f. ; Foster v. Mackinnon (1869) L. R. 4 C. P. 704, 711, 712 ; Blay v. Pollard and Morris [1930] 1 KB 628, 642 ; Carlisle and Cumberland Banking Co. v. Bragg [1911] 1 KB 489, 494, 497 ; National Provincial Bank of England v. Jackson [1886] 33 C. D. 1, 10 ; Howatson v. Webb [1907] 1 Ch. 537, 549 ; Bagot v. Chapman [1907] 2 Ch. 222, 227 ; Mercantile Credit Co. Ltd. v. Hamblin [1965] 2 QB 242, 268.

(34)　Muskham Finance, Ltd. v. Howard [1963] 1 All E. R. 81, 84.

(35)　Wilson, J. F., Contract, pp. 114, 117 ; Chitty-Beale, General Perincples, para. 5-034. Buckley L. J. in Carlisle and Cumberland Banking Co. v. Bragg [1911] 1 KB 489, 495-6 は、書面の内容に関するときでも、適用を肯定する。Lloyds Bank plc v. Waterhouse [1993] 2 FLR 97, 110 も、この区別は幾つかのケースでは有用であるが、すべてのケースに妥当する厳格なルールとして適用するならば、誤った結果をもたらすであろう。むしろ、より一般的な表現法を用いるべきであるとする。

(36)　Gallie Case [1969] 2 Ch. 17, 31-2, 43-4 ; Saunders Case [1971] AC 1004,

第 1 章　約款による契約の成否

1017, 1018, 1022, 1025, 1039 ; Muskham Finance, Ltd. v. Howard [1963] 1 All E. R. 81, 83.

(37)(38)　Saunders Case[1971] AC 1004, 1017, 1018-9, 1021, 1022, 1026, 1034. 多様な表現については、See Stone, J., 88 L. Q. R. 190, 206（1972）; Applebey, G., Contract, p. 379.

(39)　Treitel, G. H., Contract, p. 304 ; Macdonald, E., Exemption clauses, p. 12 ; Stone, J., 88 L. Q. R. 190, 206 ; Saunders Case [1971] AC 1004, 1017.

(40)　Treitel, G. H., Contract, 9th ed., p. 305 ; Hunter v. Walters（1871）L. R. 7 Ch. App. 75, 88 ; Mercantile Credit Co. Ltd. v. Hamblin [1965] 2 QB 242, 268 ; Saunders Case [1971] AC 1004, 1026.

(41)　Treitel, G. H., Contract, p. 305.

(42)　Lewis v. Clay（1897）67 L. J. QB 224（cited in Treitel, G. H., Contract, p. 305）.

(43)　この点、Wülfing, G., Die gerichtliche Kontrolle, S. 71 Fn. 8 は、大部分の場合は、一方当事者は詐欺によって署名をなさしめられるから、その結果、この答弁は何ら役割を演じないとするが、これは後述の点から正当とはいえない。

(44)　Chitty-Beale, General Principles, para. 5-032 ; Foster v. Mackinnon（1869）4 C. P. 704, 711. See also Hasham v. Zenab [1960] AC 316, 335. なお、Atiyah, P. S., Sale of Goods, 9th ed., 1995, p. 189. は、詐欺が存しなければ、この答弁は実際上不動産売買のケースで生ずる余地は殆どない。というのは、買主（又は売主）が、かかる取引の性質につき不知であることは実際上極く稀であるからであるとする。

(45)　Lord Wilberforce in Saunders Case [1971] AC 1004, 1026.

(46)　See United Dominions Trust Ltd. v. Western [1976] 1 QB 513. See also Campbell Discout Co. Ltd. v. Gall [1961] 1 QB 431 ; Mercantile Credit Co. Ltd. v. Hamblin [1965] 2 QB 242.

(47)　Chitty-Beale, General Principles, para. 5-035 ; Marston, G., Non Est Factum － Signing in Blank, [1976] Cam. L. J. 218, 220 ; Campbell Discount Co. Ltd. v. Gall [1961] 1 QB 431, 443, 444.

(48)　Chitty-Beale, General Principles, para. 5-035 ; Marston, G., [1976] Cam. L. J. 218, 220 ; Mercantile Credit Co. Ltd. v. Hamblin [1965] 2 QB 242, 280 ; United dominions Trust Ltd. v. Western [1976] 1 QB 513, 518, 519. もっとも、相違が本質的であったとしても、実際上は、不注意（carelessness）の点で、署名者は証書作成否認の答弁を主張できないことになる。Cheshire-Fifoot-Furmston, Contract, p. 288 ; Marston, G., [1976] Cam. L. J. 218, 220-1.

(49)　後者は、証書作成否認の答弁の適用される範囲になく、意思の合致が全く

第 1 節　イギリス法

ないとされる状況であるといえるか、という問題である。Cf. Marston, G., [1976] Cam. L. J. 218, 219-20.

（50）　United Dominions Trust Ltd. v. Western [1976] 1 QB 513, 522, 523, 524. See also Marston, G., [1976] Cam. L. J. 218, 220.

（51）　Treitel, G. H., Contract, p. 305 ; Cheshire-Fifoot-Furmston, Contract, p. 288 ; Chitty-Beale, General Principles, para. 5-036 ; Atiyah, P. S., Introduction, p. 185.

（52）　Carlisle and Cumberland Banking Co. v. Bragg [1911] 1 KB 489, 494, 495, 496-497, 498. See also Wilson and Meeson v. Pickering [1946] KB 422, 425, 425 ; Campbell Discount Co. Ltd. v. Gall [1961] 1 QB 431, 443. 但し、Carlisle and Cumberland Banking Co. Case に対しては、批判が強かった。この点につき、see Anson, W. R., Carlisle and Cumberland Banking Co. v. Bragg, 28 L.Q.R. 190 (1912) ; Guest, A. G., Documents Negligently Signed, 79 L. Q. R. 346 (1963) ; Wilson, J. F., Contract, p. 116.

（53）　もっとも、過失によるエストッペルに関連して言及されているに止まる。See Hunter v. Walters (1871) L. R. 7 Ch. App. 75, 87, 88 ; Muskham Finance, Ltd. v. Howard [1963] 1 All E. R. 81, 84. ただ、Salmon L. J. in Merchantile Credit Co. v. Hamblin [1965] 2 QB 242, 278-9 は、「原告が相手方は書面を根拠に詐欺により金員を取得するような悪者であることを知っているときには、署名された書面がこの者の手元に残らないようにする義務を、世間一般（特にその構成員の一部をなす者）に対して、負うことになろう。これをなす点で署名者に過失があれば、書面に含まれた表示の真実性を否定することはできない」とする。Lord Denning M. R. in Gallie Case [1969] 2 Ch. 17, 36 も「世間一般に対する義務」を署名者が負っていることは認める。しかし、この点は、Gallie Case における Salmon L. J., supra. p. 48 の指摘が妥当である。つまり、「署名する際に、世間一般又はその構成員の一員に対して注意義務が生ずるというのは、特殊な状況（例えば、流通証券の場合）においてのみ生ずるにすぎない」。See also Lord Hodson in Saunders Case [1971] AC 1004, 1019.

（54）　Gallie Case [1969] 2 Ch. 17, 34, 48.

（55）　「過失（negligence）」の語か、「不注意（carelessness）」の語のいずれかを使用すべきかは一つの問題である。例えば、Chitty-Beale, General Principles, para. 5-036 は前者を使用するし、Treitel, G. H., Contract, p. 305 ; McKendrick, E., Contract, p. 190 は後者を使用する。Viscount Dilhorne in Saunder Case [1971] AC 1004, 1023 は、恐らく「不注意（careless）」の文言を使用するのがベターであるとするし、Lord Peason, supra. p. 1037 は、この関連での「過失（negligence）」は、特殊な、技術的意味を有しないのであり、不注意（carelessness）を意味するとする。Bower & Turner, The Law Relating to Estoppel by Representation, 3rd ed., 1977, para. 73（以下、Estoppel と略記）も、ここでは恐らく「不注意（carelessness）」の文言が適切であ

第 1 章　約款による契約の成否

るとする。

(56)　但し、Lord Denning M. R. in Gallie Case [1969] 2 Ch. 17, 36-37 は、エストッペルを肯定する。「過失によるエストッペル」と証書作成否認の答弁との関係については、Bower & Turner, Estoppel, para. 73 ; Saunders Case [1971] AC 1004, 1038. See also Stone, J., 88 L. Q. R. 190, 209, 219 (1972).

(57)　Saunders Case [1971] AC 1004, 1019, 1020, 1023, 1026-7, 1035, 1038 ; Gallie Case [1969] 2 Ch. 17, 48 ; Chitty-Beale, General Principles, para. 5-036.

(58)　Bower & Turner, Estoppel, para. 71 ; Saunders Case [1971] AC 1004, 1019, 1023, 1026-7, 1037.

(59)　Saunders Case [1971] AC 1004, 1023, 1027, 1037. see also Macdonald, E., Exemption Clauses, p. 13.

(60)　Treitel, G. H., Contract, p. 305.

(61)　Treitel, G. H., Contract, p. 305. 無学、識字能力の欠如又は理解力に欠ける者においてさえ、法的書面に署名をなす際には、この者自身の状況に応じて、責任をもって、かつ、注意深く行為することが要求されよう。Lord Wilberforce in Saunders Case [1971] AC 1004, 1027. 通常の商取引上の慎重さを非常に欠くとしたものとして、See Credit Lyonnais v. Barnard [1976] 1 W. L. R. 557, 561.

(62)　Treitel, G. H., Contract, p. 306 ; Saunders Case [1971] AC 1004, 1023.

(63)　Cheshire-Fifoot-Furmston, Contract, 10th ed., p. 231 ; Yates, D., Exclusion Clauses, p. 69 Fn. 18 ; Cartwright, J., Unequal Bargaining, p. 47 and Fn. 46 ; Goodhart, A.L.G., Non est Factum, 87 L. Q. R. 145, 145-6 (1971) ; Saunders Case [1971] AC 1004, 1016, 1019, 1027, 1028 ; Credit Lyonnais v. Barnard [1976] 1 Lloyd's Rep. 557, 559, 561 ; United Dominions Trust v. Western [1976] 1 QB 513, 521, 523.

(64)　Lord Reid in Saunders Case [1971] AC 1004, 1016 ; Marston, G., [1976] Cam. L, J. 218, 220. See also Stone, J., 88 L. Q. R. 190, 208 (1972).

(65)　Lord Pearson in Saunders Case [1971] AC 1004, 1038 ; Stone, 88 L. Q. R. 190, 213 (1972).

(66)　Sayn-Wittgenstein-Berleburg, S. P. zu, AGB, S. 15 ; Chitty-Guest, General Principles, para. 14-116.

(67)　Jaque v. Lloyd D. George & Partners Ltd. [1968] 2 All E. R. 187, 190 ; Gluck, G., 28 Int. Com. L. Q. 72,83-4 (1979). See also Nicol, A., [1979] Cam. L.J. 273 ; Applebey, G., Contract, p. 267 ; Chapman, M., 49 Nor. Ire. L. Q. 363, 380 (1998).

(68)　Dubin J. A. in Tilden Rent-A-Car Co. v. Clendenning (1978) 18 O. R. (2d.) 601, 609 (cited in Gluck., G., 28 Int. Com. L. Q. 72, 84). Atiyah, P. S., Introduction, p. 183f. も、署名者が書面を読まなかった場合でも、署名した書面の内容がいかなるも

のであろうとも、承諾するつもりであることを署名は示すものであるという推定は、書面に含まれた条項が当該種類の取引において通常の又は標準的な条項である場合にのみ適用できるものであろうと指摘する。さらに、まだ法理論上承認されていないが、署名は契約上の意思の証拠（Proof）というよりも、法的責任の形式的な根拠として取り扱うほうが現実に適合するであろうという興味ある指摘をしている。

(69) Rutherfold, L. & Wilson, S., Signature of a document, 148 New L. J. 380, 381 (1998). Cartwright, J., Unequal Bargaining, p. 51 は、署名が一応の証拠として拘束するものとされるのは、これが相手方に信頼を生じせしめるからである。もし、この者が、誤って、詐欺又は善意不実表示によって相手方をして署名させた場合には、署名が同意を示すものとして信頼することは、もはやできない。このように見ると、署名に関する原則は、Smith v. Hughes (1871) L. R. 6 Q. B. 597 における客観テスト原則に立脚するものである、と指摘する。

(70) Unfair Terms in Consumer Contracts Regulations 1999, SI 1999/2083.

(71) Atiyah, P. S., Introduction, p. 185.

(72) Lord Devlin in McCutcheon v. David MacBrayne Ltd. [1964] 1 W. L. R. 125, 133. See also Lord Denning MR in Levison v. Patent Steam Cleaning Co. 1978] QB 69, 78 ; Lord Denning in Bridge v. Campbell Discount Co. Ltd. [1962] 1 All E. R. 385, 399.

(73) Macdonald, E., Exemption Clauses, p. 6 ; Applebey, G., Contract, p. 267.

## 第3款　確認書

契約締結後に確認書[1]送付が商取引上なされるが、この確認書によって約款は組み込まれるかというと、ドイツ法の場合と異なり、原則としては否定される。約款が契約内容となるには、契約締結前又は締結時に合理的に指定されることを要し、契約締結後の指定は法的に無意味であり、契約義務の事後の一方的変更は許容されないからであ[2]。もっとも、相互の合意により契約内容の変更をなしうるが、これには、申込・承諾と約因の充足を要する[3]。しかし、原契約内容と異なる条項を含む確認書の送付が申込・承諾を充足するかは疑問である[4]し、約因の要件も条項が相手方により広い権利を容認するときは肯定されるが、免責約款は常に相手方の地位を不利にするものであるから充足しない[5]。

第1章　約款による契約の成否

　以上が原則であるが、確認書条項が契約内容となる場合が存する。第一は、確認書条項は当事者間の取引過程（a course of dealing）又は慣行（usage）により原契約に包含される[6]。英法上はこの理論が特に活用されている。この適用には、当事者間で以前から多数の取引がある程度定期的になされていたこと、条項の存在及び契約内容となす意図であるという事実につき取引過程で合理的方法で相手方に認識を与えていること、及び以前の取引と当該取引とが実質的に同一であること、を要する[7]。第二は、慣行又は取引過程が存しなくとも、口頭証拠原則又は禁反言則により、契約締結後に送付されても確認書条項が機能するとされる[8]。口頭証拠原則は当事者の書面による契約を対象とし単なるメモランダムには適用されない[9]。受領者が作成に関与していないし、作成権限も付与されていず署名もしていない確認書が書面による契約とされるかは疑問で、口頭証拠原則を確認書に適用する判例は近時見当らない[10]。次に、禁反言則適用には、その一般要件に基づき、確認書の受領者が確認書は契約内容を含むものとして承諾することを表示[11]し、かつ、送付者がこの表示に信頼して自己の地位を変更することを要する[12]。受領者の表示は、この者が条項を知って承諾することを要し、送付者は受領者が条項を読んだと推測することは正当化されない。仮りに確認書条項を知っていると推測されても、受領者の履行行為は、確認書条項を承諾しないで当初に合意された契約を履行するという表示にすぎないといえるから、確認書条項を承諾するという明確な表示とはみなしえない[13]。さらに、送付者が受領者のなんらかの行為以前に自己の地位を変更するのが通例であるが、送付者が信頼するのは一般に受領者の行為ではなく、その単なる沈黙にすぎない[14]。単なる沈黙は、取引慣習又は法により異議申立の義務が課されない限り、禁反言を生じないし、かつ、かかる義務を課すのは非常に例外的であり判例上も非常に制限的であるから、一般

第 1 節　イギリス法

的には妥当しない(15)。

（1）表示名称の具体的例につき、See, Hogett, A. J. C., Changing a Bargain by Confirming it, 33 M. L. R. 518 Fn. 3（1970）. 但し、確認書自体に関する判例は僅かである。これは、確認書の利用がそれほど一般的でないこと及びこの種の紛争は仲裁に委ねられることが多いからである。Schlesinger, R. B. (ed.), Formation of Contracts. A Study of the Common Core of Legal Systems, vol. 2, 1968, p. 1200 (Leyser)（以下、Schlesinger (ed.), Formation と略記）

（2）Anson-Guest, Contract, 25th ed., pp. 153-8 ; Hogett, A. J. C., 33 M. L. R. 518, 521（1970）; Waddams, S. M., The law of Contracts, 1977, p. 45（以下、Contracts と略記）; Schmitz, G., Haftungsausschlußklauseln, S. 26 ; Sandrock (hrsg.), Handbuch der internationalen Vertragsgestaltung, Bd. 1., 1980, S. 319 (Beckmann)（以下、Sandrock-Beckmann, Handbuch と略記）; Fuchs, T., Kaufmännische Bestätigungsschreiben im englischen und französischen Recht im Vergleich zum deutschen Bestätigungsschreiben, 1998, S. 47f（以下、Kaufmännische Bestätigungsschreiben と略記）.

（3）契約内容の変更（variation）理論一般については、see Treitel, G. H., Contract, p. 96f. ; Anson-Beatson, Contract, p. 494f. 更改（novation）も考えられるが、一方当事者には更改の意思が通常欠けている。Thieme u. Mitscherlich, AWD-BB 1974, 173, 180.

（4）Hogett, A. J. C., 33 M. L. R. 518, 519（1970）.

（5）Schmitz, G., Haftungsausschlußklauseln, S. 26f. ; Thieme u. Mitscherlich, AWD-BB 1974, 173, 179f. ; Sandrock-Beckmann, Handbuch, S. 319.

（6）Hogett, A. J. C., 33 M. L. R. 518, 520（1970）; Thieme u. Mitscherlich, AWD-BB 1974, 173, 180 ; Ebenroth, C. T., Das kaufmännische Bestätigungsschreiben im internationalen Handelsverkehr, ZVglRWiss 77（1978）, 165 ; Fuchs, T., Kaufmännische Bestätigungsschreiben, S. 70f. ; Waddams, Contracts, pp. 45-6 ; Hardwick Game Farm v. S. A. P. P. A., [1969] 12 AC 31 ; Henry Kendal etc. v. William Lillico etc. [1968] 2 All E. R. 444. Sandrock-Beckmann, Handbuch, S. 320 Fn. 249 は、この場合、当事者間の取引過程に基づき約款はすでに適用されるのであり、確認書によって初めて契約に組み込まれるのではないとする。

（7）Clarke, P. H., [1979] J. Bus. L. 23, 26-32 ; Treitel, G. H., Contract, p. 200f. ; Sandrock-Beckmann, Handbuch, S. 316f. ; Fuchs, T., Kaufmännische Bestätigungsschreiben, S. 57f.

（8）Hogett, A. J. C., 33 M. L. R. 518, 521（1970）; Thieme u. Mitscherlich, AWD-BB 1974, 173, 180 ; Ebenroth, C. T., ZVglRWiss 77（1978）, 165. これらの場合には、約因及び承諾の問題は無関係である。Hogett, A. J. C., supra.

第 1 章　約款による契約の成否

（ 9 ）　Chitty-Guest, General Principles, para. 12-081 ; Cross on Evidence, 4th ed., 1974, p. 539. 単なるメモランダムか契約文書（contractual document）かは、当事者の意図及び合理的人間が書面の条項及び当該諸状況から推論しうるものにより決定される。

（10）　Hogett, A. J. C., 33 M. L. R. 518, 523（1970）. See also Ebenroth, C. T., ZVglRWiss 77（1978）, 166 u. Fn. 26.

（11）　表示は、合理的人間がそれに信頼しても安全と思われる程に曖昧でないことを要する。Hogett, A. J. C., 33 M. L. R. 518, 525-6（1979）.

（12）（13）（14）　Hogett, A. J. C., 33 M. L. R. 518, 526-7（1970）.

（15）　Hogett, A. J. C., 33 M. L. R. 518, 527(1970). See also Schlesinger(ed.), Formation, pp. 1116-20（Leyser）.

## 第 4 款　インターネット取引

　この場合でも、契約の成立には、申込と承諾という契約成立の一般原則が適用されることに変わりはないが、契約成立時点はいつかが問題となる。

　この点については、従来からの、郵便、電話、ファックス及びテレックスを利用した場合における発信ルールと受信ルールとが存する。前者は、返信が投函されるか又は被申込者の手を離れたときに契約は成立するとするものである(1)。後者は、被申込者が承諾を伝達するのであって、これが申込者によって受領されねばならないとするもので、これが一般原則といえる(2)。発信ルールは、申込者がこの手段を選択したのであるから、これに基づく危険は負担しなければならないとするのであるが、申込者にとって非常に不利となるので、当初からその適用範囲は限定されていたのであり、この原則は近代では急速に時代遅れとなってきているとされる(3)。しかし、電子商取引の場合には必ずしもそうとはいえない。

　郵便との電子的類似性からいえば、電子メールには発信ルールがもっとも適合するように思われる。電子メールは瞬間的なものではなく、送信者は通常メッセージの発信につき瞬時の又は継続的な

第1節　イギリス法

フィードバックを受け取らない。被申込者が送信ボタンをクリックした瞬間、メッセージのコントロールは失われ、メールはインターネットに送られ、種々のコンピュータを経由して相手方に到達する。したがって、郵便によるメッセージ送達の不確実性という問題は同じく電子メールにも当てはまる。電子メールの受領が効果を生じるのは発信時か受領時かのいずれかであるのでは、契約が成立しているか否か不確実になってしまうから、承諾の最も早い時点を選択するのが妥当といえよう。そうなると、発信ルールがよく、発信した瞬間に契約が成立することになる[4]。しかし、この発信ルールは郵便が合理的な迅速性を有し、信頼性が非常に高い点に根拠を有するものであるが、電子メールは郵便ほど信頼性の高いものではない[5]。

　他方では、電子メールに受領原則を適用すべきとする見解も存する。発信ルールの基礎は、郵便は相応に迅速で非常に信頼できる点にあるが、電子メールは郵便ほど信頼の置けるものではない。サイバースペースでは、電子メールは紛失、文字化けが生じうるし、相手方のファイヤーウォールによってしばしば拒否される。ファックスの場合と同様に、送り手は相手方に到達しないことがありうることを知っているし、場合によってはメールアドレス違いで到達していない旨のメッセージ付きで返送されてくることもある。したがって、電子メールでは、発信者はエラーが発生したならば直ちに対応策を郵便の場合と異なり採ることができるといえる。また、改変の危険性も否定できない。このようにみると、受領ルールのほうが妥当であるといえる[6]。しかし、受領ルールとすると、契約は申込者の所在地で形成されることになるが、では、一体どこで受領が生じるといえるのか、申込者のメールサーバーに承諾が到達した時か、コンピュータにダウンロードされた時か、それとも申込者が読んだ時か、という種々の時点が考えられる。これらは、時期的に非常に

異なり、申込者の個人的な電子メールをチェックして読む頻度如何による[7]。

この受領時点の判断については、テレックスに関する判例が参考になる。つまり、テレックスで定期傭船契約における傭船料不払いによる解除通知がなされ、傭船者のテレックス受信機に金曜日の真夜中に到達したが、その時点では既に営業所は週末のため閉められており、係の者も配置されていなかった事案で、金曜日の真夜中に到達した通知は即座に読まれることが期待できないのであり、それが可能となるのは翌週の月曜日の営業開始時であるから、受領したといえるのはこの時点であるとされた[8]。これは、受領が期待できる時ということになる。これによると、電子メールでは、サーバーからメッセージをダウンロードした後にこれを読むことが期待できるのであるから、申込者がメッセージをダウンロードした時に通常受領されたことになる。申込者が実際に読んだか否かは問題とならないし、読むことを拒否しても責任を負わされることになる。かつ、申込者は合理的な頻度でダウンロードすることが期待できる。もし、申込者が稀にしか電子メールをチェックしないのならば、被申込者に知らせるという一種の注意義務が存し、これをしなければ、合理的な期間経過後に承諾は効力を生じることになる[9]。他方、ウェブサイト契約では、瞬時のコミュニケーションがなされるから、送信者は即座にフィードバックでき、間違いは直ちに明らかになる。この点からいえば、郵便によるメッセージよりも電話による会話という性格にに接近しているといえる。したがって、受領ルールが適用されるといえる[10]。

以上が、電子的契約の成立時点に関する検討であるが、では、約款の組込に関してはどうであろうか。電子商取引でも、一般の契約と同様に、約款が使用され、かつ、附合契約であることには変わりはない。したがって、約款が組み込まれるためには、合理的認識手

第1節　イギリス法

段がなされていることを要する[11]。この場合、オンライン（On-Line）取引では、企業は自己の約款を顧客に知らせるためには種々の手段を有する。ただ、この取引では、第一次的には商品などの販売を促進することにあって、あまりに複雑な法律用語を使用してブロックすることは好まれないという特長がある[12]。以下、若干検討する。

　まず、ウェブサイトにおける指定である。これには以下のような手段がある。第一に、ハイパーリンクにおける約款適用の指定がある場合である。つまり、指定文言が約款を含むページにリンクしている場合である。この方法は、電子商取引における販売促進という機能を実質的に害せずに法的な信頼性を達成できるメリットがあるため、広く採用されており、通常の条項に関する合理的な認識手段を充たすといえる。つまり、通常使用される「裏面参照」という文言による通知は、ウェブページの下部におけるハイパーリンクと非常な親近性を有するからである[13]。より具体的にいうと、ウェブページにおける表示は明らかに広告であって契約書面（document）ではなく、顧客はそこに約款が含まれているとは一般的に予期していないから、明確に約款条項に顧客の注意を惹くようにする必要があり、しかも、契約が締結される前にそうすることを要する。ウェブ上で参照によって組み込まれる約款条項は「承諾」ボタンよりも前に指示されていなければならない。これは、承諾ボタンをクリックすると、顧客はさらにページをスクロールする機会を有する前に、瞬時に取引は承諾の効果が発生してしまうからである。さらに、約款条項は明確に手掛かりを与えるものであることを要し、単に条項を他のページで発見する機会を与えるものではおそらく不十分であるし、条項を一般的な情報ページで記載しておくのでも不十分である[14]。

　なお、相手方にとって不利な条項については、前述のように特別

に顕著な手段が要求されているから、ハイパーリンクによる手段では不十分とされることになる。したがって、この条項を提示するのにハイパーリンク手段を使用する企業は、不意打ち条項及び免責条項については約款本文から切り離して、実際の注文フォームに移しておくことがベストといえる[15]。

第二に、約款をハイパーリンクしないで、注文書又はウェブページの下部に全条文を流す (stream) という方法をとれば、条項は顕著な形で示されているので、認識付与手段としては法的に適切と思われる。しかし、この方法をとると、容易にウェブページは視覚的に興味を惹かなくなってしまう。しかも、ウェブページは、顧客が約款を読む機会を持ったことを積極的に提示するよう要求していないので、顧客は受動的な立場になってしまうという難点がある[16]。

第三に、ダイアログボックスを作成して、顧客が「同意する」「これらの条項を閲覧した」という文言の記載された個所をクリックする前に、約款を完全にスクロールするように強制する方法もとりうる[17]。この方法は、法的には非常に強力で、顧客は契約に約款が適用されうることを明確に認識することになるといえる。ただ、法的にもっとも効率的な方法は商業的にはもっとも望ましくなく、かつ、魅力的でない方法であるといえる。ことに、購入品が低価格品である場合には、この方法では面倒と感じることにもなりうる[18]。

次に、電子メールの場合であるが、この場合は、企業には選択の余地は殆どなく、電子メールの下部に約款を含めておくことが必要となる。「本契約は当社の約款に服する」というような指定では不十分である[19]。

（1） Chissick, M. & Kelman, A., Electronic Commerce : Law and Practice, 1999, p. 72（以下、Electronic Commerce と略記）; Applebey, G., Contract, p. 50f.
（2） Applebey, G., Contract, p. 48f. ; Chissick, M. & Kelman, A., Electronic Com-

第 1 節　イギリス法

merce, p. 72f.

（ 3 ）　Applebey, G., Contract, p. 54.

（ 4 ）　Murray, A. D., Entering Into Contracts Electronically : The Real W. W. W., In : Edwards, L. & Waelde, C（ed.）, Law and the Internet : a frame work for electronic commerce, 2nd. ed., 2000, p. 25（以下、Edwards. L. & Waelde, C（ed.）, Law and the Internet:a frame work と略記）。

（ 5 ）　Chissick, M. & Kelman, A., Electronic Commerce, p. 73.

（ 6 ）　Chissick, M. & Kelman, A., Electronic Commerce, p. 73f. Davies, L., Contract Formation on the Internet Shattering a few myths, In : Edwards, L. & Waelde, C.（ed.）, Law and the Internet : regulating Cyberspace, 1997, p. 106f.（以下、Edward, L. & Waelde, C.（ed.）, Law and the Internet と略記）は、2 台のコンピューター間での単純な情報伝達、つまり、電子メールによる契約では、発信ルールは適用できない。利用者は第三者に自己の情報を信頼して委ねていないからである。この段階では、第三者は全く関与していない。他方、ウェブ経由の情報伝達では、発信ルールが適用される、とする。

（ 7 ）　Chissick, M. & Kelman, A., Electronic Commerce, p. 74.

（ 8 ）　Schelde Delta Shipping B. V. v. Astarte Shipping Ltd.［1995］2 Lloyd's Rep. 249, 252.

（ 9 ）　Chissick, M. & Kelman, A., Electronic Commerce, p. 74. 電子メールに発信ルール適用を否定する立場であるが、同様に解する見解として、see Dickie, J., When and Where are Electronic Contracts concluded? 49 Nor. Ire. L. Q. 332, 333（1998）.

（10）　Chissick, M. & Kelman, A., Electronic Commerce, p. 75 ; Murray, A. D., In : Edwards, L. & Waelde, C.（ed.）, Law and the Internet : a frame work, p. 26. Davies, L., In : Edward, L. & Waelde, C（ed.）, Law and the Internet, p. 114 は、発信ルールの適用を肯定するが、申込者はもっとも安全な方策を採るべきで、発信ルールの適用を回避して、メッセージを受領した時にのみ承諾が効力を生じ旨合意しておくべきであると指摘する。

（11）　Chissick, M. & Kelman, A., Electronic Commerce, p. 85f. Davies, L., In : Edward, L. & Waelde, C（ed.）, Law and the Internet, p. 115 も、相手方に、実際にこの者が読むか否かは問題外であるが、約款を読み、同意する機会を与えられねばならない、と指摘する。

（12）　Chissick, M. & Kelman, A., Electronic Commerce, p. 87.

（13）　Chissick, M. & Kelman, A., Electronic Commerce, p. 87f.

（14）　Murray, A. D., In : Edwards, L. & Waelde, C., Law and the Internet : a frame work, p. 30f.

第1章　約款による契約の成否

(15) Chissick, M. & Kelman, A., Electronic Commerce, p. 88.
(16) Chissick, M. & Kelman, A., Electronic Commerce, p. 88.
(17) Davies, L., In : Edward, L. & Waelde, C. (ed.), Law and the Internet, p. 116 も、相手方に承諾または申込をする前に約款を読む機会を与えるとともに、約款条項を読んだ旨を承認しなければ次に進めないとするのが望ましいとする。
(18) Chissick, M. & Kelman, A., Electronic Commerce, p. 88f.
(19) Chissick, M. & Kelman, A., Electronic Commerce, p. 89.

## 第2節　ドイツ法

　約款の組込に関しては、ドイツ法上、永年にわたる判例学説の発展[1]が結実した約款規制法[2]の下で、詳細な理論的展開が見られた。その後、批判[3]が強かったが、同法は、その実体法部分は2002年債務法現代化法に基づき民法305条乃至310条に取り入れられ、手続法部分は使用差止訴訟法 (Unterlassungsklagesgesetz)[4]として規定され、単独法としての地位を失った[5]。本稿の関連では、旧約款規制法（以下、旧法と略記）2条の規定は、305条に文言の変更があるが、ほぼ同旨で規定されている。民法305条は、約款の契約への組込というタイトルで
「(1)　(約款の定義につき省略)
　(2)　約款は利用者が契約締結に際して以下の要件を満たした場合にのみ契約の構成要素となる。
　　1．契約相手方に対して、明示に約款を指定したか、または明示の指定をなすのが契約締結の態様から相当な困難を伴うときは契約場所で明らかに見ることができる形での掲示によって指定し、かつ、
　　2．契約相手方に対して、利用者にとって明らかに認識できる契約相手方の身体的障害をも適切に考慮した、過度な負担とならない方法でもって (in zumutbarer Weise) 約款内容を知

りうる可能性を生じせしめ、

かつ、契約相手方が約款の適用に同意した場合である。

(3) 契約当事者は、特定種類の法律行為につき第2項で規定された要件を遵守して約款の適用を事前に合意できる。」
と規定する[6]。

ところで、旧法2条は、非商人との取引につき、約款は原則として契約締結時に明示の指定と相手方の合理的な認識可能性の両者が存在してはじめて契約内容となるとした。立法目的は、「約款の個別契約への組込は、再び確定的に民法に基づき決め手とされている法律行為による契約意思を基礎として決定されるのであり、その際、約款の正当な合理化機能に反して法取引を、特に、日常生活における大量取引を不必要に妨げるような要件を定めるものではない」とともに[7]、「契約相手方の保護と法取引の安全のために規定された」[8]ものである。

民法305条においても、この立法目的は変わらないといえ、旧法2条における解釈がほぼ妥当するといえる。以下、約款による契約の成否を検討するが、その前に検討すべき問題点として[9]、二点があげられる。

第一点は、本条は強行規定かである。これを肯定する見解は、本条は強行規定であり、契約相手方は本条2項2号の合理的認識可能性の付与についてのみ放棄できるとする[10]。しかし、旧法において同法によって日常の大量取引に不当な制限を課さないという立法趣旨からみて、本条を強行規定と解するのは疑問で、組込要件につき顧客の放棄を規定する約款条項は内容規制に関する民法307条違反で無効[11]と解されるから、強行規定とまで解する必要はないであろう。

第二点は、書式契約（Formularvertrag）に本条が適用されるかである。多数説は否定する。同条は一般的に事前作成された契約条項が

第 1 章　約款による契約の成否

その他の点で個別的に作成された契約に組込まれるべき場合を想定したものであるから、いわゆる書式契約の締結に際しては書式約款の適用ないし組込につき特別な指定を要しないし、契約相手方の特別な同意表示も必要としない。契約書には全ての本質的な規定を含んでおり、契約書自体における署名は既にその契約内容を完全にカバーしているからである[12]。しかし、書式契約も約款と解されるのであるから、305条2項不適用というよりも、既にその性質上同項の要件は充足されていると解するのが適切である[13]。

以下、約款による契約の成否につき、民法310条1項は、商人間取引における約款には民法305条2項及び3項は不適用と規定するので、非商人との取引の場合、商人間取引に分けて検討する。もとより、不意打条項、個別合意の優先をも検討の対象とすべきであるが、本稿ではこれら個々の条項が契約内容となるかの視点は割愛して、約款全体が契約に組込まれるかを対象とするものである[14]。

なお、組込に関しては、同じく民法305条2項、3項の適用除外規定が存するので、ここで簡単に言及しておく。まず、公法人、公法上の特別財産に対して使用される約款、労働契約については、組込に関する305条2項、3項は不適用とされる（310条1項、4項2文）。親族・相続法及び会社法の分野については本節自体が適用除外されている（310条4項1文）。いずれも、保護の対象とならないか、特別な手当がなされていることによる。さらに、保険約款について簡単に言及しておく。1994年7月29日以降、保険約款は認可を要しないことになり、当時の旧法23条3項に規定されていた旧法2条1項1号、2号の適用除外は廃止され[15]、約款組込規定は保険約款にも適用されることになったが、問題はヨーロッパ連合の損害保険及び生命保険に関する第3指令による保険監督法及び保険契約法改正の点である。保険監督法10a条によると、保険者に、保険契約者が自然人である場合は、保険関係にとって重要な事実及び権利

第 2 節　ドイツ法

に関する消費者情報を契約締結前及び契約期間中に保険契約者に与えなければならないとし、保険約款はこの消費者情報に入るとして、業法上の義務を課している。これを受けて、保険契約法 5 a 条は、保険者が保険契約者に対して、その申込に際して保険約款を交付しなかったか又は保険監督法 10a 条による消費者情報を与えなかったときは、保険契約者が 14 日以内に書面で異議を申立しない限り、契約は保険証券、保険約款及びその他の契約内容にとって重要な消費者情報に基づいて締結されたものとみなすとされる。そこで、保険契約法 5 a 条と民法 305 条 2 項（旧法 2 条 1 項）との関係が問題となる。これは、申込がなされ、保険証券を送付する際に消費者情報が与えられる場合（申込型）と、保険約款及びその他の消費者情報が保険証券とともに与えられる場合（保険証券型）とでは異なる。申込型では、保険約款が保険契約者にこの者が拘束的な申込をなす前又はその際に交付されている場合にのみ契約内容となる。民法 305 条 2 項 2 号（旧法 2 条 1 項 2 号）により保険約款の内容を知りうる状態となっていることが必要である。したがって、保険約款は直接契約内容となるのではなく、申込書で明示に指定され、しかも、容易に認識できる形態で指定されている場合にのみ契約内容となる[16]。保険証券型では、保険契約者が保険証券とともに保険約款を受け取っていて、約款につき知りうる形態であることによって、保険契約法 5 a 条に基づき契約に組込まれることになるが、保険契約者が 14 日以内に異議申立しないと、保険契約者が保険証券又はその他の保険者の承諾表示を受領した時点に遡って契約内容となる[17]。

（1）旧法制定前の法状態については、Siehe Schmidt-Salzer, J., Allgemeine Geschäftsbedingungen, 1. Aufl., 1971, D. 1f.; Ulmer u. a., AGB-Gesetz, 8. Aufl., 1997, § 2 Rdn. 8f.（以下、AGBG と略記）（第一章では、この 8 版による。）。なお、旧法は、債務法現代化法以前でも、Gesetz zur Änderung des AGB-Gesetzes und der Insolvenzordnung vom 19. 7. 1996（BGBl. I 1013）によって重要な変更を受けている。この改

## 第1章　約款による契約の成否

正法については、我々は既に検討する機会をもった。拙稿「ドイツにおける約款規制法の改正」法学研究（一橋大学研究年報）30号（1997）参照。なお、旧法の成立史については、Siehe Hensen, H.-D., Zur Entstehung des AGB-Gesetzes, In : FS für H. Heinrichs, 1998, S. 335f.

（2）　Gesetz zur Regelung des Rechts der Allgemeinen Geschäftsbedingungen vom 9. 12. 1976（BGBl. I 3317）. 本法に関する邦語文献として、石田喜久夫編・注釈ドイツ約款規制法（改訂普及版）（1999）がある。

なお、旧法及び現行民法305条以下における約款規制の目的は、約款利用によって契約形成自由の一方的な専横的な行使を阻止することにある。BGH 30. 6. 1994 BGHZ 126, 326, 332 ; BGH 29. 11. 2002 BGHZ 153, 93, 99 ; Ulmer u. a., AGBG, Einl. Rdn. 29 ; Stoffels, M., AGB-Recht, 2003, Rdn. 89（以下、AGBと略記）。したがって、消費者保護のみならず、相手方が企業であっても適用をみることになる。Stoffels, M., aaO. Rdn. 88.

（3）　この点につき、詳細は、Siehe Ulmer, P., Das AGB-Gesetz : ein eigenständiges Kodifikationswerk, JZ 2001, 491.

（4）　BGBl I 3422

（5）　立法の過程については、Siehe Stoffels, M., AGB, Rdn. 16ff ; Canaris, C. -W., Schuldrechtsreform 2002, 2002, Einführung. 後者には、債務法改正に関する立法過程における審議資料も収録されている。邦語文献として、小野秀誠「ドイツの2001年債務法現代化法(上)(下)」国際商事法務29巻7号、8号参照。なお、拙稿「約款と不正競争防止法」小島康裕教授退官記念4頁（2001）で、「債務法改正法政府草案は本年5月9日に承認され」の「承認され」の部分は「決定され」であることを、五十嵐清先生から指摘されました。謝意を表しますとともに、この部分を「……決定され、その後の審議を経て」と訂正します。

（6）　なお、民法305 a条は、特別な場合の組込というタイトルの下で、「305条2項1号及び2号に規定された要件が遵守されていなくとも、特定約款につき契約相手方がその適用に同意している場合には、約款は組み込まれる」ものとする。

また、旧法24条は、約款が営業上又は独立した職業上の活動において取引をなす者（営業者）に対して使用される場合及び公法上の法人又は公法上の特別財産に対して使用される場合は同法2条は適用されないとし、さらに、約款規制法の人的適用範囲に関する同法24条1号は、1998年商法改正による商人概念の改正にともなって修正され、「営業者」概念に変更されていたが、いずれも、民法310条1項に採り入れられている。

（7）　Entwurf eines Gesetzes zur Regelung des Rechts der Allgemeinen Geschäftsbedingungen（AGB-Gesetz）, BT-Drucksache 7/3919 S. 13（以下、Entwurf des AGBG

と略記). Siehe auch Vorschläge zur Verbesserung des Schutzes der Verbraucher gegenüber Allgemeinen Geschäftsbedingungen,Erster Teilbericht der Arbeitsgruppe beim Bundesminister der Justiz, 1974, S. 37 u. 41. Stoffels, M., AGB, Rdn. 260 は、この立法目的は、現民法305条2項及び3項においても考慮されねばならないと指摘する。

（8） Entwurf des AGBG, BT-Drucksache 7 / 3919 S. 17.

（9） Münchener Kommentar zum Bürgerlichen Gesetzbuch, Bd. 1., Allgemeiner Teil, 3. Aufl., 1992, AGBG § 2 Rdn. 1（Kötz, H.）（以下、Kötz, MünchKomm. AGBG と略記）は、将来、組込要件の充足が認定された後は、約款の内容規制につき裁判官が抑制的となるという危険性がある旨指摘する。しかし、この点は、約款を無効とする判例がその後も多数に及んでいることからは必ずしもそうとはいえない。

(10)　Palandt Bürgerliches Gesetzbuch, 62. Aufl., 2003, § 305 Anm. 26（Heinrichs）（以下、Palandt-Heinrichs, BGB と略記）; Dörner u. a., Handkommentar-BGB, 2. Aufl., 2002, § 305 Rdn. 11（Schulte-Nölke）（以下、HK-BGB と略記）. 旧法につき、Merz, R., Aktuelle Rechtsfragen der Kreditkartenpraxis, NJW 1991, 2804, 2806 ; Erman, Handkommentar zum Bürgerlichen Gesetzbuch, 9. Aufl., 1993, AGBG, § 2 Rdn. 22（Hefermehl, H.）（以下、Erman-Hefermehl, Handkommentar, AGBG と略記）; Wolf u. a., AGB-Gesetz, 4. Aufl., 1999, § 2 Rdn. 1（以下、AGBG と略記）.

(11)　Locher, H., Das Recht der Allgemeinen Geschäftsbedingungen, 3. Aufl., 1997, S. 40 u. 51（以下、AGB と略記）は、旧法九条につきこの点を指摘する。

(12)　Löwe u. a., AGBG, 1977, § 2 Rdn. 6 u. 10（以下、AGBG と略記）; Soergel-Siebert, BGB, Bd. Ⅲ , 12. Aufl., 1991, AGBG § 2 Rdn. 3（Stein, U.）（以 下、Soergel-Stein, AGBG と略記）; Kötz, MünchKomm. AGBG, § 2 Rdn. 6 ; Münchener Kommentar zum BGB, Bd. 2a, Schuldrecht, Allgemeiner Teil, 4. Aufl., 2003, § 305 Rdn. 55（Basedow）（以 下、Basedow, MünchKomm. Schuldrecht と 略 記）; Schulte-Nölke, H., HK-BGB, § 305 Rdn. 11 ; BGH 27. 4. 1988 BGHZ 104, 232, 238 ; BGH 27. 10. 1994 NJW 1995, 190, 190. Palandt-Heinrichs, BGB, § 305 Anm. 32 は、透明性原則が民法307条と同様に民法305条2項にも妥当し、本来の約款にも書式契約にも適用されるのであって、透明性に欠けると組込は肯定されないとして、制限付きで肯定する。

(13)　Stoffels, M., AGB, Rdn. 266 は、適用肯定説に立てば、書式契約における組込の局面で、問題なく透明性コンロトールが認められることを指摘する。

(14)　ドイツ法上は約款を使用する者を「利用者（Verwender）」という文言で示しているが、本稿では企業という文言を主として使用する。但し、場合によっては利用者という表現も使用している。

(15)　これ以前においても、認可約款につき旧法23条3項は、旧法2条の指定及び認識を生じせしめる義務を排除したにとどまり、保険約款の組込には契約相手方

の明示又は黙示の意思一致を要すると解されていた。Ulmer u. a., AGBG, §23 Rdn. 53 ; OLG Nürnberg 27. 5. 1993 VersR 1994, 164, 164. この特則は認可約款であることに基づくのであるから、例外的に認可の対象となっていないか、認可を受けていない場合は、旧法2条の要件を充足することを要する。Römer, W. u. Langheid, T., Versicherungsvertragsgesetz, 1997, §5a Rdn. 29（以下、Römer-Langheid, VVG と略記）; BGH 21. 12. 1981 VersR 1982, 381, 382 ; BGH 9. 5. 1990 VersR 1990, 887, 888.

（16） Römer-Langheid, VVG, §5a Rdn. 31 ; Lorenz, E., Zum Abschluß eines Versicherungsvertrages nach §5a VVG, VersR 1995, 616, 618.

（17） Römer-Langheid, VVG, §5a Rdn. 32 ; Lorez, E., VersR 1995, 616, 620. 民法305条2項（旧法2条）と保険契約法5 a 条、保険監督法10 a 条の関係については、詳しくは、Siehe Präve, P., Versicherungsbedingungen und AGB-Gesetz, 1998, Rdn. 187f.（以下、Versicherungsbedingungen と略記）; Hemmer, D., Die Einbeziehung von AVB in den Versicherungsvertrag nach neuem Recht, 1996. なお、保険監督法10a 条については、木下孝治「ドイツ保険監督法上の保険者の情報提供義務及び契約締結（一）～（三）」阪大法学188号、189号、192号で詳論されている。

## 第1款　非商人との取引

さて、民法305条2項は、約款が組込まれるには、企業側の明示の指定、顧客側が当然に認識できる状態に置かれていること、顧客側の同意の三要件を規定し（原則的組込）、3項では枠組契約を定める。この2項は、約款全体の構造上、本質的に、契約相手方が約款組込の事実を認識し、かつ、少なくとも、内容につき点検する可能性を従来よりも容易化するという機能を有する(1)。3項は、2項の要件充足を原則としつつも、当事者の便宜を考慮したものといえる(2)。

（1）旧法につき、Müller-Graff, P. -C., Das Gesetz zur Regelnung des Rechts der Allgemeinen Geschäftsbedingungen, JZ 1977, 245, 249. ただし、Ders., aaO. は、利用者がこの要件を充足しても、契約相手方は従来同様に有利な処置を信頼して、約款を読むとか異議申立をすることはなさないであろうと予測されると指摘する。

（2）例外規定であるから、裁判所は常に個々の事案で約款の明示的指定の必要性を放棄できるかを具体的に検討することを要する。Schmidt-Salzer, J., Allgemeinen Geschäftsbedingungen, 2. Aufl., 1997, D. 24（以下、Schmidt-Salzer, J., AGB と略

記).

(1) 原則的組込

これについては、明示的指定 (ausdrücklicher Hinweis) とは何か、合理的認識可能性 (zumutbare Kenntnismöglichkeit) とはどの程度をいうのか、同意とは何を意味するのか、が問題となる。

(i) 明示的指定

この要件は、従来の判例と異なり、企業側の約款組込につき顧客側の単なる「認識必然性」があるにすぎず、かつ、異議申立をしない場合であっても、約款組込は生じないことを確保するためである[1]。つまり、明示性要件は、契約相手方が、締結されるべき契約には特定約款が基礎となるという企業側の意思につき積極的な認識を得ることを保障すべきものであって、これによって、契約相手方の契約締結の自由及び形成の自由が保護される[2]。一般に、制定法が「明示性」を要求している場合は推断的表示では不十分である。法が「明示性」を要求している（例えば、民法244条1項、700条2項、民事訴訟法38条3項等）場合は、その多くは通常でない又は危険な合意に関するものであって、明確化機能とともに警告機能の充足を意図している。そこでは、推断的表示では足りず、むしろ、表示は特に明瞭で (deutlich) あることを要することを意味し、したがって、「法状態 (Rechtslage)」に関する完全な明確性を達成することが意図されている[3]。

このように、「明示性」は、企業側の表示の明確性によって、契約相手方は約款組込に正に同意するものであることに注意を喚起し、かつ、これによって相手方を保護するものである。したがって、明示性には特別な要件が設定されねばならず、指定は明確であって、かつ、曖昧でないことを要する[4]。たとえ、約款が当該分野で慣行的であるばかりでなく、取引慣行となっている場合でも、明示の

指定が必要である[5]。

　より具体的にいうと、明示の指定は、契約相手方が企業側の組込意思を疑いもなく認識し理解できるように、文言上も内容上も明確かつ誤解を生じさせないものであることを要する[6]。このことは、契約締結が書面によるか、口頭によるか、電話によるかを問わず妥当する[7]。この場合、基準となるのは、取引または専門的知識を有しない平均的顧客の平均的理解力である[8]。そして、制定法上要求された明示性の理由から、指定は平均的顧客が急いで見た場合であっても、見過ごすことがないような配列で、かつ、そのような形態であることを要するから[9]、隠れた場所で、しかも小さな文字でなされているのでは不十分である[10]。明示性の要件は、契約相手方の探知負担を除去し、企業側に約款を契約に適用すべき点につき明確化する負担を課しているからである[11]。いずれにせよ、明示性は契約締結の態様により異なるが、約款の存在が予期できにくいものであればあるほど、指定は顕著であることを要するといえる[12]。

　問題は指定で、まず、指定の形態であるが、契約が要式または公証を要求される場合はこれに従うことを要するが、そうでない限り、法は指定につき特定の要式を規定していないから、任意に選択でき、書面または口頭でなし得る[13]。書面上でなした場合はそれで足り、口頭の指定は必要ない[14]。また、明示の指定は必ず口頭または手書きでなされることを要せず、事前に印刷されたものであっても、それが目立つ形態で、誤解の余地のないものであれば十分である[15]。かつ、指定は全体としての約款に関してのみなされれば足り、原則として個々の条項の指定は不要である[16]。

　そして、指定は具体的顧客との契約交渉においてなされねばならず、一般的指定（例えば、日刊新聞紙上とか回状上でのもの）では単なる認識可能性を生じるにとどまり不十分である[17]。かつ、指定は特

定約款に関連したものであることを要する[18]が、これは通常企業による約款の引用で足り、個々の条項を個別的に列挙するとか、約款を添付することは不必要である[19]。規定の文言上、「契約締結に際して」とあることから、以前の、他の取引に関する指定では足りず、民法305条2項（旧法2条1項）の要件は全ての個々の契約に際して新たに充足されねばならない[20]。さらに、企業が多数の異なる約款を使用しており、契約相手方にとってどの約款が指定されたかが明かでない場合には、指定に特定性が欠け、民法306条1項（旧法6条1項）により約款なしで契約が成立することになる[21]。この場合、「当社の約款が適用される」という文言では不十分である。契約相手方に該当する約款を探し出すように要求することはできないからである。

では、指定の形態はどの様なものであれば足りるのであろうか。原則として、申込書本文において明示に約款の指定をするならば要件を充足することはいうまでもない[22]。例えば、「本契約は以下の、かつ、裏面の約款に基づくものとする」旨の表示である[23]。これに反して、申込書本文で指定をしないで、裏面に約款を単に印刷してあるだけである[24]とか、申込書では指定せずに別刷の形で約款を添付するのでは不十分である[25]。顧客側には契約文書をその全頁にわたって法律行為上重要な表示があるか否かを探求することは期待できないし、この態様では認識可能性を生じうるにとどまるからである[26]。また、申込書の末尾で、しかも顧客の署名が予定された行の下側に存する事前印刷された指定は、明確に際だっていて明らかに申込の一部をなしているといえる場合にのみ十分といえる[27]。

では、申込書以外の書面上の指定で充足するといえるかというと、原則として否定される。まず、価格表、カタログ、パンフレット上の指定は、民法305条2項（旧法2条1項）の保護目的を考慮すると

第 1 章　約款による契約の成否

不適切である[28]。例えば、カタログは、給付につき情報を知らせるもので、カタログ利用者にとって通常不利である約款につき指定をなすには適切な場所とはいえないし、具体的契約との関係が欠けているため、カタログ利用者は約款の指定をたとえ明確な形であっても見過ごしてしまうからである[29]。注文確認書での指定は、企業が新たな申込をなしていることになる。この場合、原則として組込は肯定されるとする見解[30]が有力であるが、顧客側の行為、特にこの申込確認に基づいて提供された給付の受領が修正された申込の承諾と評価できるかは、民法 147 条 2 項、151 条による。顧客側の同意の点につき、民法 305 条 2 項（旧法 2 条 1 項）は明示の表示を要求していないし、取引慣行に依拠して同意を期待できないからである[31]。受領書、領収書等での指定は、これらの書面が契約締結後に手渡されるものであって、原則として約款の組込には不十分である。交付は先行する契約締結を前提としているし、既存の契約関係に設権的な作用を及ぼしえないからである[32]。たとえ、契約締結に際して発行され交付される場合であっても、口頭の契約締結において、特別な指定なしに余り目立たない形態で印刷されたものに気づくことは通常期待できないといえる[33]。

　口頭の契約締結に際して約款が営業所に掲示されていた場合については、民法 305 条 2 項 1 号における例外に該当しない限り、たとえ見過ごせない形態であっても、十分ではない[34]。商品ケース内に存して、契約締結に際し特別な指定がなされない保証書における約款についても、同様である[35]。コンピュータ・ソフトの売買においては、インストールの際に約款への同意表示が示され、同意表示をクリックしないとインストールができないようになっている。この場合、本来生じていない約款合意が事後的に生じたと解し得るかが問題となるが、売買契約はプログラムの送付前に既に締結されており、否定的に解される。ただ、顧客による契約変更への事後の

明示の同意があれば組込は肯定できるが、単に顧客が「確認」表示をマウスでクリックすることだけで、この承認が存すると解し得ない。顧客がこの時点で商品を放棄することを期待するのは現実離れである。したがって、顧客の単なる同意表示的な行為は、事後の約款合意に関する法的に拘束的な性格を有するとは解し得ない(36)。

なお、若干重複するが、以上の指定は、明定されているように契約締結に際して、つまり、契約締結前又は契約締結の際に、なされていることを要する(37)。これによって、相手方は約款における危険と負担の評価が可能となるし、契約を締結しないという決定が可能となるからである(38)。したがって、通常の売買の場合でいえば、種々の説明を聞いて、購入を決意した後に、レジで代金支払と商品引渡がなされて契約が締結されるものであるから、説明とレジでなされる一連の行為（商品の受領及び代金支払に関する納品書、請求書、領収書の引渡）とは一体として契約締結とみなされ、約款がレジでの一連の行為に際して交付されたのであっても、「契約締結に際して」の要件を充足する(39)。また、交渉が長期に及ぶとか、顧客が承諾を留保しているとかの場合には、契約交渉過程において以前に表示および指定をなしていれば、新たに組込を指定するとか、改めて約款を交付するとかは必要ない(40)。

要するに、契約交渉のいずれかの時点で明示に約款が指定されていれば足りることになる。

ところで、契約締結の態様からみて明示の指定が困難である場合が考えられるが、これについては、民法305条2項1号後段（旧法2条1項1号後段）は、契約締結の場所における明瞭で顕著な形態の掲示による指定で足りるとして、明示の指定に対する例外(41)を認める。契約締結の態様とはいかなるものを指すかというと、第一に、運送契約、駐車場利用契約、コイン・ロッカー利用契約のように約款の利用者である企業と顧客との間に人的接触の機会が欠けている

か、第二に、場屋営業、クリーニング業、修繕業、洗車業のように、日常的な大量取引で、明示の指定は確かに可能であるが、取引の方法を考慮にいれると不必要な形式主義であって、不合理な費用支出を伴う場合、である[42]。このように、掲示による代替措置が認められるのは、人的接触の欠缺および効率性の顧慮からみて明示の指定が非常に困難であることを要するから、顧客側の探知負担がとるに足りないものであるだけでは不十分である[43]。また、明示の指定が、例えば駐車券などの契約締結に際して相手方に交付する証券上になし得る場合は掲示の要件を充足しないとする見解[44]もあるが、これは取引が日常茶飯事に、かつ、大量的になされている点からみて効率性の面を無視したもので妥当ではないといえる[45]。ただ、掲示は契約締結の場所でなされていることを要するから、この例外規定は営業所などにおいて顧客が契約締結に際して居合わせている取引についてのみ意味を持っており、書面又は電話で締結される契約の場合は除かれる[46]。

掲示は明示の指定の代わりになされるものでるから、約款自体を含んでもよいが、必ずしもそうしなければならないものではなく、約款指定でもよい[47]。例えば、「全ての契約には当社の約款が適用されます。約款はレジで見られます。」という掲示で足りる[48]。

しかし、掲示の代替性から、掲示は、まず第一に、明白で目につくものであるとともに、その文言は明確で理解しやすいものであることを要する。このような掲示であれば、契約締結前に認識が期待され、したがって、顧客の行態が組込への推断的同意と解しうる[49]。顧客が掲示を実際に見たか、かつ、組込の指定として理解したかは問題ではない。そこでは顧客の行態が、企業にとって組込の同意と解されるという認識必然性で足りる[50]。法の要求する掲示に該当するかは、契約締結の方法、顧客の通常の行態、掲示のなされた場所、掲示の大きさなどによって判断されるが、決め手は、

掲示が当該取引圏の顧客にとって直接に目に触れるものであるかであり、字体が小さいとか、配置が不適切なため、熱心に探して初めて認識できるのでは不十分である[51]。第二に、掲示は顧客が契約締結前に組込に同意するかを決定する機会を与えるものでなければならない[52]。したがって、掲示は契約締結の場所でなされていることが要求される。例えば、ホテルの室内での掲示では不十分である[53]。もっとも、これは契約締結の方法によって異なる。百貨店での物品購入とかスーパーでの食料品購入のように、そこで初めて契約が締結されるのが典型的である場合は、レジでの掲示で足りるといえるが、自動洗濯機の利用に際しては洗濯機利用コインを購入するレジになされていることを要するし、駐車場利用ではその入口になされていることを要する[54]。

なお、掲示よる組込が一度なされた後に、約款を変更した場合は、その変更を顕著な形での指定により注意を促す必要がある。さもないと、顧客はなんら変更はないと信頼したままになる。少なくともこの者に対しては信義則上変更への特別な指定が必要となる。これがない限り、新しい約款の組込は認められない[55]。

（1） Entwurf des AGBG, BT-Drucksache 7 / 3919 S. 17 ; Ulmer u. a., AGBG, § 2 Rdn. 23. Schmidt-Salzer, J., AGB, D. 4f. bes. 9f. は、従来の「認識必然性」の原則は、客観的要件として約款利用者側の法的に相応な指定表示の存在と、主観的要件として約款に対する異議申立の不作為が意思表示と帰責されることとから成り立っており、法律行為上の重要な行為の適用根拠の一部分を示しているにとどまると指摘する。なお、Schmidt-Salzer, J., a. a. O. D. 18 u. 22 は、旧法上でも認識必然性の原則は個別契約への組込の成否の判断根拠であることを否定していない。Siehe auch Schroeder, D., Die Einbeziehung Allgemeiner Geschäftsbedingungen nach dem AGB-Gesetz und die Rechtsgeschäftslehre, 1983, S. 68（以下、Einbeziehungと略記）.

（2） Soergel-Stein, AGBG, § 2 Rdn. 6.

（3） Medicus, D., Allgemeiner Teil des BGB, 8. Aufl., 2002, Rdn. 335（以下、Allg. Teil des BGBと略記）. このように、明示性の要求により、組込過程は民法133条、157条とは異なる形でなされることになる。つまり、企業が自己の約款を契約内容に

第 1 章　約款による契約の成否

するという意思表示については、明示の指定がなくとも約款が契約に適用されるという推論を肯定するこれらの規定に対して、民法 305 条 2 項 1 号は特別法ということになる。Mehrings, J., Verbraucherschutz im Cyberlaw : Zur Einbeziehung von AGB im Internet, BB 1998, 2373, 2376.

（ 4 ）　Schroeder, D., Einbeziehung, S. 90f., bes. S. 93. 文字通りの明示性を厳格に要求するのは妥当ではなく、少なくとも明瞭である（deutlich）ことで足りると解される。Medicus, D., Allg. Teil des BGB, Rdn. 409. Schmidt-Salzer, J., AGB, D. 23 は、明確性と明示性は異なり、明示性を欠けば約款なしで任意法を基礎として契約は締結されると解する。なお、単に事務所で約款を見ることができるだけでは不十分である。LG Düsseldorf 25. 7. 2003 NJW 2003, 3062, 3063.

（ 5 ）　Entwurf des AGBG, BT-Drucksache 7 / 3919 S. 18 ; Ulmer u. a., AGBG, § 2 Rdn. 23 ; Palandt-Heinrichs, BGB, § 305 Rdn. 29 ; Soergel-Stein, AGBG, § 2 Rdn. 6 ; Erman, Handkommentar zum Bürgerliches Gesetzbuch, 11. Aufl., 2004, § 305 Rdn, 26 (Roloff, S) (以下、Erman-Roloff, BGB と略記) ; Stoffels, M., AGB, Rdn. 262.

（ 6 ）　Soergel-Stein, AGBG, § 2 Rdn. 6 ; Stoffels, M., AGB, Rdn. 268 ; BGH 18. 6. 1986 WM 1986, 1194, 1196 ; OLG Nürnberg 21. 3. 1990 WM 1990, 1371, 1371. したがって、外国人との取引では交渉言語が何かによるが、これがドイツ語であれば、ドイツ語の指定で足りる。Ulmer u. a., AGBG, § 2 Rdn. 24 ; Erman-Roloff, BGB, § 305 Rdn. 26 ; Wolf u. a., AGBG, § 2 Rdn. 10 ; AG Kehl 6. 10. 1995 NJW-RR 1996, 565, 566 ; OLG Frankfurt a. M., 11. 12. 2002 NJW-RR 2003, 704, 705. 契約言語が交渉言語とが異なる場合であっても、相手方が契約言語に通じており、指定を容易に理解できる場合には、指定は肯定できるし、相手方自身が交渉言語に通じていなくとも、この者のために言語に通じた代理人が交渉するのであれば、同様に肯定される。Ulmer u. a., AGBG, Anh. § 2 Rdn. 15. もっとも、Soergel-Stein, AGBG, § 2 Rdn. 7 は、交渉言語または契約言語いかんを問わず、理解させることに努めることが必要とする。

（ 7 ）　Ulmer u. a., AGBG, § 2 Rdn. 24 ; BGH 18. 6. 1986 WM 1986, 1194, 1196.

（ 8 ）　Soergel-Stein, AGBG, § 2 Rdn. 7 ; Dietlein-Rebmann, AGB aktuell, 1977, § 2 Rdn. 2 (以下、AGB と略記) ; KG 12. 5. 1981 MDR 1981, 933, 933. もっとも、Soergel-Stein, aaO., は、指定を明らかに理解していない場合には、例外的には、より詳細に説明しなければならないとする。

（ 9 ）　Wolf u. a., AGBG, § 2 Rdn. 8 ; Erman-Roloff, BGB, § 305 Rdn. 26 ; OLG Hamm 14. 3. 1986 WM 1986, 1362, 1366 ; BGH 18. 6. 1986 WM 1986, 1194, 1196.

（10）　Merz, R., NJW 1991, 2804, 2805 ; BGH 18. 6. 1986 WM 1986, 1194, 1196.

（11）　Wolf u. a., AGBG, § 2 Rdn. 7. Siehe auch Entwurf des AGBG, BT-Drucksache 7 / 3919 S. 18.

第 2 節　ドイツ法

(12)　Wolf u. a., AGBG, § 2 Rdn. 7 ; Müller-Graff, P. -C., JZ 1977, 245, 249.

(13)　Staudinger BGB, 12. Aufl., 1998, AGBG, § 2 Rdn. 4 (Schlosser)（以下、Schlosser u. a., AGBG と略記）; Palandt-Heinrichs, BGB, § 305 Rdn. 29 ; Kötz, MünchKomm. AGBG, § 2 Rdn. 6 ; BGH 2. 12. 1982 NJW 1983, 816, 817. なお、明示の指定には約款の交付をなんら必要としない。立法過程で、この種の規定は大量取引においては実際的でないとして明文化が否定された。Löwe u. a., AGBG, § 2 Rdn. 7. ただし、約款の合理的認識可能性を生じせしめるために、広範囲で細字印刷された約款は原則として顧客に交付されねばならないことを指摘するものとして、Siehe OLG Hamburg 14. 1. 1988 VersR 1989, 202, 203 ; Erman-Roloff, BGB, § 305 Rdn. 26. より強力に交付義務を肯定すべきと主張するのは、Gansfort, G., Wirksame Einbeziehung der Allgemeinen Beförderungsbedingungen der Luftfahrtunternehmen in den Pauschalflugreise-Verträge?, TranspR 1989, 131, 136 で、交付によってパンフレット等の指定の瑕疵を治癒できる。相手方もいかなる約款が組み込まれるかを疑いもなく認識でき、立証問題も避け得る。しかも、交付は特別な組織上の変更や巨額な出費を要せずに実行し得るとする。

(14)　BGH 16. 12. 1982 NJW 1983, 816, 817.

(15)　Locher, H., AGB, S. 41 ; Schmidt-Salzer, J., AGB, D. 52.

(16)　Wolf u. a., AGBG, § 2 Rdn. 9 ; Erman-Roloff, BGB, § 305 Rdn. 26 なお、多数説は、約款の個々の条項のみが指定された場合は、これのみが組込まれ、契約内容となることを認める。Erman-Roloff, aaO ; Soergel-Stein, AGBG, § 2 Rdn. 10 ; Schmidt-Salzer, J., AGB, D. 45 ; BGH 21. 12. 1989 NJW RR 1990, 958, 959 ; LG Frankfurt 9. 4. 1984 NJW 1984, 1626. ただし、BGH 14. 2. 1991 NJW-RR 1991, 727, 728 は、契約締結前に約款の内容に習熟する機会が契約相手方に与えられねばならず、これによって契約締結の法効果と危険を評価できることになる。このためには、約款全文を知る機会が必要で、この者に不利な条項のみにつき情報開示するのでは不十分であり、約款は組込れていないとする。

(17)　Ulmer u. a., AGBG, § 2 Rdn. 24 ; Soergel-Stein, AGBG, § 2 Rdn. 9 ; Schmidt-Salzer, J., AGB, D. 30 u. 50.

(18)　Locher, H., AGB, S. 41 ; Erman-Roloff, BGB, § 305 Rdn. 26 ; OLG Nürnberg 21. 3. 1990 WM 1990, 1371, 1371.

(19)　Ulmer u. a., AGBG, § 2 Rdn. 25.

(20)　Ulmer u. a., AGBG, § 2 Rdn. 59 ; Soergel-Stein, AGBG, § 2 Rdn. 9 ; Schlosser u. a., AGBG, § 2 Rdn. 11 ; Wolf u. a., AGBG, § 2 Rdn. 8 ; Kötz, MünchKomm. AGBG, § 2 Rdn. 6 ; Schmidt-Salzer, J., AGB, D. 57 ; Stoffels, M., AGB, Rdn. 289 ; BGH 18. 6. 1986 WM 1986, 1194, 1196.

第 1 章　約款による契約の成否

(21)　Ulmer u. a., AGBG, § 2 Rdn. 26 ; Schlosser u. a., AGBG, § 2 Rdn. 5 u. 9 ; BGH 11. 11. 1979 WM 1980, 164, 165f. ; BGH 3. 7. 1981 ZIP 1981, 1220, 1221f. ; AG Frankfurt a. M., 1. 10. 2002 NJW-RR 2003, 641, 642. もっとも、明確な順位関係が明かであるか、解釈手段でもって明かにしうる場合には、明示性を充足すると解する見解も有力である。Erman-Roloff,BGB, § 305 Rdn. 26 ; Soergel-Stein, AGBG, § 2 Rdn. 10 ; Schmidt-Salzer, AGB, D. 40 ; BGH 21. 6. 1990 BGHZ 111, 388, 389.

(22)　Thamm, M. u. Pilger, G., Taschenkommentar zum AGB-Gesetz, 1998, § 2 Rdn. 4（以下、Thamm-Pilger, AGBG と略記）．

(23)　Ulmer u. a., AGBG, § 2 Rdn. 29 ; Schmidt-Salzer, J., AGB, D. 54 ; BGH 27. 4. 1988 BGHZ 104, 232, 238 ; BGH 16. 12. 1982 NJW 1983, 816, 817 ; OLG Frankfurt 18. 6. 1986 NJW 1986, 2712, 2713 ; OLG Köln 18. 9. 1986 NJW-RR 1987, 53, 54. Krusch, C., Allgemeine Einkaufsbedingungen als Mittel der Vertragsgestaltung, 1994, S. 26（以下、Allgemeine Einkaufsbedingungen と略記）によると、多くの購入約款では、約款は注文書の裏面に印刷され、表頁で裏面の約款を明確に指定しているし、注文書では他の内容と異なった色の自体で指定が強調されており、顧客は簡単に組込意思を認識できるのが実態であると指摘する。

(24)　Ulmer u. a., AGBG, § 2 Rdn. 29 ; Erman-Roloff, BGB, § 305 Rdn. 27 ; Wolf u. a., AGBG, § 2 Rdn. 12 ; Locher, H., AGB, S. 42 ; Soergel-Stein, AGBG, § 2 Rdn. 11 ; OLG Köln 18. 9. 1986 NJW-RR 1987, 53, 54.

(25)　Ulmer u. a., AGBG, § 2 Rdn. 29 ; BGH 18. 6. 1986 WM 1986, 1194, 1196 ; OLG Nürnberg 21. 3. 1990 WM 1990, 1371, 1371. Soergel-Stein, AGBG, § 2 Rdn. 11 は、契約申込書に別添されているならば、申込書本文でなんら指定をすることを要しないとする。

(26)　Schmidt-Salzer, J., AGB, D. 55.

(27)　Ulmer u. a., AGBG, § 2 Rdn. 29 ; Locher, H., AGB. S. 42.

(28)　Ulmer u. a., AGBG, § 2 Rdn. 30 ; Erman-Roloff, BGB, § 305 Rdn. 27 ; Löwe u. a., AGBG, § 2 Rdn. 7 ; Soergel-Stein, AGBG, § 2 Rdn. 11 ; Schroeder, D., Einbeziehung, S. 14 u. 21. AG Frankfurt 6. 2. 1978 BB 1978, 524, 524 は、傍論ながら主催旅行契約につき、当該分野では予約はカタログ上の旅行説明を基礎としており、カタログ上に存する約款はこの説明の構成要素となっており、したがって契約内容となるとする。

(29)　LG Berlin 29. 10. 1979 BB 1980, 1770, 1770（もっとも、本件では、カタログは直接送付されたのではなく、第三者から入手したもので、しかも、4年前のものであったのであり、このような事情では約款の存在につき指定があったとはいえないこともあげている）; Schmidt-Salzer, J., AGB, D. 97. Gansfort, G., TranspR 1989, 131, 134 は、カタログになされた「約款に基づいて本契約は締結されるものであり、

第 2 節　ドイツ法

約款は希望があれば提供される」という指定は、明示であっても不十分である。いつ、どのように、かつ、どこで、相手方は約款の認識可能性を利用できるのか明確でないし、相手方の積極的な行為を要求するものであるからであるとする。

(30)　Schlosser u. a., AGBG, § 2 Rdn. 77 ; Kötz, MünchKomm. AGBG, § 2 Rdn. 16.

(31)　Ulmer u. a., AGBG, § 2 Rdn. 31 ; Soergel-Stein, AGBG, § 2 Rdn. 11 ; Erman-Roloff, BGB, § 305 Rdn. 27. Siehe auch Stein, A., Gesetz zur Regelung des Rechts der Allgemeinen Geschäftsbedingungen, 1977, § 2 Rdn. 27（以下、Stein, A., AGBG と略記）. この点につき、Schmidt-Salzer, J., AGB, D. 68f. は詳細に論じている。

(32)　Ulmer u. a., AGBG, § 2 Rdn. 34 ; Wolf u. a., AGBG, § 2 Rdn. 16 ; Soergel-Stein, AGBG, § 2 Rdn. 23 ; Palandt-Heinrichs, BGB, § 305 Rdn. 30 ; Medicus, D., Allg. Teil des BGB, Rdn. 410 ; Locher, H., AGB. S. 44 ; Müller-Graff, P. -C., JZ 1977, 245, 249 ; Schmidt-Salzer, AGB, D. 83 ; BGH 29. 11. 1983 NJW 1984, 801, 802 ; BGH 16. 12. 1982 BGHZ 86, 135, 137f. ; BGH 27. 1. 1983 NJW 1983, 2026, 2027 ; LG München I 31. 5. 1979 BB 1979, 1789, 1789 ; LG Düsseldorf 25. 7. 2003 NJW 2003, 3062, 3063. もっとも、Kötz, MünchKomm. AGBG, § 2 Rdn. 7 は、明確な指定がなされれているならば、契約締結とこれらの書面の交付とは時間的に重なるのが通常であり、民法305条2項（旧法2条1項）の文言上、指定は契約締結前ではなく、契約締結に際してなし得るといえるから、十分といえるとする。Siehe auch Löwe u. a., AGBG, § 2 Rdn. 20.

(33)　Ulmer u. a., AGBG, § 2 Rdn. 34 ; BGH 29. 11. 1983 NJW 1984, 801, 802 ; LG Trier 29. 10. 1992 NJW 1993, 1474, 1475. この場合、これらの書面の受領者が契約変更に同意したかが問題となりうるにすぎないが、原則として、その根拠は欠けていると解される。Medicus, D., Allg. Teil des BGB, Rdn. 410. なお、契約締結後に送付された請求書、納品書等における指定で、事後の組込の申込と解することも考えられるが、これは否定される。たとえ、相手方が、異議を申立なくとも承諾したものとは解しえない。自己の法的地位の本質的な不利と結合しているからである。Erman-Hefermehl, Handkommentar, AGBG, § 2 Rdn. 23.

(34)　Ulmer u. a., AGBG, § 2 Rdn. 33 ; Locher, H., AGB, S. 42.

(35)　Ulmer u. a., AGBG, § 2 Rdn. 33.

(36)　Ernst, S., Der Mausklick als Rechtsproblem-Willenserklärungen im Internet, NJW-CoR 1997, 165, 167.

(37)　Ulmer u. a., AGBG, § 2 Rdn. 56 ; Basedow, J., MünchKomm. Schuldrecht, § 305 Rdn. 73f. ; BGH 18. 6. 1986 WM 1986, 1194, 1196 ; AG Frankfurt a. M. 1. 10. 2002 NJW-RR 2003, 641, 641. この時点以後の指定は、約款なしに締結された契約の変更という申込にすぎないことになる。つまり、組込は効力を生ぜず、契約変更の申込に対する承諾が表示され到達した場合にのみ、有効となる。Siehe Rüthers-Stadler, All-

第 1 章 約款による契約の成否

gemeiner Teil des BGB, 12. Aufl., 2002, S. 243（以下、Allgemener Teil と略記）; Hart, D., Verbraucherrechtliche Grundlagen des AGBG, Jura 2001, 649, 654 ; Ulmer u. a., AGBG, § 2 Rdn. 57.

(38) Wolf u. a., AGBG, § 2 Rdn. 35 ; Erman-Roloff, BGB, § 305 Rdn. 30 ; Gansfort, G., TranspR 1989, 131, 135 ; BGH 9. 11. 1989 NJW 1990, 715, 716. LG Düsseldorf 25. 7. 2003 NJW 2003, 3062, 3063 は、旅行契約に関し、約款が旅行確認書に添付されていた場合につき、予約で契約が成立すると解されるならば、確認は単に宣言的意味を有するに過ぎず、約款は事後の組込にとどまり、相手方の追認を要する。旅行確認で契約が成立するとされるならば、確認は民法 150 条 2 項にいう新たな申込となり、承諾を要するとする。

(39) OLG Hamm 13. 1. 1997 MDR 1997, 628, 628 f.

(40) Ulmer u. a., AGBG, § 2 Rdn. 58.

(41) Wolf u. a., AGBG, § 2 Rdn. 18.

(42) Soergel-Stein, AGBG, § 2 Rdn. 14 ; Dietlein-Rebmann, AGB, § 2 Rdn. 3 ; Wolf u. a., AGBG, § 2 Rdn. 20 ; Palandt-Heinrichs, BGB, § 305 Rdn. 31 ; Jauernig, O. (hrsg.), Bürgerliches Gesetzbuch, 11 Aufl., 2004, § 305 Rdn. 13（Stadler）（以下、BGB と略記）; Rüthers-Stadler, Allgemeiner Teil., S. 243. コインロッカー利用の場合につき、人的接触が欠けていることから掲示で足りることを指摘したものとして、LG Essen 29. 6. 1993 VersR 1995, 1198, 1198. Siehe auch Entwurf des AGBG, BT-Drucksache 7 / 3919 S. 18. 銀行取引、医療契約、入院契約は該当しない。Müller-Graff, P. -C., JZ 1977, 245, 249 ; Hart, D., Jura 2001, 649, 654. 保険分野では、契約締結所での掲示は考えられないので、明示の指定が不可欠といえるが、例外的に、例えば、劇場での携帯品保険では掲示で足りるといえる。Präve, P, Versicherungsbedingungen, Rdn. 150.

(43) Wolf u. a., AGBG, § 2 Rdn. 19

(44) Kötz, MünchKomm. AGBG, § 2 Rdn. 10 ; Basedow, J., MünchKomm. Schuldrecht, § 305, Rdn. 61 ; Löwe u. a., AGBG, § 2 Rdn. 10.

(45) Dietlein-Rebmann, AGB, § 2 Rdn. 2 ; Ulmer u. a., AGBG, § 2 Rdn. 39f ; Locher, H., AGB, S. 46 ; LG Frankfurt 25. 11. 1987 NJW-RR 1988, 955, 955f.

(46) Ulmer u. a., AGBG, § 2 Rdn. 36 ; Locher, H., AGB, S. 45. 契約は相手方の自宅でなされた場合、営業所での掲示では不十分である。KG Düsseldorf 1. 8. 1995 NJW-RR 1996, 1170, 1170.

(47) Wolf u. a., AGBG, § 2 Rdn. 21 ; Locher, H., AGB, S. 46 ; Soergel-Stein, AGBG, § 2 Rdn. 16 ; Ulmer u. a., AGBG, § 2 Rdn. 42 ; Dietlein-Rebmann, AGB, § 2 Rdn. 3 ; Schlosser u. a., AGBG, § 2 Rdn. 20.

(48) Locher, H., AGB, S. 4 ; Palandt-Heinrichs, BGB, § 305 Rdn. 31.

(49) Erman-Roloff, BGB, § 305 Rdn. 32. Siehe Schroeder, D., Einbeziehung, S. 97. 掲示は、顧客が平均的注意を払えば目につくものであることを要する。Schmidt-Salzer, J., AGB, D. 47. 取引の相手方が外国人である場合は、交渉言語がドイツ語でなされたものでない限り、ドイツ語での掲示では不十分であるが、世界語で指定されているならば充足するといえる。Ulmer u. a., AGBG, Anh. § 2 Rdn. 18 ; Marly, J., Softwareüberlassungsverträge, 3. Aufl., 2000, Rdn. 1243（以下、Softwareüberlassung と略記）.

(50) Ulmer u. a., AGBG, § 2 Rdn. 41 ; Löwe u. a., AGBG, § 2 Rdn. 9. Wolf u. a., AGBG, § 2 Rdn. 21 も、掲示があれば、外部的な認識可能性に関する限り、原則として同時に認識の合理的可能性は生じているといえるとする。

(51) Ulmer u. a., AGBG, § 2 Rdn. 44 ; Erman-Roloff, BGB, § 305 Rdn. 32 ; Wolf u. a., AGBG, § 2 Rdn. 21 ; Locher, H., AGB, S. 46 ; Palandt-Heinrichs, BGB, § 305 Rdn. 31 ; Kötz, MünchKomm. AGBG, § 2 Rdn. 10 ; Schmidt-Salzer, J., AGB, D. 47 ; Dietlein-Rebmann, AGB, § 2 Rdn. 3 ; Stoffels, M., AGB, Rdn. 275.

(52) Ulmer u. a., AGBG, § 2 Rdn. 44 ; Rüthers-Stadler, Allgemeiner Teil, S. 243.

(53) Palandt-Heinrichs, BGB, § 305 Rdn. 31 ; Schlosser, AGBG, § 2 Rdn. 22. OLG München 24. 1. 1980 BB 1980, 496, 496 も、公共の保養施設利用規程につき、旧法2条の類推適用を肯定し、明示の指定は遅くとも契約締結（本件では入場券の購入による利用関係の創設）に際してなされているか、またはこの時点において少なくとも合理的認識可能性が存在しなければならないのであり、本件では入場券を購入しなければ可能でないとする.

(54) Soergel-Stein, AGBG, § 2 Rdn. 15 ; Padeck, E., Rechtsprobleme bei Schadensfällen in Autowaschanlagen, VersR 1989, 541, 550f. もっとも、Kötz, MünchKomm. AGBG, § 2 Rdn. 7 は、規定文言上、指定は契約締結前である必然性はなく、契約締結に際してでもよく、駐車場利用等の場合はレジなどの掲示でも足りると解する。

(55) OLG Hamm 8. 6. 1979 BB 1979, 1789, 1789.


(ⅱ) 合理的認識可能性

　第二の要件は、契約相手方が約款内容につき認識できるように合理的手段が講じられていることである。立法者は、取引の柔軟性確保と共に、約款が相当に広範囲であることを考慮して、本来書面又は電話による契約の際に要求された約款の送達の代わりに、この要

第1章　約款による契約の成否

件を組込要件として規定したのである[1]。これによって、契約相手方に契約締結に際して約款内容につき習熟する機会を与え、契約締結の法効果と危険を判断できるようにしたのである[2]。この要件充足は企業側の責務[3]であり、情報開示義務（Informationspflicht）[4]といえるが、顧客にこの可能性が生じている限り、顧客がこれを利用したか否かは問わない[5]。このように情報をえる機会を利用するか否かは問題とされないから、顧客は企業による認識可能性の付与を明示的に又は黙示的に放棄できる[6]。この点について、有力説は、民法305条2項（旧法2条）は約款の適用につき強行的に、かつ、無条件に変更できないという厳格な要件を定めるものであって、放棄を肯定する見解はこの制定法上の考えに反して、当事者の任意な処置に本条を委ねることになり妥当でないとする[7]。しかし、顧客は約款内容を知る可能性を利用することを要しない。その限りで存在する決定自由は、企業を民法305条2項2号（旧法2条2項2号）の要件から免除する権利（Befugnis）を含んでいる。明らかに約款内容の認識を欲しない顧客に対して、企業がこの2号の要件を充足するように要求するのは不合理であるといえる[8]。

　では、どのような処置がなされていれば足りるかというと、営業所などにおける口頭の契約締結の場合で、約款条項を含めて明らかに目につく形態での掲示がなされている場合は問題ない。掲示がなされていないとか、契約が営業所外で締結された場合には、顧客に約款を交付するか又は携帯するサンプルに目を通す機会を与えなければならない[9]。カタログ、パンフレット、価格表に基づく契約締結の場合には、約款自体がこれらの顧客に交付された印刷物自体に印刷されて公表されている限り、責務の点では十分である。同様に、書面による契約申込の場合には、当該書面上に約款本文が印刷されているか又は約款自体の交付でも足りる[10]。

　しかし、認識可能性付与が肯定されるためには、以下の要件を充

足することを要する。まず第一に、認識可能性は、相手方が承諾を表示する前に相手方に生じさせておかなければならない。たとえ、企業が適時に約款の指定をなした場合でも、約款の遅れた交付又は送付（例えば、請求書又は納品書上での記載）では約款の組込をもたらさない[11]。かつ、慣行的か又は公表された約款であっても認識可能性を生じせしめることを要するし[12]、本条3項に規定する枠組契約が存しない限り企業は契約相手方に以前の契約締結に際して提示したことを援用できない[13]。

第二に、顧客には約款自体をいつでも任意に使用できる（verfügbar）ものでなければならない[14]。これは、「自己の言表に反することは許されない（venire contra factum proprium）」の一種の現れといえる。つまり、一方において企業が自己の約款を指定しておきながら、他方では約款を顧客に渡さないというのは矛盾しているからである[15]。この点から、企業は約款全体を認識のために用意することを要し、2、3の重要な条項のみが抜粋されているにとどまる場合には不十分で、組込は約款全体ではなく、これらの条項に制限される[16]。

電話による契約締結においては、注文をなす顧客側に価格表などに印刷された約款が存しないならば、認識可能性要件の充足は相当困難な問題を生じる。電話による場合は、企業は契約締結以前に約款内容を認識する可能性を作り出すことは不可能であるし、約款を読み上げることも実際的な解決策ではない。また、約款を送付するという企業の申出も、契約締結後になって認識可能性が生じることになり、305条2項2号の要件を充足しないからである[17]。取引を不当に困難にしないという立法目的からみて、原則として、電話による注文の場合には約款組込の明示の指定で足りると解される[18]。顧客が約款への指定にもかかわらず注文を維持するならば、合理的認識可能性に関する放棄があると解しうる[19]。この場合、

第1章　約款による契約の成否

顧客が契約の本質的な内容を電話で伝えるよう要請するか、即時の契約締結を留保して約款自体の送付を請求するかは、顧客側の任意である[20]。

さらに、認識可能性を生ぜしめることが必要であるから、第三に、約款内容が顧客に理解しやすく、かつ、読みやすい形でなされていることが必要である。いわゆる透明性原則の発現[21]である。まず、理解しやすさは、原則として、法律に明るくない平均的顧客の理解力が基準となる[22]。もちろん、取引の種類及び顧客圏に応じて区別化は肯定される[23]が、当該顧客が自身の個人的能力に基づき約款内容を専門家である第三者の助言なしに理解できるか否かは問題でない[24]。「それ相応の」という要件は、企業の代表的な契約当事者に関連したものであり、企業は原則として専門的又は法的知識を前提としえないし、特別な専門用語の使用や制定法条文の内容を示さずに単に条数のみをあげることも許されないのである[25]。約款が分かりやすい構成となっていないとか、取引の重要性又は客観的な規定内容に比較してカバーする範囲が不均衡であるとか、特定契約タイプのために作成された約款が具体的契約に適合していないというような場合には、理解しやすさという要件を充足しているかは消極的に解される[26]。さらに、約款で他の約款をさらに指定することができるかについては、肯定する判例[27]も存するが、妥当でない。というのは、他の約款は原則として添付されていず、したがって、顧客はその内容につき合理的な認識を作り出すことができない。しかも、参照された約款のいずれが具体的に適用されるべきか不明確となることが多いからである[28]。いずれにせよ、複雑な調査をなして約款の内容を探求するのは顧客側のなすべきことではなく、むしろ、企業自身が一義的に簡潔に表現し、分かりやすい構文構造をとって約款を理解しやすいものにしなければならないのである[29]。なお、この理解しやすさという要件に関連して、「法律上

## 第2節　ドイツ法

許される限り」という救済条項（salvatorische Klausel）が問題となるが、明確性に欠けるため十分でなく無効と解される[30]。つまり、顧客は決め手となる制定法上の規定を見いだすことができないばかりでなく、仮にできたとしてもその法的・技術的性格の故に当該規定を理解できないし、かつ、問題となっている条項の、実際上の射程距離を判断できないからである[31]。

次に、読みやすさの点であるが、これに関しては、法律上、文字の大きさとか特別な印刷方法は規定されていないが、立法理由[32]からみて、約款は平均的顧客が労力を要せずに読めるものであることを要する。企業は相手方が実際に読むことができない約款の内容に同意したとは期待できないのである[33]。例えば、過度に小さい字で印刷されていて読むのが非常に困難で、ルーペを必要とするとか、異常な活字体であるとか、鮮明でないコピーであるとかの場合は、不十分である[34]。いずれにせよ、読みやすさは個別事案の特別事情によることになるが、活字の大きさ、印刷インキ、紙の質、活字書体のきれいさ及びその他の要素が全体を構成し、相当の読みやすさ又は明白な認識が期待できるかを結果として生じせしめる[35]。これ以外にも、約款の形式的構成、例えば相応な論理的構成、見出しの工夫なども要求される。読み手に、必要とする条項を発見するために全体を検討することは要求できないし、見出しによると当該条項が含まれているとは思いつかない項目に約款条項がある場合は、組込は否定される[36]。

要するに、相手方に約款内容についての認識を生じせしめるのは企業側の責務であるから、相手方に照会義務を課すことはできないのである。むしろ、相手方が費用、時間、コスト、努力を要せずに、約款につき認識を得るようにするのは、企業側のみがなすべきことなのである[37]。取引相手方が外国人である場合は、交渉言語でもって約款が作成されていればたりるのであり、その際、相手方が

第1章　約款による契約の成否

交渉言語をマスターしているか否かは、問題とならない[38]。しかし、約款が交渉言語とは異なる契約言語で作成されている場合は、企業側が平易な翻訳を提供することを要する。もっとも、相手方が約款作成に使用された言語もマスターしているか、または、国際取引では世界語（英語またはフランス語）につき知っているものと予測されるから、約款が世界語で作成されている場合は、これを要しないといえる[39]。

なお、近時の債務法改正で、この合理的認識可能性については、従来の基準では、知覚障害（特に、視覚障害）のある契約相手方には妥当でないことが認識された。たとえ、約款の掲示や備置がなされても、不十分であることは明らかである。そこで、305条2項2文に「利用者に認識できる契約相手方の身体的障害をも適切に考慮した合理的手段」という文言が付加された[40]。沿革的には、当初の案では、「利用者によって認識できる」及び「適切に」という文言は存しなかった。これにつき、連邦参議院から、このような考慮は支持できるが、第一に、障害者の利益は約款の組込のみに限定されず、契約の締結・完了の場合にも、また、そもそも取引関係を持つ際にも考慮されねばならない。この限りで、約款法につき特別な規定をなすことが合目的かという疑問が生じる。第二に、このような規定では、企業はこの種の処理をなす際に生じる費用を避けるために、特定の障害者との取引をできる限り回避しようとするという結果をもたらし、結果的に障害者のためにならない、という指摘がなされた[41]。これに対して、連邦政府は、身体的障害者のために一般的な民事法上の手当をなすことは、約款法以外では合目的ではない。個別契約関係の開始及びその締結に際しては、原則として本質的に広範囲な交渉の余地があり、そこでは契約当事者のいずれかの身体的障害は配慮されるといえる。ところが、大量取引では、本質的に約款の組込の下で、「人によって差別しないで」取引が展開さ

れるのであって、状況は異なる。この場合こそ、身体障害を有する者にとって、特別な保護が必要となる。約款利用者に過度な負担をもたらすことなく、提案した規定はこの保護に重点を置いている。既に現行約款規制法（旧法を指す、筆者注）2条1項は合理的手段もって相手方が約款内容を認識できるようにしなければならないとする。この要件は、利用者はその限りで相手方の身体的障害をも考慮しなければならないという追加文言によって、単に具体化されるにすぎない。「考慮しなければならない」という文言は個別事案における解釈余地を十分に認めるものである。このことから、利用者にとって契約締結に際して相手方の身体的障害が認識できるものでなければならないことは当然にいえることである。さもなければ、利用者はこれを考慮することはできないからである。ただ、明確化のために、認識可能性のエレメントを規定に明示するべきといえる、として、修正されたのである[42]。

この結果、利用者にとって、具体的契約相手方の身体的障害[43]が認識できる場合には、合理的認識可能性を充足するためには、従来の客観的な平均的顧客をいう基準によらず、契約相手方の特別な状況を考慮することが必要となる[44]。したがって、例えば、約款を読み上げるとか、適切なデータ記憶媒体にして手渡すか又は世界共通の視覚障害者用文字であるブライユ点字にして提示するならば、肯定されることになる[45]。もっとも、企業は、その顧客の視力に対応して、種々の活字の大きさのものを用意しておく必要はない[46]。さらに、「利用者に認識できる」かは、利用者側の見地で判断されるのであり、利用者が、約款は認識されえたであろうという点につき合理的にみて何ら疑問を抱かなかったならば、認識可能性の要件は充足される。つまり、身体的障害の場合であっても、利用者は単に相応な考慮をなす責務を負うにすぎないのであって、利用者に過度な努力を要求するものではない[47]。

第1章 約款による契約の成否

（1） Ulmer u. a., AGBG, § 2 Rdn. 45.
（2） Soergel-Stein, AGBG, § 2 Rdn. 17. 旧法制定前は、判例はしばしば明示の指定があれば、非商人に対しても約款が交付されていなくとも契約内容となる。この場合、約款内容につき企業に照会することが相手方に期待されるとしたと指摘されている。Siehe Kötz, MünchKomm. AGBG, § 2 Rdn. 11 Fn. 13.
（3） Ulmer u. a., AGBG, § 2 Rdn. 45 ; Locher, H., AGB, S. 46 ; Schroeder, D., Einbeziehung, S. 86. これは単に責務にとどまり、怠った場合に訴訟の対象となる義務ではない。Wolf u. a., AGBG, § 2 Rdn. 32. なお、他の法規定によって、2号をを超える情報義務が課される場合（例えば、民事法に基づく情報義務に関する命令（Verordnung über Informationspflichten nach bürgerlichem Recht) 1条ないし3条）には、この義務の履行は有効な組込の前提条件とはならないが、契約締結上の過失に基づく責任を根拠づける。Palandt-Heinrichs, BGB, § 305 Rdn. 33
（4） Erman-Hefermehl, Handkomm. AGBG, § 2 Rdn. 11 ; BGH 14. 2. 1991 NJW-RR 1991, 727, 728 ; BGH 19. 5. 1994 NJW 1994, 2547, 2547. したがって、合理的認識にはそれに必要な情報開示期間（Informationszeit）が前提となっている。約款内容が広範囲なものであればあるほど、この期間は長くなければならないといえる。合理的認識可能性は契約締結に際して存しなければならないから、日常の大量取引においては短期間で取引が完了するので、長文で詳細な約款は、その複雑性の故に、この情報開示期間の点で現民法305条2項2号（旧法2条1項2号）を充足するかは疑問であるとされる。Wolf u. a., AGBG, § 2 Rdn. 29 ; Riegel, H. u. Friedrich, J. -M., Die Aufstellung von Allgemeine Geschäftsbedingen in der wirtschaftsrechtlichen Praxis, JuS 1987, 118, 124 ; Locher, H., AGB, S. 49 ; Padeck, E., VersR 1989, 541, 551. しかし、一般的に、約款の範囲の広狭を問題にするのは疑問である。範囲の広い約款も読みやすく理解しやすいならば、合理的認識をもたらすことになる。契約上の規定をどの程度詳細にすべきかは、契約当事者に委ねられるべきものである。企業に、具体的取引上約款の範囲をその重要性に応じて適切なものにすることを要求できない。これは、相当の費用負担をもたらし、合理化機能を達成できない。したがって、約款の範囲は読みやすさについてのみ問題とされる余地があるにとどまる。広範囲な約款の非常に詳細な規定は、活字体が細字である場合には、読みやすさの点で制約をもたらすといえる。Krusche, C., Allgemeine Einkaufsbedingungen, S. 33f.
（5） Ulmer u. a., AGBG, § 2 Rdn. 46 ; Erman-Roloff, BGB, § 305 Rdn. 33 ; Soergel-Stein, AGBG, § 2 Rdn. 17 ; Stoffels, M., AGB, Rdn. 276.
（6） Soergel-Stein, AGBG, § 2 Rdn. 17 ; Ulmer u. a., AGBG, § 2 Rdn. 46.
（7） AG Krefeld 1. 4. 1996 NJW-RR 1997, 245, 245 ; Müller, S., Ist das Kenntnisnah-

## 第 2 節　ドイツ法

megebot des § 2 I Nr. 2 AGBG abdingbar?, MDR 1997, 608, 610. Wolf u. a., AGBG, § 2 Rdn. 47 及び v. Westphalen, F. G., Allgemeine Verkaufsbedingungen, 2. Aufl., 1993, S. 41（以下、Verkaufsbedingungen と略記）は、現民法 305 条 2 項（旧法 2 条）は消費者との法取引の一般的利益（allgemeine Interesse）保護規定であるから、疑わしき場合には放棄を否定すべきとする。なお、認識可能性の付与に関する責務は定型的な約款条項によって僭脱又は変更できない。例えば、「貴社が当方の請求に応じて送付する約款が適用される」旨の指定は不適切であるとされる。Erman-Roloff, BGB, § 305 Rdn. 33 ; Locher, H., AGB, S. 51 ; LG Frankfurt 3. 12. 1991 NJW-RR 1992, 441, 442 ; Metz, R., NJW 1991, 2804, 2806.

（8）　Palandt-Heinrichs, BGB, § 305 Rdn. 37. Dietlein-Rebmann, AGB, § 2 Rdn. 7 は、2 号は約款附合者の保護のみを意図することをあげて、積極に解する。なお、Locher, H., AGB, S. 51 は、放棄が正当な事由に基づくものならば、個別合意の形態での放棄は可能とする。

（9）　Ulmer u. a., AGBG, § 2 Rdn. 47 ; Locher, H., AGB, S. 47 ; Erman-Hefermehl, AGBG, § 2 Rdn. 12. Schmidt-Salzer, J., AGB, D. 26 u. 27 は、個々の顧客は約款内容につき明確にされねばならないという民法 305 条 2 項（旧法 2 条 1 項 2 号）の目的指向からみて、同号は原則として約款本文の送付を要すると解釈されねばならないが、その結果は、非商人は約款の内容の複雑性と抽象的な文言からみて実際の射程距離を見通すことができず、約款の送付は煩瑣な書類手続ということになろうと指摘する。Jauernig, O. (hrsg.), BGB, § 305 Rdn. 14 は、対面取引でないならば、約款の送付が原則としてなされねばならないとする。OLG Hamburg 14. 1. 1988 VersR 1989, 202, 203 は、細字印刷された約款は読むのに長い時間が必要となるのであり、期待可能性（Zumutbarkeit）の要件を考慮に入れると、約款は交付されることを要するとする。OLG Saarbrücken 29. 11. 2000 NJW-RR 2001, 993, 994 は、営業所外で契約は締結されたが、約款の閲覧が営業所のおいてのみ可能とされる場合には、不十分であるとする。

（10）　Ulmer u. a., AGBG, § 2 Rdn. 48 ; Stoffels, M., AGB, Rdn. 278.

（11）　Soergel-Stein, AGBG, § 2 Rdn. 24 ; Kötz, MünchKomm. ABGB, § 2 Rdn. 12.

（12）　Palandt-Heinrichs, BGB, § 305 Rdn. 34 ; BGH 9. 11. 1989 BGHZ 109, 192, 196 ; BGH 19. 5. 1994 NJW 1994, 2547, 2547.

（13）　Locher, H., AGB, S. 48.

（14）　BGH 9. 11. 1989 BGHZ 109, 192, 196.

（15）　Schroeder, D., Einbeziehung, S. 87.

（16）　Ulmer u. a., AGBG, § 2 Rdn. 48a ; Erman-Roloff, BGB, § 305 Rdn. 33 ; Wolf u. a., AGBG, § 2 Rdn. 24 ; Soergel-Stein, AGBG, § 2 Rdn. 18 ; Palandt-Heinrichs, BGB, §

第1章 約款による契約の成否

305 Rdn. 35 ; BGH 14. 2. 1991 NJW-RR 1991, 728, 729 ; BGH 21. 12. 1989 NJW-RR 1990, 958, 959 ; LG Frankfurt 27. 4. 1987 NJW-RR 1987, 745, 746. Kötz, MünchKomm. AGBG, § 2 Rdn. 14 は、広範囲で、細字印刷された約款はその吟味に相当長い時間を要するのであるから、顧客に原則として交付されねばならないとする。Siehe OLG Hamburg 14. 1. 1989 VersR 1989, 202, 203.

(17) Palandt-Heinrichs, BGB, § 305 Rdn. 37. Schlosser u. a., AGBG, § 2 Rdn. 33 は、認識を生じせしめる時点については、相手方が約款の認識可能性を契約締結前に既に得ていたとか、約款を隈なく調べるのに十分な時間を有することは要求されていない。電話による契約の締結における約款組込の実際上の可能性からみて、指定が適時になされ、かつ、自身が危険表示を甘受するつもりがないならば、約款の交付を契約締結前に要求しなければならないとする。

(18) Ulmer u. a., AGBG, § 2 Rdn. 49 ; Stoffels, M., AGB, Rdn. 280. Löwe u. a., AGBG, § 2 Rdn. 16 は、文言に反するが、実際上唯一の方法といえるとする。Kötz, MünchKomm. AGBG, § 2 Rdn. 13 も、確かに大胆であるが、全く合理的とする。もっとも、Müller-Graff, P. -C., JZ 1977, 245, 249 は、無条件に（ただし、要求があれば具体化されるものであるが）約款を伝達する用意がある旨、明示することに制限されるとする。なお、Palandt-Heinrichs, BGB, § 305 Rdn. 37 は、約款が契約交渉中又は以前の取引の際に交付されていることが、要件充足として考えられる唯一の場合であるとする。

(19) Ulmer u. a., AGBG, § 2 Rdn. 49 ; Wolf u. a., AGBG, § 2 Rdn. 26 ; Schroeder, D., Einbeziehung, S. 54 ; Eckert, H. -W., Teleshopping － Vertragsrechtliche Aspekte eines neuen Marketingskonzepts, DB 1994, 717, 720 ; Hörle, U., Allgemeine Geschäftsbedingungen für das Anzeigenwesen nach dem neuen AGB-Gesetz, AfP 1977, 266, 269. 旧法2条1項2号の任意法性が根拠としてあげられるが疑問である。

(20) Ulmer u. a., AGBG, § 2 Rdn. 49 ; Erman-Roloff, BGB, § 305 Rdn. 36 ; Löwe u. a., AGBG, § 2 Rdn. 16 ; Locher, H., AGB, S. 45. 根拠づけについては、Siehe Palandt-Heinrichs, BGB, § 305 Rdn. 37. Merz, R., NJW 1991, 2804, 2805 は、顧客に自身で調査するとか、電話で約款内容を伝達するように要求することを求めることはできないとする。

(21) OLG Schleswig 27. 3. 1995 NJW 1995, 2858, 2859 ; AG Offenburg 12. 3. 1996 NJW-RR 1996, 1014, 1014 ; Thamm-Pilger, AGBG, § 2 Rdn. 9 ; Ulmer u. a., AGBG, § 2 Rdn. 108 ; Hart, D., Jura 2001, 649, 653f. Thamm, M. u. Detzer, K., Druckgröse und sonstige formelle Gestaltung von Allgemeinen Geschäftsbedingungen, BB 1989, 1133, 1135 u. Fn. 34 は、「透明性原則」というモード概念（Modebegriff）は避けるべきで、一般に「平明であること（Übersichtlichkeit）」を要するとする。民法305条2項にお

## 第2節　ドイツ法

いても、透明性の原則が組込に関して働くことは旧法と変わらない。v. Westphalen, F. G., AGB-Recht ins BGB － Eine erste Bestandsaufnahme, NJW 2002, 12, 17；Ders., Vertragsrecht, § 34 Transparenzgebot, Rdn. 4；Palandt-Heinrichs, BGB, § 305 Rdn. 32；Basedow, J., MünchKomm. Schuldrecht, § 305 Rdn. 69；Ders., Transparenz als Prinzip des（Versicherungs-）Vertragsrechts, VersR 1999, 1045, 1046f.

（22）　Ulmer u. a., AGBG, § 2 Rdn. 51；Wolf u. a., AGBG, § 2 Rdn. 27；Kötz, MünchKomm. AGBG, § 2 Rdn. 14 u. 14a；Locher, H., AGB, S. 48；Krusche, C., A llgemeine Einkaufsbedingungen, S. 32；BGH 10. 12. 1980 NJW 1981, 867, 868f.；OLG Karlsruhe 18. 10. 1985 NJW-RR 1986, 91, 92；OLG Frankfurt 18. 6. 1986 NJW 1986, 2712, 2713；AG Dortmund 14. 5. 1996 NJW 1996, 1355, 1356；LG Karlsruhe 8. 11. 1985 NJW-RR 1986, 152, 152.

（23）　Ulmer u. a., AGBG, § 2 Rdn. 51；Krusche, C., Allgemeine Einkaufsbedingungen, S. 32；BGH 6. 10. 1982 NJW 1983, 159（162）. Medicus, D., Allg. Teil des BGB, Rdn. 412は、高額の商品を購入する者は、少額の商品を購入する者よりも約款を理解するために当然それなりの努力をするといえる。したがって、少額の給付に関する約款は一般的に簡素であることを要する。さもないと、この場合には認識を得ることは一般に期待できないからであるとする。

（24）　Ulmer u. a., AGBG, § 2 Rdn. 51；Wolf u. a., AGBG, § 2 Rdn. 27.

（25）　Müller, S., AGB-rechtliche Zulässigkeit von Diskontsatz-Verzugszinsklauseln, NJW 1996, 1520, 1520；OLG Karlsruhe 18. 10. 1985 NJW-RR 1986, 91, 92；OLG Schleswig 27. 3. 1995 NJW 1995, 2858, 2859；AG Dortmund 14. 5. 1996 NJW-RR 1996, 1355, 1356；LG Karlsruhe 8. 11. 1985 NJW-RR 1986, 152, 152；Thamm-Pilger, AGBG, § 2 Rdn. 11.

（26）　Ulmer u. a., AGBG, § 2 Rdn. 52；Wolf u. a., AGBG, § 2 Rdn. 27；OLG Hamburg 26. 3. 1986 NJW-RR 1986, 1440, 1440. Schmidt-Salzer, J., AGB, D. 42は、明確な指定に関連して検討しており、これは、組込の問題ではなく解釈問題で、個別合意の約款に対する優先の原則からみて、なおかつ当該個別事案の特殊性から約款の適用があるか、具体的個別事案の範囲で客観的に正当化しえない結果をもたらすために個別契約の優先原則により約款条項が無効となるかの問題であるとする。Dietlein-Rebmann, AGB, § 2 Rdn. 5は、約款が不明確又は理解しにくいものであることは、契約解釈に際して企業の不利となるが（民法305 c条2項（旧法五条））、組込については障害とならないとする。

（27）　BGH 21. 6. 1990 BGHZ 111, 388, 390f.

（28）　Ulmer u. a., AGBG, § 2 Rdn. 52a；Locher, H., AGB, S. 48；Wolf u. a., AGBG, § 2 Rdn. 27. v. Westphalen, F. G.（hrsg.）, Vertragsrecht und AGB-Klauselwerke, Vertragsrecht, 2005, §38 Vertragsabschlussklauseln, Rdn. 10（v. Westphalen, F. G.）（以下、Vertragsrecht と略記）は、自己の約款上で他人の約款指定をすることは、、民法305条2項の要件を充足すれば、肯定できる。つまり、明示の指定のみならず、指定した約款につき合理的な認識可能性を生じせしめることが必要とする。そして、この要件を充足しなければ、民法306条1項が適用され、当該第三者の約款は適用されず、自己の約款のみが適用される、とする。

（29）　Wolf u. a., AGBG, §2 Rdn. 27 ; v. Westphalen, F. G., Vertragsrecht, §34 Transparenzgebot, Rdn. 7.

（30）　Ulmer u. a., AGBG, §2 Rdn. 53 ; Locher, H., AGB, S. 48. 救済条項の効力一般については、近時の文献として、Siehe Michalski, L. u. Römermann, V., Die Wirksamkeit der salvatorischen Klausel, NJW 1994, 886 ; Bauer, J. F., Salvatorische Klauseln, FS für R. Vieregge, 1995, S. 31.

（31）　Kötz, MünchKomm. AGBG, §2 Rdn. 14a. Siehe auch BGH 10. 12. 1980 BGHZ 79, 117, 120. 同様に、「航空運送人にとってのワルシャワ条約、ハーグ条約、グアテマラ条約等の国際条約に基づく責任額制及び責任制限は、これらの条約に服さない運送にも適用される」条項も理解しやすさの要件に反する。OLG Hamburg 26. 3. 1986 NJW-RR 1986, 1440, 1440.

（32）　BT-Drucksache 7／3919 S. 18 は、約款内容を合理的方法で知ることができるかには、約款が苦労せずに読めることも含まれるとする。

（33）　Erman-Hefermehl, Handkomm. AGBG, §2 Rdn. 15 ; OLG Saarbrücken 22. 9. 1987 NJW-RR 1988, 858, 859.

（34）　Ulmer u. a., AGBG, §2 Rdn. 54 ; Locher, H., AGB, S. 49 ; Soergel-Stein, AGBG, §2 Rdn. 19 ; Wolf u. a., AGBG, §2 Rdn. 27 ; Schlosser u. a., AGBG, §2 Rdn. 28 ; Löwe u. a., AGBG, §2 Rdn. 17 ; BGH 30. 5. 1983 BB 1983, 2074, 2074 ; BGH 3. 2. 1986 NJW 1986, 1311, 1311 ; OLG Saarbrücken 22. 9. 1987 NJW-RR 1988, 858, 859 ; OLG Hamm 20. 11. 1987 NJW-RR 1988, 944, 944 ; LG München 13. 7. 1995 VuR 1996, 36. 具体的提案として、Siehe Thamm, M. u. Detzer, K., BB 1989, 1133, 1135. 商人間取引における船荷証券約款につき、同様の判示をしたものとして、Siehe BGH 30. 5. 1983 aaO. ; BGH 3. 2. 1986 NJW-RR 1986, 1311, 1311.

（35）　Thamm, M. u. Detzer, K., BB 1989, 1133, 1135 ; Soergel-Stein, AGBG, §2 Rdn. 19 ; BGH 3. 2. 1986 NJW-RR 1986, 1311, 1311 ; Thamm-Pilger, AGBG, §2 Rdn. 12.

（36）　Thamm, M. u. Detzer, K., BB 1989, 1133, 1135.

（37）　Gansfort, G., TranspR 1989, 131, 134.

（38）　Ulmer u. a., AGBG, Anh. §2 Rdn. 19 ; Marly, J., Softwareüberlassung, Rdn. 1244 ; BGH 10. 3. 1983 BGHZ 87, 112, 114f.

(39) Ulmer u. a., AGBG, Anh. § 2 Rdn. 19.

(40) Entwurf eines Gesetzes zur Modernisierung des Schuldrechts. BT-Drucksache 14 / 6040 S. 150（以下、Entwurf と略記）.

(41) Siehe Stellungnahme des Bundesrates, Gesetzentwurf der Bundesregierung, BT-Drucksache 14 / 6857, Anlage 2, S. 15 Nr. 40.

(42) Siehe Gegenäußerung der Bundesregierung, Gesetzentwurf der Bundesregierung, BT-Drucksache 14 / 6857, Anlage 3, S. 51f. Zu Nr. 40. 立法者の基本的立場は、この文言の付加は約款組込問題につき明確化するための補完にすぎないものである。Siehe Entwurf, BT-Drucksache 14 / 6040 S. 150. この点につき、実際は、法状態の変更をもたらすことになろうという指摘も存する. Pfeiffer, T., Änderung AGB-rechtlicher Vorschriften durch die Schuldrechtsreform, In ; v. Westphalen, F. G.（hrsg.）, Vertragsrecht und AGB-Klauselwerke, Bd, 1., 2002, Rdn. 18（以下、本論文は Änderung AGB-rechtlicher Vorschriften で引用する。）.

(43) 身体的障害とは、視覚障害（Sehbehinderung）をいうと解されている。識字能力の欠如（Analphabetismus）が該当するかは、規定の文言上は否定に解されるが、認識能力の点で障害が存する者の置かれた状況を改善するという立法目的からは、肯定に解しうる。多数説は、この場合の障害は身体的なものではないし、見分けることができないとして否定する。Palandt-Heinrichs, BGB, § 305 Anm. 40. これに対して、Dauner-Lieb, B. u. a.（hrsg.）; Anwaltkommentar. Schuldrecht, 2002, § 305 Rdn. 10（Hennrichs）（以下、Anwaltskomm. Schuldrecht と略記）は、肯定する。Stoffels, M., AGB, Rdn. 285 は、立法者がこの本質的に解決を迫られている問題につき沈黙していることからみて、多数説の立場が妥当であり、類推適用も否定されるとする。

(44) Entwurf, BT-Drucksache 14 / 6040 S. 150.

(45) Entwurf, BT-Drucksache 14 / 6040 S. 150 : Artz, M., Schuldrechtsmodernisierung 2001 / 2002―Integration der Nebengesetze in das BGB, JuS 2002, 528, 529. もっとも、精神的障害の場合については何ら特別な要求はなされていない。Entwurf, BT-Drucksache 14 / 6040 S. 151 ; Pfeiffer, T., Änderung AGB-rechtlicher Vorschrifte, Rdn. 18.

(46) Entwurf, BT-Drucksache 14 / 6040 S. 150 ; Palandt-Heinrichs, BGB, § 305 Anm. 40.

(47) Pfeiffer, T., Änderung AGB-rechtliche Vorschriften, Rdn. 18. 利用者は個々の顧客毎にこの者の視力に対応した約款を用意しておくという義務を負うものではない。Ders., aaO. ; Entwurf, BT-Drucksache 14 / 6040 S. 150. なお、v. Westphalen, F. G., NJW 2002, 12, 13f. は、民法 305 条 2 項 2 号から、利用者が自己の契約相手方である

## 第1章　約款による契約の成否

外国人で、ドイツ語が達者でないことを認識していた場合には、認識を生じせしめるという責務の範囲内で、組込を意図する約款につき配慮することを要する。つまり、このような契約相手方に対して、ドイツ語で作成された約款を契約締結前に十分に理解できる方法で伝達することを要し、これをなしていないと契約締結上の過失として損害賠償義務を負う、とする。

### (iii) 同　意

以上の要件の他に、2項は顧客側の適用合意 (Geltungsvereinbarung) を要する旨規定する。この同意要求により、立法者は組込は法律行為に基づいて生じ、企業の一方的な措置によらないことを明らかにしたものとされる[1]。しかし、約款の組込を指定した企業の申込を単に包括的に「イエス (Ja)」という表示で足りる[2]と解されているから、このように解するのは疑問といえる。むしろ、旧法制定前に広く承認されていた可能性の排除、つまり、企業が約款に基づいてのみ契約を締結することを一方当事者が知っていたか又は相応の注意を尽くせば知り得るはずであったならば、この者の同意表示を必要とせずに、約款が拘束力を生ずることの排除を意図した[3]ものと解される。この同意は、個々の条項につき存することを要せず、約款全体に関連すれば足り[4]、かつ、契約上の同意とは無関係な特別の独立した法律行為をなんら意味しない[5]。そして、この同意には、企業側の明示の指定と異なり、明示性は要求されていないから、民法145条以下が適用され、民法305条2項はその限りでなんら特別な要件を含むものではない[6]。つまり、同項の構造上最後に位置づけられていることは、約款組込には企業による同項1号、2号の前提条件を充足するだけでは十分ではなく、むしろ、約款の契約性に対応して相手方の意思一致が付加されなければならないことを単に明確化したにすぎない[7]。したがって、顧客が契約内容に組込まれるべき約款の内容を知っていることを前提条件としていないし、組込に関する明示の同意を要せず、むしろ、

民法151条に基づく推断的承諾でもってたりることになる[8]。相手方が約款適用に同意しないならば、このことを相手方は明示的に表示しなければならない[9]。

さらに、給付を無留保で、かつ、異議申立することなく受領した場合、同意が存するといえるかも問題となるが、従来この点で同意を肯定した判例は商人間取引に関するものであり、非商人との取引では原則として法律行為上の同意とは解されるべきでない[10]。

また、民法145条を修正して、顧客の沈黙は同意と評価されるという、約款における組込条項は、原則として、民法307条2項1号（旧法9条2項1号）に基づき効力を有しない[11]。これに反して、確認条項が、顧客は単に「約款の適用に同意する」旨を表示するものにすぎないときは、民法305条2項2号末文（旧法2条1項2号末文）にも、民法309条12号（旧法11条15号）にも、民法307条（旧法9条）にも反しない。というのは、企業が自己の表示責務及び認識を作り出す責務を民法305条2項1号及び2号（旧法2条1項1号及び2号）に従って充足している限り、この種の確認条項は、法律行為上の結果を顧客の同意という形で繰り返しているにすぎないからである。つまり、事実の確認に留まっている。この前提条件の下では、この条項は結局は無駄であり、自明のことである[12]。

なお、債務法改正法による民法305a条は、約款組込に関する同法305条2項1号、2号（明示的指定および合理的認識可能性）の要件を遵守しなくとも、路線交通（Linienverkehr）である鉄道、市電及びバスの運送約款、郵便物に関する特定運送契約における約款、さらに、特定の遠距離通信サービス（Telekommunikationsdienstleitungen）の約款は、組み込まれたものとされる、とする。これは、これらの取引の特殊性に対応したものである。鉄道などの運送約款は官報で公示されているから、二重の手間となる。郵便に関しては、ポストに投函という形態でなされるから、ポストに約款を印刷するとか掲示

するというのは実際的でないからである。また、遠距離通信においては、電話でしかも一回限りの接触で、即時的にサービスは完了するから、事前に約款を認識することは実際的な理由から意味あるとは思えないし、顧客の利益にもならないといえるからである(13)。但し、この例外の場合であっても、本項で検討している「顧客の同意」の要件は必要である。立案過程では、「2項の要件を遵守しなくとも」とされていたが、連邦参議院で「この案では、契約上の合意は必要なく、反対の合意は効果を生じないことになる。理由書によると、合意原則は放棄されるべきでなく、したがって、適用するという合意（Verabredung der Geltung）が必要であることに変わりはない。合意原則の放棄は従来の法を修正するものであり、草案の理由は不十分であり、より詳細な正当化理由が必要である。」と指摘され、連邦政府もこれに同意して、「305条2項1号及び2号を遵守しなくとも」という文言に変更して、約款の適用につき顧客の同意の要件は必要であることを明確にした経緯からみても明らかである(14)。

（1） Wolf u. a., AGBG, § 2 Rdn. 42 ; Erman-Hefermehl, Handkomm. AGBG, § 2 Rdn. 19.
（2） Schroeder, D., Einbeziehung, S. 13.
（3） Siehe BGH 1. 3. 1982 NJW 1982, 1388, 1389.
（4） Locher, H., AGB, S. 49 ; Wolf u. a., AGBG, § 2 Rdn. 42.
（5） Kötz, MünchKomm. AGBG, § 2 Rdn. 4.
（6） Ulmer u. a., AGBG, § 2 Rdn. 61 ; Medicus, D., Allg. Teil des BGB, Rdn. 408. 明示又は推断的になし得る。Dietlein-Rebmann, AGB, § 2 Rdn. 8. そして、これ以上の要件は、例えば、同意した旨の明示の表示は要求されない。このような要求は、実際的でないし、無用な形式論となるからである。Entwurf des AGBG, BT-Drucksache 7 / 3919 S. 18.
（7） Ulmer u. a., AGBG, § 2 Rdn. 61 ; Stoffels, M., AGB, Rdn. 290. Soergel-Stein, AGBG, § 2 Rdn. 27 は、同意を表示しなければならないとして、より強い位置づけをなすと共に、この規定は組込の法律行為性を強調したものとするが、他面では取引

## 第2節　ドイツ法

慣行によって明示の承諾表示が期待できない場合は推断的な同意表示で足りるとする。

（8）　Ulmer u. a., AGBG, § 2 Rdn. 61 ; Palandt-Heinrichs, BGB, § 305 Rdn. 43 ; Locher, H., AGB, S. 49 ; BGH 1. 3. 1982 NJW 1982, 1388, 1389 ; Larenz, K., Allgemeiner Teil des Bürgerlichen Rechts, 9. Aufl., 2004, § 43 Rdn. 19（Wolf）（以下、Larenz-Wolf, Allg. Teil des BGB と略記).

（9）　Ulmer u. a., AGBG, § 2 Rdn. 61 ; Soergel-Stein, AGBG, § 2 Rdn. 27 ; Locher, H., AGB, S. 49 ; Müller-Graff, P. -C., JZ 1977, 245, 249 ; Schmidt-Salzer, J., AGB, D. 32. 約款の指定を含む契約文書への署名は約款への同意とみなされる。Schmidt-Salzer, J., AGB, D. 53. Erman-Hefermehl, Handkomm. AGBG, § 2 Rdn. 19 は、拒絶の意思は十分に表わすことを要するが、明示性は必要ではないとする。これらの見解に対して、Hart, D., Jura 2001, 649, 654 は、消費者契約においては、消費者の同意表示義務は否定されねばならないとする。

（10）　Palandt-Heinrichs, BGB, § 305 Rdn. 43 ; Thamm-Pilger, AGBG, § 2 Rdn. 14. Siehe auch OLG Köln 27. 11. 1969 VersR 1970, 577, 578 ; OLG Karlsruhe 10. 10. 1973 VersR 1975, 381, 383 ; BGH 19. 1. 1988 NJW-RR 1988, 655, 657. クレジット・カードの使用の点に黙示的同意を肯定したものとして、OLG Köln（Beschl.）23. 1. 1992 WM 1993, 369, 370.

（11）　v. Westphalen, F. G., Vertragsrecht, § 38 Vertragsabschlussklauseln, Rdn. 17 ; Ulmer u. a., AGBG, § 2 Rdn. 63.

（12）　v. Westphalen, F. G., Vertragsrecht, § 38 Vertragsabschlussklauseln, Rdn. 45 ; Soergel-Stein, AGBG, § 2 Rdn. 27. 判例は、契約相手方が適用に同意するという要求に関しては、契約締結の局面を正に問題としているものであって、締結の構成要件は、たとえ、これを構成する意思表示の一部が事前作成されたものに基礎を有するものであっても、元来個別的な性質を有するもので、約款に関連する規定に従って吟味の対象とはならないとする. Siehe BGH 1. 3. 1982 NJW 1982, 1389, 1390 ; BGH 9. 11. 1989 NJW 1990, 761, 765 ; OLG Düsseldorf 19. 11. 1987 NJW-RR 1987, 884, 888f. この種の条項も内容規制に服すると解すべきとする見解として、Hensen, H.-D., Zur Einbeziehung von AGB in der Vertrag, ZIP 1984, 145, 146f. ; Jauernig, O.（hrsg.）, BGB, § 305 Rdn. 15. 内容規制に服さないという見解は、契約内容を規制する条項のみが約款であるということを根拠とするが、それでは狭すぎるとして反対する見解として、Siehe Krusche, C., Allgemeine Einkaufsbedingungen, S. 59. もっとも、判例は存在しない認識可能性を擬制する内容の認識条項は立証責任を転換するものとして民法309条12号（旧法11条5号）に反するとする。Siehe BGH 9. 11. 1989 NJW 1990, 761, 765 ; BGH 15. 5. 1991 NJW 1991, 1750, 1753. 約款の交付を確認したという条項も同様

第1章　約款による契約の成否

の理由で無効である。Erman-Hefermehl, Handkomm. AGBG, § 2 Rdn. 11 ; BGH 24. 3. 1988 NJW 1988, 2106, 2108.

(13)　これらの点については、詳細は、Siehe Entwurf, BT-Druchsache 14 / 6040 S. 151f. ; Dauner-Lieb, B. u. a（hrsg.）, Anwaltkomm Schuldrecht, § 305a Rdn. 3f.（Hennrichs）.

(14)　Siehe Stellungnahme des Bundesrates, Gesetzentwurf der Bundesregierung, BT-Druchsache 14 / 6857 Anlage 2, S. 15 Nr. 41 u. Gegenäußerung der Bundesregierung, aaO., Anlage 3, S. 52 Zu Nr. 41 ; v. Westphalen, F. G., NJW 2002, 12, 14.

(iv)　効果と立証責任

有効な組込があれば、約款は契約内容となるが、個別訴訟では当然に内容規制に服することになる。団体訴訟においてはいうまでもなく組込問題は生じない。また、当初の約款の代わりに、事後に別の約款が契約に組み込まれ、矛盾が生じた場合は、原則として事後の約款が組込まれることになる[1]。なお、既に締結された契約に約款を事後に組込むことは可能である。これには、民法305条2項の要件が類推適用[2]されるが、顧客の同意にはより厳格な要件が課され、原則として、明示の同意表示を要する[3]。したがって、事後に送付された約款への署名を直接黙示の組込同意と解することはできない[4]。さらに、契約期間中に企業が約款を改正した場合は契約変更であり、契約締結自体の場合と同一の原則に服し、たとえ変更が顧客に有利であっても、民法305条2項に従って各要件の充足を要する[5]。つまり、企業は改正点を相手方に明示に指定し、かつ、同時に変更された約款内容をこの者が入手できるようにしなければならない。その際、変更された条項は、顕著性を有することを要する。顧客の不利に変更された条項には、このことは特に妥当する[6]。顧客が指定の到達した後に継続的取引関係を変更せず、かつ、提案された変更になんら異議申立をしない場合には、通常、民法151条に基づく推断的同意があると解される[7]。なお、企業は

一方的に約款を変更する権利を有するという条項は、それが事後に生じた事情によって等価性を害し、かつ、規定の空白を生じさせた場合に約款をこれに適合させるものであって、かつ、内容上、透明性原則に適合するように明確に規定されている限りで、有効とされる[8]。

約款の有効な組込があることの立証責任は、約款の適用を援用する者（通常は企業）にある[9]。たとえ、約款を認識しその適用に同意したことを確認するという確認条項があっても、この原則をなんら変更するものではない。この関係で、「顧客は約款内容につき認識した」という確認条項は305条2項（旧法2条1項1号及び2号）に関連するし、さらに、利用者はその適用を「指定した」という旨の確認条項も同様である。いずれも、立証責任転換であり、309条12号b（旧法11条15号b）に基づき無効となる[10]。

（1）　BGH 20. 3. 1980 NJW 1980, 2022, 2023.
（2）　Ulmer u. a., AGBG, § 2 Rdn. 57 ; Palandt-Heinrichs, BGB, § 305 Rdn. 47 ; BGH 22. 9. 1983 NJW 1984, 1112, 1112 ; KG 6. 1. 1994 NJW-RR 1994, 1265, 1265. Siehe auch BGH 18. 6. 1986 WM 1986, 1194, 1197.
（3）　Ulmer u. a., AGBG, § 2 Rdn. 57 ; Kötz, MünchKomm. AGBG, § 2 Rdn. 18 ; Palandt-Heinrichs, BGB, § 305 Rdn. 47 ; LG Gießen 24. 1. 1996 NJW-RR 1996, 630, 630.
（4）　Palandt-Heinrichs, BGB, § 305 Rdn. 47 ; LG Giesen 24. 1. 1996 NJW-RR 1996, 630, 630 ; KG 6. 1. 1994 NJW-RR 1994, 1265, 1265.
（5）　Ulmer u. a., AGBG, § 2 Rdn. 64 ; Erman-Roloff, BGB, § 305 Rdn. 43. Siehe auch OLG Saarbrücken 25. 11. 1987 NJW-RR 1989, 72, 72 ; LG Frankfurt 26. 3. 1991 NJW-RR 1991, 2842, 2842. ただし、旧法23条2項1号及び1a号は旧法2条を不適用とする。郵便及び電気通信の任務は依然として国家の任務であり、その役務給付が私法上の取引形態でなされるものとなってもそうである。このことは約款及び給付対価につきその一様な適用を要求する。約款が顧客関係の基礎となるかにつき企業または顧客の任意にすることは認められないのである。そのため、旧法2条の例外が郵便及び通信制度につき規定されたのである。Siehe Entwurf eines Gesetzes zur Neustrukturierung des Post- und Fernmeldewesens und der Deutschen Bundespost, Bundestag Drucksache 11 / 2854, S. 66. したがって、ドイツ・テレコムによる変更約

第1章 約款による契約の成否

款は従来の契約に当然組み込まれる。Siehe BGH 2. 7. 1998 DB 1998, 1812, 1812.

（6） BGH 24. 11. 1972 BB 1973, 217, 217（信義則をあげる）．もっとも、Erman-Hefermehl, Handkomm. AGBG, §2 Rdn. 24 は、企業が同一約款をかなりの期間使用していた場合は、顧客に対して変更を明示に指定する義務が生じるとする。なお、改正約款の単なる受領は、その適用に対する顧客の同意を意味しない。Siehe OLG Karlsruhe 26. 4. 1966 DB 1966, 935, 935.

（7） Ulmer u. a., AGBG, §2 Rdn. 64.

（8） Palandt-Heinrichs, BGB, §305 Rdn. 48 ; BGH 8. 10. 1997 BGHZ 136, 394, 401f. ; BGH 17. 3. 1999 NJW 1999, 1865

（9） Ulmer u. a., AGBG, §2 Rdn. 66 ; Locher, H., AGB, S. 51 ; Soergel-Stein, AGBG, §2 Rdn. 28 ; Schlosser u. a., AGBG, §2 Rdn. 16 ; Löwe u. a., AGBG, §2 Rdn. 26 ; Palandt-Heinrichs, BGB, §305 Rdn, 28 ; BGH 18. 6. 1986 WM 1986, 1194, 1196 ; BGH 15. 5. 1991 NJW 1991, 1750, 1753 ; OLG Hamburg 14. 1. 1988 VersR 1989, 202, 203.

（10） v. Westphalen, F. G., Vertragsrecht,§38 Vertragsabschlussklauseln, Rdn. 46 ; Stoffels, M., AGB, Rdn. 294 ; Erman-Roloff, BGB, §305 Rdn. 59. 同様に、「私に交付された約款が適用されることに同意します」旨の条項は、事実の確認を含み、立証責任を顧客の不利に転換するもので、約款の構成要素として原則として無効である。BGH 24. 3. 1988 NJW 1988, 2106, 2108 ; OLG 16. 12. 1991 NJW-RR 1992, 444, 445. 近時、約款組込条項につき、原則として無効であることを詳論したものとして、Siehe Rott, P., Einbeziehungs- und Bestätigungsklauseln in AGB, VuR 1998, 251ff.

(2) 枠組契約

立法者は、本条2項による要件充足の場合のみ約款が組込まれるとすると取引が困難になることがありうることを考慮して、特定種類の取引につき特定約款の適用を事前に合意しうるものとする。これは、日常生活上の典型的な大量取引において、民法305条2項1号における例外に該当せず、したがって、約款の組込につき掲示では不十分とされる場合を念頭においたものである[1]。この結果、従来、枠組合意が契約といえるか否か争われていたが、民法305条3項（旧法2条2項）で明文化することによって契約性を法認したといえる[2]。銀行及びその他の金融機関の約款の場合が例として挙

げられる⁽³⁾ように、枠組合意（Rahmenvereinbarung）とは、将来の取引に対して一方当事者の約款の適用を規定する一種の契約である。この場合、約款は、個々の事例において新たに合意されることを要せず、むしろ、枠組合意によって、これによって把握された全ての契約を拘束するものとなる。つまり、事後の個別契約において組込合意をなすことを要しないし、個別契約で枠組合意を指定することも必要でない⁽⁴⁾。この枠組合意は、一種の独立の契約を意味し、継続的取引拘束（Geschäftsverbindung）を設定する目的及びこれと関連して締結された個別契約とは無関係である。締結自体は不要式で、口頭でもなしうる⁽⁵⁾。要するに、本項の枠組合意は、固有の、継続的債務関係における、多数の個々の契約に関連した包括的な組込合意にほかならないといえる⁽⁶⁾。

　本条3項における枠組合意が成立するためには、以下の要件を充足することを要する。まず、第一に、約款が組込まれるべき特定の種類の法律行為の表示がなされていることを要する。この要件は、企業が多様な種々の契約を常に締結している場合に意味を有し、枠組契約締結の際に考慮されていなかった契約に約款が適用されるのを防止するためである⁽⁷⁾。したがって、企業と顧客との間で将来成立すべき全ての契約につき約款の適用を合意するとか、企業の当該時点の営業と関連する全ての将来の契約に枠組合意を拡張するということはできない⁽⁸⁾。他方、親近的な種類の法律行為で、同一約款の適用になんら混乱を生じせしめない限り、枠組合意を多数の特定種類の法律行為に及ぼすことができることにはなんら問題はない⁽⁹⁾。例えば、銀行と顧客との間で、枠組合意をもって、預金取引、手形割引取引、証券取引に及ぼすことは一般的に肯定されている⁽¹⁰⁾。第二に、企業の特定の約款に関連していることを要する⁽¹¹⁾。これは、枠組合意は企業と顧客との間に、特定の約款条項を個々の具体的個別契約を超えて同種の契約に適用すべきことに関して合意

が存することに依存しているからである⁽¹²⁾。したがって、「当該時点で具体的に適用される約款」というのでは不適切である⁽¹³⁾。この場合には、新たな枠組契約を締結するか又は既存の枠組契約の変更を要する⁽¹⁴⁾。

さらに、本項は2項に挙げられた要件の遵守、つまり、明示の指定と合理的認識可能性の充足をあげる。したがって、この点については2項につき述べたことがほぼ妥当するが、当事者間において多数の同種の契約に約款が繰り返し組込まれたからといって、それでは不十分である⁽¹⁵⁾。ただ、2項と異なり、枠組合意では、約款の組込に関することに制限され、なんら給付と反対給付に関する主たる合意は含まれない⁽¹⁶⁾。つまり、枠組合意が有効に成立すると、約款は枠組合意の範囲に入る全ての取引の構成要素となり、2項の前提条件をいかなる場合でも遵守することを要しないことになる⁽¹⁷⁾。かつ、この枠組合意が成立すると、顧客は当該約款で締結するつもりがないならば、新たな個別契約の締結に際して明確にその意思を表明しなければならない⁽¹⁸⁾。なお、企業は一方的に将来の契約締結につき約款を変更できず、そのためには枠組合意の変更を必要とし⁽¹⁹⁾、たんに「その時々に適用される約款」が契約内容となるという合意では不十分である⁽²⁰⁾。

枠組合意の存在に関する証明は、約款規制法の保護目的がその効果を失わないように厳格な要件が企業側に課される必要があり、疑わしき場合は企業の負担となる⁽²¹⁾。

（1）　Ulmer u. a., AGBG, § 2 Rdn. 70.
（2）　Schroeder, D., Einbeziehung, S. 100f.
（3）　Entwurf des AGBG, BT-Drucksache 7 / 3919 S. 18.
（4）　Entwurf des AGBG, BT-Drucksache 7 / 3919 S. 18 ; BGH 18. 6. 1986 WM 1986, 1194, 1195 ; Schlosser u. a., AGBG, § 2 Rdn. 55 ; Thamm-Pilger, AGBG, § 2 Rdn. 16.

第 2 節　ドイツ法

（5）　Erman-Roloff, BGB, § 305 Rdn. 44 ; Soergel-Stein, AGBG, § 2 Rdn. 30. Siehe auch BGH 28. 5. 1973 WM 1973, 1198, 1199f. 独立性を有するから、枠組契約の解除は個別契約の巻き戻し作用をもたらさない。BGH 4. 12. 1996 WM 1997, 418.

（6）　Schroeder, D., Einbeziehung, S. 99. Ders., aaO. S. 101 は、民法305条 3 項（旧法 2 条 2 項）による枠組合意は規範契約であり、他の個々の契約にとって決め手となるべき規定が合意される契約であるとする。

（7）　Dietlein-Rebmann, AGB, § 2 Rdn. 10.

（8）　Ulmer u. a., AGBG, § 2 Rdn. 76 ; Schlosser u. a., AGBG, § 2 Rdn. 52 ; Wolf u. a., AGBG, § 2 Rdn. 53 ; Löwe u. a., AGBG, § 2 Rdn. 23 ; Soergel-Stein, AGBG, § 2 Rdn. 30 ; Erman-Roloff, BGB, § 305 Rdn. 45. この法律行為の種類は、その法的性質、経済的目的、主たる給付の対象に基づいて決定されるが、決め手は内容の同一性ではなく、取引が特定の契約タイプに属するかである。Siehe Wolf u. a., AGBG, § 2 Rdn. 53 ; Erman-Hefermehl, Handkomm. AGBG, § 2 Rdn. 28.

（9）　Ulmer u. a., AGBG, § 2 Rdn. 76 ; Locher, H., AGB, S. 50 ; Soergel-Stein, AGBG, § 2 Rdn. 31.

（10）　Erman-Hefermehl, Handkomm. AGBG, § 2 Rdn. 28.

（11）　Entwurf des AGBG, BT-Drucksache 3 / 3919 S. 18 ; Kötz, MünchKomm. AGBG, § 2 Rdn. 19 ; Thamm-Pilger, AGBG, § 2 Rdn. 16. Schroeder, D., Einbeziehung, S. 100 は、これによって、一方当事者に一方的形成権限が認容されないから、民法315条以下が修正されているとする。

（12）　v. Westphalen, F. G., Vertragsrecht, § 38 Vertragsabschlussklauseln, Rdn. 49.

（13）　Entwurf des AGBG,BT-Drucksache 7 / 3919, S. 18 ; Ulmer u. a., AGBG, § 2 Rdn. 77 ; Schlosser u. a., AGBG, § 2 Rdn. 54 ; Wolf u. a., AGBG, § 2 Rdn. 54 ; Locher, H., AGB, S. 50 ; Kötz, MünchKomm. AGBG, § 2 Rdn. 19.

（14）　Kötz, MünchKomm. AGBG, § 2 Rdn. 19.

（15）　Soergel-Stein, AGBG, § 2 Rdn. 30 ; Locher, H., AGB, S. 50 ; Ulmer u. a., AGBG, § 2 Rdn. 75 ; Kötz, MünchKomm. AGBG, § 2 Rdn. 20 ; Erman-Roloff, BGB, § 305 Rdn. 44 ; BGH 18. 6. 1986 WM 1986, 1194, 1195.

（16）　Ulmer u. a., AGBG, § 2 Rdn. 78.

（17）　Kötz, MünchKomm. AGBG, § 2 Rdn. 20 ; Schroeder, D., Einbeziehung, S. 103 ; Stein, A., AGBG, § 2 Rdn. 36. Dietlein-Rebmann, AGB, § 2 Rdn. 10 は、枠組契約は将来の契約についても大きな射程距離を有するのであるから、約款の適用につき相手方が同意したかについては、個別契約に制限された個別的組込の場合よりも、より厳格な基準で判断されるべきであるとする。

（18）　Erman-Roloff, BGB, § 305 Rdn. 44 ; Stein, A., AGBG, § 2 Rdn. 36 ; Schlosser

u. a., AGBG, § 2 Rdn. 57.

(19) Entwurf des AGBG, BT-Drucksache 7 / 3919 S. 18 ; Erman-Hefermehl, Handkomm. AGBG, § 2 Rdn. 28.

(20) Medicus, D., Allg. Teil des BGB, Rdn. 413.

(21) Erman-Hefermehl, Handkomm. AGBG, § 2 Rdn. 27 ; BGH 8. 11. 1984 WM 1985, 93, 94.

## 第2款　商人間取引

　既述のように、商人間取引には民法305条2項、3項（旧法2条）は適用されない。しかし、このことは必ずしも法律行為外での約款適用を肯定するものではなく、商人間取引においても原則として法律行為、つまり適用合意を要すると解されている[1]。では、組込に関する法規定不適用とされた根拠はどこに求められるのか。約款規制の根拠が企業（利用者）による契約形成の一方的行使からの保護にあるならば、区別して取り扱う必然性はない。商人間取引でも、一方当事者による契約形成自由の濫用的・一方的行使から相手方を保護する必要性はあるからである[2]。商人に関する例外の根拠、ことに、民法305条2項、3項（旧法2条）の要件の例外は、その保護の必要性が少ないこと[3]ではなく、むしろ、商人間取引と商人と非商人間の取引とにおける必要性（Bedürfnis）が異なることに求められる。私的な最終消費者との取引においては、約款の下での取引であることを認識したか、これが肯定されたならばどの約款で締結するのか、に関して保護必要性が認められるが故に、民法305条2項、3項（旧法2条）の組込要件が規定されたといえる。他方、商人間取引では、商取引における契約締結の簡便性と迅速性の要請から、約款に関する合意を時間を節約し、かつ、費用を最小限にしてなすことが必要となる。この商人間取引の特殊性が例外取扱の根拠である[4]。と同時に、契約締結に際して、通常の商人としての注意義務の遵守が当然に適用除外の前提となっているといえる[5]。

第 2 節　ドイツ法

判例上も、商人が自己に呈示されなかったが契約上指定された約款に拘束されるという従来判例が認めた原則の根拠は、商取引上の慣行 (Gepflogenheit) が周知されていること、商人はそれ相応の注意をなして取引関係の明確化に努めるべきであるという期待 (Erwartung)、に求められる[6]。この見地からいえば、商人といっても小商人は別異の取扱をすることも考えられる。旧法 24 条 1 号は、両者を区別せず、単に商人として旧法 2 条の適用を除外していた。これにつき、立法者は、約款に附合する者が完全商人か小商人かに応じて営業者というカテゴリー内でも保護必要性は異なって判断することは理論的に可能としたが、かかる別異の取扱は商取引における法的安全を減少させ、望ましくないとして、否定され、小商人の保護は一般的に内容規制の面で考慮されれば足りるとされた[7]。学説も、商人には小商人も含み、その保護は旧法 9 条で配慮するば足りるとした[8]。しかし、このような立場は、近時の商法改正により変更された。つまり、旧法 24 条 1 号における約款が「商人に対するもので、かつ、当該契約がその者の商業の経営に属するものであるときは」、旧法 2 条、10 条、11 条及び 12 条は適用されないとしていたが、この文言は約款が「契約締結に際して、自己の営業上または独立した職業上の活動において取引をなす者 (営業者) に対して使用される場合」[9]と変更されて、小商人は本稿の関係でいえば、旧法 2 条は適用されることとなったからである。これは、商法改正において商人概念が変更されたことに連動するものである[10]。商人概念につき商法 1 条 2 項は「商業とはすべての営業 (Gewerbebetrieb) をいう。ただし、企業が種類または範囲に基づき商人的方法で設備された営業 (Geschäftsbetrieb) を必要としないものを除く」[11]と改正され、そこでは小商人概念は廃止された。これは、商法の対象としての商人概念の変化、それに対応した統一化、小商人の現状、さらに小商人に商法の厳格な規定を適用する必要性がない

第 1 章　約款による契約の成否

こと(12)、に基づくといえる。したがって、前述の見地からいえば、この改正法によって旧法 24 条の適用除外を限定したのは妥当と解される。

（ 1 ）　Vorderobermeier, B. -S., Die Einbeziehung Allgemeiner Geschäftsbedingungen im kaufmännischen Geschäftsverkehr, 1992, S. 33（以下、Einbeziehung と略記）は、今日では、商人間取引でも、約款の適用は既存の準規範的条項への単なる附合によるのではなく、具体的契約当事者の法律行為上の同意表示によるという認識は確定しているとする。もっとも、Thamm-Pilger, AGBG, § 2 Rdn. 18 は、商人間取引でも約款の明示的指定は原則として必要とする。

（ 2 ）　Schlosser, P., 10 Jahre AGB-Gesetz, JR 1988, 1, 3 ; Vorderobermeier, B. -S., Einbeziehung, S. 36f. 商人間取引おいても、取引事情は具体的に異なることにつき、Siehe Rabe, D., Die Auswirkungen des AGB-Gesetzes auf den kaufmännischen Verkehr, NJW 1987, 1978, 1980.

（ 3 ）　旧法 2 条適用除外の根拠としてはこれが一般的にあげられた。Siehe z. B. Erman-Hefermehl, Handkomm. AGBG, § 2 Rdn. 29. 現行法につき Erman-Roloff, BGB, § 305 Rdn. 46.

（ 4 ）　Vorderobermeier, B. -S., Einbeziehung, S. 37f.

（ 5 ）　Müller-Graff, P. -C., AGB-Einbeziehung bei kaufmännischer Geschäftsübung und AGB-Gesetz, FS für K. Pleyer, 1986, S. 407 u. 417 f. 商人は、非商人に較べて、契約交渉をなす際にはより慎重な注意をなすことが要求される。BGH 6. 10. 1971 DB 1971, 2106, 2106 ; Erman-Hefermehl, Handkomm. AGBG, § 2 Rdn. 33.

（ 6 ）　BGH 29. 9. 1977 WM 1977, 1353, 1354.

（ 7 ）　Entwurf des AGBG, BT-Drucksache 7 / 3919, S. 43.

（ 8 ）　Ulmer u. a., AGBG, § 24 Rdn. 10.

（ 9 ）　Gesetz zur Neuregelung des Kaufmanns- und Firmenrechts und zur Änderung anderer handels- und gesellschaftsrechtlicher Vorschriften（Handelsrechtsreformgesetz-HRefG）, Artikel 2（BGBl. I., 1998, Nr. 38, S. 1474）（以下、HRefG と略記）. 因みに、旧法は 1997 年改正され、そこでは 24 a 条が新設されたが、その本文における「営業上または職業上の活動において取引をなす者（企業）」の文言は「企業（Unternehmer）」という文言に変えられた。

（10）　Entwurf des HRefG, BT-Drucksache 13 / 8444 S. 47.

（11）　HRefG, Artikel 3, Nr. 1.

（12）　Entwurf des HRefG, BT-Drucksache 13 / 8444 S. 27ff.

第 2 節　ドイツ法

(1) 原　則

　約款の組込には、民法 305 条 2 項（旧法 2 条 1 項）と異なり明示に約款を指定することを要しないが、約款適用が商慣習に基づき考慮される場合でない限り、商人間取引においても契約当事者がその適用につき明示又は黙示に合意することが必要である[1]。この点で、民法 305 条 2 項、3 項（旧法 2 条）の完全適用除外を規定する民法 310 条 1 項（旧法 24 条 1 文）との整合性が問題となる。これについては、民法 305 条 2 項、3 項（旧法 2 条）の法思想が特別要件を定めたものではなく、むしろ、一般的な法評価を表明しているといえ、この規定は民法 310 条 1 項（旧法 24 条）にあげられた適用除外の人的範囲にも、適用される。商人は、法律行為理論から解放されるのではなく、民法 305 条 2 項（旧法 2 条 1 項 1 号、2 号）の特別要件のみ軽減されるにとどまる。したがって、商人間でも両当事者の意思表示が必要なのである[2]。このためには、一方当事者が、個別契約で合意されたもののほかに、特定約款が契約内容となるべきことを表示し、相手方がこれに同意したことが必要である。つまり、約款の組込は、企業が契約申込で約款を指定し、相手方が組込に異議を申立てずに申込を承諾したことに基づくのである[3]。以下、指定、約款内容の認識可能性、相手方の適用同意の順で検討する。

　まず、指定については、利用者は自己の契約申込、注文確認書又は注文書の表頁において明示に自己の約款を指定している場合が一般的[4]で、これで足りることはいうまでもない。これに該当しない場合でも、明示性は商人間取引では要求されていないから、民法 133 条、157 条に基づき組込表示と解されるものであれば、黙示的又は推断的指定で足りる[5]。例えば、申込書に約款が添付されているとか、注文書又は注文確認書の裏面に約款が印刷されているなどである[6]。この推断的指定と認められるかは具体的事情によるが、営業所における口頭の契約締結では明白で顕著な（deutlich

107

第 1 章　約款による契約の成否

sichtbare) 形態の掲示を要する[7]。たとえ、申込自体において約款の明示の指定がなくとも、申込書の裏面に約款が印刷されていれば、商人間取引では、疑わしき場合は組込指定と解されるから、原則として十分とされる[8]。しかし、この点は消極に解するのが妥当である。商人といえども、程度の差はあれ多量な書類を裏返しにして、相手方が約款を裏面に印刷して、約款の適用を意図しているかを調査することを要するとはいえないからである[9]。また、パンフレット、カタログ、価格表等に印刷された約款では不十分である。これらは、利用者の給付提供に関する情報を伝えるのには役立つが、約款に関する情報伝達には役立たないからである[10]。さらに、商人間取引でも、複数の約款を利用している場合は、契約相手方にどの約款が具体的取引にとって決め手となるかが一義的に明確に知りうるようにされていなければならない[11]。

　次に、約款内容の認識可能性については、商人である相手方が約款内容を知っていたか否かは問わないが、この者には合理的方法で約款内容を知ることができるようになっていることを要する[12]。この前提条件の下でのみ、組込表示の自己責任上の帰責が正当化される。つまり、何人も自己が一度も認識可能性を有しなかったことに拘束されることはありえないからである[13]。この面から、具体的に基準となる約款の引用はなんら疑問を生じせしめないような合理的な形態でなされていることを要する[14]。ただし、非商人と異なり、商人には認識するための基準はより高いものとなる。したがって、約款が契約書の裏面に印刷されているとか、公表されているとか、容易に見える場所に掲示されているとか、その他困難なしに知り得るようになっていれば足りる[15]。もっとも、約款自体を送付するとか、契約締結にとって重要な書面に約款が添付されるとかは必ずしも要求されないし、相手方が約款内容を詳細に知ることも要しない[16]。これらの場合には、商人はそれ相応の注意をなし

て取引関係の明確化を自身でなすことが要求されるから、商人である相手方は自己にとって不知な約款を請求するか又は自身で入手することが求められるのである[17]。また、認識可能性には、読みやすさ及び理解しやすさも含まれるが、これは、当該分野の商人に当然期待される取引経験が基準となる[18]。例えば、異常な細字印刷であり、しかも、カラー印刷による区別化がなされていない結果、判読するのに非常な努力を要するものである場合は、信義則上、商人間取引であっても、約款を異議なく受領したことから約款への同意と解することはできない[19]とされる。なお、商人はこの認識可能性の享受を放棄できる。通常、利用者の組込意思が既知であるか又は知りうべきである場合で、かつ、約款の請求が当然期待されるにもかかわらず、自己の手元にない約款を請求せずに契約を締結したときには、放棄があると認められる[20]。

以上の組込意思及び認識可能性の付与は、契約締結の際に（厳密にこの時点に限定されるのではなく、当該契約に関する交渉中のいずれかの時点で足りる）存することを要する。したがって、請求書、納品書及びその他の契約締結後に交付される書面での指定は商人間取引でも原則として不十分である。これらは、その機能上、既に締結された契約の変更をなしうるものではないからである。商人は商取引においても、例えば、請求書に約款又はその指定が存するかを調べる必要はないといえる[21]。要は、契約相手方が、契約締結の全事情を考慮して自己に送付された書面がなんら契約構成的な意義を有せず、むしろ、契約の完了 (Vertragsabwicklung) のためのものであると考えるものであるならば、その書面上に印刷された表示は法的にはなんら価値を有しない。このことは、十分読み易いものであるか否か、目につく場所に存在するか否かを問わず、妥当する[22]。また、枠組契約又は継続的取引関係に該当しない限り、以前の取引での指定は、その後の取引に約款を組込のには不十分であり、新たになすこ

とを要する⁽²³⁾。このことは、たとえ約款に「全ての申込、契約、給付—将来のものも含めて—は当社の約款に基づく」旨の条項が存しても妥当するし、約款に基づく契約が締結され、この契約に時間的に接近して新たな契約が締結された場合も同様で、時間的な間隔のみでは新たな契約への約款適用には不十分である⁽²⁴⁾。

さらに、商人である相手方が明示に又は黙示的に約款の適用に合意すれば、商人間取引では約款の組込が成立する。問題となるのは、黙示的承諾があるといえるかである。商人間取引でも、単なる沈黙は原則として同意とは評価されない⁽²⁵⁾。ただ、信義則に基づき、申込受領者の異議申立が必要とされる場合には同意と看做されることになる。特に、全ての重要な事項に関する事前交渉に基づき、ほぼ合意に達した後になされた最終的な申込に対する沈黙は、個別事情により承諾と解しえないものでない限り、黙示的承諾と解される⁽²⁶⁾。これ以外にも、少なくとも、契約締結の外的状況から、自己又は一般的に使用されている約款を組込という利用者の意思が相手方に何らかの方法で認識しうるように表示されていなければならない。組込意思の認識可能性は推断的行態で十分である⁽²⁷⁾が、顧客の代理人が、企業の元使用人で、当該企業が約款に基づいて契約するのを常としていたことを知っていたという単なる認識では不十分である⁽²⁸⁾し、最初の契約では明示の合意がなされても、これに続くその後の契約でなんら組込表示がなされなかった場合も同様である。この場合は、最初の契約の合意は、後の契約につき黙示的承諾を認めることを正当化しない⁽²⁹⁾し、特定の契約締結に際しての約款指定は原則として当該法律行為に関してのみ意味を持っているからである⁽³⁰⁾。この相手方の同意に関しては、特に、黙示的同意については、約款による旨の当該分野における慣行、約款自体ないしは約款による旨の商慣習、継続的取引関係の存在、商人間における確認書法理が意味を持ってくるが、これらについては別に項立て

をして検討する。

　なお、以上は、組込を要する場合のみを検討したが、特別な組込を要せずに将来の契約に約款が適用される枠組契約の締結も認められる[31]。これについては、民法305条3項（旧法2条2項）の適用はないが、企業は枠組契約の内容を明確に契約相手方に指定することを要し、これによって相手方の表示が同意と解されることになる。一連の取引が約款利用の下で締結されたからといって、枠組契約への推断的合意があるとは解されない。また、民法305条3項（旧法2条2項）の類推により、枠組合意の内容は、特定約款の適用を将来の取引に限定するものと解され、約款が事後に変更された場合には、この改正約款は自動的に組込まれるのではなく、そのためには枠組合意の変更を要すると解される[32]。

（1）　Ulmer u. a., AGBG, § 2 Rdn. 79 u. 80 ; Schroeder, D., Einbeziehung, S. 66 ; Erman-Roloff, BGB, § 305 Rdn. 47 ; Wolf u. a., AGBG, § 2 Rdn. 61 ; Palandt-Heinrichs, BGB, § 305 Rdn. 50 ; BGH 18. 10. 1978 WM 1979, 19 (20) ; BGH 20. 3. 1985 NJW 1985, 1838, 1839 ; BGH 3. 12. 1987 BGHZ 102, 293, 304 ; BGH 12. 2. 1992 BGHZ 117, 190, 192, 194 ; OLG Dresden NJW-RR 1999, 846, 847.

（2）　Schroeder, D., Einbeziehung, S. 67 ; Vorderobermeier, B. -S., Einbeziehung, S. 44f. 商人間取引では黙示的附合で足りる。BGH 6. 12. 1990 NJW-RR 1991, 570, 571 ; OLG Karlsruhe 9. 10. 1992 NJW-RR 1993, 567, 568.

（3）　Ensthaler u. a., Gemeinschaftskommentar zum Handelsgesetzbuch, 5. Aufl., 1997, vor § 343 Rdn. 12（以下、Ensthaler u. a., Gemein. HGB と略記）; BGH 12. 2. 1992 BGHZ 117, 190, 192, 194.

（4）　Löwe u. a., AGBG, § 2 Rdn. 29.

（5）　Wolf u. a., AGBG, § 2 Rdn. 62 ; Locher, H., AGB, S. 52f ; v. Westphalen, F. G., Verkaufsbedingungen, S. 16. 明示の指定という要件は一般法律行為論から要求される程度を超えるものであるから、黙示的に表示されれば足りるのである。Schroeder, D., Einbeziehung, S. 67. BGH 3. 12. 1987 BGHZ 102, 293, 304 u. BGH 11. 5. 1989 NJW-RR 1989, 1104, 1104 は、約款の交付は必ずしも要せず、原則として明確で一義的な指定で足りるとする。

（6）　Ulmer u. a., AGBG, § 2 Rdn. 80 ; Wolf u. a., AGBG, § 2 Rdn. 62 ; Soergel-Stein,

第 1 章　約款による契約の成否

AGBG, § 2 Rdn. 34.

（7）　Erman-Roloff, BGB, § 305 Rdn. 47.

（8）　Ulmer u. a., AGBG, § 2 Rdn. 80 ; Soergel-Stein, AGBG, § 2 Rdn. 34 ; Erman-Roloff, BGB, § 305 Rdn. 47.

（9）　Schmidt-Salzer, J., AGB, D. 55 ; v. Westphalen, F. G., Verkaufsbedingungen, S. 17 ; Ders., Vertragsrecht, § 38 Vertragsabschlussklauseln, Rdn. 14 ; Schlosser u. a., AGBG, § 2 Rdn. 17 ; OLG 19. 9. 1984 ZIP 1984, 1241, 1242 ; BGH 3. 7. 1981 ZIP1981, 1220, 1221.

（10）　v. Westphalen, F. G., Verkaufsbedingungen, S. 17 ; Erman-Roloff, BGB, § 305 Rdn. 47. Siehe auch LG Berlin 29. 10. 1979 BB 1980, 1770, 1770. もっとも、契約相手方がカタログなどに基づいて注文したときに、そのカタログなどに約款に基づいてのみ締結する旨の指定が明確になされていれば、別異に解され十分とされる。Ulmer u. a., AGBG, § 2 Rdn. 80a ; Erman-Roloff, BGB, § 305 Rdn. 47.

（11）　Fischer, F. O., Praktische Problem der Einbeziehung von AGB unter Kaufleuten, insbesondere bei laufenden Geschäftsverbindungen, BB 1995, 2491, 2493 ; BGH 3. 7. 1981 ZIP 1981, 1221, 1221f.

（12）　Ulmer u. a., AGBG, § 2 Rdn. 79 ; Wolf u. a., AGBG, § 2 Rdn. 68 ; Kötz, Münch-Komm. AGBG, § 2 Rdn. 24 ; Ensthaler u. a., Gemein. HGB, vor § 343 Rdn. 12 ; BGH 12. 2. 1992 BGHZ 117, 190, 198. 認識をえるという責務を商人に課すと、迅速な商人間取引の要請に対応できなくなるから、商人である契約相手方にとって、合理的な方法で約款内容を認識できる可能性を生じせしめれば足りる。Vorderobermeier, B. -S., Einbeziehung, S. 39 ; OLG Düsseldorf 30. 3. 1995 VersR 1996, 1394, 1394.

（13）　Wolf u. a., AGBG, § 2 Rdn. 68.

（14）　Wolf u. a., AGBG, § 2 Rdn.68.

（15）　Locher, H., AGB, S. 52. Siehe BGH 6. 12. 1990 NJW-RR 1991, 570, 571. Löwe u. a., AGBG, § 2 Rdn. 35 は、注文書又は注文確認書の裏面のみに組込の文言が印刷されているときには指定とはいえない。商人といえども、全ての書面を詳細に調べて約款条項を知る義務を負ってはいないと指摘する。カタログが 152 頁に及び、2 頁にわたる目次の最後に「約款は表紙 3 頁」という文言が存するにすぎないときは、商人間でも不適切である。LG Berlin 29. 10. 1979 BB 1980, 1770, 1770.

（16）　Ulmer u. a., AGBG, § 2 Rdn. 79 ; BGH 30. 6. 1976 NJW 1976, 1886, 1887 ; BGH 20. 12. 1984 BB 1985, 884, 884 ; BGH 3. 12. 1987 BGHZ 102, 293. 約款が申込書に同封されている場合には、約款を直接引用しなくとも、商人間取引では十分に明確な指定であると解される。Erman-Hefermehl, Handkomm. AGBG, § 2 Rdn. 33 ; Wolf u. a., AGBG, § 2 Rdn. 62.

第 2 節　ドイツ法

(17)　Wolf u. a., AGBG, § 2 Rdn. 68 ; Erman-Roloff, BGB, § 305 Rdn. 50 ; Fischer, F. O., BB 1995, 2491, 2493 ; BGH 3. 2. 1982 NJW 1982, 1749, 1750 ; BGH 30. 12. 1978 BB 1979, 185, 186. この点につき、Kötz, MünchKomm. AGBG, § 2 Rdn. 26 は疑問とする。なお、OLG Düsseldorf 30. 3. 1995 VersR 1996, 1394, 1394 は、発送書に明示の指定があり署名されている場合につき、商人間取引では明示的指定は要求されていないから、約款が添付されていず、かつ、相手方が約款内容を知らないのであっても、合理的認識可能性を生じせしめれば足り、これは発送書の裏面において明示に約款は希望すれば送付する旨規定されて、その可能性が開かれていれば足りるとする。

(18)　BGH 6. 6. 1979 WM 1979, 918, 919 ; BGH 6. 10. 1982 NJW 1983, 159, 162.

(19)　Wolf u. a., AGBG, § 2 Rdn. 68 ; BGH 3. 2. 1986 NJW-RR 1986, 1311, 1311（ルーペを使用しなければ読めない場合は、契約内容とならない）; OLG Hamburg 14. 4. 1987 BB 1987, 1703, 1703 ; OLG Hamm 20. 11. 1987 NJW-RR 1988, 944, 944.

(20)　Wolf u. a., AGBG, § 2 Rdn. 69.

(21)　Wolf u. a., AGBG, § 2 Rdn. 70 ; Erman-Roloff, BGB, § 305 Rdn. 51 ; v. Westphalen, F. G., Verkaufsbedingungen, S. 17 ; LG Karlsruhe 9. 10. 1992 NJW-RR 1993, 567, 568 ; Schmidt-Salzer, J., AGB, D. 88 ; OLG 9. 10. 1992 NJW-RR 1993, 567, 568. LG Karlsruhe 29. 12. 1995 BB 1996, 1580, 1581. ただし、継続的取引関係が存する場合は異なる。Löwe u. a., AGBG, § 2 Rdn. 37 ; OLG Karlsruhe 9. 10. 1992 NJW-RR 1993, 567, 568.

(22)　Schmidt-Salzer, J., AGB, D. 88.

(23)　Erman-Roloff, BGB, § 305 Rdn 51 ; Palandt-Heinrichs, BGB, § 305 Rdn. 52.

(24)　BGH 12. 2. 1992 BGHZ 117, 190, 197f. ただし、Rüffert, D., Einbeziehung von AGB im kaufmännischen Geschäftsverkehr, MDR 1992, 922, 923 は、かかる約款条項が存し、最初の取引で黙示的に組み込まれたときは、2 回目の取引にも当然約款は適用されるとする。

(25)　Vorderobermeier, B. -S., Einbeziehung, S. 56.

(26)　Vorderobermeier, B. -S., Einbeziehung, S. 56 ; BGH 14. 2. 1995 NJW 1995, 1281, 1281.

(27)　Vorderobermeier, B. -S., Einbeziehung, S. 56.

(28)　Erman-Hefermehl, Handkomm. AGBG, § 2 Rdn. 34 ; BGH 18. 10. 1978 WM 1979, 19, 20.

(29)　v. Westphalen, F. G., Verkaufsbedingungen, S. 17 ; BGH 12. 2. 1992 BGHZ 117, 190, 196. これに対して、Rüffert, D., MDR 1992, 922, 923 は、必要な迅速な取引結了と商人としての取引経験を考慮すると、相手方の沈黙は約款組込への同意と解されるとする。

(30) Erman-Hefermehl, Handkomm. AGBG, §2 Rdn. 33.
(31) 民法305条2項、3項（旧法2条）の適用が商人間取引にはないとはいえ、枠組合意（契約）が許容されることは自明のことである。Schmidt, K., Handelsrecht, 4. Aufl., 1994, S. 610.（以下、Handelsrecht と略記）
(32) 以上は、Erman-Roloff, BGB, §305 Rdn. 52 による。Palandt-Heinrichs, BGB, §305 Rdn. 51 は、305条3項と異なり、当該時点で具体的に適用される約款による旨であってもよいが、利用者は相手方に遅滞なく新約款につき知らせなければならないとする。Siehe auch Kötz, MünchKomm. AGBG, §2 Rdn. 27.

## (2) 取引慣行及び商慣習

約款の利用が当該分野で取引慣行（Branchüblichkeit）となっている場合は、これによって約款は組込まれる。これは、非商人との取引の場合よりも緩やかな基準で肯定されている。商人間取引の迅速性の要請と、商人は非商人よりも取引経験が豊かであることによる[1]のであり、旧法制定以前における認識必然性の原則は商人間取引では同法制定後も大きな意味を持つことになる[2]。ただし、そのためには、商人間取引でも、約款利用が当該分野で慣行であることだけでは不十分で、顧客が約款適用に黙示的に同意したという結論を肯定できるような事情が付加しなければならない[3]。つまり、約款が当該分野で一般的に利用されており、かつ、当該業界でそれに相応した意識が存する場合に認められることによる[4]。これは、この種の慣行は特定分野における事実上の慣行（Übung）であって、これのみに基づいて約款が既に組込まれたという規範ではないからである[5]。この種の取引慣行が肯定された事例としては、運送取扱人普通約款（ADSp）、銀行約款、保険約款があるが、これら以外では個別的に認められる場合に限定され、通常の売買約款には妥当しない[6]。

この当該分野での取引慣行に該当すれば、利用者はそれ相応の指定をなさなくとも、その申込は約款を包含することになる[7]。そ

こでは、商人はその専門的な営業活動から、特定約款が当該取引分野で慣行的に利用されていることについての認識を有するか又は少なくともこの種の認識をえることが期待されるからである[8]。そして、この場合、相手方が利用者の黙示的な組込表示を事実上知っており、かつ、理解していたかは問題とならない[9]。そこで考慮されるのは、必要とされた注意をなせば、必然的に認識されえたであろう事情についてであるからである[10]。つまり、契約相手方の個人的認識・経験によるのではなく、客観的に典型的に存する認識と経験によるのである[11]。ただし、典型的に当該取引分野に属する取引であると共に、利用者からみて当該分野に通じている者であることを要する[12]。

なお、この当該分野での慣行が肯定される場合には、顧客が約款の適用に同意しないならば、承諾表示に際して、約款組込につき異議申立をすることを要する[13]。

約款が商慣習である場合は、当該分野においては、明示又は黙示の合意なしに、商法346条に基づき約款は適用される[14]。契約相手方が商慣習を認識していることは必要ではない[15]。したがって、相手方は商慣習となっている約款の組込に対しては、これを否定するつもりならば、明示に異議申立をしなければならない[16]。商法346条は修正可能であり、契約相手方が約款適用に異議申立をし、それにもかかわらず契約が締結された場合は、約款は商慣習であっても契約内容とならない[17]。また、約款の組込に関する商慣習も考えられる。この場合の商慣習は、約款全体の組込又は個々の条項の組込に制限され、個々の条項の内容には及ばない。したがって、個々の条項の変更があっても、約款全体としての組込に関する商慣習の適用は妨げられない[18]。単に組込の商慣習に基づいて契約内容となった条項は民法305b条以下の規制に服し、ことに不意討ち条項に該当すれば契約内容とならない（民法305c条1項（旧法3

条))[19]。これに反し、個々の条項の内容が商慣習に基づいて適用される場合は、約款として契約に明示ないし黙示的に採り入れられた否かを問わず、商法346条により適用される(いわゆる規範的商慣習)。この場合は、約款組込問題は生じないし、民法305b条以下の規制も及ばない[20]。

しかし、商慣習の成立要件は、長期間の事実上の慣行の存在と関係者の圧倒的多数による自主的な法確信であるから、約款の利用が商慣習となるのは非常に稀である。約款利用の目的は原則として利用者の一方的な営業の維持及び確保にあるから、約款に附合する者の任意の同意を確認することができるのは非常に稀である[21]し、かつ、商慣習の存在に関する要件にはより高度なものが要求されるからである。商慣習は、一方では具体的分野において私的自治からみて自己拘束なしに、他方では立法手続なしに、生じるものであって、少なくとも商人間の専門的期待可能性 (Erwartkeit) の存在が最小限必要とされる。したがって、全く特別な場合においてのみ、商慣習に基づく特定約款の組又は遵守が肯定されることになる[22]。従来、商慣習性が肯定された約款は、普通ドイツ海上保険約款、木材取引におけるテーゲルンゼー慣行 (Tegernseer Gebräuche) 等でそれほど多くはなく、運送取扱人普通約款 (ADSp)、銀行約款、建築請負工事規定 (VOB) については否定されている[23]。

(1) Ulmer u. a., AGBG, § 2 Rdn. 82.
(2) Ulmer u. a., AGBG, § 2 Rdn. 82; Kötz, MünchKomm. AGBG, § 2 Rdn. 24. Siehe auch Schroeder, D., Einbeziehung, S. 68. ただし、認識必然性原則の評価につき消極に解する見解も有力である。例えば、Vorderobermeier, B. -S., Einbeziung, S. 55 は、立法者の意思は組込を法律行為に基づかせることにある。したがって、商人間取引においても認識必然性の原則は時代遅れといえる。むしろ、黙示的組込に際しても、具体的事案において法律行為による組込という前提条件につき吟味されねばならないとする．その他の消極的見解として、Shiehe Schlosser u. a., AGBG, § 2 Rdn. 17; Kötz, MünchKomm. AGBG, § 2 Rdn. 24.

第 2 節　ドイツ法

（ 3 ）　Soergel-Stein, AGBG, § 2 Rdn. 36 ; v. Westphalen, F. G., Vertragsrecht, § 38 Vertragsabschlussklauseln, Rdn. 53 ; Ensthaler u. a., Gemein. HGB, vor § 343 Rdn. 13 ; BGH 4. 2. 1992 NJW-RR 1992, 626, 626f. ; OLG Dresden 13. 2. 1998 NJW-RR 1999, 846, 847 ; BGH 20. 3. 1985 NJW 1985, 1838, 1840（当該分野の慣行は、契約相方が黙示的に約款適用に同意したということについての一つの徴表で有り得る。）.

（ 4 ）　Wolf u. a., AGBG, § 2 Rdn. 64 ; Müller-Graff, P. -C., FS für K. Pleyer, S. 412 ; Schroeder, D., Einbeziehung, S. 69.

（ 5 ）　Vorderobermeier, B. -S., Einbeziehung, S. 69. Schloser, AGBG, § 2 Rdn. 62 も、取引慣行は規範ではなく、一般的行態の抽象から得られる基準（Regeln）にすぎないと指摘する。

（ 6 ）　v. Westphalen, F. G., Verkaufsbedingungen, S. 19. 当該分野での取引慣行を肯定した事例として、BGH 22. 1. 1954 BGHZ 12, 136, 139 ; BGH 18. 6. 1971 WM 1971, 987, 988 ; BGH 21. 12. 1972 WM 1973, 635, 636 ; OLG Hamm 16. 4. 1984 WM 1984, 1601, 1602 ; OLG Munchen 31. 7. 1992 NJW-RR 1993, 167, 167f. 逆に、否定した事例として、BGH 4. 2. 1992 NJW-RR 1992, 626, 626f.（織物加工業）. 判例の詳細については、Siehe Ulmer u. a., AGBG, § 2 Rdn. 85.

（ 7 ）　Ulmer u. a., AGBG, § 2 Rdn. 83 ; Palandt-Heinrichs, BGB, § 305 Rdn. 57 ; BGH 26. 9. 1989 BGHZ 108, 348, 352. これに反して、この場合にも明示の指定を要すると解するものとして、Löwe u. a., AGBG, § 2 Rdn. 32 ; Schmidt-Salzer, J., AGB, D. 37.

（ 8 ）　Müller-Graff, P. -C., FS für K. Pleyer, S. 411f. したがって、同じ商人といっても、小商人は除かれる。Capelle-Canaris, Handelsrecht, 22. Aufl., 1995, S. 352（以下、Handelsrecht と略記）は、取引慣行は民法157条、商法346条による解釈の一要素であり、表示を取引上典型的な意味で解する推定であるから、当事者の表示は通常契約締結は約款を基礎として締結されるべきと解されるのであるとする。

（ 9 ）　Ulmer u. a., AGBG, § 2 Rdn. 84 ; OLG Hamburg 23. 2. 1995 RIW 1997, 70, 70.

（10）　Schroeder, D., Einbeziehung, S. 70.

（11）　Erman-Hefermehl, Handkomm. AGBG, § 2 Rdn. 41.

（12）　Ulmer u. a., AGBG, § 2 Rdn. 83 ; Wolf u. a., AGBG, § 2 Rdn. 64 ; Locher, H., AGB, S. 53 ; Müller-Graff, P. -C., FS für K. Pleyer, S. 412 ; Schroeder, D., Einbeziehung, S. 70 ; BGH 21. 11. 1975 BB 1976, 1386, 1386 ; BGH 7. 7. 1976 NJW 1976, 2075, 2075. 企業が慣行的に約款を利用しているにとどまる場合は、当該分野での慣行と異なり、契約締結前又は際して指定しなければならない。Erman-Hefermehl, Handkomm. AGBG, § 2 Rdn. 40.

（13）　Ulmer u. a., AGBG, § 2 Rdn. 84 ; Müller-Graff, P. -C., FS für K. Pleyer, S. 411 ; Schroeder, D., Einbeziehung, S. 70 ; Wolf u. a., AGBG, § 2 Rdn. 71 ; OLG Dresden 13.

第1章　約款による契約の成否

2. 1998 NJW-RR 1999, 846, 847.

(14)　Ulmer u. a., AGBG, § 2 Rdn. 90 ; Palandt-Heinrichs, BGB, § 305 Rdn. 58 ; Locher, H., AGB, S. 54 ; Schroeder, D., Einbeziehung, S. 71. Siehe auch BGH 3. 12. 1992 NJW 1993, 1798, 1798.

(15)　Soergel-Stein, AGBG, § 2 Rdn. 40 ; Wolf u. a., AGBG, § 2 Rdn. 81 ; Erman-Roloff, BGB, § 305 Rdn. 53 ; Schroeder, D., Einbeziehung, S. 71 u. 82f. ; OLG Koblenz 10. 3. 1988 BB 1988, 1138, 1139. Vgl. auch BGH 7. 3. 1973 BB 1973, 635, 636.

(16)　Ulmer u. a., AGBG, § 2 Rdn. 90 ; Locher, H., AGB, S. 54.

(17)　Wolf u. a., AGBG, § 2 Rdn. 81.

(18)　(19)　Wolf u. a., AGBG, § 2 Rdn. 82.

(20)　Vorderobermeier, B. -S., Einbeziehung, S. 79 ; Wolf u. a., AGBG, § 2 Rdn. 83 ; Basedow, J., Handelsbräuche und AGB-Gesetz, ZHR 150 (1986), 469, 486. 個々の条項が商慣習であるとされた例としては、Siehe BGH 3. 12.1992 NJW 1993, 1798（国際毛皮取引における仲裁条項）; LG Marburg 17. 6. 1993 NJW-RR 1993, 1505（繊維工業における所有権留保）.

(21)　Schroeder, D., Einbeziehung, S. 71.

(22)　Müller-Graff, P. -C., FS für K. Pleyer, S. 409f.

(23)　詳細は、Siehe Ulmer u. a., AGBG, § 2 Rdn. 91 ; Soergel-Stein, AGBG, § 2 Rdn. 40.

(3)　継続的取引関係

　継続的取引関係が存する場合に、従前の取引の際に有効に組込まれた約款が、その後の取引にそのまま適用されるか、つまり、将来の取引についても黙示的な組込に基づき適用されるかについては、肯定される。当事者間に継続的な取引関係[1]が存し、一方当事者が従前の契約締結に際して、自己の約款に基づいてのみ締結することを再三にわたり指定しており、相手方がこれに対して異議を申立てない場合には、新たな契約締結に際して新たに指定がなされなくとも、両者は新たな契約への約款の適用につき同意したものとされる[2]。この場合、信義則に基づき、かつ、取引慣習、特に取引関係の種類、範囲及び期間を考慮して、契約締結に際しての当事者の

## 第2節　ドイツ法

行態がどのように評価できるかを具体的事案に応じて慎重に吟味することを要するが、その際には、疑わしきは約款を使用する側の負担となる。この者には、法的安全性及び法的明確性の要請に相応して自己の約款を契約に組み込むことにつき配慮すべきことが求められるからである[3]。以下、具体的に検討する。

継続的取引関係の点では、以前に1回だけ契約が締結された[4]とか、当事者間でたまたま偶然に法取引が成立した[5]とか、従来の取引関係が単に短期間であった[6]とかの場合には、一般に黙示の組込を肯定するには不十分である[7]。これに反して、多年に渡る取引関係が存し100回を超える契約締結がなされているとか、約3年間に37回の注文があり、その内14回は最初の1年内になされているとか、2年の期間中に一連のかなりの取引がなされたとか、多数の供給とか、半年以内に4通の請求書が送付されたとか、約3ヵ月内に多数の契約が締結されたなどの場合には、肯定される[8]。この点から、継続的関係による組込には、取引関係が一定期間存することを要し、かつ、一定数の取引が締結されていることを要することになる[9]。

さらに、黙示的組込への同意を肯定するには、継続的取引関係の存在のみでは不十分で、利用者が、規則的に自己の約款でのみ取引をなすことを相手方に誤解の余地がないように認識させたことを要する[10]。継続的取引関係が存在して、この種の措置がなされ、相手方が異議申立をしないならば、利用者と顧客とは、ともに客観的な、相手方に認識し得る、それ相応の意思を表示しているといえるからである[11]。そして、継続的取引関係では、平均的顧客が約款組込に関する利用者の意思を認識できるものであったかではなくて、当該契約相手方にこれが可能であったかによる[12]。したがって、納品書における指定は、必ずしも契約締結権限を有する者の認識するところとなるとは限らないから原則として不適切[13]であるし、

請求書における指定も同様である(14)。しかし、請求書に存する条項に従って処理が既に一度なされた場合には、利用者は請求書に存する約款は周知されたものと信頼できる。同様に、表頁には指定がないが、契約締結の際に添付された請求書の裏面に約款が印刷されていたとか、請求書で約款の指定がなされると共に約款が添付された場合も、このことは妥当する(15)。さらに、最初の注文の際に約款が有効に組込まれていて、追加注文がなされた場合には、一般に当初の契約及びその約款が推断的に引用されたものとして適用される(16)。

なお、継続的な取引関係における推断的同意が肯定できるのは、取引が継続的取引関係にとって典型的なものであることを要し、非典型的な取引の場合は特別な指定を要する(17)。また、継続的取引関係で約款の変更がなされた場合には、請求書における明確で一義的な指定で十分とする判例(18)も存するが、変更が相手方にとって著しくその法的状態を不利とするものであれば特別な指定を要し、推断的同意を肯定すべきではない(19)。

（1） 継続的取引関係の存在はいかなる要件の下で肯定されるかについては、当事者の意思が決め手とされる。つまり、取引関係の開始に際して、両当事者に、将来相互に特定種類の取引を規則的になすという明確な意思が存することである。したがって、個々の契約の法的独立性は重要でなく、当事者間の取引関係が当初は短期間であって、さらに継続するか否か不確かであっても肯定される。v. Westphalen, F. G., Verkaufsbedingungen, S. 18.

（2） Larenz-Wolf, Allg. Teil des BGB, § 43 Rdn. 29 ; Ulmer u. a., AGBG, § 2 Rdn. 86 ; Ensthaler u. a., Gemein. HGB, vor § 343 Rdn. 14 ; BGH 15. 6. 1964 BGHZ 42, 53, 55 ; BGH 28. 9. 1977 WM 1977, 1353, 1354 ; BGH 6. 12. 1990 VersR 1991, 480, 481 ; BGH 21. 11. 1991 NJW 1992, 1232, 1234 ; OLG Hamburg 15. 5. 1986 NJW-RR 1986, 1177, 1178 ; OLG Celle 28. 10. 1987 WM 1987, 1569, 1570 ; Hans. OLG Hamburg 13. 6. 2002 WM 2003, 581, 582. これに対して、Vorderobermeier, B. -S., Einbeziehung, S. 58f. bes. 68 は、継続的取引関係においても、法律行為上の合意を要するとして、反対し、枠組合意の締結による方法をとるのが望ましいとする。

（3） Kötz, MünchKomm. AGBG, § 2 Rdn. 25 ; Müller-Graff, P. -C., FS für K. Pleyer, S. 418 ; BGH 28. 5. 1973 WM 1973, 1198, 1199.

（4） BGH 12. 2. 1992 BGHZ 117, 190, 195f. ; Lindacher, W. F., Urteilsanmerkung, WuB Ⅳ B. § 2 AGBG 1. 92, S. 877, 879.

（5） BGH 28. 5. 1973 WM 1973, 1198, 1200 ; OLG Hamburg 1. 6. 1979 NJW 1980, 1232, 1233（3年間に8回の契約）; BGH 28. 5. 1973 DB 1973, 1394, 1394.

（6） BGH 7. 6. 1978 NJW 1978, 2243, 2244（契約期間8日間でその期間中に3回の契約）.

（7） Ulmer u. a., AGBG, § 2 Rdn. 86 ; Soergel-Stein, AGBG, § 2 Rdn. 35 ; Erman-Roloff, BGB, § 305 Rdn. 48.

（8） Fischer, F. O., BB 1995, 2491, 2492. 判例としては、Siehe OLG Hamburg 15. 5. 1986 NJW-RR 1986, 1177, 1178 ; OLG Celle 28. 10. 1987 WM 1987, 1569, 1570.

（9） Fischer, F. O., BB 1995, 2491, 2492. 具体的最低数をあげるのは困難であるが、Fische, F. O., aaO. は、最低限五回の取引と半年を超える期間内にこの取引が行われることを要しようとする。

（10） BGH 28. 5. 1973 WM 1973, 1198, 1199）; BGH 12. 2. 1992 BGHZ 117, 190, 195 ; OLG Celle 28. 10. 1987 WM 87, 1569 ; v. Westphalen, F. G., Vertragsrecht, § 38 Vertragsabschlussklauseln, Rdn. 15 ; Ders., Verkaufsbedingungen, S. 18 ; Schroeder, D., Einbeziehung, S. 72. 約款は将来の契約にも適用されものとするという約款条項（Selbstgeltungsklausel）による単純な指定では不十分である。v. Westphalen, F. G., Verkaufsbedingungen, S. 18 ; Erman-Hefermehl, Handkomm. AGBG, § 2 Rdn. 38. Fischer, F. O., BB 1995, 2491, 2493 は、契約相手方に約款が事実上周知されている限りで有効とする。

（11） Schroeder, D., Einbeziehung, S. 72.

（12） Schroeder, D., Einbeziehung, S. 73.

（13） Wolf u. a., AGBG, § 2 Rdn. 63 ; Fischer, F. O., BB 1995, 2491, 2492 ; BGH 7. 6. 1978 NJW 1978, 2243, 2244 ; OLG Hamburg 19. 9. 1984 ZIP 1984, 1241, 1242 ; OLG Hamburg 1. 6. 1979 NJW 1980, 1232, 1233.

（14） Wolf u. a., AGBG, § 2 Rdn. 63 ; Palandt-Heinrichs, BGB, § 305 Rdn. 52. 契約締結後になって、自己の約款を指定した者は、相手方に将来の契約締結に際しての異議申立の責務を生じせしめないからである。Lindacher, W. F., WuB Ⅳ B. § 2 AGBG 1. 92, S. 877, 879. もっとも、Fischer, F. O., BB 1995, 2491, 2491 は、判例は請求書の場合には肯定しているとする。請求書において特別なメモの形態で明確かつ一義的に指定がなされている場合に肯定した例として、Siehe BGH 6. 12. 1990 BB 1991, 501, 502. 請求書上に約款が存すれば、継続的取引関係では、推断的意思表示に基づ

第1章　約款による契約の成否

く組込契約の承諾が根拠づけられるとする見解（Löwe u. a., AGBG, § 2 Rdn. 37；BGH 7. 6. 1978NJW 1978, 2243, 2243f.）もあるが、請求書上の文言は「当社は約款に基き供給する・・・」という類で、これは基礎とされている契約の完了にのみ関するもので、なされた合意を想起せしめるか又は客観的に不正確な法見解を示しているにとどまり、将来のための法律行為上の表示を全く含んでいないから、上記のような見解は疑問である。Siehe Philipowski, R., Mehrfache widerspruchslose Entgegennahme von AGB-Vermerken auf Rechnungen, DB 1979, 248, 249.

(15)　Wolf u. a., AGBG, § 2 Rdn. 63. 判例としては、Siehe OLG Hamburg 15. 5. 1986 NJW-RR 1986, 1177, 1178；OLG Hamburg 19. 9. 1984 ZIP 1984, 1241, 1242；BGH 6. 12. 1990 NJW-RR 1991, 570.

(16)　Wolf u. a., AGBG, § 2 Rdn. 63；v. Westphalen, F. G., Verkaufsbedingungen, S. 18f. Siehe auch BGH 17. 2. 1965 BB 1965, 435. Fischer, F. O., BB 1995, 2491, 2493 は、追加注文は信義則上約款が適用あるものと解されるとする。

(17)　Wolf u. a., AGBG, § 2 Rdn. 63；Müller-Graff, P. -C., FS für K. Pleyer, S. 419.

(18)　BGH 6. 12. 1990 WM 1991, 459, 460. 継続的な保険契約において約款が変更された場合、その組込には契約変更として契約上の合意が前提条件である。OLG Hamm 17. 3. 1993 VersR 1994, 37, 37.

(19)　Ulmer u. a., AGBG, § 2 Rdn. 86；Müller-Graff, P. -C., FS für K. Pleyer, S. 419；Fischer, F. O., BB 1995, 2491, 2492；OLG Koblenz 6. 5. 1983 BB 1983, 1635, 1635；BGH 6. 12. 1990 NJW-RR 1991, 570, 571. また、最初の契約で有効に組み込まれた約款における「約款は将来の契約にも及ぶものとする」旨の条項は、相手方に実際に約款が知らされていた場合にのみ有効とされる。BGH 12. 2. 1992 BGHZ 117, 190, 198f.

## (4)　商人間における確認書及び注文確認書

商人間における確認書及び注文確認書については、従来判例学説により独自の法理の発展がみられるが、約款規制法はこれにつきなんら影響を及ぼしていず、従来の法理がそのまま適用される。

契約当事者が契約交渉をなし契約締結に至ると、将来の紛争を避けるために、一方当事者が他方に対して契約締結とその内容につき書面を以て確認することが一般的に行われる。この場合、確認書内容が交渉の結果とは異なっても、相手方がこれに対して書面受領後

遅滞なく異議を申立てない限り、確認書内容が合意されたものとみなされる。確認書の異議なき受領によって、書面内容に対する同意と、同時に書面上明示に引用された約款についての同意を表明しているとされる[1]。つまり、異議申立がなされないと、契約は確認書の内容に従って変更されるか又は補完される。例えば、合意されていなかった約款の組込が生じる。契約が口頭でなされ未だ最終的に締結されていなかった場合には、確認書内容でもって成立する[2]。合意された約款における書面条項（変更には書面によることを要するという条項）が存しても、確認書による契約内容の変更を阻止できない[3]。この場合、確認書に約款が添付されていなくとも、また、相手方が何らかの機会に知っていたか否かを問わないし[4]、沈黙の意義に関する錯誤による取消は信頼原則上認められない[5]。かつ、約款は契約交渉の対象となっていなくとも、また、事後の指定であってもよい[6]とされる。

一般に、沈黙は同意ではなく、むしろ、なんらの表示でもないか又は拒絶と解され、このことは商人間取引でも妥当する[7]のであるが、商人間における確認書についてはこの沈黙に関する一般原則が変更されるのである。商人間取引では、取引の迅速かつ明確な開始（Anbahnung）が要求されるからである。口頭の契約締結は迅速であるとはいえ、明確性に欠ける危険性がある。したがって、口頭の合意を確認書の形で書面にまとめる者に特権が与えられ、明確な法状態を促進するために、確認書の受領者に同意しないならば、異議申立をすることが要求されるのである[8]。したがって、この法理の人的適用範囲も、受領者が非商人であっても、商人と類似の形態で商取引に参加する場合には適用される[9]と拡大されることになる。送付者についても同様に解されている[10]。このような確認書に対する沈黙によって契約が成立するとされる理論的根拠には、沈黙は意思表示と解する見解、意思表示の擬制とする見解、義務違反

又は責務違反説、契約締結上の過失理論、信頼保護説等の諸見解[11]があるが、一般には意思表示としての沈黙、義務又は責務の違反に基づく効果ではなく、商慣習によるものであるとされる[12]。しかし、近時は商慣習法と解する見解が有力である[13]。これによると、確かに確認書に関する法原則は、商慣習から発展したが、時の経過とともに慣習法上の法規範へと凝固し、商取引における責務へと確定されている。その規範目的は、商法362条1項と同様に取引安全の保障である。客観的な取引保護に関するもので、この取引保護は法外観責任[14]とはなんら関係を有せず、客観法の構成要素となっているとされる。

この法理が適用されるには、まず第一に、契約交渉が行われていて、契約が口頭で既に締結されているか又は交渉が相当進展していて確認書は既に合意されたものの形式的な確定と解されるものであることを要する[15]。第二に、確認書自体が先行の契約交渉と時間的に近接して送付されていることを要する[16]。例えば、5日後の送付はよいが、3週間後の送付では不適切とされる[17]。送付の時間的限界はいつまでかは一概にいえず、個別事案の具体的事情によるが、書面の受領者がその到達を予測しており、不意討ちとならないことが必要である[18]。第三に、確認書自体における約款の指定は、明確で誤解を生じせしめないものであることを要し、その場合には約款の当該分野における慣行が考慮される[19]。第四に、確認書の内容は、意識的に不正確であるとか又は歪曲したものであってはならないし、合意されたものとは非常に隔っていて、確認者自身が当然に受領者の同意を想定し得ないものであってはならない[20]。この種の場合には、確認書という確認の意味に沿うものではなく、不安定性を除去するという必要性に欠けるし、もともと確認書の原則は誠実な商人間取引を保護することにあるからである[21]。この場合、確認書の法原則の適用を否定するには、送付者の不誠実さが

第2節　ドイツ法

指摘されるが、これは立証可能ではないから、客観的相違で十分であって、不誠実さを立証する必要はない[22]。第五に、受領者が遅滞なく異議を申立てるか、確認者が従来の取引関係から自己の約款に対して相手方が拒否的な態度を取っていることを知っている場合には適用されない[23]。異議申立は、口頭、電話又はファックスでもなしうるが、商人間取引に適切な相応の短期間内に表示することを要し、例えば、3日、場合によっては7日後でも適時とされるが、これより遅れると適時とはいえないとされる[24]。この異議申立は推断的でもよいが、受領者が送付者に対して確認書の内容に同意しないことを示すものであれば足りる[25]。

なお、確認書法理により組込まれた約款条項と具体的な個別契約の内容とが解消できないほどの相当な乖離がある場合には、確認書の範囲内で組込まれたにも拘らず、個別契約の内容が優先する（個別合意の優先。民法305ｂ条（旧法4条））[26]。確認書に関する沈黙に基づく擬制は、相手方の約款全体への包括的同意についてのみ機能するにとどまり、約款条項の全ての個々の内容が個別契約上のものとして交渉されたとみなされるという意味での広範囲な擬制は信頼状態から根拠づけられない[27]。また、変更又は補完に関する書面条項が存しても、確認書法理の適用を妨げない。確認書はその書面性をもって立証目的を果たすものであり、かつ、確認書法理は法的安全性及び信義則から引き出される信頼保護に資するものであって、これは民法307条（旧法9条）により原則として約款によって排除できないからである[28]。

以上の確認書に対する沈黙の法原則に対し、注文確認書に対する沈黙はその内容に対する同意とは解されない。確認書は事前になされた交渉の結果を伝達するものであるが、注文確認書[29]は契約申込に対する書面による承諾であり、そこで約款の指定がなされたときは、修正された承諾であり、新たな申込と評価され[30]、これに

第1章　約款による契約の成否

対する沈黙はそれに同意したものとはされない[31]。つまり、注文確認書は未だ契約締結とはなっていない事前交渉を締め括るもので、これによって商人は自己になされた申込（注文）を承諾し、原則として契約を最終的に取り決めるのである[32]。この種の書面を送付する商人は、契約が未だ成立していず、注文確認書はなによりも契約締結のためであることを知っている。したがって、相手方の申込を修正するならば、異議申立をしない相手方が変更に同意したとは直接的に信頼できないことになる。むしろ、自身で変更して提案した約款が契約内容になるように配慮するのは明らかに確認者の側でなすべきことである[33]。この種の変更の承諾としては沈黙では不十分で、相手方から確認者に到達した承諾によってのみ契約の成立をもたらす[34]。しかし、この原則は無制限に適用されるものではない。注文確認書が最終的な契約承諾に役立つばかりでなく、契約締結の場合には合意を達成することを意図し、詳細に立証目的のために規定しているときには、注文確認書は内容目的の点から商人間の確認書に相応するといえる[35]。したがって、具体的事案において受領者の行態の結果、注文確認書における変更への同意があるとされることがありうる[36]。例えば、注文確認書において変更がなされた場合、契約給付の異議なき受領は変更された申込（民法150条2項）の黙示的承諾とみなされる[37]。特に、事前に明確に自己の約款に基づいてのみ給付をなすという意図を明示している場合はそうである。相手方は約款の適用を回避したいならば、商品の受領に際して異議申立をしなければならない[38]。もっとも、商品の受領とか代金支払があっても、相手方が約款適用につき明示に異議申立しているか、つまり、約款はいかなる場合でも承諾しないことを明確に以前の書面のやり取りの過程で示したか、購入者側に供給者による修正された約款に対する防止条項が存する場合には、黙示的承諾は否定される[39]。

## 第2節　ドイツ法

　以上が、ドイツにおける確認書に関する法理の概要といえるが、商人間の確認書における事後的な約款組込に対しては、注文確認書と同様に取り扱うのが妥当とする見解が近時有力である。これによると、約款の組込は事前合意を本質的に補完するものであり、修正された注文確認書に対する沈黙と同様に、商人間の確認書に対する沈黙も、原則として、承諾と解されない。後者における約款の指定は、契約内容に関する不確実性を除去するという本来の必要性が欠ける。したがって、後者における約款指定は、既に締結された契約に対する事後の変更申込と解され、これに対する沈黙は、契約法及び約款法の一般原則によって解決されるべきで、原則として、約款組込への同意とは解されないとされる。ただ、民法305条2項は商人間取引には適用されないから、より緩和された要件の下で、例えば、確認書の送付者による契約給付の履行に対して異議なき受領によって、組込を承諾したものとされる[40]。近時の、消費者保護の強化を含めた約款法の見直しとも連なるものであり、今後の理論の発展が注目される。

　（1） Locher, H., AGB, S. 53 ; Palandt-Heinrichs, BGB, § 305 Rdn. 53 ; v. Dücker, H. -G., Das kaufmännische Bestätigungsschreiben in der höchstrichterlichen Rechtsprechung, BB 1996, 3, 8. 一方当事者が確認書を送付したのに対し、相手方が異なる内容の確認書を送付した場合は、先に送付した者が異議申立をしないと相手方の確認書の内容が契約内容となる。BGH 14. 3. 1984 WM 1984, 639, 641. しかし、この場合は、誤解を回避するために口頭の契約締結が確認されるのではなく、契約内容の事後の変更のための手段として確認書が濫用されているといえ、不誠実な行為であって、異議申立をなさないことは同意とは評価されない。Schmidt-Salzer, J., AGB, D. 79.

　（2） 確認書に対する沈黙の効果は、確認書の内容によって宣言的か創設的かに区分される。つまり、確認書の内容が合意されたものと一致する場合には、純粋に宣言的効果を生じるにとどまり確認書は単なる立証機能のみを有する。異なる場合は、創設的に契約を根拠づけ内容変更的効果を生ずる。Larenz-Wolf, Allg. Teil des BGB, § 30 Rdn. 39 ; Schmidt, K., Handelsrecht, S. 580 u. 582f. : Münchener Kommentar

第 1 章　約款による契約の成否

zum HGB, Bd. 5., 2001, § 346 Rdn. 149（Schmidt, K.）（以下、MünchKomm. HGB と略記）.

（3）　Thamm, D. u. Detzer, K., Das Schweigen auf ein kaufmännisches Bestätigungsschreiben, DB 1997, 213, 213 ; v. Dücker, H. -G., BB 1996, 3, 3 ; BGH 20. 10. 1994 NJW-RR 1995, 179, 180 ; Baumbach-Duden-Hopt, HGB, 29. Aufl., 1995, § 346 Rdn. 20.（以下、HGB と略記）有効な確認書は完全性の推定を受け、いずれの当事者によるかを問わず、確認書内容と矛盾しないが付加的な合意がなされたという証明を排除する。かつ、いずれの当事者も確認書の効果を援用でき、選択権ではない。Baumbach-Duden-Hopt, HGB, § 346 Rdn. 17 u. 28 ; Hopt, K. J., Nichtvertragliche Haftung auserhalb von Schadens- und Bereicherungsgleich, AcP 183（1983）, 608, 693.

（4）　Erman-Hefermehl, Handkomm. AGBG, § 2 Rdn. 44 ; Hohmeister, F. u. Küper, A., Die Bedeutung des Schweigens im Handelsverkehr, BuW 1997, 702, 705 ; Röhricht u. a., Handelsgesetzbuch, 2. Aufl., 2001, § 346 Rdn. 46（以下、HGB と略記）.

（5）　論拠は、信頼保護ないしは取引保護の必要性、確認書の目的、本法理自体が慣習法に基づくこと等、異なるが、否定されることについては争いがない。v. Dücker, H. -G., BB 1996, 3, 8 ; Capelle-Canaris, Handelsrecht, S. 346 ; Münchner Kommentar zum Bürgerlichen Gesetzbuch, Bd. 1., Allgemeiner Teil, 3. Aufl., 1992, BGB § 119 Rdn. 58f（Kramer, E.）.（以下、Kramer, MünchKomm. BGB で引用）; Larenz-Wolf, Allg. Teil des BGB, § 30 Rdn. 40 ; Medicus, D., Allg. Teil des BGB, Rdn. 440. Siehe auch Koch-Stübing, AGBG, § 2 Rdn. 6.

（6）　Baumbach-Duden-Hopt, HGB, § 346 Rdn. 17. Siehe BGH 5. 5. 1982 NJW 1982, 1751, 1751 ; BGH 29. 9. 1955 ; BGH 29. 9. 1955 BGHZ 18, 212, 216 ; BGH 9. 7. 1970 BGHZ 54, 236, 242.

（7）　Thamm, D. u. Detzer, K., DB 1997, 213, 213 ; Schwerdtner, P., Schweigen im Rechtsverkehr, Jura 1988, 443, 443 u. 445 ; BGH 29. 9. 1955 BGHZ18, 212, 216 ; BGH 26. 9. 1973 BGHZ 61, 282, 285 ; BGH 17. 8. 1995 WM 1996, 181, 183. 反対の商慣習は存しない。BGH 2. 11. 1995 WM 1996, 181, 183. 非商人との取引における確認書に対して、非商人である相手方には異議申立義務は存せず、給付の受領があっても確認書内容への同意とは解されないことにつき、Siehe Schmidt-Salzer, J., AGB, D. 62f.

（8）　Thamm, D. u. Detzer, K., DB 1997, 213, 213 ; Hohmeister, F. u. Küper, A., BuW 1997, 702, 704. v. Dücker, H. -G., BB 1996, 3, 4 も、商取引の法的安全性、明確性の確保、さらに、書面に統合されたことのみに制限することによって立証を軽減することにあるとする。

（9）　Baumbach-Duden-Hopt, HGB, § 346 Rdn. 18 ; Schmidt, K., Handelsrecht, S. 576f. ; Ders, MünchKomm. HGB, § 346 Rdn. 154 ; Vorderobermeier, B. -S., Einbeziehung, S. 86f. ; Schwerdtner, P., Jura 1988, 443, 446 ; Schlosser u. a., AGBG, §2 Rdn. 78 ; BGH 27. 10. 1953 BGHZ 11, 1, 3 ; BGH 25. 2. 1987 NJW 1987, 1940, 1941. 具体的には、破産管財人、弁護士、建築家等は商人と同様に取り扱われている。これらについては、Siehe Thamm, D. u. Detzer, K., DB 1997, 213, 213 ; v. Dücker, H. -G., BB 1996, 3, 7. このような区分の基準が曖昧であり、ここの具体的事案で、確認書の行われる分野か否かで異なりうることを指摘するものとして、Hopt, K. J., AcP 183（1983), 608, 692. Schmidt-Salzer, J., AGB, D. 83 も、両者の限界づけが困難であること、法的安全性及び判例の予見可能性の見地から、否定的に解する。Hohmeister, F. u. Küper, A., BuW 1997, 702, 706f. は、一般的に非商人に適用肯定するには疑問で、事例ごとに非商人も商人間の確認書に関する沈黙の原則に服するか否かを検討すべきとするとするが、商法改正によりこの点の疑問は多くは商人概念に該当することになることから解消するとする。Ensthaler u. a., Gemein. HGB, §346 Rdn. 51 は、小商人についても限定的で、この者が少なくともより大きな範囲で取引生活に参加しているような経営を営んでいることが適用要件とする。

（10） Schmidt, K., Handelsrecht, S. 578 ; BGH 26. 7. 1963 BGHZ 40, 42, 43f. Baumbach-Duden-Hopt, HGB, §346, Rdn. 19 は、送付者は純粋に私人でもよいとする。Schmidt, K., aaO. S. 579 は、送付者につき受領者と同様の範囲で無制限に肯定するのは疑問で、民法157条、242条から生じる一般的民事法上の信頼保護で処理することも否定できないとする。Hopt, K. J., AcP 183（1983), 608, 692 は、私人でよいとすることにつき、職業関連性（Berufseinschlägigkeit）の点から疑問とする。Röhricht u. a., HGB, §346 Rdn. 33 も、送付者が純粋に私人でもよいとするのは否定すべきとする。これは、非営業的取引における受領者は確認書の作用を考慮に入れることを要しないからであるとする。Ensthaler u. a., Gemein. HGB, §346 Rdn. 52 も、この場合は商慣習の拘束性に関する意識が前提となっていないから、受領者である商人がこの原則の厳格な効果で負担を課されるのは妥当でないとする。

（11） これらの見解については、Kramer, MünchKomm. BGB, §151 Rdn. 12ff.

（12） Baumbach-Duden-Hopt, HGB, §346 Rdn. 17 ; Röhricht u. a., HGB, §345 Rdn. 44 ; Soergel-Stein, AGBG, §2 Rdn. 39 ; BGH 26. 6. 1963 BGHZ 42, 45 ; BGH 6. 5. 1975 WM 1975, 831, 831f. Siehe ROHG 26. 10. 1870 ROHGE 1, 76, 81 ; ROHGE 26. 11. 1873 ROHGE 11, 432, 435 ; ROHG 23. 11. 1874 ROHGE 15, 94, 97 ; RG 24. 3. 1903 RGZ 54, 176, 182. 条文としては、商法346条があげられる。v. Westphalen, F. G., Vertragsrecht, §38 Vertragsabschlussklauseln, Rdn. 19 ; BGH 27. 10. 1953 BGHZ 11, 1, 5 ; BGH 29. 9. 1955 BGHZ 18, 212, 216. Schmidt-Salzer, J., AGB, D. 78 は、口頭の契約締結につき、これに内在する誤解という危険のために書面で確認するという、商人間取引における事実上の慣行に基づくとする。

第 1 章　約款による契約の成否

(13)　Schmidt, K., Handelsrecht, S. 572f. ; Ders, MünchKomm. HGB, § 346 Rdn. 144 ; v. Westphalen, F. G., Verkaufsbedingungen, S. 22 u. 24 ; Hopt, K. J., AcP 183 (1983), 608, 691 ; Heymann-Horn, HGB, 1990, § 346 Rdn. 49 ; Röhricht u. a., HGB, § 346 Rdn. 31. Schwerdtner, P., Jura 1988, 443, 446 は、確認書に関する法理は一部は慣習法に、一部は商慣習に基づくとする。この慣習法説を詳論して、Schmidt, K., Handelsrecht, S. 575 は次のように説いている。つまり、沈黙自体はなんら意思表示ではなく、何も表示してないのである。この不作為の効果は法定の効果である。沈黙は慣習法規範の構成要件であり、申込の承諾ではない。かつ、確認書の法理は創設的な確認書と古典的な宣言的確認書の両者に妥当することを要し、純粋な契約確認は契約変更へのなんらの申込を含まず、したがって、なんら受領者の意思表示を期待することはできない。むしろ、統一的解明は、確認書に対する沈黙を意思表示とか表見的意思表示と解することを放棄して初めて可能となるとする。

(14)　Larenz-Wolf, Allg. Teil des BGB, § 30 Rdn. 29 は、確認書に関する法理が商法の商人に適用される範囲を超えて適用されているのであるから、信義則に由来する一般的信頼責任にその正当化の根拠が求められるとする。法外観責任説（Rechtsscheinhaftung）によるとするものとして、Siehe Capelle-Canaris, Handelsrecht, S. 339f. u. S. 341f.

(15)　Larenz-Wolf, Allg. Teil des BGB, § 30 Rdn. 31 ; Schmidt, K., Handelsrecht,, S. 581 ; Schmidt-Salzer, J., AGB, D. 60 ; Kramer, MünchKomm. BGB, § 151 Rdn. 27. ここでの契約成立は事実上のものであるか又は確認者側の見地からそのように思われるものでもよい。Baumbach-Duden-Hopt, HGB, § 346 Rdn. 17 ; Röhricht u. a., HGB, § 346 Rdn. 35 ; Hohmeister, F. u. Küper, A., BuW 1997, 702, 704. 当然のことであるが、確認書はその内容上一義的に作成され、法律行為上の表示と認識されるものであることを要する。この場合、確認書という表示は必ずしも必要ではないが、結果の単なる記述ではなく、法律行為上の拘束的な確定をなすという意思を認識させるものであることを要する。全ての不明確性は送付者の負担となる。Larenz-Wolf, Allg. Teil des BGB, § 30 Rdn. 37 ; Schmidt, K., Handelsrecht, S. 586 ; Baumbach-Duden-Hopt, HGB, § 346 Rdn. 21 ; Röhricht u. a., HGB, § 346 Rdn. 37. 名称いかんを問わないことは定説である。Siehe z. B. Schmidt, K., Handelsrecht, S. 574;Ensthaler u. a., Gemein. HGB, § 346 Rdn. 56 ; BGH 9. 7. 1970 BGHZ 54, 236, 241 ; BGH 18. 10. 1979 WM 1979, 19, 20 ; BGH 25. 2. 1987 NJW 1987, 1940, 1941 ; OLG Hamm 3. 2. 1991 CR 1992, 268, 270. また、十分な交渉が既になされたこと、確認者側からの見地からは契約締結が存在することについての立証責任は確認者側にある。Baumbach-Duden-Hopt, HGB, § 346 Rdn. 20 ; BGH 25. 5. 1970 DB 1970, 1777, 1777 ; BGH 20. 3. 1974 NJW 1974, 991, 992 ; BGH 27. 9. 1989 NJW 1990, 386, 386. 一般には確認書は口頭、電話などによる契

第 2 節　ドイツ法

約締結につき問題とされるが、両者の書面による契約表示がなされた場合でも適用があると考えられる。Capelle-Canaris, Handelsrecht, S. 343. なお、テレックスにつき確認書性を肯定したものとして、Siehe OLG Hamm 22. 3. 1994 NJW 1994, 3172, 3172.

(16)　v. Dücker, H. -G., BB 1996, 3, 5 ; Baumbach-Duden-Hopt, HGB, § 346 Rdn. 21 ; Larenz-Wolf, Allg. Teil des BGB, § 30 Rdn. 41 ; Röhricht u. a., HGB, § 346 Rdn. 34 u. 38 ; Hohmeister, F. u. Küper, A., BuW 1997, 702, 704 ; OLG Hamm 3. 2. 1991 CR 1992, 268, 270. 受領者の支配圏内に到達を要する。Schmidt, K., Handelsrecht, S. 587 ; Baumbach-Duden-Hopt, HGB, § 346 Rdn. 23 ; Ensthaler u. a., Gemein. HGB, § 346 Rdn. 59. かつ、送付者は書面が受領者に到達した事実のみならず、これがいつなされたかをも証明することを要する。Röhricht u. a., HGB, § 346 Rdn. 39 ; Ensthaler u. a., Gemein. HGB, § 346 Rdn. 75.

(17)　Thamm, D. u. Detzer, K., DB 1997, 213, 214 ; BGH 13. 1. 1975 WM 1975, 324, 325 ; OLG München 9. 11. 1994 BB 1995, 172, 172.

(18)　OLG Hamm 3. 2. 1991 CR 1992, 268, 270.

(19)　Locher, H., AGB, S. 53 ; Schmidt, K., Handelsrecht, S. 586 ; Basedow, MünchKomm. Schuldrecht, § 305 Rdn. 100.

(20)　Schmidt, K., Handelsrecht, S. 588 ; Soergel-Stein, AGBG, § 2 Rdn. 39 ; Erman-Hefermehl, Handkomm. AGBG, § 2 Rdn. 45 ; Locher, H., AGB, S. 53 ; Schwerdtner, P., Jura 1988, 443, 446 ; Larenz-Wolf, Allg. Teil des BGB, § 30 Rdn. 42 ; Hopt, K. J., AcP 183 (1983), 608, 693f. ; Basedow, MünchKomm. Schuldrecht, § 305 Rdn. 100. 判例は多数あるが、ここでは、BGH 31. 1. 1994 NJW 1994, 1288, 1288 ; BGH 14. 3. 1984 WM 1984, 639, 641 ; BGH 30. 1. 1985 BGHZ 93, 338, 343 ; BGH 17. 9. 1987 BGHZ 101, 357, 365 ; BGH 30. 10. 1990 NJW-RR 1991, 763 ; BGH 31. 1. 1994 NJW 1994, 1288, 1288 をあげるにとどめる。なお、この例外に該当することについての立証責任は受領者側にある。Baumbach-Duden-Hopt, HGB, § 346 Rdn. 27 ; BGH 20. 3. 1974 NJW 1974, 991, 992 ; OLG Hamm 3. 2. 1991 CR 1992, 268, 271.

(21)　Medicus, D., Allg. Teil des BGB, Rdn. 440 ; v. Dücker, H. -G., BB 1996, 3, 4 ; Capelle-Canaris, Handelsrecht, 23. Aufl., 2000, § 25 Rdn. 41 ; Hohmeister, F. u. Küper, A., BuW 1997, 702, 705.

(22)　Schmidt, K., Handelsrecht, S. 591. 確認書についての送付者のための信頼保護は合意された内容と確認書の内容が客観的に異なる場合には働かない。BGH 30. 1. 1985 BGHZ 93, 338, 343. もっとも、全く修正を許さないとはされず、口頭合意を補完するとか、当然受領者にとって不意打ちとならないならば、許容されるし、約款の組込も肯定される。Siehe Ensthaler u. a., GemeinHGB, § 346 Rdn. 62.

(23)　Locher, H., AGB, S. 53. 送付者が自己の確認書で、受領者がその締結を明示

131

## 第1章　約款による契約の成否

に拒絶していた契約を援用した場合につき、BGH 31. 1. 1994 NJW 1994, 1288, 1288.

(24)　v. Dücker, H. -G., BB 1996, 3, 5 ; Baumbach-Duden-Hopt, HGB, § 346 Rdn. 25 ; Schmidt, K., Handelsrecht, S. 588. v. Westphalen, F. G., Verkaufsbedingungen, S. 24は、原則として2日以内であり、1週間では長すぎるとする. Siehe BGH 11. 10. 1961 NJW 1962, 104 ; OLG Koln 15. 7. 1970 BB 1971, 286, 286 ; Ensthaler u. a., Gemein. HGB, § 346 Rdn. 67. しかし、この点は確認書内容の複雑さいかんにもより、一概にはいえず、目安にとどまると解される。Schmidt, K., Handelsrecht, S. 588.

(25)　Hohmeister, F. u. Küper, A., BuW 1997, 702, 704. 推断的でも足りる旨判示した判例として、Siehe OLG Düsseldorf MDR 1985, 940.

(26)　v. Westphalen, G. F., Verkaufsbedingungen, S. 23f ; Schrlosser u. a., AGBG, § 2 Rdn. 76 ; BGH（Beschl.）20. 10. 1994 NJW-RR 1995, 179, 180 ; Baumbach-Duden-Hopt, HGB, § 346 Rdn. 17. また、旧法においてであるが、個別合意の優先を規定する旧法4条の明文化によって、「商人間の確認書法理の別離」も主張されている。Batsch, Abschied von sogenannten kaufmännischen Bestätigungsschreiben?, NJW 1980, 1731.

(27)　Coester, M., Kaufmännische Bestätigungsschreiben und Allgemeine Geschäftsbedingungen : Zum Vorrang Individualabrede nach § 4 AGBG, DB 1982, 1551, 1552 ; Vorderobermeier, B. -S., Einbeziehung, S. 92f.

(28)　Wolf u. a., AGBG, § 2 Rdn. 72 ; OLG Düsseldorf 15. 11. 1990 NJW-RR 1991, 374, 374f.

(29)　書面上の表題にはよらない。Siehe v. Dücker, H. -G., BB 1996, 3, 4 ; Baumbach-Duden-Hopt, HGB, § 346 Rdn. 16 ; BGH 9. 7. 1970 BGHZ 54, 236, 239 ; OLG Hamm 3. 2. 1992, CR 1992, 268, 270.

(30)　Locher, H., AGB, S. 53 ; Schwerdtner, P., Jura 1988, 443, 445.

(31)　Thamm, M. u. Detzer, K., DB 1997, 213, 214 ; Baumbach-Duden-Hopt, HGB, § 346 Rdn. 34 u. 35 ; Ensthaler u. a., Gemein. HGB, § 346 Rdn. 79. 適時に交付された注文確認書が申込と一致するならば、契約は締結されたといえるが、注文確認が申込を受領者の不利に変更したときは民法152条2項により拒絶であり、新たな申込と解される。かかる注文確認書に対する沈黙は原則として申込の拒絶という効果を生じる。Schmidt, K., Handelsrecht, S. 585. 本文で述べたように、注文確認書と商人間の確認書とを区別することについては、有力な反対説が存する。つまり、根拠とされる商慣習の射程距離を確定するのが困難であるし、両者間で沈黙につき異なる取扱いをするのは理論上疑問である。また、具体的に両概念を区別するのは困難である、とする。Köhler, H. Das Verfahren des Vertragsschlusses, In : Basedow, J.,（hrsg.）: Europäische Vertragsrechtsvereinheitlichung und deutsches Recht, 2000, S. 52f.（以下、

第2節　ドイツ法

Basedow, J.（hrsg.）: Europäische Vertragsrechtsvereinheitlichung と略記）この指摘は、肯定できる点が多々あるが、注文確認書がなされる状況及び商人間の確認書の法理が具体的事案で類推されるのであるから、通説の理解で足りるといえる。

(32)　Baumbach-Duden-Hopt, HGB, § 346 Rdn. 16.

(33)　Erman-Hefermehl, Handkomm. AGBG, § 2 Rdn. 43 ; BGH 26. 9. 1973 BGHZ 61, 282, 285f. ; BGH 9. 2. 1977 JZ 1977, 602, 603. Schwerdtner, P., Jura 1988, 443, 445 は、このような確認書と注文確認書の区別は、余りに主観的であり、確認者側の観念を重視しすぎとする。

(34)　Baumbach-Duden-Hopt, HGB, § 346 Rdn. 16 ; BGH 22. 3. 1995 NJW 1995, 1671, 1672.

(35)　BGH 9. 2. 1977 JZ 1977, 602, 603 ; BGH 23. 3. 1995 NJW 1995, 1671, 1672. Schmidt, K., Handelsrecht, S. 586 は、確認書に関する法原則が慣習法に遡源することからいえば、注文確認書による申込との相違が当事者には明かでなく、特に、口頭の申込に対して注文確認が書面でなされ、この注文確認が明らかに申込とは異なっていない場合には、確認書と同様に処理されるべきである。さもないと、沈黙した側は訴訟になると契約は未だ存しないと主張できることになるからであるとする。

(36)　非商人との取引においては修正された注文確認書に対する沈黙は常に拒絶である。v. Westphalen, F. G., Vertragsrecht, § 38 Vertragsabschlussklauseln, Rdn. 17. Schmidt-Salzer, J., AGB, D. 68f. は、この場合でも、給付の受領という契約承諾が約款の推断的承認に該当するかは解釈問題として、約款の組込が肯定される場合があることを否定しない。

(37)　BGH 17. 9. 1954 LM BGB § 150 Nr. 3 ; BGH 14. 3. 1963 LM BGB § 150 Nr. 6 ; BGH 18. 10. 1982 WM 1983, 313, 314 ; LG Rottweil 4. 3. 1992 NJW-RR 1992, 688, 688 ; BGH 6. 4. 2000 NJW-RR 2000, 1154, 1155 ; Baumbach-Duden-Hopt, HGB, § 346 Rdn. 34 ; Kötz, MünchKomm. AGBG, § 2 Rdn. 29. Siehe auch BGH 29. 7. 1955 BGHZ 18, 212, 216 ; BGH 22. 3. 1995 NJW 1995, 1671, 1672. これに対して BGH 26. 9. 1973 BGHZ 61, 282, 288 は、約款への同意とは解されず、約款なしの契約の履行として給付を受領しているとする。Basedow, MünchKomm. Schuldrecht, § 305 Rdn. 99 は、これに賛成する。

(38)　BGH 22. 3. 1995 NJW 1995, 1671, 1672 ; Erman-Hefermehl, Handkomm. AGBG, § 2 Rdn. 43 ; BGH 17. 9. 1954 LM BGB § 150 Nr. 3 ; BGH 14. 3. 1963 LM BGB § 150 Nr. 6 ; BGH WM 1977, 1353 ; LG Rottweil 4. 3. 1992 NJW-RR 1992, 688, 688. 判例によっては、信義則をあげる。正規の商人の慣行に相応して、具体的事案の状況に基づいて、拒絶の場合は信義則上異議申立が必要とされる。BGH 14. 2. 1995 BB 1995, 694, 694. なお、注文確認書と真正の確認書との区別が困難で流動的であり、

第1章　約款による契約の成否

信頼原則で把握するならば、注文確認書にも確認書と同様の原則が適用されるとするのが妥当とする見解もある。v. Dücker, G. -H., BB 1996, 3, 6.

　(39)　BGH 26. 9. 1973 BGHZ 61, 282, 288；BGH 9. 2. 1977 WM 1977, 451, 452；BGH 20. 3. 1985 WM 1985, 694, 695；BGH 5. 3. 1986 WM 1986, 643, 644；Palandt-Heinrichs, BGB, 56 Aufl., 1997,AGBG, § 2 Rdn. 25.

　(40)　Köhler, H., In : Basedow, J.（hrsg.）: Europäische Vertragsrechtsvereinheitlichung, S. 53f.；Medicus, D., Allg. Teil des BGB, Rdn. 443.

## 第3款　インターネット取引

　近時における受像画面上の表示（Bildschrimtext）を媒介としたインターネットによる契約締結の場合も検討を要する。これが約款に該当するかは、民法305条1項2文（旧法1条1項2文）によれば、文字の態様について限定されていないから、約款伝達の形態は任意であり、直接顧客のコンピューターの画面上に表示するのでも妥当することになる[1]。非商人との取引では、民法305条2項（旧法2条）の組込要件を充足を要することについては争いがない。画面上の提供者の給付表示は拘束的な申込ではなく、申込の誘因にとどまり、顧客の注文が契約締結への申込となる[2]。この場合、約款を適用するという指定を含む提供者の表示は修正された承諾となり、相手方の新たな承諾を要するといえる。しかし、これは、インターネットによる取引が本来意図した法取引の迅速性を害する。したがって、顧客の注文に既に提供者の約款が明示に引用されていることが必要となるが、これは、提供者によって事前作成されている、画面を経由して伝達される顧客の申込表示のフォームに、約款が明白で誤解を生じさせない形で組込まれていれば足りる[3]。例えば、「全ての申込と取引は、当社の「XYZ」番号の下で呼びだせる約款を基礎としてなされるものとする。」という挿入文言で足りる[4]。実際には、極く僅かな条項からなる約款の場合はプログラム処理過程で強制的に注文書式画面（Tafel）の前におかれており、約款を見

ずに注文アイコンに達することはない。長文の約款の場合は、分離されて記録されることになるが、見逃しようがない形の指定が注文画面上にか又は強制的に注文画面の前になされていることが必要で、主メニューにおいてのみ供給者のホームページを指定するのでは不十分である[5]。このように、インターネット取引でも、明示の指定が必要であるから、例えば、企業のインターネット画面の下段で指定がなされたのでは、全ての顧客が必然的に気づくものとはいえないとして、指定としては不十分とされる[6]。同じく、顧客が企業のウェブサイトに入る最初の画面で約款の指定がなされているのでは不十分である。顧客は、商品の選択でしばしば多数のウェブサイトをクリックして、注文画面に到達するのであって、この者に入口での指定を想起するように要求することはできない。注文書式のあるウェブサイトで直接なされていない指定では、顧客に約款内容を知るようにするという機能を果たすことはできないといえる[7]。

特別なソフトウェアの売買においては、インターネットを通じてダウンロードする形態をとることがあるが、この場合には、ダウンロードの開始に際して約款の明示の指定が生じているならば問題はない。時には、インストールの終了に際して、初めて約款適用の指定がなされることがあるが、この場合は、指定としての効力を生ぜず、約款は契約に組み込まれない。取引の相手方はインストール前に約款を認識してその適用に同意するか否かを決定する機会を有しなければならないのであって、取引相手方の外見的な同意は拘束性を有する合意とはいえないのである[8]。

なお、民法305条2項における指定の要件のうち、インターネット取引では、その例外としての掲示による組込は考えられないといえる。契約相手方が指定を見ることができる契約締結を一体として構成する場所は存在しないし、明示の指定をができないような態様の契約締結ではないからである[9]。

第 1 章　約款による契約の成否

　問題は、感覚によって知覚するのが通常の約款に比べて困難であることから、合理的認識可能性の点である。インターネットの場合には、注文の際に画面上に呼び出すことにより契約締結時には約款を認識できるが、契約締結後は直接的に入手不可能であり、ことに約款利用者側で任意に画面上の約款を変更でき、顧客側はこれを知り得ないのであるから、画面上に表示された形での約款の組込は原則として有効でないとする有力説[10]もあるが、一般には給付申込と共に、画面を経由して完全な約款本文を伝達することは可能である。約款がごく僅かな条項数から成り立っているときは、約款は事前作成され、画面を通じて伝達された顧客の注文という形で直接組み込まれることになる[11]。全体を把握できる程度の条項からなる約款の場合は、顧客に約款本文が無償で画面上に呼び出すことができるようになっているならば原則として十分とされねばならない。どのキーを押せば呼び出すことができるかという情報は、明確に、かつ、分かりやすい形で示されていると共に、約款の指定と連動してなされることを要する[12]。このように、ごく僅かな条項からなっている約款については、インターネットで注文をなす顧客は、画面上で認識しているものと予測できる[13]。これを超える多数の条項からなる約款の場合は、画面を通じて合理的な認識を得る可能性はないといえる。この場合、顧客側による合理的認識可能性要件の放棄が認められるかが問題となる。この点は、電話による契約締結と異なり、ウェブサイト上で約款の認識可能性要件の充足は可能であるし、放棄は個別合意では可能であるが、約款上の放棄条項では不可能であるとして、否定する見解[14]もあるが、一般には、この場合も、顧客が画面を経由した契約締結の利益を享受しているといえるならば、顧客による認識可能性要件の放棄は肯定できると解されている[15]。この放棄は、争いが生じた場合は、約款利用者が立証しなければならない[16]。

## 第2節　ドイツ法

　このような条項の多寡による区分については、基準が不明確であるという批判[17]があるが、極く僅かな条項の場合は、申込の誘因である画面上での掲載が可能であるから、認識可能性は肯定しやすいといえる。どの程度かは、掲載される画面の許容限度による[18]。そうでない場合は、つまり、非常に長文の約款の場合は、連続して画面を変換する必要があり、印刷された約款とは異なって、このような画面上の約款を読むのは人間の目にとっては非常な努力を要するものであって、期待できないともいえる[19]。しかし、現代の技術水準の下では、約款を簡単に呼び出し、ディスクなどに保存して、必要があれば印刷することも可能となっている[20]。何よりも、インターネットを操作して注文をなす者はそれなりの知識を有するといえ、文明の利器を使いこなすにはそれなりの負担が生じるといえる[21]。このようにみると、長文の約款でも認識可能性については問題ないといえる。いずれにせよ、顧客側が、容易に、約款を呼び出し、再生可能な形態で保存できるようにしておくことを要する[22][23]。

　民法305条2項で規定する同意の点については、黙示でも足りるのであって、顧客が約款を含む申込書面に必要事項を記入して発信することで足りるといえる[24]。

　なお、商人間の確認書に関する法理が商慣習（法）に基づき沈黙は同意と看做されるのであるから、これはインターネット取引にも妥当するといえる。つまり、注文が電子的になされる場合には、確認書もこの方法で可能である。その場合、商人が自己の電子取引上のアドレスを発信すれば、自己に対して拘束的表示が電子的になされることを予期すべきことになる[25]。

　さらに、言語の問題が存する。インターネットは、自国民のみならず、世界的に瞬時の取引を可能とするものであるから、指定ならびに約款はいかなる言語で作成すべきかは大きな問題である。想定

されるすべての言語でなすことを要するとするのは、実際上不可能を強いるものである。この点につき、交渉言語でない、提供者の言語での約款の組込は、当該言語を消費者が明らかに通じている場合にのみ肯定されるとか、事前交渉の行われない世界的な隔地取引では提供者の常居所の言語で足りるが、実際上は商取引上重要な言語で準備することになるとする見解が主張されている[26]。しかし、インターネットでの法取引では、消費者は、通常約款に使用された言語で作成された表示の中ら選択するのであり、かつ、多くの場合、消費者は注文書を約款言語と同一の言語で空白を埋めて完成する。このことは、消費者は使用された言語を十分に使用でき、約款を理解できることを前提としているといえる[27]。つまり、約款は交渉言語でもって作成されていれば足りることになる。インターネット取引では交渉言語は通常契約言語である[28]。

なお、約款言語と注文書ないし申込リストの言語とが異なる場合については、約款利用者は、契約締結前に確実に顧客が約款につき認識し理解するように説明をなすべきであるとする見解[29]もあるが、むしろ、この場合は注文書などの言語が優先すると解され、約款組込は否定されることになると解すべきである。注文をなすことは注文書に使用された言語は理解していると推定されるからである。

（1） Löhnig, M., Die Einbeziehung von AGB bei Internet-Geschäften, NJW 1997, 1688, 1688. ドイツにおける電子商取引における約款組込については、邦語文献として、田中康博「ドイツ法における事業者・消費者間電子商取引における約款の組み入れ」NBL 762号26頁（2003）がある。

（2） Ulmer u. a., AGBG, §2 Rdn. 35a. 申込の誘因であることについては、Siehe Brinkmann, W., Vertragsrechtliche Probleme bei Warenbestellungen über Bildschirmtext, BB 1981, 1183, 1185 ; Bartl, H., Aktuelle Rechtsfragen des Bildschirmtextes, DB 1982, 1097, 1100 ; Köhler, H., Rechtsgeschäfte mittels Bildschirmtext, In : Hübner, H. (hrsg.), Rechtsprobleme des Bildschirmtextes, 1986, S. 56（以下、Hübner H. (hrsg.), Rechtsprobleme と略記）. Schneider, G., Die Geschäftsbeziehungen der Banken mit

第 2 節　ドイツ法

ihren Kunden auf dem Wege des Bildschirmtextes, 1990, S. 134f；Waldenberger, A., Grenzen des Verbraucherschutzes beim Abschluß von Verträgen im Internet, BB 1996, 2365, 2365；AG Kassel 16. 2. 1990 NJW-RR 1991, 1146, 1147. テレフォン・ショッピングにおいても同様に解される。Eckert, H.- W., DB 1994, 717, 718.

（3）　Ulmer u. a., AGBG, § 2 Rdn. 35a；Paefgen, T. C., Bildschirmtext aus zivilrechtlicher Sicht, 1988, S. 38（以下、Bildschrimtext と略記）；Thamm-Pilger, AGBG, § 2 Rdn. 7；Taupitz, J. u. Kritter, T., Electric Commerce — Probleme bei Rechtsgeschäften im Internet, JuS 1999, 839, 844；Koehler, P., Allgemeine Geschäftsbedingungen im Internet, MMR 1998, 289, 291；Koch, R., Einbeziehung und Abwehr von Verkaufs-AGB im b2b-commerce, K&R 2001, 87, 88；Stoffels, M., AGB, Rdn. 271；Mehrings, J., BB 1998, 2373, 2376；Kamanabrou, S., Vorgaben der E-Commerce-RL für die Einbeziehung von AGB bei Online-Rechtsgeschäften, CR 2001, 421, 422. LG Essen 13. 2. 2003 MMR 2004, 49, 49 も、注文画面の上部に約款の明示の指定がなされ、平均的顧客が瞬間的に見ても看過し得ない形態でなされていれば足りるとする。

（4）　Marly, J., Softwareüberlassung, Rdn. 234. Siehe auch Waldenberger, A., BB 1996, 2365, 2368；LG Aachen 31. 10. 1996 CR 1997, 153, 155.

（5）　以上は、Löhnig, M., NJW 1997, 1688, 1688f. による。Siehe auch Ring, W. D. u. Hartstein, R., Bildschirmtext heute, S. 54. なお、銀行取引を行う金融機関では、枠組契約（民法305条3項（旧法2条2項））を既に利用して、インターネット取引に約款を組んでいる。Köhler, H., In：Hübner, H.（hrsg.）, Rechtsprobleme, S. 58.

（6）　Hans. OLG Hamburg 13. 6. 2002 WM 2003, 581, 583（ただし、本件は直接インターネットによって契約が締結されたものではなく、ファックスによる契約締結であって、インターネットによる申込は純粋に情報目的であった事案）。

（7）　Dilger, P., Verbraucherschutz bei Vertragsabschlussen im Internet, 2002, S. 44（以下、Verbraucherschutz と略記）.

（8）　Gimmy, M. A., Vertragsschluß im Internet, In：Kröger, D. u. Gimmy, M. A.（hrsg.）Handbuch zum Internetrecht, 2000, S. 74（以下、Handbuch と略記）.

（9）　Marly, J., Softwareüberlassung, Rdn. 233；Dilger, P., Verbraucherschutz, S. 42.

（10）　Wolf u. a., AGBG, § 2 Rdn. 24. もっとも、極く僅かな条項からなる場合は肯定する。Wolf u. a., aaO. Rdn. 29. しかし、電子的約款はいつでも任意に変更できるという根拠は説得的でないであろう。というのは、利用者の営業所に掲示された約款についてもこの点は問題とされていないからである。Siehe Ernst, S., Verbraucherschutzrechtliche Aspekt des Internets, VuR 1997, 259, 261. もっとも、Köhler, H., In：Hübner, H.（hrsg.）, Rechtsprobleme, S. 59 は、現在のところ、提供者はカタログに印刷された約款を指定し、しかも、頁数をも指定するのが、現行法に一致するとする。

第1章　約款による契約の成否

とまれ、将来的には事後の、かつ、人知れず改正するのを防止する技術が開発されると予測されるが、それまで、利用者がは年月日を記載された約款を顧客が無料でダウンローディング（dawnloading）によってコピーできるようにすることで十分とされねばならない。これによって、顧客は契約締結時の約款を確定できる。Waldenberger, A., BB 1996, 2365, 2369 ; Thamm-Pilger, AGBG, § 2 Rdn. 7. Mehrings, J., BB 1998, 2373, 2379 は、変更可能性については訴訟上の見地から検討する。つまり、企業が訴訟において変更したかまたは変更しないものであれ自己の約款を援用する場合には、約款の組込をについてのみならず、契約締結時におけるその内容についても主張立証責任を負う。顧客が、ごく稀なことであるが、約款を援用する場合には、特定の約款が合意されたことを立証しなければならない。インターネット契約でも、立証責任分配は異ならない。逆に、顧客が約款を記録し印刷しているならば、裁判所にこれを検証物（Augenscheinsobjekt）として提供できるが、掲示による約款の組込の場合には顧客は何も利用できるものを有しないことになる。Siehe auch Dilger, P., Verbraucherschutz, S. 49. Heinrichs, H., Die Entwicklung des Rechts der Allgemeinen Geschäftsbedingungen im Jahre 1998, NJW 1999, 1596, 1598 は、主張立証責任につき同旨であるが、顧客が自己にとって不利な条項は事後的に採り入れられたと主張した場合には、企業は条項は契約締結に際して組み込まれた約款に存することを立証しなければならない。したがって、企業は自己のその時々の約款を慎重に保存しておかなければならないと指摘する。なお、ヨーロッパ連合のよる2000年7月17日付電子的取引に関する指令（電子商取引指令）に対応して、債務法近代化法によって、民法312e条1項4号で、企業は原則として「組み込まれた約款を含めて契約規定を、直ちに（遅くとも契約の完全な履行までに、商品については、遅くとも顧客への給付までに）、顧客が呼び出し、かつ、再現可能な形態で保存することができるようにしなければならない」と規定しており、この限りで、上述の変更可能性については手当がなされた。ヨーロッパ連合電子商取引指令とドイツ債権法改正については、窪田充見「電子商取引指令のドイツ国内法化」ＮＢＬ762号16頁（2003）参照。

（11）　Ulmer u. a., AGBG, § 2 Rdn. 49a ; Bartl, H., DB 1982, 1097, 1101. この場合のみ組込を肯定するものとして、LG Aachen 24. 1. 1991 NJW 1991, 2159, 2160 ; LG Freiburg 7. 4. 1992 NJW-RR 1992, 1018, 1018 ; Koehler, P., MMR 1998, 289, 292. Wolf u. a., AGBG, § 2 Rdn. 24 u. 29. は、合理的認識可能性の点では短文の場合は肯定するが、しかし、約款変更は容易であって、相手方には契約締結後はいつでも参照できる可能性（Verfügbarkeit）が欠けるとして最終的には組込を否定する。

（12）　Ulmer u. a., AGBG, § 2 Rdn. 49a. Bachmann, B., Internet und Internationales Privatrecht, In : Lehmann, M. (hrsg.), Internet- und Multimediarecht (Cyberlaw),

第 2 節　ドイツ法

1997, S. 174（以下、Lehmann, M.（hrsg.）, Internet- und Multimediarecht と略記）は、これをなしておけば、契約相手方が実際に呼び出したかは問題とされないと正当に指摘する。

(13)　Mehrings, J., BB 1998, 2373, 2379.

(14)　Dilger, P., Verbraucherschutz, S. 50 ; Kleiner, U., Bildschrimtext―Wirtschaftliche und rechtliche Auswirkungen, WRP 1983, 534, 537.

(15)　Ulmer u. a., AGBG, § 2 Rdn. 49a. Siehe Paefgen, T. C., Bildschrimtext, S. 40 u. 166 ; Kötz, MünchKomm. AGBG, § 2 Rdn. 13. Marly, J., Softwareüberlassung, Rdn. 239 は、原則として放棄し得ることは肯定するが、放棄表示の存在については厳格な要件を要し、利用者は全ての顧客に対して放棄意思の表明を要求するという約款条項で対処することは認められないとする。Palandt-Heinrichs, BGB, § 305 Rdn. 38 は、放棄意思には言及せずに、ダウンロードして無料でコピーできる可能性が顧客にあれば、組込は肯定できるとする。もっとも、この点は、認識可能性の要件にのみかかわるものであり、約款指定を明らかな形態でなすことを要するといえる。Hans. OLG Hamburg 13. 6. 2002 WM 2003, 581, 583.

(16)　Ulmer u. a., AGBG, § 2 Rdn. 49a.

(17)　Deville, R. u. Kalthegener, R., Wege zum Handelsverkehr mit elektronischer Unterschrift, NJW-CoR 1997, 168, 168. Basedow, J., MünchKomm. Schuldrecht, § 305, Rdn. 61 は、条項の多寡による区別は、本来テレビショッピングにおいてテレビ画面上数頁にわたる約款では、顧客が読むことができないということに依拠したもので、インターネット取引にはこれを転用できないとする。もっとも、テレビショッピングにつき展開された原則は、インターネットにおける契約締結にも類推適用できると解されている。Heinrichs, H., NJW 1999, 1596, 1598.

(18)　Marly, J., Softwareüberlassung, Rdn. 237. したがって、Ders., aaO. は、約款は 1 表示画面に制限されねばならず、最大限 3 表示画面までであるとする。Dilger, P., Verbraucherschutz, S. 48 は、わかりやすさの点から、5 画面から 10 画面を妥当とする。LG Bielefeld 30. 10. 1991 NJW-RR 1992, 955, 955 は、約款は 2 枚のドイツ工業規格- A（DIN-A）のタイプに通常の大きさの字体に記載されており、不当に長いとはいえないとする。また、OLG Koln 21. 11. 1997 CR 1998, 244, 245 は、全体として 15 項で構成され、7 画面に及ぶ約款であっても、短く構成され、見やすいように区分されているとして、肯定している。LG Wuppiertal 16. 5. 1990 NJW-RR 1991, 1148, 1149 は、ビデオテックスにつき、総計 14 画面に及ぶ場合には、企業は相手方によって閲覧されないであろうと考えなければならないとする。なお、Mehrings, J., BB 1998, 2373, 2379 は、認識可能性は、契約の目的物の価値と約款が存する画面の量との相関関係によるとする。

第1章　約款による契約の成否

(19)　Marly, J., Softwarenüberlassung, 1991, Rdn. 193 ; Gimmy, M. A., Handbuch, S. 73. Bachmann, B., In : Lehmann, M.（hrsg.）, Internet- und Multimediarecht, S. 174 も、範囲によっては、契約相手方が約款の記載された全ての頁を読むことを期待するのは不当といえるとする。Wiesgickl, M., Rechtliche Aspekte des Online-Banking, WM 2000, 1039, 1044 は、インターネット契約の特殊性（単にマウスをクリックするだけで、エネルギーも要しないし、法効果につき熟考することもない）から、約款は、問題なく読むことができ、かつ、例えば14画面に及ばないものである限りで、インターネット上有効に合意できる。この場合にのみ、無理なく認識できるといえるからである、とする。

(20)　Löhnig, M., NJW 1997, 1688, 1689 ; Palandt-Heinrichs, BGB, § 305 Rdn. 38 ; Basedow, J., MünchKomm. Schuldrecht, § 305 Rdn. 65. 約款の多寡で区別しないで立言しているものとして、Ernst, S., NJW-CoR 1997, 165, 167. Kamanabrau, S., CR 2001, 421, 422f. は、2頁を超えるならば長文といえ、この場合は、約款を印刷するできるようにしておくことが必要で、単に、保存でき画面上で再生できようにするのでは不十分とする。顧客側の印刷可能性は、約款がいかなる形態（ソフト）で作成されているかによる。詳しくは、Siehe Kamanabrau, S., CR 2001, 421, 423. もっとも、Dilger, P., Verbraucherschutz, S. 46f. は、約款を保存し印刷できるという技術的可能性は、同時に、認識可能性の前提条件を満たすことを意味しないのであって、約款を印刷して書面の形で読むことを期待するのは妥当でない、とする。

(21)　これに対して、LG Aachen 24. 1. 1991 NJW 1991, 2159, 2160 は、平均的顧客を基準とするが、取引種類に応じて区別することは許される、とする。

なお、305条2項2号は企業側にテキスト形式で提供する義務を負わせるものではない。Palandt-Heinrichs, BGB, § 305, Rdn. 38

(22)　Larenz-Wolf, Allg. Teil des BGB, § 43 Rdn. 19 ; Wolf u. a., AGBG, § 2 Rdn. 24 ; Mehrings, J., BB 1998, 2373, 2379 ; Bühr, O. M., Elektronische Allgemeine Geschäftsbedingungen, In : Gounalakis, G., Rechtshandbuch Electronic Business, 2003, S. 637.

(23)　なお、民法312e条1項4号は、電子商取引につき、企業は、顧客（消費者のみならず企業も含む）に対して、約款も含めて契約内容を契約締結に際して呼び出し、再生可能な形態で保存できるようにしなければならない、とする。これは、ヨーロッパ連合の電子商取引指令11条3項の国内法化であるが、既述の約款の組込要件とは関連しない。この場合でも、約款組込には民法305条2項によるのである。Schulte-Nölke, H., HK-BGB, § 312e Rdn. 10 ; Ring, Anwaltskomm. Schuldrecht, § 312e Rdn. 26 ; Rüthers-Stadler, Allgemeiner Teil, S. 243 Fn. 14. 本号に関しては、Siehe Kamanabrou, S., CR 2001, 421, 424f.

(24)　Löhnig, M., NJW 1997, 1688, 1689. もっとも、Koch, R., K & R 2001, 87, 89 は、

## 第2節　ドイツ法

このような見解は、消費者に責任範囲及び危険範囲を設定するものであり、このために必然的に技術的かつその他の前提条件を事前に要求することになり、その結果、約款利用者である企業の負担へと一義的に危険分配をなしている法の保護目的に反すると指摘する。Marly, J., Softwareüberlassung, Rdn. 237 も同旨。

(25)　Ernst, S., NJW-CoR 1997, 165, 167. なお、商人間取引では、既述商人間取引に関する原則が妥当し、特に約款が多数の条項からなるか否かは組込に関して問題とはならない。詳細は Siehe Koch, R., K&R 2001, 87, 89f.；Kamanabrou, S., CR 2001, 421, 424. 企業が同一のインターネットで消費者及び企業の両者と取引している場合には、消費者との法取引に関するより厳格な要件を充足する必要がある。Kamanabrou, S., CR 2001, 421, 424

(26)　学説の状況については、概略ながら、Siehe Waldenberger, A., BB 1996, 2365, 2369. Bachmann, B., In：Lehmann, M.（hrsg.）, Internet- und Maltimediarecht, S. 174は、提供者が市場で大きな地位を占めることを意図するならば、少なくとも英語でその意思表示をなすべきで、したがって、約款の指定も約款自体も英語で作成すべきであり、この場合には一般的に合理的認識可能性を生ぜしめているといえるとする。

(27)　Waldenberger, A., BB 1996, 2365, 2369；Koch, R., K&R 2001, 87, 89. Siehe auch Ulmer u. a., AGBG, Anh. § 2 Rdn. 18. Rüthers-Stadler, Allgemeiner Teil., S. 245 は、外国語知識は簡単な契約締結に関しては十分といえても、約款を理解するには十分でないといえ、このような見解は疑問とする。Heinrichs, H., NJW 1997, 1407, 1409 も、消費者の使用する言語版での約款を作成することが必要とする。Ders, NJW 1999, 1596, 1599 は、相手方の母国語に翻訳するか、世界語である英語版を用意しなければならないとする。

(28)　Taupitz, J. u. Kritten, T., JuS 1999, 839, 844；Dilger, P., Verbraucherschutz, S. 51. なお、民法312 e 条1項2号に基づき、電子商取引については、「民法に基づく情報提供義務に関する規則」3条4号によって、契約締結のために利用される言語につき情報を提供することを要する。もっとも、特定の言語ないしは複数の言語による契約締結ができるようにする義務は生じない。本号について、詳しくは、Siehe Münchener Kommentar zum BGB, Bd. 2a, Schuldrecht, Allgemeiner Teil., 4. Aufl., 2003, § 312e Rdn. 85f.（Wendenhorst）.

(29)　Waldenberger, A., BB 1996, 2365, 2369；Koehler, P., MMR 1998, 289, 294.

第1章　約款による契約の成否

## 第3節　日本法

　本章第1節、第2節でみたように、イギリス法、ドイツ法では、指定の重要性は強く認識され、その法理が展開されている。ところが、わが国では、約款の法的性質論はそれなりに深化している反面、約款の組込の法的分析はそれほどなされているとはいえないであろう。法的性質論については、一方の極に法規範説、他方の極に契約説とが存し、その間にいずれかに重点を置くかでニュアンスを異にする多く見解がみられるが、契約説に立脚する見解が多数説といえる。この法的性質論の見地からは、約款そのものと約款による契約との分析が峻別されることなく、約款の個別契約への組込は比較的容易に肯定されることになる。前2節での検討から見ると、果たしてそれが妥当かは疑問である。このような現在の傾向は、判例が後述のように「約款によるという意思推定論」に立脚していることの影響、約款の拘束力として約款の組込も約款の法的性質論の中で処理されていること、なによりも、約款は現在における法取引上に占める重要性から約款を否定することはできない（個々の条項は別である。）という認識が広く行き渡っていること、によるものといえよう。現に、判決によっては、航空運送約款につき、取引における約款の必要性から、航空会社とその乗客との法律関係には原則として約款の適用があるものと解されるとされる[1]し、さらには、いわゆる普通契約約款であり、契約当事者がその内容をいちいち具体的に認識しなくとも、これをすべて承認して契約したものと認められるとされる[2]。

　しかし、「約款が私的自治（契約自由）に依拠するものである限り、当事者の意思に基づく法律関係の形成（自己決定）という私的自治の本質を否定することはできない。この面からは、約款の内容規制

第3節　日本法

が肯定されるが、それのみでは約款の適用と私的自治の対立を完全には除去できないといえる。その鍵は、約款による契約を通常の契約締結に近づけることである。つまり、企業が約款による旨を相手方に告げるだけでなく、相手方をして約款内容につき了知可能な状態にすることである。その上で、相手方が承諾してはじめて約款は契約内容に入るというのが最小限の要件である。相手方に約款の適用を否定する可能性がほとんどないからといって、法的にもこの可能性を奪ってしまって良いとはいえない。」という重要な指摘が既になされていた[3]。約款の法的性質を法規範と解する見解でも、早くから、「約款そのものは抽象的相対的な法規範であって、具体的規範性を獲得するためには、起発契約としての『約款による契約』を必要とする。この契約は、契約内容となるべき約款の提供と了解行為としての附合から構成され、同時に、約款が契約内容となっている個別契約の締結という段階への補充をなすものである。」[4]と分析されていた。この見解は、法規範説といえども、約款の開示と個別契約への組込に関する分析が重要であることを示しているものといえる。さらに、約款による契約において、約款条項を契約内容に取り込むための意思（いわゆる採用意思の問題）はかってほとんど問題とされなかったが、この意思は約款条項の内容についての意思とは区別されるもので、約款を利用した契約に入るかどうかで問題となる意思（取引への意思）で、この分析が必要であることが強調されている[5]。問題意識は異なるが、約款組込論の検討を示唆するものといえよう。

　以下では、最初に、従来の判例学説を簡単に概説した後に、約款による契約の成否につき検討する。

　（1）　東京高判平成元年5月9日判時1308号28頁、東京地判昭和53年9月20日判時911号14頁。近時でも、「約款が保険契約の当事者の知、不知を問わず、約款によらない旨の特段の合意がない限り、これが当然契約内容となって当事者を拘束す

る」旨の措辞がみられる。名古屋地判平成 15 年 4 月 16 日判タ 1148 号 265 頁参照。
（2） 仙台高判昭和 59 年 4 月 20 日金商 704 号 3 頁。大阪高決昭和 40 年 6 月 29 日下民集 16 巻 6 号 1154 頁も、普通契約条款であるから、約款にしたがうべき旨の明示・黙示の意思を表示をしなくとも、これにしたがった契約が成立したと解すべきとする。
（3） 原島重義「約款と契約の自由」遠藤浩ほか（監修）現代契約法大系第 1 巻（1983）52 頁以下、同「契約の拘束力」法学セミナー 21 巻 11 号（345 号）32 頁（1983）。なお、石田喜久夫・金融取引法の諸問題（1982）9 頁（以下、金融取引法と略記）も参照。
（4） 米谷隆三・約款法の理論（1970）455 頁以下（本書の初版は、1954 年である）（以下、約款法と略記）。
（5） 北川善太郎「契約と約款―意思と規制（日本）」比較法研究 49 号（1987）63 頁以下。

## 第 1 款　判例・学説の概観

まず、判例の立場であるが、その基本的立場は「約款によるという意思推定論」である。この立場のリーディングケースとされるのは、火災保険約款に関する大正 4 年大審院判決である。事案は、保険契約者が保険会社と自己所有の家屋につき火災保険を締結したが、山林火災の結果、その家屋も類焼してしまった。保険約款には「樹林火災または森林の燃焼により起こる損害については填補の責任に任じない」旨の条項が存した。保険契約者が保険金支払を請求したが、保険会社はこの条項を援用して支払を拒否した。そこで、約款が拘束力を有するかが問題となったが、「苟モ当事者双方カ特ニ普通保険約款ニ依ラサル旨ノ意思ヲ表示セスシテ契約シタルトキハ反証ナキ限リ其約款ニ依ルノ意思ヲ以テ契約シタルモノト推定スヘク・・・会社ニ対シ其会社ノ作成ニ係ル書面ニシテ其ノ会社ノ普通保険約款ニ依ル旨ヲ記載セル申込書ニ保険契約者カ任意調印シテ申込ヲ為シ以テ・・保険契約ヲ為シタル場合ニ於テハ仮令契約ノ当時其約款ノ内容ヲ知悉セサリシトキト雖モ一応之ニ依ルノ意思ヲ以テ

契約シタルモノト推定スルヲ当然トス」[1]とされた。生命保険でもこの理が踏襲され、大審院大正5年判決は前記大審院大正4年判決の判決要旨を引用した後、「・・・推定スヘキコトハ當院カ・・・火災保険ニ関スル事件（大正4年(オ)第345號同年12月24日言渡）ノ判例トシテ示ス所ニシテ如上ノ法理ハ生命保険契約ニ付イテモ亦毫モ異ナル所アルヲ見ス」[2]としており、保険約款による旨の記載のある申込書に記名調印したことを前提に意思推定説が判例の主流を占めている[3]。保険約款以外の分野でも、この判例の立場は一般的に展開されている[4]。その際、約款の作成目的（集団的取引の簡易化・迅速化）及び当該分野で約款が契約の内容をなすべきものとして広く世間一般に承認されていることを根拠に、当事者が特約によって特にこれを排除しない限り当該約款にしたがった契約が成立したものと解するのが相当[5]とされる。

他方、届出・変更に関する認可という国家の監督的作用によりその合理性が保証され、保険契約者よりなるある種の団体内部による法規的性格を持つに至るとか[6]、生命保険契約のような附合契約では当該約款の内容の知不知をを問わず、また、それによって契約を締結する意思を有しなかったとしても、約款によらない旨の明示の表示がない限り、約款全体を内容とし、かつ、これのみによる契約が有効に成立するという取扱が長い間の積み重ねとその合理性の故に既に商慣習として定着しているものと認められる[7]とする判例もみられる[8]。そうはいっても、上述の意思推定論は、近時の判例において、判例上、確立した判断の手法となっているとする指摘が今日ではみられる[9]。

他方、従来からの学説[10]の主流は、白地商慣習（法）説で、この見解は約款自体を商慣習と解するのではなく、当該取引分野において、契約は約款によるという慣習法ないし事実たる慣習が存するため、個々の契約には約款が適用されるとするものである。この見解

では、このような商慣習法の成立を一般的に認める状態には今のところなっていないが、各企業取引で約款によるということが白地商慣習となっている場合はかなり一般化しているといえ、この場合には、当事者が明白に約款によらないことを明らかにしない限り、約款によるという当事者の意思を擬制し、その「擬制意思」による拘束が認められるとするのである[11]。意思推定論のリーディングケースである前掲大判大正4年12月24日を分析すると、実際上の結果はこの白地慣習説とあまり変わりがないと指摘されている[12]。

近時は、消費者保護の高まりもあって、「約款の事前開示」と「約款内容の合理性(公正妥当性)」が約款が拘束性を持つための要件である[13]か否かが焦点となってきているといえよう。この点につき、家計保険の分野では「約款の事前開示」ならびに「ご契約のしおり」などの文書やパンフレットを用いた約款及び個別契約の重要事項の説明が行われることが要件であり、かつ、約款内容の合理性の保持も同様に要件となると解すべきとする見解も存する[14]。しかし、前者の点は良いとしても、後者の点も要件とするのは疑問である。約款の特質からみて、約款は一括して組み込まれるか否かであり、内容の合理性は契約内容となった約款の個々の条項の効力を事後的に検討する局面で問題とすべきものである[15]。

いずれにせよ、約款の法的性質をどのように解するのであれ、開示の重要性はいずれの見解でも指摘されている。この点、保険契約では、通常は、「貴社の約款を承認して申し込む」旨の記載のある保険契約申込書に記名捺印して申込がなされる。かつまた、昭和50年6月の保険審議会答申「今後の保険事業のあり方について」において、約款は契約申込後に保険証券とともに契約者あてに送付されているが、今後は、契約のしおりと同様に、契約申込時に配布することにつき検討されるべきと指摘され、これを受けて、生命保険業界では昭和52年度下半期以降、従前からなしていた契約の重

第3節　日本法

要事項につき平易な言葉で解説した小冊子である「契約のしおり」とともに約款の事前配布に踏み切っている(16)とのことである。このような対応であれば、約款の事前開示として十分といえよう。

(1)　大判大正4年12月24日民録21輯2182頁。東京控判昭和12年12月28日新聞4254号10頁（13頁）は、海上保険に関して、保険契約が行為地たる日本商法に従い締結され、保険証券が発行されたが、英文で保険証券が作成されており、該証券が契約成立後に発行された事案で、証券記載の事項を当事者の意思に基づかないものとはいい難く、むしろ反証なき限り該保険証券に記載してあることは全部当事者の合意に出でたるものと推定するを妨げない、とする。

(2)　大判大正5年4月1日民録22輯748頁；東京控判大正6年6月19日新聞1309号29頁。

(3)　若干の判例をあげると、大判大正5年5月4日新聞1144号26頁、大阪区判大正6年1月23日新聞1230号21頁、東京控判大正13年3月24日新聞2245号18頁、名古屋控判大正13年11月26日新聞2352号8頁、東京地判大正15年5月15日新聞2585号11頁、大判昭和2年12月22日新聞2824号9頁、東京地判昭和7年7月15日評論21巻商法565頁、大判昭和9年1月17日新報357号25頁、東京控判昭和9年11月26日新聞3805号12頁、神戸地判平成11年4月28日判時1706号130頁、大阪高判平成13年10月31日判時1782号124頁。判例の分析については、大塚龍児「判例批評」判例時報850号151頁参照。

(4)　名古屋地判昭和51年11月30日判時837号28頁、大阪地判昭和53年8月3日判時923号99頁、同昭和54年5月28日判時944号81頁（以上は、いずれも旅客営業規則）。京都地判昭和30年11月25日下民集6巻11号2457頁（運送約款）、東京地判昭和28年1月26日判タ27号71頁（共済会約款）。

(5)　大阪地判昭和42年6月12日下民集18巻5・6号641頁、同昭和53年8月3日判タ923号99頁。大阪高決昭和40年6月29日下民集16巻6号1154頁も同旨であるが、約款における管轄合意につき、空港の待合所搭乗受付（乗客がゲートパスを受け取る場所）のカウンターに冊子として紐を付けて吊り下げられていただけでは肯定されないとした。

(6)　甲府地判昭和29年9月24日下民集5巻9号1583頁。

(7)　東京地判昭和48年12月25日判タ307号244頁、札幌高決昭和44年7月16日判時619号63頁、札幌高決昭和45年4月20日下民集21巻3・4号603頁、神戸地判平成9年8月17日判タ958号268頁。

(8)　中井美雄・約款の効力（2001）57頁（以下、約款と略記）は、この点から、

## 第1章 約款による契約の成否

判例理論は、約款は主務官庁の認可を経ることにより内容の合理性が保証され、そうした約款の内容が保険契約の内容として保険契約者を拘束するという商慣習が定着していると解していると見るべきで、保険契約者の個々の条項の知、不知は考慮されるべきでないとするものである。つまり、判例は約款の技術的・制度的性格を強調しており、意思推定説よりも、もっと端的に、商慣習説に立つ事例が多いように思われるとされる。

（９）　函館地判平成12年3月30日判時1720号33頁。

（10）　約款研究の学説史については、石田喜久夫・金融取引法5頁以下、河上正二「約款（附合契約）論―わが国の約款法学の展開―」星野英一（編集代表）・民法講座5　契約（1985）1頁以下、潮見佳男「普通取引約款」谷口知平・五十嵐清編・新版注釈民法⒀債権⑷（1996）166頁以下参照。

（11）　石井照久・普通契約條款（1957）32頁、34頁注（２）（以下、契約條款と略記）、石井照久・鴻常夫・商行為法上巻（商法Ⅴ－1）（1974）33頁以下（以下、商行為法上巻と略記）、中西正明「普通保険約款」企業法判例の展開（本間輝雄先生・山口幸五郎先生還暦記念）（1988）342頁（以下、本間・山口還暦記念と略記）。神崎克郎・商行為法Ⅰ（1973）125頁（以下、商行為法と略記）も、この見解に与すると考えられるが、具体的な契約締結にあたって約款内容がその相手方に開示されていることを要求している。白地慣習説への批判については、山下友信「普通保険約款⑷」法協97巻1号74頁以下（1980）。

（12）　中西・前掲論文本間・山口還暦記念345頁以下．

（13）　星野英一・民法概論Ⅳ（契約）（1988）15頁、近江幸治・民法講義Ⅴ（契約法）（1998）24頁、菅原菊志・保険判例百選13頁（1966）。中井・約款339頁も、膨大な判例を整理して、判例の近時の傾向は、約款条項の内容そのものが適正であること、また、そうした約款内容の周知手続の適切な履践が、約款拘束力の基本条件となっていると指摘する。

（14）　金沢理・保険法（上巻）（1999）31頁以下、吉田明・生命保険約款の基礎（1989）115頁以下、山本敬三「消費者契約法の意義と民法の課題」民商法123巻4・5号58頁（2001）。

（15）　中西・前掲論文本間・山口還暦記念342頁以下。近時の判例として、大阪高判平成13年10月31日判時1782号124頁、名古屋地判平成15年4月16日判タ1148号265頁。中井・約款343頁は、約款による契約の効力を判断する基準という観点からは、この両者が交錯する場面も存在しうるのではないかと指摘する。

（16）　吉田明・生命保険契約をめぐる問題点（1981）42頁、中西・前掲論文本間・山口還暦記念338頁。

## 第2款　約款による契約

　約款が個別契約の内容となるには、当該契約は約款が適用される旨の指定と、相手方に内容認識の可能性（内容を知ろうとすれば知ることができる）の確保、及び、相手方の附合行為が必要と考えられる。この要件の充足は、約款を利用する企業に求められる。このような企業は、取引相手方（特に消費者）に比較して、取引能力の点で優越しており、私的自治ないし契約自由の一方的行使をなしており、バランスに欠けるからである。法理論的には、このような取引地位を有する者には、信義則上、取引に際して当該取引の情報を平均的顧客の理解可能な程度で開示することが求められるのである。法規範説に立脚する見解では、約款は法規範といっても、国家法そのものではないのであるから、その組込には開示が強く要請されることになる[1]。

　なお、前節で検討したドイツ法では、契約相手方が商人か非商人かで区別して論じられており、わが国でもこのように区別して論じるのが望ましいのであるが、本研究ではこの区別をしていない。わが国では、この点につき、それほど強く意識されていない。例えば、商人間取引であった運送契約につき、一般に運送業者に運送を委託する者は業者の定めた運送約款によって取引する意思を有するのが通例であり、かつ、約款の法定の公示方法が履践され契約締結にあたり取引の相手方に容易に知りうべき状態に置かれていたのであるから、特に当事者が約款に従わない旨の特約をなさない限り、各当事者は約款による意思をもって契約したものと推定するのが相当、とされた[2]。もっとも、既に商人間取引につき、完全に契約自由の原則が貫徹されるといえるのか、商人と十把一絡げでなく、相対的に制限があると考えるべきである[3]という、約款の内容規制に関しては指摘されているが、約款の組込については、商人間取引だ

第1章　約款による契約の成否

からといって区別して論じられることはないように思われる。この点については、余力がなかったことと、当面は、組込要件のうち、認識可能性と附合行為の点でより緩やかな形で肯定されることになると思われるので、むしろ、基本的検討が必要と考えたからである[4]。

　（1）　名古屋控判大正13年11月26日新聞2352号8頁が、保険約款は各契約毎に定めるものではなく、保険会社が予め一定の保険約款を作りこれを頒布して契約申込の誘因とするのが常態であるから、申込者は予めその約款を知って申込をなすべきで、保険証券の交付を待ってはじめてこれを知るべき性質のものではないとするのは、今日では支持できない。

　（2）　大阪高判昭和38年10月30日下民集14巻10号2155頁。同旨の判決として、京都地判昭和30年11月25日下民集6巻11号2457頁。

　（3）　椿寿夫「取引法における二極分化的な思考と志向」法時60巻2号5頁（1988）、執行秀幸「いわゆる事業者間契約では契約自由の原則が無制限に妥当するか」椿寿夫編・講座現代契約と現代債権の展望第4巻（1994）235頁。

　（4）　また、約款の多様性を考えると、各種約款毎に類型化して検討する必要が指摘されている。この見地での先駆的で詳細な研究は既に中井美雄・約款によって展開されている。判例上も、保険約款については認可による保障がしばしば指摘されるし、さらには、証券取引における受託契約準則につき、東京地判昭和37年11月1日判タ139号121頁は、有価証券市場での売買取引は迅速性、大量性、画一性において極めて特異な取引であり、且つそのため、その取引に関しては一般の売買取引とは異なる特殊な慣習ないし準則が存在していることは一般に周知のことであるから、特別の契約がない限り、受託契約準則に従う意思を有していたと推認するを相当とする。本研究では、当面は本文で述べた見地で考察するのが必要と考え、この点の考察は展開していない。

## (1)　約款の指定

約款による旨の指定は、相手方が見過ごすことのないように明瞭になすことを要する[1]。一般には、申込書、契約書における「約款による」旨の記載で足りる。既述の「約款によるという意思推定」を採る判例においても、申込書に約款による旨の記載があるこ

とをあげている⁽²⁾。この指定の文言は、契約書の表頁に存すると共に、指定文言自体が明瞭であること要し、たんに裏面に約款が存するだけでは不十分である。取引相手方に、約款の存否を書面上探求する義務はないからである。この点は、相手方が商人であっても、平常取引関係にある場合を除いて妥当する。かつ、指定は契約締結前又は締結時になされていることが必要である⁽³⁾。事後の指定では、自己決定の趣旨に合致しない。

(1) 山下友信「銀行取引と約款」鈴木禄弥・竹内昭夫・金融取引法大系第1巻金融取引総論(1983)100頁。山本豊・不当条項規制と自己責任・契約正義(1997)75頁は、大量取引処理のための合理化の要請のあるところでは約款を使用するということの開示だけが要求されるとする。

(2) 大判大正4年4月1日民録22輯748頁、大阪地判大正5年11月28日新聞1199号20頁；東京地判昭和3年4月10日新報150号21頁、東京控判昭和4年12月27日新聞3089号14頁、東京地判昭和56年4月30日判時1004号115頁。これに反し、前掲大判の原審である東京控判大正4年3月17日新聞1011号21頁は、申込書は保険会社が印刷したもので、保険申込人は単に主要事項を記入するに止まるものであるから、この記載のみでは約款を承認し契約の内容たらしめる意思表示があったとは認められないとする。

(3) 遠藤浩編・民法Ⅴ〔契約総論〕(1997)27頁(以下、契約総論と略記)。

## (2) 認識可能性

企業が約款の内容につき説明や開示をし、相手方が約款によって契約することを同意した場合に、はじめて組み込まれるとする見解⁽¹⁾も存するが、一般には、「約款によって契約する意思」は約款内容の認識を当然の前提とするものではない⁽²⁾とされる。また、学説によっては、明確な指定と相手方が異議なく契約締結したことでたり、内容の開示は当然の要件ではないとされる⁽³⁾。しかし、相手方が遅くとも契約締結時には約款内容を知ろうとすれば知りうる状態におかれることは、約款の性質上必要で、企業は、約款につき認識可能性を生じせしめることを要する⁽⁴⁾。消費者契約法3条

第1章　約款による契約の成否

1項後段は、企業は契約締結について勧誘する際には、消費者の理解を深めるために、契約内容につき必要な情報を提供するように努めなければならないとする。そこでは、契約内容の情報のみならず、契約内容について消費者の理解を深めるために必要な情報も含まれる[5]。努力義務と[6]はいえ、消費者契約法の立法趣旨が、企業と消費者間の情報・交渉力の格差の点から特に消費者の利益を擁護することにあるのであるから、この情報提供は重要であって、約款組込に際しても、認識可能性につき配慮することが求められることになる[7]。したがって、契約締結時に企業が約款を提示しなくとも、このことから直ちに約款によらないという意思を有していたと解することはできない[8]とか、保険約款は各契約ごとに定めるものではなく、保険業者が予め一定の保険約款を作りこれを印刷頒布して契約申込の誘因をなす常態とするのであるから、契約申込者は予めその約款を知りて申込をなすべきで、保険証券の交付をまってはじめてこれを知るべき性質のものではないから、保険証券の交付を受けた日が契約成立後であることを以て契約成立当時約款を知らなかったものと認めることはできない[9]、とするのは適切でない。むしろ、損害保険における免責条項に関してであるが、この条項を契約内容とするためには予め当該条項の存することを保険申込人に告知するか若しくは保険約款を交付して知らしめる方法を講ずることは取引上信義の要求するところである[10]とする立場が正当である。

　この認識可能性が確保されている限り、相手方が、これを利用するか否かは問題とならない。では、どの程度、企業はなせば足りるのか[11]。契約締結に際して、契約証書と約款を交付し、相手方がこれを異議なく受領した場合は問題ない[12]。例えば、火災保険契約の普通保険約款について、保険会社は契約締結者に対して一律に交付しており、契約締結者もこれを受領しており、火災保険契約の

第3節 日本法

内容が約款に規定されていることを知る契約締結者がその内容を知りたいと思えば知りうる程度に情報提供がなされていると認められるとされる[13]。

また、このように約款自体の交付がなされていなくとも[14]、内容を知ろうとすれば知りうる程度の措置がなされていれば足りる。したがって、契約締結の場所であるカウンターなどに、約款が紐で吊り下げられているのでも足りる[15]。契約者が予め保険会社の普通保険約款の大要を示すパンフレット等の交付を受けたうえ、約款を承認する旨の記載のある保険契約申込書に署名捺印して保険会社に交付した場合には、予め保険会社からその普通保険約款の提示を受けず、その内容を知らないで右申込書を交付したものであっても、約款条項を内容とする保険契約が成立する[16]。また、法定の公示手段が採られ、公衆の閲覧に供されているならば足りる[17]。これは、企業が不特定多数の顧客と絶えず取引をするような場合で、約款を契約締結の場で掲示する場合である[18]。したがって、旅行会社が旅客運送契約の締結に際して、旅行者に対して約款に基づいて締結されるものであること及び約款の概要を示した書面を交付すると共に、各営業所に約款を掲示し、かつまた、印刷物として旅行者がいつでも閲覧できるように備置していた場合には、約款を知りうる状態にしたといえ、契約内容は約款の個々の規定ついての認識の有無にかかわらず約款の規定にするところに従って定められることになる[19]。この点、法定の公示の要求は、行政面からの監督措置であって、事前開示の有無は当然に約款の拘束性の根拠に影響を及ぼすものではないとされるが、これが適切かは疑問で、現に、このように解する見解でも、取引の相手方がその内容を知ろうとすれば容易に知りうる状態におかれていなかったことが、当該契約についても拘束性を阻害する要因となりうるにすぎないとしている[20]。

さらに、認識可能性の見地からは、消費者契約法3条1項前段が

## 第1章　約款による契約の成否

注目される。企業側の努力義務としてであるが、約款作成に際しては、消費者にとって、約款内容が明確かつ平易なものであるように配慮することを求めている。透明性の原則の発現で[21]、その程度は平均的顧客圏を基準とする。具体的には、全体の構成、字体の大きさ、可能な限り平易な用語の使用ということになる。

（1）石田穣・民法V（契約法）（1982）19頁。
（2）中西・前掲論文本間・山口還暦記念348頁。福岡高判昭和33年3月29日下民集9巻3号542頁は、相手方が約款を一項目ごとに納得して締結することを要せず、仮に契約相手方が免責約款に関する条項を知らなかったとしても、そのために契約の内容としての効力を否定し得ないことはもちろんである。
（3）山下・前掲論文法協97巻1号78頁（1980）。これは、約款の指定がある場合と開示がある場合とでは区別され、前者に関する立言である。後者に関しては、約款内容を逐一知ったうえでこれに同意したという外形が備わり、個々の条項についても合意したといえそうであるが、約款の特殊性から、そのようにいうのは行き過ぎで、そのためには、約款条項が理解可能で、明瞭に認識しうる状態になっていることを要するとする。同・法協97巻1号80頁。
（4）鈴木竹雄＝河本一郎・証券取引法（新版）（1984）456頁注（1）、大阪簡判平成5年2月24日判タ811号251頁。西原寛一・商行為法（1964）48頁は、公示され、認識可能の状態に置かれることを要するとする。
（5）落合誠一＝消費者契約法（2001）65頁。
（6）「……努めなければならない」という表現はその違反行為につき罰則その他の制裁措置がなく、法律行為の効力にも関係ないものであって、訓示規定といわれる。田島信威・法令用語の基礎知識（1984）97頁以下。この点からいえば、本項違反は、私法上の効果を発生しないことになる。山本豊「消費者契約法(2)」法教242号87頁（2000）、経済企画庁国民生活局消費者行政第一課編・逐条解説消費者契約法（2000）57頁（以下、経済企画庁・逐条解説と略記）。しかし、前記文言の一般的解釈はそうであっても、場合によっては、つまり、違反行為が重大なものであれば、解釈によって無効とされることは認められている。田島・前掲書99頁。確かに、努力義務は弱い義務とはいえるが、法によって義務者に対して一定の作為をなすように努めることを義務づけているのであり、しかも、その対象とされる事柄が重要であればあるほど、努力義務もその重要性を増すといえる。本法の立法目的からみれば、情報提供についての努力義務は極めて重要なものといえる。したがって、この努力義務規定が全く法的効果を伴わないものとして規定されたと解するのは妥当で

なく、その違反は民法上の規定によって契約の無効・取消を生じうる。山本敬三「消費者契約法と情報提供法理の展開」金法1596号10頁以下（2000）、落合誠一・消費者契約法（2001）61頁以下、北川善太郎「消費者契約法と近未来の法モデル」民商123巻4・5号27頁以下（2001）、横山美夏「消費者契約法における情報提供モデル」民商法123巻4・5号89頁（2001）。

（7）　かつ、消費者契約法3条2項は、契約相手方（消費者）に、契約締結に際して提供された情報を活用して契約内容につき理解するよう努めるものとすると規定する。企業の情報提供義務とは異なり、求められる努力のニュアンスを若干弱めたものとされる。経済企画庁・逐条解説59頁。そうはいっても、理解する努力は求められているのであって、この面から見ても約款に関する認識可能性が与えられていなければならないといえる。

（8）　大阪地判昭和42年5月13日判時500号63頁。その際、特段の事情の存しない限り、保険契約者が申込書に表示した普通保険約款と保険者が保険証券に掲載した普通保険約款とは同一のものにして保険契約者は該約款によるという意思をもって契約を締結したものと推定するのが相当とされる。大判大正5年4月1日民録22輯748頁、東京地判大正7年10月30日新聞1489号23頁、東京控判大正14年1月30日新聞2404号15頁。これは、約款の同一性を強調したといえるが、実見していない約款によるとするのは擬制的すぎる。今日の実務上では、契約のしおりなどの交付がなされている。

（9）　名古屋控判大正13年11月26日（正本作成）新聞2352号8頁。

（10）　東京控判大正4年3月17日新聞1011号21頁。

（11）　東京地判大正14年7月7日新聞2439号5頁は、いつでも保険契約者が保険約款を知ろうとすれば常に直ちにこれを知り得べき状態に準備されていたことは明らかであるから、保険契約がいわゆる附合契約なる性質上、保険契約者は約款の細目に拘束される意思を以て契約を締結したものといわなければならない、とするが、どのような措置がとられていたのかは分明ではない。

（12）　最三判昭和57年2月23日民集36巻2号183頁。これは個別的通達方法といわれる。米谷・約款法125頁、西原・商行為法48頁。山本豊「契約の内容規制」債権法改正の課題と方向（別冊NBL51号）92頁、100頁（1998）は、原則として約款を記載した書面の交付が必要とすべきで、日常的な大量取引でこれが適切でない場合には例外的な措置として約款による旨の掲示と営業所における約款の備え付けなどでも足りることになろうとする。

（13）　函館地判平成12年3月30日判時1720号33頁。判例の意思推定理論にに立脚するが、契約の申込書類の内容、「確認欄」への押印ないし署名をなしていることを根拠に、特段の事情の存在を否定したものとして、神戸地判平成11年4月28日判

時1706号130頁。もっとも、東京地判大正15年5月15日新聞2585号11頁は、約款に基づき契約をなす旨の文言を記載した申込書を差し入れたことは当事者間に争いなく、当事者間でその文言の存在を認めて争わない文書はその当事者に対してその文言に従い効力を有し当事者はこれに拘束される意思を有したものと推定すべきことは勿論であるとする。

(14) 神戸地判昭和46年10月14日判時652号75頁。遠藤編・契約総論27頁は否定に解する。

(15) 大阪地判昭和42年6月12日下民集18巻5・6号641頁。

(16) 大阪地判昭和6年6月8日新聞3280号6頁、大阪控昭和8年6月5日新聞3558号5頁、東京地判昭和56年4月30日判時1004号115頁、神戸地判昭和60年10月29日判時1191号134頁、神戸地判平成11年4月28日判時1706号130頁。

(17) 大阪地判昭和54年5月28日判時944号81頁。大阪地判昭和30年6月1日判時65号21頁（各営業所の人目につき見易い場所に公示されていたことをあげる。）。

(18) 一般的広告方法である。米谷・約款法126頁、西原・商行為法48頁。新聞広告もこれに該当するとされるが、必ずしも認識必然性を生じるとはいえない。なお、開示の必要性については、既に、経済企画庁国民生活局消費者行政第一課編・消費者取引と約款（1984）20頁は、「適正な約款の要件」として「適切な開示がなされること」をあげている。消費者が契約に当たっていかなる権利義務関係に入るかを知ることが必要という見地からの要請であるが、契約前に消費者に約款を記載した書面を交付することを原則とし、場合によっては目に付く場所での掲示でも良いが、約款全部の掲示が量的に困難であれば、消費者の権利義務にかかわる重要な条項を掲示し、請求があれば全文を開示することが必要としている。

(19) 東京地判平成元年6月20日判時1341号20頁。

(20) 石井・鴻・商行為法上巻34頁。

(21) 中井・約款339頁も、契約者にとって不明確な、あるいは理解しがたい内容の約款条項については、それを理解し、納得の上で約款による契約を締結するにいたるプロセスを重視すべきであろうとする。

## (3) 附合行為

最後に、約款が契約に組み込まれるためには、相手方の同意が必要である(1)。この同意は、約款を一括しての承認であり、一般契約におけるような申込・承諾とは異なる(2)。国家法とは異なり、相対的な法規範である約款では、明示又は黙示での承認は不可欠で

ある(3)。黙示に関しては、当該契約締結に際しての手続が、一般人が約款によるという意思を有すると推定できるような状況のものであることを要する(4)。

　この点、当事者の力関係の差や日本人の契約意識のほか、約款の取扱いをめぐる現実の取引実態を考慮すると、包括的同意は企業に対する信頼を基礎としており、同意はあくまでもこのような信頼を裏切らないよう内容の条項にのみ向けられたものというべきである。したがって、約款条項が相手方の正当な信頼に反する不利益を与える場合には、契約締結時までに内容につき説明・開示がなされることを要し、これがなされない限り、否定されるとする見解がある(5)。しかし、この問題は、不意打ち条項としての処理ないしは内容規制に委ねるのが妥当で、組込は一体としての約款を対象とする(6)点からは疑問である。

　約款は契約締結に際して交付されなかったが、「約款を十分了解してこれにより生命保険契約申込を申し込みます」という記載のある生命保険申込書に調印して保険会社に交付した場合は、「とにかくその定められたままに従うの意思をもって前示の如き申込書に調印したものと解するのが相当である。かかる申込を承諾してなされた本件保険契約は普通保険約款・・・に従う趣旨においてなされたものと認むべし」とされる(7)。個々の条項の内容を知らずとも、約款そのものが一括して適用される(8)。

　さらに、保険契約者が、保険会社の普通保険約款を承認のうえ保険契約を申し込む旨の文言が記載されている保険契約の申込書を作成して保険契約を締結したときは、反証のない限り、たとい保険契約者が視覚障害者であって、右約款の内容を告げられず、これを知らなかったとしても、なお約款による意思があったものと推定すべきである(9)とされるが、消費者保護が進展している今日、これが今後も維持されるかは疑問である。

## 第1章　約款による契約の成否

（1）　約款に附合して契約を締結したと認むべき場合にのみ当事者を拘束する旨指摘するものとして、京都地判昭和30年11月25日下民集6巻11号2457頁。他方、大阪高決昭和40年6月29日下民集16巻6号1154頁は、運送約款のようないわゆる普通契約約款については当事者が約款にしたがうべき旨明示・黙示の意思を表示していなくとも、特約によってこれを排除しない限り、普通契約約款にしたがった契約が成立したものと解するのが相当とする。

（2）　山下・前掲論文金融取引法大系第1巻100頁、石井・鴻・商行為法上巻34頁。最一判昭和45年12月24日民集24巻13号2187頁も、企業の予め開示する約款につき、その個別の条項を知ると否とにかかわらず、これに概括的に同意したものとみなされ、これに拘束されるとする。同旨として、東京高判昭和41年4月18日判時454号55頁、東京地判昭和3年11月22日新報174号19頁。もっとも、大阪地判大正15年5月15日新報88号24頁は、保険証券記載の免責条項の適用除外の主張に対して、証券記載の保険約款はこれを除外することなくすべてこれに依るべき意思あったものと認むべきとしているが、とくに当該条項を除外するという特別の意思を表示したという証憑はなく、たとえ契約締結後に証券が送付されたとしても異議申立をしたという形跡がないことを理由とする。結論は良いとしても、根拠の点は、個別契約的なものであり、約款として妥当かは疑問である。

（3）　京都地判昭和30年11月25日下民集6巻11号2457頁は、運送約款につき、商人間取引であるが、認可され、各営業所において掲示されていた場合につき、当事者がこれに準拠する意思を有するや否とに拘わらず当然に当事者を拘束するが如き法的効力を具有するものと解すべきでなく、運送の委託者がこれに附合して契約を締結したと認むべき場合にのみこれを拘束し得るに過ぎないというべきとする。

（4）　具体的には、神戸地判平成10年4月27日判タ1003号263頁。

（5）　遠藤編・契約総論27頁。

（6）　盛岡地判昭和45年2月13日下民集21巻1・2号314頁は、一体としての約款の組込を肯定するも、内容規制の必要性を肯定する。同旨の判例として、名古屋地判平成15年4月16日判タ1148号265頁、神戸地判平成7年3月28日判タ887号232頁。

（7）　東京控判昭和7年11月26日新聞3805号12頁。

（8）　石井=鴻・商行為法上巻34頁、最一判昭和45年12月24日民集24巻13号2187頁、福岡高判昭和38年1月11日判時355号67頁（法規説に立脚）。意思推定説に立脚する判例でも、契約をなす際に、特別に保険約款を定めない限り、申込当時約款の条項を詳細に知悉しなくとも、なおこれによる意思でなしたものと推定される。東京地判大正13年5月31日新聞2279号19頁。

（9）　最三判昭和42年10月24日裁判集民事88号741頁。

## 第3款　インターネット取引

　契約をインターネット経由で締結する場合における約款の組込につき簡単に言及すると、企業側のホームページ上の表示は申込ではなく、その誘因であって、取引相手方側が申込をなすことになる。この場合、約款を適用するという指定を含む企業の表示は修正された申込となると解すると、取引相手方の新たな承諾を要することになるが、これでは取引の迅速性が害される。したがって、相手方の申込に際して既に約款による旨が明示されていることが必要となる。

　これは、企業が事前作成した申込に関するフォームに、約款が明確な形でとり入れられていれば良いといえるが、簡単な約款であればそれで十分といえるが、長文である場合が多いことを考えると、かなり困難である。むしろ、申込フォーム上に明確な形で「本契約は当社の約款による」旨の指定がなされるとともに、約款の表示を要求するコマンドを設定しておいて、これをクリックすることによって約款本文を表示するという形態で足りるといえる[1]。

　さらに、インターネットによる場合は、その特質上、約款による旨の指定及び約款をいかなる言語でなすべきかという言語の問題が生じる。結論だけを示すと、申込フォームに使用された言語と約款作成に使用された言語とは同一であることを要し、異なる場合は約款の組込は否定されることになる。申込フォームにしたがって申込をなすということは、顧客はそこで使用された言語を理解していると推定されるからである。

---

（1）　松本恒雄「システム契約の成立と取引条件」北川善太郎編・コンピュータシステムと取引法（1987）108頁、内田貴「電子商取引と民法」債権法改正の課題と方向（別冊NBL51号）312頁、322頁以下（1998）。磯村保「伝統的契約理論からみたシステム契約」北川善太郎編・前掲書78頁は、事前ないし事後の約款送付が必要であり、後者の場合は利用者がその内容を了知しうる状態になってはじめて組み込

第1章　約款による契約の成否

まれるとする。

## 第4節　結　語

　本章では、判例法系のイギリス法、成文法系のドイツ法につき検討した。イギリス法は基本的に契約自由の原則が尊重されるとはいえ、約款の特殊性の故に、近時は消費者保護の必要性が認識され、組込にも細かな配慮がなされているといえる。他方、ドイツでは、19世紀末には早くも弱者保護の必要性が指摘され、約款法研究が大きく発展するが、1977年における約款規制法の制定とともに、約款による契約の成否が内容規制とともに、詳細に検討されることになった。本章でも、若干、詳細にドイツ法を検討した。そこでは、約款による旨の指定、約款内容の合理的認識可能性、顧客側の同意の三要件が原則として必要とされ、さらに、掲示の許容、枠組契約の肯定と、柔軟に対応しているのが注目される。これは、どちらかというと、約款による契約の成否につき理論展開が詳細でないわが国にとっては、多くの示唆を与えるといえる。わが国については、従来の意思推定論における意思の分析の弱さがつとに指摘されていたが、法規範説における起発契約としての「約款による契約」分析を手がかりに、約款の個別契約への組込には指定、認識可能性、附合行為の三要件を
要すると考えられる。

　ところで、ドイツ民法305条2項、3項（旧法2条）に基づく約款の個別契約への組込は、約款を契約説で把握する立場から規定されていると解するのが通説的見解である。これに対して、有力説は、約款法規範説の見地からこれを理解する。つまり、法規定の重点は、企業の責務として、顧客に約款を指定し、かつ、合理的手段を以て約款を認識せしめることを詳細に規定している点である[1]。この

## 第3節 日本法

規定を以て、立法者は約款の周知性 (Publizität) を確保すべきものとしたといえる。法規範説の立場からは、この規定は、部分社会の法 (Partikularrecht) の「公示 (Verkündung)」の方式に関する規定と解される[2]。法規範説に立たない見解においても、認識を生じせしめる責務に関して、法は、取引相手方が約款による拘束が生じる前に約款内容を詳細に知って約款内容を具体的に問題にして交渉し、契約締結をするか否かを決定するという、ユートピア的なことを期待するものではない。民法305条2項 (旧法2条1項) の規定の唯一の実際の機能は、契約相手方をして契約の進展中に争いが生じた場合及び約款を理解するため容易に約款本文を参照できる状態にすることである[3]とされる。したがって、契約相手方は、企業によって採り入れられた規制が正に存在することを知らされるべきであるし、かつ、その内容をなんらの困難もなく認識できるものでなければならない。正に、これが民法305条2項 (旧法2条1項) の意味である[4]。約款は法規範であるが、選択規範にとどまり、具体的に適用を見るには、個別契約への組込が必要で、この組込を民法305条2項 (旧法2条1項) は規定し[5]、また、企業に約款の存在を指定し、その内容の認識を得るようにすることを要求しているのである。これは責務であるが、顧客側における「同意すること (Einverstanden-sein)」と対をなすものではない。企業は、自己の責務を純粋な事実上の行為 (現実行為) によって果たすのであり、民法305条2項 (旧法2条1項) の関連ではなんら意思表示ではない。契約相手方 (個別契約の相手方) には、約款の「適用」につき「同意」することが要求される。この同意は、個別契約の構成要素とするという約款の「組込」、つまり、契約への「適用」を目的とするものであるから、一種の意思表示である[6]。ところが、顧客が約款の適用に同意すべきとされるならば、このことは企業にも要求されねばならないのに、同項では顧客の同意に一致すると考えられる企業

第1章　約款による契約の成否

の表示に関してはなんら言及されていない[7]。そこで、問題は企業の適用要求と顧客の同意との関係である。ここでの顧客の同意は、約款の内容に関しては全く関連づけられていず、約款の諦念的甘受にとどまっている[8]。決して、民法145条以下の契約ではなく、事前に認識することなく法関係が成立する[9]。法も、企業の責務として明示の指定と合理的な認識可能性を生じせしめれば足りるとする。そこでは、顧客の同意は「規範選択」に構造上は重点が移動しているといえる[10]。民法305条2項2号（旧法2条1項2号）は、その内容が相手方に合理的方法で認識されうる約款のみが個別契約の内容となることを規定しており、これは事前作成された約款の合意を超えて「契約のための規範」へと転換する基準を定めているのである[11]。法規範といっても、国家法とは異なるのであるから、企業側の、平均的顧客圏を対象とした相応の情報開示が要請される[12]のであり、これを民法305条2項（旧法2条1項）は規定したと解しうる。

従来、支配的見解は約款を契約法的見地で把握し、民法305条2項（旧法2条1項）もその見地で理解されているが、法規範説でこれを理解することは可能であり、かつ、その方が適切と考えられる。もちろん、約款の個別契約への適用の面に関する従来の判例学説の成果は、法規範説といえども十分斟酌できるものであるといえる。

（1）　Pflug, H. -J., Kontrakt und Status im Recht der Allgemeinen Geschäftsbedingungen, 1986, S. 319（以下、Kontrakt und Status と略記）.

（2）　Pflug, H. -J., Kontrakt und Status, S. 320

（3）　Schlosser u. a., AGBG, § 2 Rdn. 26.

（4）　Pflug, H. -J., Kontrakt und Status, S. 320.

（5）　法規範説の根拠を慣習法に求めているが、Pflug, H. -J., Allgemeine Geschäftsbedingungen und "Transparenzgebot", AG 1992, 1, 10. 旧法13条以下は団体訴訟として組込前の約款を訴訟の対象としているが、このことは、約款はこの段階で法的に評価されていることを示しているといえる。旧法13条以下は抽象的規範コン

トロールであることを指摘するものとして、Siehe Fehl, N., Systematik des Rechts der Allgemeinen Geschäftsbedingungen, 1979, S. 116f. ただし、旧法2条ないし7条は一般契約法の発展として把握する。Ders., aaO. S. 95f. なお、手続法に関する旧法13条以下は、現行法では、使用差止法（Gesetz über Unterlassungsklagen bei Verbraucherrechts- und anderen Verstößen）として単独立法されている。

( 6 )　Pflug, H. -J., AG 1992, 1, 10f.

( 7 )　Pflug, H. -J., AG 1992, 1, 11.

( 8 )　Pflug, H. -J., AG 1992, 1, 12. Schmidt, E., AGB-Gesetz und Schuldvertragsrecht des BGB, ZIP 1987, 1505, 1506 は、単なる適用許可（Geltungsplacet）に過ぎないとする。

( 9 )　Schmidt, E., Grundlagen und Grundzüge der Inzidentkontrolle allgemeiner Geschäftsbedingunge nach dem AGB-Gesetz, JuS 1987, 929, 932.

(10)　Pflug, H. -J., AG 1992, 1, 12f. Ders., a. a. O. S. 18 は、旧法2条を「規範化のための規範（Normen für Normierung）」と位置づける。

(11)　Pflug, H. -J., AG 1992, 1, 18.

(12)　Vgl. Pflug, H. -J., AG 1992, 1, 18.

## 第2章　商取引における契約の成否と契約内容
――「書式の戦い」について――

　商取引において、両契約当事者が申込・承諾に際し自己の約款を書面で相互に指定することが行われる。これは、両当事者は契約を意図しているが、この意図は将来の諸事情又は市場の急激な変動により変りうることから、注文確認書や売買申込書[1]を相互に送付し自己の約款による旨指定して、これに対処するためである。両者の約款が一致するか又は差異があっても支障なく取引が完了する場合は、問題はない。通常両者の約款には差異が存するが、約款作成者と約款を使用する営業担当者は異なり後者は条項の相違に気づかない[2]。より根本的なのは、当事者は通常の取引過程において対立する書式を読もうとはしないし、仮に読んだとしても、相違を調整しようとはしないことである。これは、大規模で官僚的な組織では、書式の経常的な使用が指定されており、特定取引に関してその書式を変更しようとするには、しばしば、上司の承認が要求される。その結果、修正が成功するには長い時間が必要となり、最悪な場合には、取引機会を失ってしまう。その結果、修正しようとしても無駄であるという無力感が生じてしまう[3]。しかし、書式における条項の差異は契約の成立を疑わしいものとする。多くの場合には、現在及び将来の顧客の喪失、企業としての名声の保持、商品供給源の喪失という法外的プレッシャー及び訴訟による時間的・費用上の負担のため、訴訟の段階に至ることは少ないとされる[4]。

　そうはいっても、約款には自己に有利な条項が挿入されているのが常態であり、一方にとり有利な条項は他方にとり不利となる。そこで、契約成立の一般原則によれば申込と承諾が一致することを要

## 第 2 章　商取引における契約の成否と契約内容

するから、「書式の戦い」において、契約成立による不利益（例えば、市場の変動、債務不履行責任）を回避するため、些細な文言の差異を口実にこの原則を援用すると契約は不成立とならざるをえない。だが、一般には上述のように当事者は自己の約款も相手方の約款にも注意を払わずに取引履行に着手してしまうのが常態[5]であり、紛争が生じた後に約款の差異に基づいて合意がないという主張を認めるのは妥当でない。契約成立と信じて即座に加工し製品を引渡した場合には、不当利得及び原状回復義務（Rückabwicklung）理論で解決するのも高度に技術的な分野では相当の困難を生ずる[6]。他面、十分な交渉を契約締結に際し要求するのも、それが行われのは例外的に高額な給付の場合に限られ、しかも、その場合でも重要事項以外は曖昧とされるし、法的に完全な契約を生ぜしめるのに恒常的に要する費用は偶発的に生ずる訴訟費用よりも大であることから経営経済上不完全な締結方法がとられている[7]現状からは、過大な要求である。取引の迅速化・取引コストの低減化・商品の非個性化に基づき、取引数量・代金・履行期などのごく少数の事項のみを記入する書式を利用して合理化を図る趣旨にも反する。

　さらに、「書式の戦い」で問題となるのは、契約成立が肯定されても契約内容はいずれかの約款によるのか、それとも両者の約款を無視し、生じた欠缺をなんによって補充するのか、である。このように、書式の戦いは困難な問題を生じており、外国法及び統一条約（案）は一応の解決策を呈示している。わが国ではこれに関する判例は皆無とされているが、すでに問題の重要性は指摘され解決策も提唱されている[8]。本稿は、若干の外国法及び統一条約（案）の解決策[9]を検討して、わが国での問題解決への一つの指針をえようとするものである。

　（1）　契約書が、権利の確認、公示、対抗（主張）の三機能を有することにつき、

山主政幸「契約と方式」契約法大系刊行委員会編・契約法大系第1巻（1962）144頁以下。

（2） Macaulay, S., Non-contractual Relations in Business : A Preliminary Study, 28 Am. Soc. Rev. 55, 57-60（1963）; Taylor, E. H. Jr., UCC Section 2-207 : An Integration of Legal Abstractions and Transactional Reality, 46 Cin. L. Rev. 419, 421（1977）.

（3） Cobin on Contracts. Vol. 1, revised ed., 1993, § 3. 37 at p. 499（Perillo, J. E.）（以下、Cobin on Contracts と略記）.

（4） Hawkland, W., Major Changes under the Uniform Commercial Code in the Formation and Terms of Sales Contracts, 10 Prac. Law. No. 5, 73, 80（1964）; Beale, H. & Dugdale, T., Contacts between Businessmen : Planning and the Use of Contractual Remedies, 2 Brit. J. Law and Society, 45, 47-8, 49（1975）; Zoepke, K., Kollision von Geschäftsbedingungen, DB 1948, 345, 346.

（5） Northrop Corp. v. Litronic Industries 29 F3d 1173, 1178（1994）は、裁判官から見ても、商人であってさへ、約款（boilerplate）を読むかは疑わしいのであり、その結果、裁判官は、良かれ悪しかれ、約款契約（form contract）上の印刷された条項を根拠に契約を否定することには消極的であると指摘する。

（6） Weber, K., Der Inhalt des Einzelrechtsgeschäfts bei widersprechenden Allgemeinen Geschäftsbedingungen der Vertragspartner, 1969, 83f.（以下、Der Inhalt des Einzelrechtsgeschäfts と 略 記）; Heidland, O., Die Praxis der Verkaufs- und Einkaufsbedingungen, 1929, 141f.（以下、Die Praxis と略記）.

（7） Beale, H. & Dugdale, T., 2 Brit. J. Law and Society, 45, 47-8（1975）; Grasmann, S., Das Zusammentreffen unterschiedlicher Einkaufs- und Verkaufsbedingungen, DB 1971, 561. 代理店契約研究会「代理店・特約店取引の研究14」NBL158号33頁以下（1978）。

（8） 川又良也「アメリカ統一商事法典二一二〇七条について」大隅先生還暦記念・商事法の研究（1977）（以下、大隅還暦記念と略記）、道田信一郎「国際取引」竹内昭夫ほか・現代の経済構造と法（1975）305頁、同「契約の成立と定型契約書の仲裁約款」法学論叢94巻3・4号（1974）、神崎・商行為法74頁以下、曽野和明「国際契約の成立」国際私法の争点（1980）100頁。

（9） v. Mehren, A. T., The "Battle of the Forms" : A Comparative View, 38 Am. J. Comp. L. 265（1990）は、比較法的に検討していて、参考になる。

第 2 章　商取引における契約の成否と契約内容

# 第 1 節　アメリカ法

　コモン・ロー上は、鏡像原則（mirror-image rule）が支配する。すなわち、承諾は申込内容を正確に映していることを要し、申込に付加又は変更をなすことはできない。これがなされると承諾でなく、原申込を拒絶する反対申込であり、契約成立には改めて承諾を要する[1]。この鏡像原則は、申込者が申込・承諾により形成される契約内容の主人（master）であることを基礎とする。申込者は承諾力（power of acceptance）を生ぜしめると共に任意のいかなる制限をも課すことができ、かつ、この範囲内での正確な追随に利害関係を有する。被申込者は、このようにして生じた承諾力を正確に行使することがその唯一の権能（power）であって、この境界を拡張することはできない[2]。したがって、被申込者が申込をそのまま承諾すれば契約が成立する[3]。鏡像原則の利点は、当事者間に法的安定性をもたらすことにある。申込と承諾が正確に一致しなければ契約は成立しないので、両当事者は自己の債務がどのようなものか知ることができるからである[4]。

　しかし、これは、両当事者が申込承諾のすべての条項につき正確に知っていることを前提としてのみいえることであって、商取引が個別的に交渉されオリジナルな書面が取引毎に起案される時代には妥当するが、近代商取引における大量取引に基づく約款利用の場合には妥当しない[5]。この場合にこの原則を適用すると、書式交換の時点で拘束的契約が存すると確信する者は相手方が履行しないと保護されないことになるし、不履行の相手方は申込と承諾の相違を盾として契約不成立を主張できる。しかも、相違が真に重大でないにも拘らず、自己にとり市場が不利となったことから履行拒絶をなす口実を与え、相手方不利益のもとで投機をなしうる[6]。さらに、

本原則の適用により契約が成立していないのに、当事者が履行行為をなすと、返答は承諾でなく反対申込であるから、履行行為は反対申込の承諾となる[7]。したがって、本原則は商取引で最後に書面を送付した者に一方的に有利な効果を生ずる (last-shot-approach)[8]。

この場合に当事者の意図を強調するのは誤っている。「書式の戦い」では、各当事者は相手方の書式に存する条項又はそこに示されている意図に焦点を合わせていず、一般には相手方の履行を予測しながら自己の約款に従って契約が形成されたと信じており、最終書面を発した者がいずれかを問わず各当事者の期待に優劣をつけることはできない[9]。とまれ、鏡像原則と最終書面性アプローチの結果、申込者は被申込者の約款に拘束されるという不利な地位に立たされる反面、被申込者が取消を選択すると強行可能な契約上の権利を有しないことになる。もっとも、この厳格な適用を回避するため、判例上、非本質的な文言の付加にすぎないとか、事実上の黙示条項 (terms implied in fact) か法定黙示条項 (terms implied in law) であるとか、変更が提案かつ希望にすぎないときは、有効な承諾とされる[10]。しかし、いずれも限界づけが困難であり、結局は解釈問題としての不安定性を免れ難く、一般にはこれらの方法による回避には慎重であった[11]。

この伝統的解決策を修正したのが、統一商法典 (Uniform Commercial Code) 2-207条である[12]。本条は「承諾又は確認における付加条項」として、

「(1) 明確かつ適時になされた承諾の表示又は合理的期間内に送付された書面による確認は、申込もしくは合意されたものに付加もしくは異なる条項を定めるものであっても、承諾としての効力を有する。ただし、承諾が付加又は異なる条項への同意を明示に条件とするときは、この限りではない。

(2) 付加条項は契約に付加することの提案と解される。ただし、

第2章　商取引における契約の成否と契約内容

以下の場合を除き、付加条項は商人間では契約内容となる。

　(a)　申込が、承諾を申込条項そのものに明示に制限しているとき、

　(b)　付加条項が契約を実質的に変更しているとき、

　(c)　付加条項に対する異議申立が、すでになされているか又は付加条項の通知を受けた後に合理的期間内になされたとき。

　(3)　契約の存在を認める両当事者の行為は、当事者の書面が契約を確認できないときであっても、売買契約の成立を確証するに足りる。この場合、当該契約の内容は、当事者の書面上で合致する条項及び本法の他の規定に基づき組込まれる一切の補充的規定によって構成される。」

と規定する[13]。本条は、相互の書式における対立条項の存在から生ずる問題の解消を意図し[14]、企図された取引が商取引上の見解（commercial understanding）によれば、事実上成立しているとされるときはこれを契約として承認することを基本とする[15]。そして、このもとで、契約が成立しているか、これが肯定されたときの契約内容につき規定する。したがって、まず最初に契約が成立しているかが検討され、これが肯定されなければ、2-207条を問題とする余地はない[16]。

　もっとも、本条の位置づけにつき、判例上、古典的契約法における鏡像原則の否定と解するものが見られる[17]。しかし、これは修正と解するのが妥当である。つまり、商品の種類・等級、価格、数量及びその他の交渉された事項を変更する返答には、伝統的鏡像原則が適用され、反対申込と解され、このような事実については本条は適用されない。したがって、本条は鏡像原則を否定するのではなく、その機械的な適用を修正して、合理的に承諾と解されるのに、交渉されていない条項が被申込者の約款に存することを理由に、反対申込とされるのを阻止するにとどまる[18]。

　本条が鏡像原則の難点を改善するものと解するのが一般的理解で

あるが、このような理解に対して、鏡像原則による解決策のほうがより優れているという見解も存する。これによると、本条による解決策は、既製品としてのUCCの補充規定の適用では取引及び当事者の利益に十分対応できないし、具体的市場で売主・買主の双方が必要で可能な条項を書式に取り込むように努めさせる点では鏡像原則のほうが優れている[19]。そして、鏡像原則のほうが、取引コスト及び当事者の享受する利益の面で、2-207条による解決策より優れているし、書式の果てしない循環も、取引の機会を失うという危険を考慮すると実際には生じないとする[20]。しかし、「書式の戦い」をめぐる判例がUCC成立以後最近までで400以上に及ぶ事実及び商取引の実際においてはいずれが申込者か被申込者かは偶然に左右されるものであること、鏡像原則が適合するのは交渉が比較的短いか、各当事者に相手方の提案をすべて読むことが期待できる場合であって、今日のように約款が利用されるのが通常である状況には合致しないことからも、妥当とはいえない。かつ、上述のような見解は、当事者が相手方の約款を読むことを前提とするものであって、現実はこれと異なるし、自己の約款貫徹を意図して最終書面となるように努め、逆に取引コストを増大させることになってしまうと批判される[21]。したがって、上記の鏡像原則で書式の戦いが解決できるとはいえない。

さて、本条の適用範囲につき若干触れておくと、本条は当事者の一方又は双方が商人か否かを問わないし、かつ、書式の交換を通じて締結された契約に限定されない[22]。

さらに、1996年以降、コンピュータの発展に伴いそのソフトウェア販売方法の特殊性に対応して、2-207条が適用されるかが問題となっている。ソフトウェア取引おける新たな契約形態である「覆って層になったものの売買契約」または「包み込まれたものの売買契約」(layered or rolling contract)[23]、つまり、買主が店頭で代

第 2 章　商取引における契約の成否と契約内容

金を支払い、これに対して売主がソフトをボックスに入れた形態で引き渡すと共に、ボックスの中には、特に担保放棄条項及び救済方法制限条項を定めたライセンス契約条項が存し、かつ、「このパッケイジの開披はこれらの契約条項及び約款の承諾となる。同意しないならば、購入日から15日以内に購入先に開披せずに返還することを要します。」旨定められている。この場合、2-207条は書式の対立ではなく、一方の書式のみしか存しない場合には適用されないとする見解が当初主張された[24]。これによると、買主は自己に引き渡された商品を保持することによって売主の約款に同意したものとされる。しかし、売主の代金支払いにより既に契約は成立しているのであって、一般原則によれば、売主が契約成立後に、買主が成立時点で享受する権利を制限するような条項を課すことはできないとされる[25]。したがって、上述のような「箱蓋に存するライセンス（box top license）」条項は確認書における付加条項であり、当事者の合意を実質的に変更するものとして、2-207条2項b号により契約内容とならないとされる[26]。このように見解は対立するが、後者が妥当と考えられる。

　Official Comment は、確認書につき、一方または両当事者が送付した場合として、一方の書式のみ存する場合でも、適用を肯定している[27]。口頭契約に続いて、一方当事者から口頭合意では言及されていなかった条項を含む書式が交付された場合には、書式間に食い違いではないが、この書式における条項と口頭契約おける条項との間に食違い（battle）があることになる[28]。しかも、適用否定となると、両者が書式を利用するのは商人であるから、この者は2-207条の保護を受けるのに対し、書式を利用することがない消費者または商人は保護を受けられないことになってしまう[29]。以上の点から、この種の契約にも、適用を肯定するのが妥当といえる。

　なお、本条は明文上動産売買契約に適用限定するが、1-102条

1項は「本法は……自由に解釈適用されねばならない」としており、その他の契約にも類推適用されうる[30]。さもないと、同一経済事象に対して、混合契約の場合、異なる法原則（コモン・ローとUCC）の適用となり、困難を生ずる。もっとも、2-207条は両当事者が取引に際しすべての契約事項につき協議する余裕を有せず、承諾書で申込を修正するとか確認書に合意されていない事項を含むことがしばしば生ずるという近代商品売買を背景として成立し、大量取引を念頭においているから[31]、すべての契約条項を協議し約款などの送付を常例としない取引分野には類推適用できない[32]。

以下では、契約の成否と契約内容とに項を分かって論ずる。

（1） Poel v. Brunswick-Balke-Collender Co. 216 NY 310 (1915); Wagner v. Rainier Mfg., Co. 371 P2d 74 (1962); Davenport, W. B., How to Handle Sales of Contract: the Problem of Conflicting Purchase Orders and Acceptance and New Concept in Contract Law, 19 Bus. Law. 75, 76 (1963); Safeco Ins. Co. of Anm. v. City of White Houses, Tennessee 36 F3d 540, 546 (1994).

（2） Murray, J. E. Jr., Intension Over Terms: An Exploration of UCC 2-207 and New Section 60, Restatement of Contracts, 37 Ford. L. Rev. 317, 318 (1969).

（3） 勿論、被申込者も原申込を変更することができ、この変更により申込者の地位を取得して反対申込をなしうる。したがって、申込、反対申込、再反対申込という過程はある程度の反復をもって行われるが、コモン・ロー上は当事者はいずれの地位をも取得できる。Davenport, W. B., 19 Bus. Law. 75, 79 (1963).

（4） Note, 105 U. Pa. L. Rev. 836, 853 (1957). もっとも、Schmidt, F., The International Contract Law in the Context of Some of Its Sources, 14 Am. J. Comp. Law 1, 23 (1965) は、確実性といっても、相手方の負担の下における原申込者のものにすぎないとする。

（5） Barron, P. & Dunfee, T. W., Two Decades of 2-207: Review, Reflection and Revision, 24 Clev. St. L. Rev. 171, 176, 205 (1975).

（6） Barron, P. & Dunfee, T. W., 24 Clev. St. L. Rev. 171, 176 (1975); Murray, J. E. Jr., 37 Ford. L. Rev. 317, 319, 320 (1969); Waddams, S. M., Contracts, p. 49-50; Raisler Heating Co. v. Clinton Wire Cloth Co. 168 NYS 668 (1918).

（7） 行為により承諾は生じうる。沈黙自体は承諾とならない。たとえ、沈黙は承諾とみなす旨の条項があっても、承諾を生ぜしめない。もっとも、場合によって

第2章　商取引における契約の成否と契約内容

は、異議申立をなすべき義務から、拒絶主張の禁反言を生じうる。See Calamari, J. D. & Perillo, J. M., The Law of Contracts, 4th ed., 1998, pp. 80-3（以下、Contractsと略記）; Schlesinger (ed.), Formation pp. 1073-111 (Macneil), 1208-40 (Schlesinger).

（8）　Lipman, F. D., On Winning the Battle of the Forms : An Analysis of Section 2-207 of the Uniform Commercial Code, 24 Bus. Law. 789, 792-3 (1969); Murray, J. E. Jr., 37 Ford. L. Rev. 317, 328 (1969).

（9）　Taylor, E. H. Jr., 46 Cin. L. Rev. 419, 421 (1977).

（10）　詳細は、Wagner, W. J., How and By Whom may an Offer be Accepted?, 11 Vill. L. Rev. 95, 100-12 (1965); Bülow, H. -J., Stillschweigen und Vertragsschluss im amerikanischen Recht unter besonderer Berücksichtigung des kaufmännischen Bestätigungsschreiben. 1972, S. 47-50（以下、Stillschweigenと略記）.

（11）　Bülow, H. -J., Stillschweigen, S. 52; Barron, P. & Dunfee, T. W., 24 Clev. St. L. Rev. 171, 175 (1975); Schlesinger (ed.), Formation, p. 962-3 (Wagner). 川又・前掲論文大隅還暦記念284頁以下。なお、Schmidt, F., 14 Am. J. Comp. Law 1, 23 (1965)は、例外につき消極的であるのは、主として、当事者の意図が法効果を生ずるという思考に重要性を付与していたことに基づく、とする。

（12）　本条によるコモン・ロー上の原則の修正は、大規模な商取引の完了を容易にするものであり、この修正は、今日のアメリカ経済が機能している状況からみると全く必然的なものであるとされる。Westinghouse Elec. Corp. v. Nielsons, Inc. 647 FSupp 896, 900 (1986); Richardson v. Union Carbide 790 A2d 962, 968 (2002).

以下では、統一商法典は、UCCと略記するとともに、条数はすべてUCCのそれである。

（13）　なお、UCC上は、契約とは当事者の合意から結果として生ずるすべての法的義務（legal obligation）である（1－201条11号）。合意は、事実上の当事者の取り決め（bargain）であり、これは取引過程、取引慣習、履行過程を含めた諸事情からの推認又は当事者の文言で示されたものを基礎として定められる（1－201条3号）。売買契約は、契約の存在を認める当事者の行為を含めて、合意を示すに足りるものであれば、いかなる方法でもっても、締結できる（2－204条1項）。2－204条においては、本質的条項のすべてにつき、相互の同意を要求するものではない。See Steiner v. Mobil Oil Corp. 567 P2d 751, 760-1 (1979).

（14）　Lawrence's Anderson on the Uniform Commercial Code, Vol. 2, 3rd ed. (2004 Revision), § 2-207 : 6（以下、Lawrence's Anderson UCCと略記）。この点を指摘する判例は多数あるが、ここでは、Dorton v. Collins & Airkman Corp. 453 F2d 1167, 1167 Fn. 2 (1972); Allen Wood Steel Co. v. Capital Equipment Enterprise, Inc. 349 NE 2d

627, 633（1976）のみをあげておく。

（15） Uniform Commercial Code（Official Text with Comments）, 1978 ed., § 2-207 : 2（以下、Official Comment と略記。また、以下において、本文中における Official Comment は本条のものを指す。）; Steiner v. Mobil Oil Corp. 569 P2d 751, 757-8（1977）. なお、当事者の意図に従って商取引を解釈するという理解は UCC に広く浸透しているし、その場合、契約するという意図の主観的テストではなく、当事者の行為により明らかにされた合意の相互性（mutuality of assent）が基準である。See U. S. Industries, Inc. v. Semco MFG., Inc. 562 F2d 1061, 1067（1977）; Stewart-Decatur Security Systems v. Von Weise Gear Co. 517 F2d 1136, 1139 and 1140 Fn. 11（1975）.

（16） Lawrence's Anderson UCC, § 2-207 : 40 ; Herm Hughes & Sons, Inc. v. Quintek 834 P2d 582, 584-6（1992）. もっとも、ある条項が契約内容となるか否かと、契約内容として条項が有効か否かとは区別される。Greenspan v. American Adhosives, Inc. 320 FSupp 442, 444（1970）; Rangen, Inc. v. Valley Trout Farms, Inc. 658 P2d 955（1983）.

（17） See ex. Idaho Power Co. v. Westinghouse Elec. Corp. 596 F2d 924, 926（1979）; Diamond Fruit Growers, Inc. v. Krack Corp. 794 F2d 1440, 1443（1986）; Gardner-Zemke Co. v. Dunham Bush, Inc. 850 P2d 319, 322（1993）.

（18） Murray, J. E. Jr., The definitive "Battle of the Forms" : Chaos Revisited, 20 J. Law & Com. 1, 6（2000）. この点につき、Baird, D. G. & Weisberg, R., Rules, Standards, and the Battle of the Forms : A Reassessment of 2-207, 68 Va. L. Rev. 1217, 1237（1982）は、2－207 条は鏡像原則の変更ではなく、申込承諾という形式的ルールの正に原理そのものを放棄して、この形式的ルールに代えて裁判所が当事者のコミュニケーションを基礎として契約が成立したか決定する一般的基準を設けたものであるとする。

（19） Baird, D. G. & Weisberg, R., 68 Va. L. Rev. 1217, 1223（1982）.

（20） Id. p. 1251-8.

（21） Ruhl, G., The Battle of the Forms : Comparative and Economic Observations, 24 U. Pa. J. Int'l Econo. L. 189, 212f（2003）; Goldberg, V. P., The "Battle of the Forms": Fairness, Efficiency, and the Best-Shot Rule, 76 Or. L. Rev. 155, 164f.（1997）.

（22） Duesenberg, R. W. & King, L. P., Sales and Bulk Trasnsfers under the uniform Commercial Code, 2004, p. 3-10 〜 11（以下、Sales and Bulk Transfers, 2004 と略記）; Edwards, C. M., Contract Formulation under Article 2 of the Uniform Commercial Code, 61 Marq. L. Rev. 215, 240（1977）; Murray, J. E. Jr., 20 J. Law & Com. 1, 7（2000）.

第 2 章　商取引における契約の成否と契約内容

(23)　この契約理論の根拠は、効率性と内外を問わず圧倒的多数の契約には約款が使用されているという世界的な現実を認めることによって取引コストが回避される点に求められる。Corbin On Contracts, Vol. 1, revised ed., 2004 Fall Cumulative Supplement, § 3. 37A at p. 190（以下、Corbin On Contracts, 2004 Cumul. Supp. と略記）.

(24)　ProCD, Inc. v. Zeidenberg 86 F3d 1447, 1452（1996）; Brower v. Gateway 2000, Inc. 676 NYS2d 569, 570（1998）; M. A. Mortenson Co. v. Timberline Software 998 P2d 305, 313（2000）.

(25)　Bowdoin v. Showell Growers, Inc. 817 F2d 1543, 1545-7（1987）; Gold Kist, Inc. v. Citizens & Southern Nat'l Bank 333 SE2d 67, 70-1（1985）.

(26)　Step-Saver Data Sys., Inc. v. Wyse Tech. 939 F2d 91, 104-5（1991）. Klocek v. Gateway, Inc. 104 FSupp 1332, 1339（2000）は、2－207条の文言上、一方の書式のみが存する場合に適用を否定することならない。かつ、一方当事者は商人ではないから、約款における付加又は異なる条項が当事者の合意の内容となるには、この者が明示に合意することを要するとする。Id. p. 1341.

(27)　Official Comment, § 2-207 : 1.

(28)　Corbin On Contracts, 2004 Cumul. Supp. § 3. 37A at p. 182-3.

(29)　Corbin On Contracts, 2004 Cumul. Supp. § 3. 37A at p. 191.

(30)　Bülow, H. -J., Die Konkurrenz von Standardbedingungen beim Vertragsschlus im amerikanischen Recht, AWD-BB 1973, 511 ; Duesenberg, R. W. & King, L. P., Sales and Bulk Transfers under the UCC, 1978, p. 3-12 Fn. 16（以下、Sales and Bulk Transfers, 1978 と略記）; Eisenberg, M. A., Expression Rules in Contract Law and Problems of Offer and Acceptance, 82 Calif. L. Rev. 1127, 1165（1994）.

(31)　したがって、当事者が購入注文書と受注書を交換した後に、契約内容につき当事者間で話し合いが行われたという事実が存しても、本条の適用範囲となる。つまり、当事者が書面を交換したが、全ての契約条項を合意していないケースにつき、契約成立とその構成のルールを提供するものである。Diamond Fruit Growers, Inc. v. Krack Corp. 794 F2d 1440, 1443（1986）. これに反して、当事者が契約条項につき何ヶ月も直接交渉し、少なくとも 4 通の提案書を交換し、数多くの修正を加えて、変更修正には、両者による署名された書面による以外には、変更修正はなし得ないとする交渉された条項を含んでいるときは、書式の戦いではなく、2－207条は適用されない。Columbia Hyundia v. Carll Hyundia 484 SE2d 468, 469（1997）; White & Summers, Uniform Commercial Code, vol. 1, 4th ed., 1995, § 1-3 at p. 29（以下、UCC と略記）; Brown, C. N., Restoring Peace in the Battle of the Forms : A Framework for Making Uniform Commercial Code Section 2-207 Work, 69 N. C. L. Rev. 893, 943

(1991).

(32) Bülow, H. -J., Stillschweigen, S. 77. Cf. also Wagner, W. J., 11 Vill. L. Rev. 95, 104 (1965); Murray, J. E. Jr., 37 Ford. L. Rev. 317, 318 (1969).

## 第1款　契約の成否

　申込条項又は合意条項に対して新たな条項もしくは異なる条項が存しても、明確かつ適時になされた承諾の表示か又は合理的期間内に送付された確認書であるときは、原則として承諾としての効力を有する（2‐207条1項）。これは、申込条項に付加又は異なる条項を含む曖昧な返答は承諾とし、被申込者に曖昧な結果を課し、この者をこれに拘束するものである[1]。最終書面性の原則による伝統的契約理論では売主に有利な結果をもたらすといえるが、本項によって、逆に買主側に有利となる。つまり、売主のカタログや価格表は通常申込とは解されないので、買主の注文が最初の申込となるといえ、その結果、売主から買主へと、申込承諾にににおける優位性がシフトすることになる[2]。

　本項は、Official Comment 1 によると、典型的な二状況の処理を意図する。一つは、書面による確認で、当事者間で口頭又は非公式な通信で合意に達した後に、当事者の双方又は一方により、合意条項を包含するが商議されなかった条項を付加した正式のメモランダムが送付される場合であり、いま一つは、申込・承諾で、電信、手紙が承諾又は合意の完了を表示かつ意図するものでありながら、そこに些細な提案を付加する場合である。Official Comment では修正された承諾表示の状況は言及されていないので、これが適用範囲に入るのか問題となるが、Official Comment と規定文言とに差異が存するときは規定文言が優先し、Official Comment は規定文言解釈に際し一つの補助手段にとどまることは広く承認されており、沿革的にも本条は修正された承諾表示を第一の対象としていたから、当然

適用される[3]。

　まず、確認書の場合には、適時に（1-204）なされれば承諾となる。確認書[4]の定義はなされていないが、すでに口頭でなされた合意を確証（verify or substantiate）する書面化された注文又は合意をいう[5]。この確認書は、当事者はすでに口頭契約をなしているから契約の商議でなく、詐欺法（2-201条）の要件充足を目的とするものであり、2-207条がこれを承諾とするのは正確でない[6]。口頭合意は、立証を要するが、書面化を必要とせず、書面を顧慮せずに強行できる[7]。しかし、すでになされた口頭合意の書面による確認をもって、合意に存しない条項を付加したり異なる条項を課すことは、それが承諾されない限りなしえない[8]。それにも拘らず、UCCは、適時に送付された書面による確認は承諾としての効力を有し、適時に送付されなかったときはこの効力を有しないとする。

　そこで、ある見解によると、確認書に言及していない2-201条と2-207条とは関連づけて考慮することを要し、2-201条を充足しない限り事前の口頭合意は拘束力を有せず、これを有効とするには、書面が適時に送付されることを要し、この場合に2-207条の書面による確認文書が適用され、承諾として作用するとされる[9]。しかし、そうであるならば、承諾という文言はこのような態様では一般的に使用されないから、起草者はOfficail Commentでこの効果につきなんらかのコメントをなすべきであったであろう[10]し、2-207条は申込承諾及び確認書における異なる条項の適用に関するものであり、詐欺法要件充足に何が必要かについては関係ない。これは、2-201条の領域であり、2-201条は詐欺法要件を充足し機能するには、確認書が口頭合意成立後直ちに送付されることを要するものではない[11]。したがって、2-207条1項の確認書に関する文言は、口頭契約が拘束的となるときは書面による確認を承諾と同等

に取り扱うこと以上のことを意味し、合意形成後に当事者の双方は一方により送付された書面に存する異なる条項を本条2項の適用に服させることを意味する[12]。もっとも、2-207条1項但書の条件付同意条項は、確認書には適用されない。契約はすでに存し当事者は拘束されているし、規定文言上も承諾につき言及し確認書には言及していないからである[13]。

次に、申込承諾の状況においては、承諾の明確かつ適時になされた表示があることを要し、これに該当しない限り2-207条は適用されない[14]。つまり、UCCはコモン・ロー上の基本である相互の同意の客観的表明という要件を変更するものではない[15]。問題は、承諾の明確かつ適時の表示とは何か、である。

これは、当事者の使用した文言をもって決定できず[16]、申込に対する付加・変更を含む返答であっても[17]、被申込者側で商取引の通念に照らして取引を締結しようという意思を明確に表示しているといえるか（事実問題）、による[18]。この判断につき、契約の成立一般に関する2-204条や契約の成立における申込と承諾に関する2-206条をも考慮してなすべきか、が問題となる。肯定説は、2-207条は契約形成に関する基準を確立する他の規定より生ずる当然の結果の一つにすぎないのであり、さもないと、本条は被申込者をして締結を欲しない契約に拘束することになるし、申込者から自己の申込内容を自由に定めうるという力を奪うことになる、とする[19]。しかし、2-204条は当事者が契約をなす意図を有することを前提として、契約締結方法、合意成立時が未確定であるとき及び合意の一定条項が未定のとき、契約成立を肯定するものであり、2-206条は申込者が申込の承諾方法につき無関心であるという現状から、被申込者が申込を承諾する意図を有することを前提として、合理的方法でなせば承諾として効力を生ずるとするのであり、いずれも2-207条の対象問題に直接解答を与えるものではない[20]。一

般には、商取引の通念に照らして合理的当事者が当該取引の場におかれたときに、一致しない条項の存在にも拘らず、合意拘束が存すると一般的かつ当然のこととして考えたか否か、による[21]。より具体的には、多くの場合、両当事者は売買の基本的事項（例えば、品目の叙述、品質、数量、価格及び引渡条件）が一致する限り書面交換により法的に拘束的な契約が創出されていると信頼するものであり、この信頼保護が立法趣旨であるから、商取引上の見解により基本的条項たる既述の事項が合意され、承諾書にそのまま記載（通常タイプされる）されていれば、契約は成立するとされる[22]。

では、被申込者が申込に実質的変更をなしたときでも「承諾の明確な表示」といえるか。Official Comment 1 は些細な変更に言及しているにすぎないから、否定的に解され、反対申込となるとも考えられる[23]。しかし、起草者は、返答が申込を実質的に変更する条項を含んでいてもこれを無条件な承諾として効力を生ずるとしており、これを反対申込とすると本条2項b号の適用しうる場合は殆んどなくなるし、かつ、同号は実質的変更条項が存しても契約が本条1項で成立することを前提として、相手方の同意がない限り契約内容とならないとする[24]。したがって、原則としてこの問題は肯定されることになる。他面、被申込者の意図ないし期待も無視できない[25]。そこで、本条の立法目的が書式に対して殆んど注意を払わない近代の商取引に適用しようとするものであることを考慮すれば、変更条項が被申込者により現実の商議の実質的部分をなすものとされているか、それとも、印刷された条項の中に埋め込まれているか、で区別すべきことになる。つまり、積極的に商議の対象となった条項を変更する条項が返答のタイプされた部分に存するときは、「承諾の明確な表示」をなしたとされるべきでないが、返答の印刷された部分に存するときは、商議された条項で取引をなすのであり、かかる契約が存在するという当事者の期待に影響を及ぼさない[26]。

以上によると、契約成立は容易に肯定されることになるが、他面、被申込者の契約自由が害される可能性が生ずる。そこで、本条１項但書で、申込に変更を加えて承諾した被申込者は、その承諾をなすにあたって、新たな条項につき申込者の同意あることを明示的に承諾[27]の条件となすことができるとする[28]。これは、コモン・ロー上の申込者の役割又は契約内容の支配者 (master) となることを欲する者はそう欲するならばUCC上も依然として支配者であることを認めるもので、自己の欲しない条項で取引をなすことを強要されない[29]。したがって、明確に条件付ければ反対申込となり、これに対する原申込者の同意がない限り、契約は成立しない[30]。もっとも、この反対申込に対する承諾は、単なる沈黙又は不作為は該当しない[31]が、行為（例えば、非常に明確な反対申込後の給付受領）により生じうる[32]。さらに、反対申込者の事後の履行行為又はその着手により自己の反対申込の否定も生じうる[33]。

　問題は、「明示の同意条件」の意味内容である。これは、上述の趣旨、つまり、容易に契約が成立していることを認めるという一般原則を実現するために、厳格に解釈され[34]、被申込者の書式自体に付加又は異なる条項が存在することだけでは、それがいかに申込者に対して一方的な負担を課す重要な変更であっても該当しない[35]し、「約款に服して (subject to terms)」とか「これらの条項を承諾できないならば直ちに当方にその旨通知することを要する」という文言でも不十分である[36]。むしろ、これらの条項に対する申込者の同意を被申込者が確保できなければ、被申込者が取引を続行するつもりがないことを承諾で明確に示していることを要し、申込者の同意に基礎を置く承諾は黙示又は推論に委ねられるよりも直接かつ明確に規定され表示されていなければならない[37]。そして、単に法文と同一もしくは類似の文言を使用することからのみでは該当するといえず[38]、取引に入った時点での当事者の認識に基づき、

第2章　商取引における契約の成否と契約内容

被申込者の用いた文言が、合理的な申込者がそれを知りかつ理解できるものであって、明示の反対申込が存し商議が未だ完了していないと思われるような形態で表現され明示されていることを要する(39)。この明示性から、通常読まれ、かつ、読まれることが期待できる手紙や電報とか約款の手書き又はタイプされた部分にこの種の条項が存すれば十分といえる(40)が、約款の印刷部分に存するときはどうかが疑問となる。予め印刷された約款上の同意条項は、単に形式的なものであり、簡単に本条の適用が回避され立法趣旨に反するといえるが、反面、全く否定すると大量取引の処理という書式の効用が減殺されてしまう。この点は、書式の場合には明示性を「顕著に (conspicuously)」(1-201条(x)) と同義に解し、従来の取引その他の当事者の行態から同意条項に基づく主張を被申込者が放棄したと認められない限り、顕著性ある同意条項であれば印刷された場合でも明示性を有する、と解すべきである(41)。法文上「顕著性」でなく「明示性」を要求するにすぎず、明示性の定義も存しない。沿革的には書式によらないときは明示とし、書式によるときは顕著とされていたのであり、両者を区別しないですべての承諾に適用されるべく「明示に条件づけられた」に変更されたのである(42)。さらに、通常の状況の下で合理的と考えられる基準を変更し、それによることを求める者は、相手方に明確な文言で自己の意向を伝達すべき義務が課されるべきである。反対申込をなす者の商取引上合理的な行態は、相手方の注意を合理的に確信できる書面の送付であり、読まれず、おそらくは無視されることを知っている書式の送付のみでは不十分である(43)。申込者側にしても、顕著性が存すれば条項の存在を知り、その効果を認識できるのであり、それにも拘らず条項の存在を不注意で見過すならば、その不利益を甘受すべきものといえる(44)。以上のように解されるが、それでも疑わしきときは、被申込者に対して過重な負担を課すことになるが、契約は形成され

たとみなすのが、妥当かつ公正である。というのは、申込に対して、承諾と条件付同意とにより曖昧さを生じしめたのは被申込者の書式だからである[45]。

さらに、行為による契約の成立も生じうる。たとえ、当事者の書面が契約を確定しない場合でも、契約の存在を認めるに足りる両当事者の行為は契約を確立する（2-207条3項）。これは法の作用（operation of law）による契約[46]ではなく、事実上の黙示的契約（implied-in-fact contract）の承認にほかならない。当事者が契約をなすことを意図し、当事者の行為が事実上の取引を証するものであれば、当事者の行為による合意の表示が契約とみなされるのである[47]。本項の適用される場合は、いずれの当事者も明示の承諾又は確認書送付をなしていないため本条1項により契約が確定されていないとき、いずれかがなされているが、かかる書面に明示の条件付同意条項が存するとき、及び当事者が相互にいかなるものかを問わず書面を送付せず、したがって、法的に拘束的とされる口頭合意に達しなかったとき、である[48]。

では、いかなる行為がこれに該当するか。まず、両当事者の行為を要することは文言上明らかであり、かつ、一方のみの行為は明らかに行為しない当事者の意図を示していない[49]。対立する書式の単なる交換[50]とか沈黙又は不作為も該当しない[51]。書面の交換後に一方当事者が自己の書式の定めるところに従って履行（例えば船積）を開始しても、商取引上の通念に従って基本的条項の全てにつき当事者が合意していなければ、一方当事者の履行行為により契約が創出されたとみなされるべきでない[52]。したがって、両当事者が外観的に契約が存在すると信じたことに基づき、履行（引渡され受領されるか受領し代金を支払ったとき）をなすことが該当することになる[53]。さらに、対立する書式の受領後、一方当事者が相手方に履行の開始又はその継続を要求すれば、かかる行為は相手方の履行

第 2 章　商取引における契約の成否と契約内容

開始と相まって、本項の要件を充足する(54)。結局、各々の当事者の行為が相手方に対して、両者は契約がなされたと信ずることを明らかにしていることで足りることになる(55)。

（1）　Davenport, W. B., 19 Bus. Law. 75, 80（1963）; Duesenberg, R. W. & King, L. P., Sales and Bulk Transfers, 1978, p. 3-69. 契約を実質的に変更する条項を付加しても、承諾としての効力は害されない。Ore & Chemical Corp. v. Howard Butcher Trading 455 FSupp 1150, 1152（1978）.

（2）　Farnsworth, E. A., Contracts, 3rd ed., 1999, p. 169（以下、Contracts と略記）。

（3）　Bülow, H. -J., Stillschweigen, S. 79f. もっとも、Ebasco Serv., Inc. v. Pennsylvania Power & Light Co. 460 FSupp 163, 206（1978）は、Official Comment 1 は、商議されなかった他の条項の付加としており、合意された条項と矛盾する場合は、これに該当しない、とする。

（4）　メモランダム、確認書（confirmation, Affirmation）、承諾書などの表示が使用されるが、名称いかんにはよらない。Bülow, H. -J., Stillschweigen, S. 44 Fn. 3 ; LTV Aerospace Corp. v. Bateman 492 SW2d 703, 708（1973）.

（5）　Southwest Engineering Co. v. Martin Traktor Co. 473 P2d 18, 26（1970）; Murray, J. E. Jr., Section 2-207 of the Uniform Commercial Code:Another Word about Incipient Unconscionability, 39 U. Pitt. L. Rev. 597, 614 Fn. 56（1978）; Nordstrom, R. J., Handbook of the Law of Sales, 1970, p. 97 Fn. 64（以下、Sales と略記）. 買主より口頭の注文がなされ、後に売主により書面が送付されたときは、書面が口頭による事前の申込の承諾か又は事前の口頭合意の確認かを決定することを要する。Dorton v. Collin & Airkman Corp. 453 F2d 1161, 1167（1972）; Lipman, F. D., 24 Bus. Law. 789, 793 Fn. 12（1969）; Beromun Aktiengesellschaft v. Societa, ETC. 471 FSupp 1163, 1171（1979）; Duesenberg, R. W. & King, L. P., Sales and Bulk Transfers, 1978, p. 3-90 Fn. 4, 3-95. インボイスが本条の書面による確認に該当するかは疑問である。Trust Co., Bank v. Barrett Distributors, Inc. 459 FSupp 959, 961（1978）; Siemens Medical Sys. v. Nuclear Cardiology Sys. 954 FSupp 1421, 1430-1（1996）.

（6）　Duesenberg, R. W. & King, L. P., Sales and Bulk Transfers, 2004, p. 3-19 〜 20 ; Calamari, J. D. & Perillo, J. M., Contracts, p. 103 ; Corbin on Contracts, § 3. 37 at p. 510; Lipman, F. D., 24 Bus. Law. 789, 793 Fn. 12（1969）; Bülow, H. -J., Stillschweigen, S. 87 ; Lawrence's Anderson UCC, § 2-207 : 9; Echo, Inc. v. Whitson Co., Inc. 121 F3d 1099（1997）. もっとも、起草者は、口頭合意は概略を定めたものにすぎないであろうということを念頭においていたことは明らかである。Nordstrom, R. J., Sales, p.

第1節　アメリカ法

100.

（7）　当事者が正式書類作成までは拘束される意図を有しないならば口頭契約は存在しないが、書類がすでになされた取引（bargain）を記録することを意図するにすぎないときは、口頭契約は強行できる。Luria Bros. & Co. v. Pielet Bros. Scrap Iron 600 F2d 103, 108（1979）. See also Barron, P. & Dunfee, T. W., 24 Clev. St. L. Rev. 171, 186（1975）.

（8）　Davenport, W. B., 19 Bus. Law. 75, 83（1963）; Duesenberg, R. W. & King, L. P., Sales and Bulk Transfers, 1978, p. 3-90 ; Bülow, H. -J., Das kaufmännische Bestätigungsschreiben im amerikanischen Recht, AWD-BB 1974, 519f. ; American Parts Co., Inc. v. American Arbitration Ass'n 154 NW2d 5（1967）. 理論的には、本条1項及び3項は、適用できない。See White & Summers, UCC, § 1-3 at p. 25-6.

（9）　Davenport, W. B., 19 Bus. Law. 75, 83（1963）.

（10）　Lipman, F. D., 24 Bus. Law. 789, 793 Fn. 12（1969）.

（11）　Duesenberg, R. W. & King, L. P., Sales and Bulk Transfers, 1978, p. 3-89; Bülow, H. -J., Stillschweigen, S. 91. なお、判例は2-207条1項の確認書文言を口頭契約状況にも適用している。Barron, P. & Dunfee, T. W., 24 Clev. St. L. Rev. 171, 185（1975）; Dorton v. Collins & Airkman Corp. 453 F2d 1161（1972）; American Parts Co. v. American Arbitration Ass'n 154 NW2d 5, 6 UCCRS 119（1967）; Ohio Grain Co. v. Swisshelm 318 NE2d 428（1973）.

（12）　Barron, P. & Dunfee, T. W., 24 Clev. St. L. Rev. 171, 185（1975）; Taylor, E. H. Jr., 46 Cin. L. Rev. 419, 429 Fn. 30（1977）; Nordstrom, R. J., Sales, p. 101; Murray, J. E. Jr. 20 J. Law & Com. 1, 22（2000）; Ferriell, J. & Navin, M., Understanding Contracts, 2004, p. 235（以下、Understandingと略記）; Matter of Marlene Indus. Corp. & Carnac Textiles, Inc. 408 NYS2d 410, 412-3（1978）; Trust Co. Bank v. Barrett Distributors, Inc. 459 FSupp 959, 961（1978）.

（13）　Barron, P. & Dunfee, T. W., 24 Clev. St. L. Rev. 171, 186（1975）; Bülow, H. -J., Stillschweigen, S. 92; Murray, J. E. Jr., 39 U. Pitt. L. Rev. 597, 614 Fn. 56（1978）; Davenport, W. B., 19 Bus. Law. 75, 83 Fn. 23（1963）; American Parts Co. v. American Arbitration Ass'n 154 NW2d 5, 6 UCCRS 119, 130, 131（1967）. 確認書に反対確認を要求する条項が存しても同様である。Bülow, H. -J., a. a. O. S. 92. さらに、2-202条（口頭証拠原則）は、2-207条の確認書には適用されないが、書面が当事者の完結した契約（complete contract）でないときには、適用の余地がある。Luria Bros. & Co. v. Pielet Bross. Scrap Iron 600 F2d 103, 110-11（1979）.

（14）　Lawrence's Anderson UCC, § 2-207 : 51; Duval & Co. v. Malcon 214 SE2d 356, 358（1975）; U. S. Industries, Inc. v. Semco MFG., Inc. 562 F2d 1061, 1067（1977）;

## 第2章　商取引における契約の成否と契約内容

Ebasco Serv. Inc. v. Pennsylvania Power & Light Co. 402 FSupp 421, 440（1975）. ただし、本条 3 項の適用は考えられる。Barron, P. & Dunfee, T. W., 24 Clev. St. L. Rev. 171, 201（1975）; Ebasco Serv. Inc. Case, supra. 商議継続のときは契約は未だ存しない。Meister v. Arden-Mayfair, Inc. 555 P2d 923, 926（1976）.

（15）　Ore & Chemical Corp. v. Howard Butcher Trading 445 F2d 1150, 1152（1978）; Duesenberg, R. W. & King, L. P., Sales and Bulk Transfers, 1978, p. 3-51; Murray, J. E. Jr., 39 U. Pitt. L. Rev. 597, 604（1978）. 承諾が申込条項と非常に異なるときは、拘束的契約は存しないとした判例として、see Southern Idaho Pipe & Steel v. Cal-Cut Pipe 567 P2d 1246, 1253（1977）; Koehring Co. v. Glowacki 253 NW2d 64, 67-8（1977）.

（16）　Bülow, H. -J., Stillschweigen, S. 81f.; Murray, J. E. Jr., 37 Ford. L. Rev. 317, 322（1969）.「明確な（difinite）」は、承諾でなく表示を修飾するものであり、承諾文書自体ではなく申込承諾の過程に関連する。Steiner v. Mobil Oil Corp. 569 P2d 751, 762（1977）. したがって、「私は承諾する」という文言が存することのみでは該当しない。Duesenberg, R. W. & King, L. P., Sales and Bulk Transfers, 1978, p. 3-50; Kleinschmidt Division of SCM Corp. v. Futuronics Corp. 363 NE2d 701, 707（1977）. 該当説として、Pucki, L. M. L., The Battle of Forms － Section 2-207 under the U. C. C., 7 Am. Bus. L. J. 19, 24（1969）; Hawkland, W., 10 Prac. Law. No. 5, 73, 81, 84（1964）.

（17）　Waddams, S. M., Contracts, p. 53 は、付加又は異なるという言明は、当該申込条項への不同意の表現である。同意でないにも拘らず、同意として機能するという規定は、いかなる意味を有するのかと疑問視している。これに対し、Nordstrom, R. J., Sales, p. 96 は、この承諾は法的結論でなく、結論を基礎づける事実に関連するとする。

（18）　Murray, J. E. Jr., 37 Ford. L. Rev. 317, 334（1969）; Id., 39 U. Pitt. L. Rev. 597, 602（1978）. 例えば、数量や価格につき、変更した返答は、これらの事項は通常交渉の対象であるから、たとえ、承諾という言葉が使用されていても、承諾の表示とはいえない。Farnsworth, E. A., Contracts, p. 170. 数量の変更は原申込の拒絶となるとするものとして、Lambert v. Kysar 983 F. 2d 1110（1993）. なお、Bülow, H. -J., Stillschweigen, S. 81 は、商取引上の通念とは何か、問題である。商慣習又は取引過程をいうならば、起草者はこれを明示すべきであったし、2 - 207 条は商人と非商人とを区別していないから、契約成立の基準として、商取引上の通念をとりえないとする。

（19）　Duesenberg, R. W. & King, L. P., Sales and Bulk Transfers, 1978, pp. 3-19, 3-51 ～ 53; Comment, 3O U. Chi. L. Rev. 540, 545-7（1963）; Bülow, H. -J., Stillschweigen, S. 82f.; Duval & Co. v. Malcon 214 SE2d 356, 358（1975）; Luria Brus. Co. v. Pielet

第1節　アメリカ法

Bros. Scrap Iron 600 F2d 103, 112 Fn. 8（1979）; McAfee v. Brewer 203 SE2d 124, 131（1974）; Universal Oil Products Co. v. S. C. Corp. 313 FSupp 905, 906（1970）.

（20）　Murray, J. E. Jr., 37 Ford. L. Rev. 317, 326-7（1969）; Pucki, L. M. L., 7 Am. Bus. L. J. 19, 23-4（1969）; Comment, 8 Akron L. Rev. 111, 118 Fn. 27（1974）.

（21）　Murray, J. E. Jr., 37 Ford. L. Rev. 317, 333（1969）; Id., 39 U. Pitt. L. Rev. 597, 612（1978）; Comment, 32 U. Pitt. L. Rev. 209, 210（1971）. なお、詳細は、川又・前掲論文大隅還暦記念 295 頁以下参照。See also Southern Idaho Pipe & Steel Co. v. Cal-Cut Pipe & Supply, Inc. 567 P2d 1246, 1253（1977）; Idaho Power Co. v. Westinghouse Elec. Corp. 596 F2d 924, 926（1979）.

（22）　Corbin on Contracts, § 3. 37 at p. 502; Murray, J. E. Jr., 39 U. Pitt. L. Rev. 597, 604, 612（1978）; Barron, P. & Dunfee, T. W., 24 Clev. St. L. Rev. 171, 201（1975）; Lipman, F. D., 24 Bus. Law. 789, 796-800（1969）; Nordstrom, R. J., Sales, p. 96-7; Fabrics, Inc. v. Stafford-Higgins, Co., Inc. 366 FSupp 1, 8（1973）; Stewart-Decatur Secur. Systems, Inc. v. von Weise Gear Co. 5l7 F2d 1136（1975）.

（23）　Roto-Lith, Ltd. v. F. P. Barlett & Co. 297 F2d 497, 500（1962）; Hillton Steel Products, Inc. v. Wirth Limited 538 SW2d 162, 166（1976）; Corman, C. W., Formation of Contracts for the Sale of Goods, 42 Wash. L. Rev. 347, 393（1967）. See also Shaw, B., U. C. C. § 2-207 : Two Alternative Proposals for Change, 13 Am. Bus. L. J. 185, 194 Fn. 20（1975）.

（24）　Barron, P. & Dunfee, T. W., 24 Clev. St. L. Rev. 171, 181（1975）; Duesenberg, R. W. & King, L. P., Sales and Bulk Transfers, 1978, pp. 3-45 〜 46 and Fn. 6; Lipman, F. D., 24 Bus. Law. 789, 795, 798（1969）; Steiner v. Mobil Oil Corp. 569 P 2d 751, 762（1977）.

（25）　しかし、これは余り過大に評価できない。というのは、曖昧さは被申込者の不利に解釈されるから、被申込者が曖昧ではない返答をなすように配慮すべきである。これをなさなければ、生じた結果を甘受すべきである。Pucki, L. M. L., 7 Am. Bus. L. J. 19, 25（1969）; Barron, P. & Dunfee, T. W., 24 Clev. St. L. Rev. 171, 181 Fn. 34（1975）.

（26）　Barron, P. & Dunfee, T. W., 24 Clev. St. L. Rev. 171, 181-2（1975）; Note, 49 Notre Dame Law. 384, 391（1973）. Cf. also Shaw, B., 13 Am. Bus. L. J. 185, 194 and Fn. 19（1975）.

（27）　承諾の語は不適当であることにつき、See, Murray, J. E. Jr., 37 Ford. L. Rev. 317, 324-5（1969）; Id., 39 U. Pitt. L. Rev. 597, 609-10（1978）.

（28）　Corman, C. W., 42 Wash. L. Rev. 347, 381-2（1967）; Comment, 30 U. Chi. L. Rev. 540, 544（1963）. Lipman, F. D., 24 Bus. Law. 789, 806（1969）は、但書の存在に

## 第 2 章　商取引における契約の成否と契約内容

より、かつての鏡像原則におけると同様に、法的に拘束的な契約をなしたという当事者の期待は簡単に打ち破れてしまう、とする。

(29)　Davenport, W. B., 19 Bus. Law. 75, 79-80 (1963)；Shaw, B., 13 Am. Bus. L. J. 185, 192 (1975)；Murray, J. E. Jr., 37 Ford. L. Rev. 317, 324, 340 (1969)；Falcon Tankers, Inc. v. Litton Systems, Inc. 355 A 2d 898, 906 (1976).

(30)　Murray, J. E. Jr., 37 Ford. L. Rev. 317, 325 (1969)；Duesenberg, R. W. & King, L. P., Sales and Bulk Transfers, 1978, p. 3-73；Nordstrom, R. J., Sales, p. 101; Falcon Tankers, Inc. v. Litton Systems, Inc. 355 A2d 898, 906 (1976)；Beromun Aktiengesellschaft v. Societa, ETC 471 FSupp 1163, 1171-2 (1979)；Ebasco Serv. Inc. v. Pennsylvania Power & Light Co. 402 FSupp 421, 440 (1975).

(31)　Murray, J. E. Jr., 39 U. Pitt. L. Rev. 597, 632, 633 (1978)；Dorton v. Collins & Airkman Corp. 453 F2d 1161, 1168 Fn. 4 (1972). 商品が引き渡され、取り付けられた後だいぶ経ってから異議申立がなされた場合には、被申込者の付加条項が契約内容となる。Middletown Engineering Co. v. Climate Conditioning Co., Inc. 810 SW2d 57 (1991).

(32)　Murray, J. E. Jr., 39 U. Pitt. L. Rev. 597, 620, 625, 626, 633 (1978)；Id., 20 J. Law & Com. 1, 28 (2000)；White & Summers, UCC, §1-3 at p. 21. 判例を若干あげると、Universal Oil Products Co. v. S. C. M. Corp. 313 FSupp 905, 906 (1970)（船積）；Construction Aggregates Corp. v. Hewitt-Robins, Inc. 404 F2d 505, 509 (1968)（種々の変更条項が存したのに、電話で支払条件の変更のみを求めた）；Falcon Tankers, Inc. v. Litton Systems, Inc. 355 A2d 898, 906-7 (1976)（署名行為）；Gilbert & Bennett MFG Co. v. Westinghouse Elec. Co. 445 FSupp 537, 546 (1977)（給付受領及び代金支払、さらに十分な異議申立期間があるのに異議申立をなさなかったことは承諾となる）. もっとも、単に商品を受領し、支払をなすだけでは不十分である。PCS Nitrogen v. Christy Refractories, L. L. C. 225 F3d 974, 980 (2000). なお、本条 3 項により契約成立が生じうる。Ebasco Serv.Inc. v. Pennsylvania Power & Light Co. 402 FSupp 421, 440 (1975)；Falcon Tankers, Inc. v. Litton Systems, Inc. 355 A2d 898, 906 (1976).

(33)　Baumgold Brothers, Inc. v. Allan M. Fox Co., East 375 FSupp 807, 812-3 (1973)；Comment, 30 U. Chi. L. Rev. 540, 548-9 (1963). See also Murray, J. E. Jr., 37 Ford. L. Rev. 317, 342-3 (1969).

(34)　Corbin on Contracts, §3. 37 at p. 503；Reaction Molding Tech. v. Gen. Elec. Co. 588 FSupp 1280, 1288-9 (1984)（理由の一つとして、条項は不明確であり、不明確はその作成者に不利に解されるから、条項は但書に該当しないこともあげている。）。

第 1 節　アメリカ法

(35)　Murray, J. E. Jr., 37 Ford. L. Rev. 317, 340（1969）; Lipman, F. D., 24 Bus. Law. 789, 800（1969）; Duesenberg, R. W. & King, L. P., Sales and Bulk Transfers, 1978, p. 3-45. See also Luria Bros.& Co. v. Pielet Bros. Scrap Iron 600 F2d 103, 113 Fn. 12（1979）. 該当するとする判例として、Roto-Lith, Ltd. v. F. P. Bartlett & Co. 297 F2d 497, 500（1962）; Hillson Steel Prods., Inc. v. Wirth Ltd. 538 SW2d 162, 166（1976）; Gilbert & Bennett MFG Co. v. Westinghouse Elec. Co. 445 FSupp 537, 546（1977）. なお、Roto-Lith Case における解決策は強く批判されている。詳細は、川又・前掲論文大隅還暦記念 205 頁以下参照。近時の判例として、see Polyclad Laminates, Inc. v. Vits Maschinenbau GmbH 749 FSupp 342, 344（1990）.

(36)　Dorton v. Collins & Airkman Corp. 453 F2d 1161, 1168（1972）; AEL Industries, Inc. v. Loral Fairchild Corp. 882 FSupp 1477, 1485（1995）; Hawkland, W., The Bayer's Purchase Order under the Uniform Commercial Code, 11 Prac. Law. No. 3, 25, 29（1965）.

(37)　Dorton v. Collins & Airkman Corp. 453 F2d 1161, 1168 and Fn. 4（1972）; Idaho Power Co. v. Westinghouse Elec. Corp. 596 F2d 924, 926-7（1979）; AEL Industries, Inc. v. Loral Fairchild Corp. 882 FSupp 1477, 1485（1995）; JOM Inc. v. Adell Plastic, Inc. 151 F3d 15, 21（1998）; PCS Nitrogen v. Christy Refractories, L. L. C. 225 F3d 974, 979（2000）; Weeks, R. W., 52 Ill. B. J. 660, 663（1964）; Corman, C. W., 42 Wash. L. Rev. 347, 384-5（1967）.

(38)　Ralph Shrader, Inc. v. Diamond Intern. Corp. 833 F2d 1210, 1215 Fn. 4（1987）は、法文を再現することを要するという主張に対して、明確に否定して、それは過度に形式主義であり、1 - 102 条による「自由に解釈すべきである」という UCC の一般的指針と一致しないとする。同旨の判例としては、White Consol. Ind., Inc. v. McGill 165 F3d 1185, 1191（1999）; PCS NItrogen v. Christy Refractories, L. L. C. 225 F3d 974, 979（2000）のみをあげておく。

(39)　Murray, J. E. Jr., 39 U. Pitt. L. Rev. 597, 613-4（1978）; Barron, P. & Dunfee, T. W., 24 Clev. St. L. Rev. 171, 182-3（1975）. その際、取引慣習、取引過程及びその他の付随状況も考慮することを要する。Murray, J. E. Jr., 37 Ford. L. Rev. 317, 340（1969）.

(40)　Barron, P. & Dunfee, T. W., 24 Clev. St. L. Rev. 171, 184（1975）; Taylor, E. H. Jr., 46 Cin. L. Rev. 419, 440（1977）; Murray, J. E. Jr., The Realism of Behaviorism under the Uniform Commercial Code, 51 Ore. L. Rev. 269, 281（1972）; Construction Aggregates Corp. v. Hewitt-Robins, Inc. 404 F2d 505, 509（1968）. Bickett v. W. R. Grace & Co. 12 UCCRS 629, 643-4（1972）は、「本条項を承諾するのでなければ、袋を開被せずに返還すべし」という印刷されたタッグが袋に添付されていた事案で、明示性

第 2 章　商取引における契約の成否と契約内容

を充足するとするが、これは疑問である。See Barron, P. & Dunfee, T. W., 24 Clev. St. L. Rev. 171, 183 (1975); Duesenberg, R. W. & King, L. P., Sales and Bulk Transfers, 1978, p. 3-46 Fn. 6. 2.

(41)　川又・前掲論文大隅還暦記念 297 頁以下。Comment, 30 U. Chi. L. Rev. 540, 548-51 (1963); Duesenberg, R. W. & King, L. P., Sales and Bulk Transfers, 1978, p. 3-72. See also Greenspun v. American Adhesives, Inc. 320 FSupp 442, 444 (1970); Earl M. Jorgensen Co. v. Mark Constr., Inc. 540 P2d 978 (1975). なお、顕著性を充足しなければ、条件付同意条項自体が非良心的（2-302条）として効力を生ぜず、本条1項、2項で処理されるし、又は、書式交換により契約は成立せずとして、本条3項で処理されることも考えられる。Taylor, E. H. Jr., 46 Cin. L. Rev. 419, 439 (1977).

(42)　Comment, 30 U. Chi. L. Rev. 540, 549 Fn. 47 (1963); Bülow, H. -J., Stillschweigen, S. 86f.

(43)　Cf. Murray, J. E. Jr., 51 Ore. L. Rev. 269, 284 (1972).

(44)　Duesenberg, R. W. & King, L. P., Sales and Bulk Transfers, 1978, p. 3-72; Bülow, H. -J., Stillschweigen, S. 86. See also Murray, J. E. Jr., 51 Ore. L. Rev. 269, 284-5 (1972).

(45)　Hawkland, W., Sales and Bulk Sales, 3rd ed., 1976, p. 28; Weeks, R. W., 52 Ill. B. J. 660, 663 (1964).

(46)　Construction Aggregates Corp. v. Hewitt-Robins, Inc. 404 F2d 505, 509 (1968).

(47)　Murray, J. E. Jr., 39 U. Pitt. L. Rev. 597, 623-4 (1978); Taylor, E. H. Jr., 46 Cin. L. Rev. 419, 430 (1977); Investment Service Co. v. Roper 588 F2d 764, 767 (1978).

(48)　Lipman, F. D., 24 Bus. Law. 789, 800-1 (1969); Edwards, C. M., 61 Marq. L. Rev. 215, 242 (1977); Taylor, E. H. Jr., 46 Cin. L. Rev. 419, 426-7 (1977); White & Summers, UCC, § 1-3 at p. 25; Dorton v. Collins & Airkman Corp. 453 F2d 1161, 1166 (1972); Premix-Marblelite MFG. Corp v. SKW Chemicals Inc. 145 FSupp 2d 1348, 1355 (2001).

なお、本条1項但書に該当するが、申込者が返答せずに履行行為をなしたときに、本項が適用されるかについては、返答は反対申込であり申込者の履行は必然的に被申込者の条項への承諾となり本条3項は適用されないとする見解と、かかる限定を付さないで適用されるとする見解とが存する。詳しくは、See Barron, P. & Dunfee, T. W., 24 Clev. St. L. Rev. 171, 194-6 (1975). 後説が妥当である。

また、一方の書面のみが存し、これに答えて相手方が履行したときは、本項は適用されない。この場合には、履行する者は、自己の書面により対立する条項を指示

第1節　アメリカ法

していないから、この者は一方の書面に同意していると推定するのが公正である。Barron, P. & Dunfee, T. W., 24 Clev. St. L. Rev. 171, 196 Fn. 88（1975）; Album Graphics, Inc. v. Beatrice Foods Co. 408 NE2d 1041（1980）.

(49)　Barron, P. & Dunfee, T. W., 24 Clev. St. L. Rev. 171, 197-8, 203（1975）.

(50)　Corman, C. W., 42 Wash. L. Rev. 347, 388（1967）; Taylor, E. H. Jr., 46 Cin. L. Rev. 419, 437（1977）; Lipman, F. D., 24 Bus. Law. 798, 801（1969）.

(51)　Duesenberg, R. W. & King, L. P., Sales and Bulk Transfers, 1978, p. 3-38 Fn. 25; Bülow, H. -J., Stillschweigen, S. 102 Fn. 2. なお、不作為につき肯定した判例として、See Bauer International Corp. v. Eastern Township Produce Ltd. 4 UCCRS 735（1967）.

(52)　Lipman, F. D., 24 Bus. Law. 789, 801（1969）; Corman, C. W., 42 Wash. L. Rev. 347, 385 Fn. 164（1967）. なお、返答と履行行為との時間的間隔をも考慮すべきとするものとして、Taylor, E. H. Jr., 46 Cin. L. Rev. 419, 441（1977）.

(53)　C. Itoh Co.,（America）Inc. v. Jordan Intern. Co. 552 F2d 1228, 1236（1977）; Dorton v. Collins & Airkman Corp. 453 F2d 1161, 1166（1972）; Taylor, E. H. Jr., 46 Cin. L. Rev. 419, 430, 439 Fn. 54（1977）; Weeks, R. W., 52 Ill. B. J. 660, 666（1964）; Shaw, B., 13 Am. Bus. L. J. 185, 192（1975）; Duesenberg, R. W., Contract Creation:The Continuing Struggle with Additional and Different Terms under the Uniform Commercial Code Section 2-207, 34 Bus. Law. 1477, 1479（1979）; Official Comment 7.

(54)　Lipman, F. D., 24 Bus. Law. 789, 801（1969）; Resnick, C. H., Conflicting Boiler Plate --Effect of the Uniform Commercial Code, 18 Bus. Law. 401, 403-4（1963）; Luria Bros. & Co. v. Pielet Bros. Scrap Iron 600 F2d 103, 109（1979）.

(55)　Barron, P. & Dunfee, T. W., 24 Clev. St. L. Rev. 171, 198（1975）. その例として、PCS Nitrogen v. Christy Refractorries, L. L. C. 225 F3d 974, 981（2000）は、商品が給付され、相手方がこれを受領して代金支払をなした後に、商品を使用したことをあげる。

## 第2款　契約内容

これは、承諾の明確かつ適時の表示が存するか（2-207条2項）[1]又は行為により契約が成立したか（2-207条3項）で異なって処理される。

承諾の明確かつ適時の表示があれば、申込に対して付加又は異なる条項が存しても、申込条項が原則として契約内容となる[2]。し

たがって、最終書面性原則の代りに、最初書面性原則（first-shot principle）が支配することになる。この場合、いずれか一方の当事者を優先すべき正当事由は存しないから、むしろ本条3項による解決を妥当とする見解[3]も多いが、本条2項はこれを援用していない[4]。

では、付加又は異なる条項はいかなる効力を有するのか。付加条項とは、申込で規定されていない事項に関するか申込条項に矛盾しない条項をいい、異なる条項とは、申込で規定された事項を変更するか又は対立する条項をいう[5]。まず、付加条項は契約に付加することの提案[6]（2-207条2項本文）で、付加条項を原申込者は無視できる。したがって、商人間取引でなければ、これが契約内容となるにはこの者によって同意されることを要する[7]。同意は明示であることを要せず、行為から黙示されるものでも足りる[8]。もっとも、付加又は異なる条項を認識していても、契約は既に成立しており、買主は商品を受領する義務があるから、契約の単なる履行は、それだけでは必ずしも契約修正への同意とはいえない[9]。また、被申込者が約款上で商品の受領・保有行為は付加条項への同意とみなす旨規定しても、原申込者を拘束しない。2-207条は最終書面性原則の修正を目的の一つとして被申込者により創出された曖昧さの結果を被申込者に課すものであるから、当該条項の効力を認めるのはこの立法政策に反するし、さらに当該条項自体は付加条項であり、原申込者はこれを無視できるからである[10]。

次に、本項は文言上異なる条項でなく付加条項のみに言及している[11]ので、異なる条項にも本項が適用されるかが問題となる。この点に関しては3説ある。第1説は、承諾における異なる条項は、申込の拒絶となり、結果として契約は成立せず、2-207条は適用できないとする[12]。この見解は、UCCが「書式の戦い」における状況にかんがみて、当事者が契約の成立を前提としていることを考

慮して、契約の内容をどうするかを規定するという基本的立場に反するといえ、ごく少数説にとどまる。第2説は、含まれないとする否定説で、明文上言及されていないこと及び異なる条項はその定義上本項c号により排除されることを根拠[13]とし、さもないと付加条項に関する本項の効果及び曖昧さを生ぜしめた者（被申込者）にその結果を負担させるという本条の目的は達成できなくなる。かつ、否定に解するのが、本条が申込者から自己の申込内容につき支配力を保持するという権能を奪ってしまうという反論を弱めることになるとする[14]。したがって、異なる条項は申込者による明示の承諾がない限り、契約内容となることはないとされる。

近時では、この見解をさらに展開して、相打ち原則（knock-out rule）が多数説である。これは、異なる条項は互いに異議が申し立てられているのであって、互いに脱落し、必要ならば、UCCの適切な補充規定によって補完されるとする。その理由として、2-207条の明確な文言に最も合致するし、また、相打ち原則は商人はすべての条項に合意していなかったとしても、しばしば取引を進めることを欲するということを肯定するものであり、かつ、一方当事者に有利な条項を他方の条項よりもより強い効力を与えるのは不公平である。ただ、この見解に対しては、Official Comment 6 は確認書についてのみ「相打ち原則」適用を認めているにとどまり、異なる条項にはこれを適用できないと批判される点については、確かにこのことは否定しないが、しかし、この原則は書式の戦いにおける異なる条項の場合にも少なくとも限定された範囲で肯定できるとする[15]。第3説は、異なる条項にも適用されるという適用肯定説である。その理由としては、第一に、Official Comment 3 によれば、付加又は異なる条項が契約内容となるか否かは2-207条2項の規定に依存するとされる[16]。第二に、本項は商人間取引で被申込者の承諾にどのような相違した条項が存すれば申込者の同意なしに契

約に組込まれるかを決定するものであり、本項各号によれば付加か異なるかを問わず最も両者の利益を勘案した (inoffensive) 条項のみが契約に組込まれると解される[17]。第三に、付加か異なるかを区別するのは実際には容易でない。例えば、承諾における「f. o. b. common carrier」という文言は申込に「f. o. b. truck」という文言が存するときは付加とも異なるとも解しうる[18]。この混乱に加えて、承諾のみに存する条項がUCCにより黙示された条項（2-308条、310条、314条など）に反するときは付加というよりも異なる条項といえるのであり、これを付加条項とすると、UCC上黙示されていることを理由に申込者が申込に含めなかった条項は、申込者がUCC上の規定を明示に再規定した場合と異なって処理されることになる[19]。第四に、本条の基本的目的は抑圧と不公正な不意打ちの回避であり、これを考慮すると、異なる条項と付加条項は同一視するのが適切であるし、もともと「実質的変更」における「部分的変更 (alter)」は「変えること。異なるものとすること」の意味であって、法文上この語が使用されているから、「異なる条項」という文言をさらに示す必要はないのである[20]。したがって、異なるか付加かを問わず、適用すべきである[21]。もっとも、付加条項と異なる条項を同一に取り扱うこの見解では、規定上、「異なる」という文言が欠けているのは立案者の過誤であるとする。しかし、この点は、意識的に規定しなかったといえる。1951年当初の草案では存しなかったが、同年のその後の草案では付加の文言の後に［又は異なる］という文言が存したが、その後この文言は削除された。立案者によると、既に存する申込での条項によって、事前に「異なる条項」には異議の通知がなされているといえることが削除の理由としてあげられており、この点は過誤とはいえない[22]。

ところで、付加又は異なる条項は、既述のように付加する提案にすぎないが、商人[23]間取引では原則として契約内容[24]となり、そ

のために約因を要しない（2-209条1項）。ただし、2-207条2項a号、b号、c号はその例外を定める。

a号は、申込者は明示に承諾を申込内容に限定できるとし、申込者が申込の支配者であり承諾内容を定めることを認める[25]。したがって、申込者が注文をなす際に自己の署名した書面以外によるいかなる変更も効力を生じない旨定めたときは、申込条項に承諾を明示に限定するものであり、物品と共に送付されたインボイスに含まれた付加条項は効力を生じない[26]。本号に該当すれば契約内容は申込条項のみから構成される[27]。ただし、この効果が生ずるためには、少くとも、申込者は被申込者に対して承諾をなせば拘束される結果を生ずることにつき明確に知らしめることが必要で、被申込者にこの者の異なる条項は契約内容とならないことを認識させて、さらに交渉するかそれとも問題ないとして明確で無条件の承諾をなすかという選択の機会を与えるべきである[28]。なお、本号は、承諾における付加条項が契約内容となるのを阻止するという効果以外は生ぜず、被申込者は反対申込をなしうる[29]。

b号は、付加条項が契約[30]を実質的に変更するものであれば契約内容とならないが、実質的変更とならないときは本項a号、c号に該当しない限り契約内容となる[31]とする。実質的変更が契約内容となるには、申込者による明示の同意とその立証を要し、単なる沈黙とか異議申立をしないことからその同意は推定されない[32]。この理は確認書の場合でも妥当する[33]。しかし、UCCは実質的変更につき定義していないので、これにつき多くの訴訟が生じている。基本的には、本号は付加条項に対してなんら明確な認識を有しない一方当事者を保護することを目的とするものであることを考慮して判断されることになる[34]。したがって、実質的変更か否かは、ケース・バイ・ケースに判断されるべき事実問題であり[35]、商慣習、従前の取引関係[36]又は当事者の期待によることになる[37]が、

第2章　商取引における契約の成否と契約内容

一般的には、明示の同意なしに契約内容とされれば申込者にとって「不意打ち又は過酷な状態 (in suprise or hardship)」となる条項は実質的変更であり(38)、付加された新条項が当該取引に使用される通常の契約パターンと非常に異なっていないならば該当しないとされる(39)。この「不意打ち」には、一方当事者が実際に知っていたのは何かという主観的要素と、この者が知っているべきであったという客観的要素の両者が存する。したがって、不意打ちとして当該条項の組込を否定するには、主観的要素のみの立証では足りず、当該状況において、合理的な商人ならば、付加条項に同意したであろうという推定ができないことも確実に証明することを要する(40)。この不意打ちと並んで、「過酷な状態」が独立の判断基準としてしばしばあげられるが、この点は疑問とされる。過酷な状態 (hardship) は結果であって、基準ではない。履行不能の抗弁または免責理論を提供できる場合でない限り、たんに自身にとって履行が困難な状態なったと判明したからといって、人は合意したと公正に考えられる契約から立ち去ることはできない。むしろ、変更への同意が推定できないならば、実質的といえるのであって、「過酷な状態」に重点が置かれるべきではないとされる(41)。しかし、それほど相違があるとは考えられない(42)。

　一応、Official Comment 4 及び判例で実質的変更とされたものを例示すれば、(i)標準担保を否認する条項及び責任制限条項(43)、(ii)取引慣習上より大きな過不足を許容するのに90又は100%の引渡保証を要求する条項、(iii)買主が支払期日に支払を遅滞したときに売主に解除権を与える条項、(iv)慣行上又は合理的期間よりも実質的に短期の苦情の申立を要求する条項(44)、(v)裁判管轄地条項(45)、(vi)6ヶ月選択権を随時選択権に変更する条項、(vii)取消しえないとする条項を取消しうるとする条項で代置したとき、(viii)最小限生産量が特定されていないのに見積り最小限生産量を規定する条項、(ix)事前に交渉

されていない40ないし50の印刷された条項が存し、その1条項がUCC自体の適用を否定するとき、(x)価格、支払スケジュール、支払人は誰か、運送中の損失危険に影響を与える条項[46]などである。仲裁条項が該当するかは非常に争われている[47]。非該当説は、仲裁に付することが当該取引分野の商人にとって一般的慣行であることに基づき、この慣行存在を前提として申込者側に吟味し適時に異議申立をなす義務を課し、これをなさなければ拘束される[48]とか、申込者側で商品を受領し保持するときは拘束される[49]とか、熟練した買主は署名欄のすぐ上部に「本注文は上記条項及び仲裁を含めた裏面の条項に服し、かつ、買主により承諾された」という文言が存し、署名したことにより拘束される[50]とする。しかし、慣行の存否は疑問である[51]し、実質的変更であれば異議申立をしなくても契約内容とならないから申立義務を課しその不遵守により拘束を義務づけるのは妥当でない[52]。仲裁合意により一方当事者は手続法及び実体法上の自己の通常有する権利を大部分放棄することになるから、このような重要な放棄はその意図を明確に示すことが必要で、そのようなものがないのに推論するのは不公平（unfair）であり[53]、仲裁条項は当初の取引を変更し、かつ、不合理な不意打ちという要素を含むものとして、実質的変更に該当するとみるべきである[54]。とくに、仲裁人の権限を契約条項遵守に限定する仲裁条項は、仲裁対象条項を非常に制限するものであり、実質的変更にあたる[55]。

以上に対し、該当しないとされたものを、Official Comment 5[56]及び判例から例示すれば、(i)売主側のコントロールできない付随原因に基づく売主の責任免除又は免責範囲を若干拡大する条項、(ii)予定された条件に合致しないことにつき、本節で付与された売主の免責と類似の条項及び比例分担につき合理的算定方法を事前に定める条項、(iii)慣行の限度内で苦情申立につき合理的期間を定める条

項⁽⁵⁷⁾又は転売のための買入れで転買人による検査を定める条項、(iv)支払期日を徒過した債務につき利息を定める条項又は取引慣習の範囲内で売主の標準クレジットを定める条項、(v)取引慣行上許容される範囲内の欠陥・瑕疵に基づく物品拒絶権を制限し、代金の調整又はその他の合理的態様で救済方法を制限する条項⁽⁵⁸⁾、(vi)約定価格が存したが、買主が「本等級よりも下級のものが引渡されたときは一般値引表で値引される」という条項を付加したとき、(vii)物品が直ちに船積されることを要求する条項⁽⁵⁹⁾、などである。

　なお、当該条項の実質性については、条項の組込を否定する契約当事者が立証責任を負う。2-207条2項は、商人間では付加条項は契約の内容になるという一般原則を定めているが、同項2号はこれに対する例外を定めている。この一般原則は、契約当事者の意図の推定である。したがって、いずれの当事者も証拠を提出しないならば、同項の文言上、契約条項は契約内容となる。このため、変更の実質性を立証する責任は、契約への組込を否定する当事者の負担となる⁽⁶⁰⁾。

　c号は、申込者が付加条項に対して事前又は事後に異議申立をなせば、付加条項は契約内容とならないとする。これは、付加条項が提案された後合理的期間内（1-204条2項）になんら回答がなされないときは、条項の包含が合意されていると推定するのが公平かつ商取引上も妥当であるからである⁽⁶¹⁾。異議申立をなせば、申込者の条項が契約内容となる⁽⁶²⁾。では、承認が受領される前に不着となったときはどうなるのか⁽⁶³⁾。コモン・ロー上は承諾は受領されなくとも承諾として効力を生ずるし、UCCはこの原則を変更していないから、非実質的変更は異議申立がないことにより契約内容となると解することも可能である。しかし、これは妥当でない。異議申立により変更は承諾から脱落するから、被申込者は自己のなした変更が効力を生じなくても拘束されることを意図しているといえる

し、さらに、本号における通知 (notice) という文言は現実の認識又は変更を当然知るべき事実の認識を意味するのであり、申込者は不着の書面からこれを与えられないし、かつ、異議申立をなすべき合理的期間も開始しないからである(64)。さらに、本号については、詐欺法の商人間規定（2-201条2項）との関連が問題となる。判例上、これを適用して、売主により送付された確認書を受領後10日以内に買主が異議申立をしないと、売主の確認書が契約内容となるとするものが存する(65)。しかし、2-201条2項は、単に返答がないことに基づき書面による確認でいずれかの当事者を拘束するものではなく、単に詐欺法の抗弁を奪うにすぎない。契約に基づいて訴求する者は契約の存在を立証しなければならない。別異に解すると、契約存在という事実にかかわりなく相手方に確認書を送付することにより、一方当事者に契約創造を許容することになってしまう(66)。付加条項が契約内容となるかは2-207条2項に基づき決定されるべきである(67)。なお、両者が相互に送付した確認書の条項が対立するときは、両当事者は自己の送付した確認書条項と対立する相手方の確認書条項に異議申立をなしたものとされ、本号の要件を充足し対立条項は契約内容とならない(68)。確認書の場合以外でも、異なる条項が契約にとって実質的で、少なくとも当事者の一方によって異議が申し立てられている場合についても、相打ち原則が適用される(69)。契約は、当初明示に合意された条項、確認書で一致する条項、本項を含めたUCCの補充規定で構成される(70)。もっとも、このような処理は、いずれの当事者も合意していない契約内容、また、各当事者が完全に異なる選択を明示しているにもかかわらず、それを無視するという結果をもたらすことになる。しかし、申込者・被申込者の両者は、いずれも、重要とする条項につき、当該条項への同意を明確に条件付けることによって保護される権利 (power) を有している。かつ、商人として、両当事者は当該取引に

はUCCが適用され、かつ、UCCの種々の補充規定に服することを十分認識すべきであるといえる[(71)]。

このc号に関しては、買主による申込書には規定されていないが、売主側の承諾書にはUCCの補充規定とは異なる条項（例えば、損害賠償制限条項）が存した場合、買主の申込書にはUCCの補充規定が当然の法原則（background legal rule）として含まれているのであって、本号の異議申立に該当し、実質的変更となるのかが問題となる。この点は消極に解される。規定文言上は否定に解されるし、買主が特定の補充規定を当該取引における状況からみて特に「実質的」とみなしたか否かという点については確定できない。例えば、買主が損害賠償制限条項を設けなかったのは、この条項は排除されていないと主張するつもりであるという訳ではなく、当事者間の取引過程と取引慣行に基づき黙示的契約内容として含まれているとしたためであるかも知れないからである。さらに、2－207条2項b号の正に核心である「実質的」か否かの吟味および非実質的条項を例示するComment 5は不用となってしまう。むしろ、この点は、買主側の実質性いかんの立証で処理すべきといえる[(72)]。

確認書においては、交換された確認書の内容が合致しなくとも、契約が成立していることは問題ない。そして、2－207条1項における、付加又は異なる条項を含む承諾で、申込者の承諾を明示に条件づけるという、被申込者の反対申込をなすという権利は、確認書の場合には効力を生じない。既に合意に達しており、反対申込をなすには遅すぎるからである。したがって、確認書における合致しない条項がどのようなことになるかは本条2項適用で決定される[(73)]。その結果、当事者間で予め合意されていなかった付加条項は、非実質的であれば、契約内容となる。両当事者の事前の了解とは異なる条項は相打ち（knock-out）となり、契約内容とはならない[(74)]。

次に、行為により契約が成立した場合については、2－207条3

項2文で規定する[75]。商品が船積され受領され、紛争が生ずる前に代金が支払われるという事例が多く生ずるが、この場合、当事者の書面が契約を確定しないときはいずれの行為又は書面が申込となり承諾となるかを決定するのは不必要で、いかなる条項が契約に含まれるかが唯一の問題で、これは本項2文で解決され[76]、契約内容は、第一に当事者の書面が一致する条項[77]、第二にUCCのすべての規定により組込まれた補充規定により構成される[78]。補充規定とは、当事者の書式において不一致である条項から推論されるものではなく、「別段の定めがない限り」とか「合意されていないならば」という文言で示されているUCCの補完（gap-filling）規定をいう[79]。これは、合意されていれば契約内容とし、そうでなければいずれの当事者の意図にも優位を認めないで両当事者間の適切なバランスを達成しようとするものである[80]。したがって、対立するか又は異なる条項は、両者の行為により契約が成立するときは両者が回避可能な曖昧さにつき同等に責を負うべきであるから契約内容とならない[81]し、一方の書式のみに存する条項もこれにつき沈黙している相手方の条項と一致するとは解しえないから契約内容とならない[82]のであり、UCC上に当該事項に関する規定が存すれば（例えば担保条項）それで補充され、不存在であれば（例えば仲裁条項）欠落する[83]。もっとも、UCCの補充規定適用に際しては、取引慣習及び取引過程をも考慮すべきである。本項2文自体、UCCの他の規定のいかなるものであれ、これに基づき組込まれる条項の付加を要求しており、1-205条1項ないし3項は取引慣習及び取引過程に基づき補充することを認めているし、2-208条も解釈手段として両者を利用することを包含している。しかも、この両者を考慮に入れることは、本項適用の結果生ずる契約をいずれの当事者に対しても有利としないことになる。したがって、両者を考慮した結果、場合によっては、一方の書式にのみ存する条項も契約内容となりう

る⁽⁸⁴⁾。以前の取引関係と取引慣習とが対立する場合には、前者が当事者の現実の意図をより反映すると思われるので、後者に優先する。取引過程又は取引慣習が UCC の通常黙示される条項と異なる場合には前者が優先し、前者がすべての必要な条項を提供しないときに、UCC の規定が適用されることになる⁽⁸⁵⁾。

　では、最終書面性原則との関係はどうなるのか。より厳格な要件のもとでこの原則はなお適用余地を認める見解がある。これは、2-207 条 3 項による契約は、両当事者が契約が存在すると考えたことに基づき行為に着手し、この行為により明示されたものである。相互に相手方の書式における異なる条項が課されるべき理由は存しないから、この結果を達成するため本項が立法化された。しかし、一方当事者に対して、相手方が申込を拒絶し自己の条項のみで取引をなすことを欲する旨明確に通知し、この下で船積がなされ一方当事者も受領する場合には、承諾として作用し、条項の押しつけは存しない。一方当事者の合理的商取引上の見解は、相手方の条項で給付を受領したことである。相手方の条項がこの場合適用されないとするのは、本条の基本的目的と調和しない契約自由への不当な干渉であるとする⁽⁸⁶⁾。しかし、本項は最終書面性による解決を完全に否定した⁽⁸⁷⁾と解すべきである。沿革的には、1954 年案では第 5 項で顕著性が充足されても書面交換により契約が成立せず行為により契約の存在が認められるときにつき本項 2 文と同旨の規定が存したが、意図をより明確に示すため 1956 年案で現在の文言に改められたのであり、この趣旨は現行規定にも生きている⁽⁸⁸⁾。かつ、被申込者が明確に反対申込をなした場合であっても、申込者が全取引でなく当該書面にのみ返答するとするのは、本条が当事者は互いに送付された書面を読まないという推定に基礎を置くことに反する⁽⁸⁹⁾。給付受領は、契約形成の現実過程の構成部分としてではなく、契約をなす意図を証明する行為の一パターンと解されるのであり、承諾

として機能しない(90)のであり、この場合でも本項が適用され、契約内容は交渉された条項及び本項によって補充されたものを含めて書式が共通に有するその他の条項によって構成される(91)。

以上、米法における「書式の戦い」に対する解決策としての2―207条の検討をなしたが、本条が必ずしも十全な解決策を与えるものでないことはすでに種々指摘されている(92)。論者によっては、本条の下では相手方の約款を注意深く読むことが要求されるであろうとする(93)が、これは書式の効用を減殺してしまい商取引の迅速性要求にも合致しない(94)。種々の立法論も提案されている(95)が、契約成立よりも契約内容が問題であるから、本条3項2文による解決策か、非良心性規定（2-302条）の活用(96)に重点が置かれるべきものと思われる。

（1） 本項は、契約の存在を前提とする。当事者間で交換された書面が本条1項での契約レベルに達していないとき及びなされた確認書が事実上口頭合意の確認でないときは、本項は適用されない。Duesenberg, R. W. & King, L. P., Sales and Bulk Transfers, 1978, pp. 3-30 ～ 31. See also Barron, P. & Dunfee, T. W., 24 Clev. St. L. Rev. 171, 178（1975）; Weeks, R. W., 52 Ill. B. J. 660, 667（1964）.

（2） Barron, P. & Dunfee, T. W., 24 Clev. St. L. Rev. 171, 188-9（1975）; Duesenberg, R. W., 34 Bus. Law. 1477, 1485（1979）; Nordstrom, R. J., Sales, p. 98 ; Weeks, R. W., 52 Ill. B. J. 660, 665（1964）. なお、買主の注文書にタイプされた「FOB plan」が引渡条項でなく支払条項であることを売主が意図するときは、売主はその旨明示に言明することを要する。See A. M. Knitwear Corp. v. All America Export-Import Corp. 359 NE2d 342, 347（1976）.

（3） Lipman, F. D., 24 Bus. Law. 789, 802, 803, 806（1969）; Weeks, R. W., 52 Ill. B. J. 660, 665（1964）; Kove, M., "The Battle of the Forms" : A Proposal to Rivise Section 2-207, 3 UCC L. J. 7, 9-10（1970）; Taylor, E. H. Jr., 46 Cin. L. Rev. 419, 433, 436, 447（1977）; Note, 35 U. Pitt. L. Rev. 685, 693, 694（1974）.

（4） Nordstrom, R. J., Sales, p. 98. なお、被申込者が2-207条1項但書に該当する反対申込をなし、当初の申込者がこれを承諾したときにつき、UCC はなんら言及していない。おそらく、付加又は異なる条項は、契約内容となると思われる。See

第2章　商取引における契約の成否と契約内容

Shaw, B., 13 Am. Bus. L. J. 185, 192（1975）; Barron, P. & Dunfee, T. W., 24 Clev. St. L. Rev. 171, 202（1975）.

（5）　Air Products & Chem., Inc. v. Fairbanks Morse Inc. 206 NW2d 414, 423-4（1973）; Oskey Gasoline & Oil Co. v. OKC Refining, Inc. 364 FSupp 1137, 1144（1973）; Taylor, 46 Cin. L. Rev. 419, 434 Fn. 44（1977）; Davenport, W. B., 19 Bus. Law. 75, 82 Fn. 22（1963）.

（6）　もっとも、新たな条項が、法により黙示されたものを組込んだにすぎないが、従来の取引関係又は商慣習と一致するものであれば、契約内容となる。Oskey Gasoline & Oil Co., Inc. v. OKC Refining Inc. 364 FSupp 1137, 1143 Fn. 4（1973）; Baumgold Bros, Inc. v. Allan M. Fox Co., East 375 FSupp 807, 813 and Fn. 5（1973）; Taylor, E. H. Jr., 46 Cin. L. Rev. 419, 435 and Fn. 47（1977）.

（7）　Murray, J. E. Jr., 37 Ford. L. Rev. 317, 327, 335（1969）; McAfee v. Brewer 203 SE2d 129, 131（1974）; Bradford v. Plains Cotton Cooperative Ass'n 539 F2d 1249, 1253（1976）; Duesenberg, R. W., 34 Bus. Law. 1477, 1479（1979）; Edwards, C. M., 61 Marq. L. Rev. 215, 241（1977）. 承諾は、署名行為が典型的だが、コモン・ロー上の承諾を構成するものか又は UCC 2-204条、206条のいずれかと一致する方法でなしうる。Duesenberg, R. W. & King, L. P., Sales and Bulk Transfers, 2004, p. 3-42. 署名により付加条項に同意したとする判例を若干示すと、Ocor Prods. Corp. v. Walt Disney Prods., Inc. 682 FSupp 90, 93（1988）; Deminsky v. Arlington Plastics Mach. 638 NW2d 331, 338-9（2001）.

（8）　Duesenberg, R. W. & King, L. P., Sales and Bulk Transfers, 2004, p. 3-43.

（9）　Ferriell, J. & Navin, M., Understanding, p. 239.

（10）　Duesenberg, R. W. & King, L. P., Sales and Bulk Transfers, 2004, pp. 3-44 ～ 45.

（11）　州によっては（例えば、マサチュセッツ州）、付加条項の後に「又は異なる条項」という文言を付加している（Mass. Gen. Laws ch. 106, § 2-207 (2)（2004））.

（12）　Koehring Co. v. Glowacki 253 NW2d 64（1977）.

（13）　Duesenberg, R. W. & King, L. P., Sales and Bulk Transfers, 1978, pp. 3-34 ～ 35 and Fn. 20. 1; Corman, C. W., The Law of Sales under the Uniform Commercial Code, 17 Rutgers L. Rev. 14, 24（1962）; Taylor, E. H. Jr., 46 Cin. L. Rev. 419, 434 Fn. 44（1977）; Shaw, B., 13 Am. Bus. L. J. 185, 187 Fn. 5, 191-2（1975）; White & Summers, UCC, § 1-3 at pp. 10-15; Air Products & Chem., Inc. v. Fairbanks Morse, Inc. 206 NW2d 414, 423-4（1973）; Oskey Gasoline & Oil Co. v. OKC Refining, Inc. 364 FSupp 1137, 1144-5（1973）.

（14）　Duesenberg, R. W. & King, L. P., Sales and Bulk Transfers, 1978, p. 3-37.

（15）　White, J. J., Contracting under Amended 2-207, 2004 Wisc. L. Rev. 723, 727；

第 1 節　アメリカ法

Ferriell, J. & Navin, M., Understanding, p. 242; Gardner Zemke Co. v. Dunham Bush, Inc. 850 P2d 319, 326-327（1993）; Northrop Corp. v. Litronic Indus. 29 F3d 1173, 1178（1994）; Ionics, Inc. v. Elmwood Sensors, Inc. 110 F3d 184, 189（1997）; Reilly Foam Corp. v. Rubbermaid Corp. 206 FSupp 2d 643, 653-4（2002）; Richardson v. Union Carbide 790 A2d 962, 967-8（2002）; Flender Corp. v. Tippins Intern., Inc. 830 A2d 1279, 1286-7（2003）; Vulcan Automotive Equip. v. Global Marin Engine 240 FSupp 2d 156, 164-5（2003）. Challenge Machinery Co. v. Mattison Mach. 359 NW2d 232, 237（1984）は、2 - 207 条 2 項 c 号の適用を否定したが、この種の場合には、申込者は被申込者の同意を得るために付加的な手段をとるべきで、同意を得られない限り、各当事者は相手方の条項に異議を申立ていると解される。さもないと、当事者の一方は、自己が同意していないし、実際に異議申立している条項に拘束されるという異例の結果をもたらすことになる。したがって、いずれの条項も契約内容となることなく、UCC の補充条項が適用されるとする。ちなみに、後述の改正 2 - 207 条はこの相打ち原則を採用している。

（16）　この根拠は余り説得的でない。Official Comment 6 は、確認書につき対立条項は契約内容とならないとし、適用否定説を支持するように思われる。現に、否定説からは、Comment 6 は、本条 3 項を直接適用対象とするが、その根本的原理は対立条項を含む申込・承諾の書式交換にも等しく適用しうるとされるし、さらに Comment 3 から認めるのは、異なる条項につき沈黙している規定の部分を変更してしまうと批判される。See, Duesenberg, R. W. & King, L. P., Sales and Bulk Transfers, 1978, p. 3-34 Fn. 20; Shaw, B., 13 Am. Bus. L. J. 185, 191（1975）.

（17）　Barron, P. & Dunfee, T. W., 24 Clev. St. L. Rev. 171, 187 and Fn. 52（1975）.

（18）　Barron, P. & Dunfee, T. W., 24 Clev. St. L. Rev. 171, 187 and Fn. 56（1975）. 両者の区別が困難であることはしばしば指摘されている。See Duesenberg, R. W. & King, L. P., Sales and Bulk Transfers, 1978, pp. 3-35 〜 36; Murray, J. E. Jr., The Chaos of the "Battle of the Forms" : Solutions, 39 Vand. L. Rev. 1307, 1363-4（1986）.

（19）　Barron, P. & Dunfee, T. W., 24 Clew. St. L. Rev. 171, 187-8（1975）; Lipman, F. D., 24 Bus. Law. 789, 802 Fn. 28（1969）; Note, 35 U. Pitt. L. Rev. 685, 688 Fn. 3（1974）. Cf. also Taylor, E. H. Jr., 46 Cin. L. Rev. 419, 434 Fn. 44（1977）; Air Products & Chem., Inc. v. Fairbanks Morse, Inc. 206 NW 2d 414, 424（1973）; J. A. Mauer, Inc. v. Singer Co. 7 UCCRS 110（1970）. また、Comment 4 によると、市場性の担保及び特定目的に適合するという担保は基本的担保（standard warranties）であり、これを否定する条項は実質的変更にあたるとするが、明らかに 2 - 207 条 2 項 b 号は明示にこのような変更を肯定しているといえる。もし、本条 2 項が付加条項に限定されるならば、本項 b 号は適用の余地がないことになってしまう。Murray, J. E. Jr., 20 J Law

& Com. 1, 17 (2000). 市場性という黙示的担保を否定する条項は、実質的変更にあたるとする判例として、see Air Products & Chem., Inc. v. Fairbanks Morse, Inc. 206 NW2d 414, 424-425 (1973).

(20) Murray, J, E. Jr., 39 Vand L. Rev. 1307, 1360-65 (1986).

(21) Barron, P. & Dunfee, T. W., 24 Clev. St. L. Rev. 171, 187 (1975); Nordstrom, R. J., Sales, p. 98-9; Murray, J. E. Jr., 37 Ford. L. Rev. 317, 328 Fn. 23 (1969); Corman, C. W., 42 Wash. L. Rev. 347, 387 (1967); Bülow, H. -J., Stillschweigen, S. 95; Lawrence's Anderson UCC, § 2-207 : 110; Corbin on Contracts, § 3. 37 at p. 505; Ebasco Serv. Inc. v. Pennsylvania Power & Light Co. 402 FSupp 421, 440 and Fn. 27 (1975); Steiner v. Mobil Oil Corp. 569 P2d 751, 759 Fn. 6 (1977); Willamette-Western Corp. v. Lowry 568 P2d 1339, 1342 (1977); Boese-Hilburn Co. v. Dean Machinery Co. 616 SW2d 520, 527 (1981); Northrop Corp. v. Litronic Industries 29 F3d 1173, 1178 (1994). Murray, J. E. Jr., 20 J. Law & Com. 1, 15 (2000) は、異なる条項は含まず、付加条項に限定する見解は、不確定性を除去できないばかりでなく、混乱と複雑性を助長してしまうとする。

(22) これらの点については、see Davenport, W. B., To Paraphrase Mark Twain, the Claim of a Printer's Error in UCC Section 2-207 Is Greatly Exaggereted, 28 UCC L. J. 231, 233-235 (1996); Baird, D. G. & Weisberg, R., 68 Va. L. Rev. 1217, 1240 Fn. 61 (1982).

(23) 商人概念については2-104条1項、3項及びOfficial Comment § 2-104 : 2 参照。判例として、Playboy Clubs International, Inc. v. Loomskill, Inc. 13 UCCRS 765, 766 (1974); Cement Asbestos Products v. Hartford ACC & Indem, 592 F2d 1144, 1148 (1979); Lemmer v. IDS Properties, Inc. 304 NW2d 864, 871 (1980).

(24) 商人間のみに限定されることにつき、see Oskey Gasoline & Oil Co., Inc. v. OKC Refining, Inc. 364 FSupp 1137, 1143 Fn. 5 (1973); LTV Aerospace Corp. v. Bateman 492 SW2d 703, 707 (1973); Corman, C. W., 17 Rutgers L. Rev. 14, 26 (1962). 申込に存し、承諾にこれと競合する規定が存しないときは、申込の条項が契約内容となる。Idaho Power Co. v. Westinghouse Elec. Corp. 596 F2d 924, 927 (1979).

(25) Duesenberg, R. W. & King, L. P., Sales and Bulk Transfers, 1978, pp. 3-64, 65.

(26) In re Tunis Manufacturing Corp. 386 NYS 2d 911, 914 (1972); Alan Wood Steel Co. v. Capital Equip. Enter. Inc. 349 NE2d 627, 634 (1976). 明示の承諾内容の限定として不十分としたものとして、J. A. Maurer, Inc. v. Singer Co. 7 UCCRS 110, 111 (1970); Oskey Gasoline & Oil Co., Inc. v. OKC Refining Co. 364 FSupp 1134, 1143 (1973) (すべての条項に合意することを要求するのみでは不十分である)。

(27) Barron, P. & Dunfee, T. W., 24 Clev. St. L. Rev. 171, 202 (1975); Nordstrom,

R. J., Sales, p. 101; Weeks, R. W., 52 Ill. B. J. 660, 667（1964）. もっとも、不明確であるときは、申込者の不利となる。Oskey Gasoline & Oil Co., Inc. v. OKC Refining Co. 364 FSupp 1137, 1144（1973）.

（28） Barron, P. & Dunfee, T. W., 24 Clev. St. L. Rev. 171, 190-1, 202（1975）. 顕著性が要求されよう。Bülow, H. -J., Stillschweigen, S. 96f.; Comment, 30 U. Chi. L. Rev. 540, 551-2 and Fn. 61（1963）. Barron, P. & Dunfee, T. W., supra. p. 191 and Fn. 67 は、申込者の意図を書式のタイプ部分又は付随する手紙で明確に示していることを要するとする。

（29） Duesenberg, R. W. & King, L. P., Sales and Bulk Transfers, 1978, pp. 3-65, 67; Murray, J. E. Jr., 39 U. Pitt. L. Rev. 597, 638 Fn. 100（1978）; Note, 49 Notre Dame Law. 384, 386（1973）; Schlesinger (ed.), Formation, p. 965（Wagner）.

なお、両者が自己の約款で本号に該当する条項を定めているときは、両者は相手方の条項に異議申立をしており、自己の約款条項に承諾を限定しているから、契約は存在しないことになろう。それにも拘わらず、両者が本条3項に該当する行為をなせば、3項により契約内容が決定されることとなる。See Comment, 30 Baylor L. Rev. 143, 147（1978）.

（30） Cf. Corman, C. W., 42 Wash. L. Rev. 347, 393 Fn. 197（1967）.

（31） Official Comment 3; Corman, C. W., 42 Wash. L. Rev. 347, 390-1（1967）; Barron, P. & Dunfee, T. W., 24 Clev. St. L. Rev. 171, 178（1975）; Murray, J. E. Jr., 37 Ford. L. Rev. 317, 342（1969）. 実質的変更でなければ、同意されたものとされる。Dorton v. Collins & Airkman Corp. 453 F2d 1161, 1169（1972）.

（32） Official Comment 3; Comment, 32 U. Pitt. L. Rev. 209, 216（1971）; Hawkland, 11 Prac. Law. No. 3, 25, 30（1965）. 判例は多数あるが、N & D Fashions, Inc. v. DHJ Industries, Inc. 548 F2d 722, 726-7（1977）; Willamette-Western Corp. v. Lowry 568 P2d 1339, 1343（1977）; Dorton v. Collins & Airkman Corp. 453 F2d 1161, 1169（1972）のみをあげておく。近時のものを追加すると、購入注文書における署名が「上記に定めたことにしたがって承諾する」という文言の下になされていた場合に、同意を肯定した判例として、see Boese-Hilburn Co. v. Dean Machinery Co. 616 SW2d 520, 528（1981）. たとえ、条項を読まなかったとしても、署名することによって条項に明示に合意したとされるのは法の確立された原則であるとして、契約内容となるとしたものとして、see Ocor Products Corp. v. Walt Disney Productions 682 FSupp 2d 90, 93（1988）. 行為（署名し、条項を含む書式を返送している）によって承諾がなされたとする判例として、Deminsky v. Arlington Plastics Machinery 638 NW2d 331, 339（2001）. Tupman Thurlow v. Woolf Intern. Corp 682 NE2d 1378, 1381-2（1997）は、注文が実行される前に売主が仲裁条項が存する注文確認書を交付し、か

第2章　商取引における契約の成否と契約内容

つ、売買条件は確認書にもインボイスにも定められていた。売主は買主とのすべての取引にこの手順を踏んでおり、買主とは何年にも及ぶ長期の取引関係にあった場合につき、たとえインボイスを買主が読まなかったとしても、仲裁条項は契約内容となるとする。明示の同意といっても、当事者が実質的に変更された条項の組込につき交渉し合意に達することまでは要しない。Twin Disc. Inc. v. Big Bud Tractor 772 F2d 1329, 1335 (1985).

(33) Frances Hosiery Mills, Inc. v. Burlington Industries, Inc. 204 SE2d 834, 842 (1974); Duesenberg, R. W. & King, L. P., Sales and Bulk Transfers, 1978, p. 3-90; Lorbrook Corp. v. G & T Industries, Inc. 562 NYS2d 978, 980-1 (1990); Power Press v. MSI Battle Creek 604 NW2d 772, 777-8 (1999).

(34) Vulcan Automotive Equip. v. Global Marine Engine 240 FSupp 2d 156, 161 (2003).

(35) John Thallon & Co. v. M & N Meat Co. 396 FSupp 1239, 1243 (1975); Willamette-Western Corp. v. Lowry 568 P2d 1339, 1343 (1977); Transamerica Oil Corp. v. Lynes 723 F2d 758 (1983); Barron, P. & Dunfee, T. W., 24 Clev. St. L. Rev. 171, 192 (1975). もっとも、ときには法の問題とする判例も存する。See ex. Cliford-Jacobs Forging Co. v. Capital Engr. & Mfg. Co. 437 NE2d 22 (1982); Ionics, Inc. v. Elmwood Sensors, Inc. 110 F3d 184 (1997).

(36) たんに、約款の送付を繰り返したとしても、それは、単に一方当事者が契約内容とすることを望んでいることを示すにすぎず、当該条項がその後の契約に組み込まれるという取引過程 (a course of dealing) を構成することはない。Murray, J. E. Jr., 20 J Law & Com. 1, 10-11 (2000); Step-Saver Data Sys., Inc. v. Wyse Tech. 939 F2d 91, 104 (1991); In re CLFL, Inc. 166 F3d 1012, 1017 (1999); PCS Nitrogen v. Christy Refractories, L. L. C. 225 F3d 974, 982 (2000).

(37) N & D Fashions, Inc. v. DHJ Industries, Inc. 548 F2d 722, 726 (1977); Southeastern Adhesives v. Funder America 366 SE2d 505, 508 (1988); Suzy Phillips Originals, Inc. v. Coville, Inc. 939 FSupp 1012, 1018-1019 (1996); Waukesha Foundry v. Industrial Engineering 91 F3d 1002, 1008 (1996); Duesenberg, R. W. & King, L. P., Sales and Bulk Transfers, 1978, pp. 3-25 ～ 26, 28 ～ 9; White & Summers, UCC, § 1-3 at p. 18. 基本的に、UCCは各契約関係を取り巻く特殊な環境を特に強調するものであるから、取引過程、取引慣行、その他の実質性問題の判断に影響を及ぼすその他の事実など考慮する余地があり、それ自体原則 (a per se rule) は、UCCのもとでは正当化できない。See Bergquist Co. v. Sunroc Corp. 777 FSupp 1236, 1245 (1991).

(38) Official Comment 4; Corbin on Contracts, § 3. 37 at p. 506. 判例としては、see Gilbert & Bennett MFG Co. v. Westinshouse Elec. Corp. 445 FSupp 537, 546

第 1 節　アメリカ法

(1977)；St. Charles Cable TV v. Eagle Comtronics, Inc. 87 FSupp 820, 827 (1988)；Trans-Aire Intl. v. Northern Adhesive Co. 882 F2d 1254, 1261-1263 (1989)；Dale R. Horning Co. v. Falconer Glass Industries 730 FSupp 962, 966-967 (1990)；American Ins. Co. v. El Paso Pipe & Supply Co. 978 F2d 1185 (1992)；Waukesha Foundry v. Industrial Engineering 91 F3d 1002, 1009 (1996). 当該取引業界の慣行を考慮して、石油販売において売主が納入した消費税を買主に負担させる条項は実質的変更に該当しないとした事例として、Bayway Refining v. Oxygenated Marketing 215 F3d 219, 225 (2000).

なお、非良心性（2 − 302 条）との類似性につき、Murray, J. E. Jr., 39 Vand. L. Rev. 1307, 1321-22 (1986) は、2 − 207 条は、予測外の条項が契約内容となるのでは、不公正な不意打ちであり抑圧となるのであって、これを防止するものであり、いわば契約における入口での非良心性の発現であると指摘する。See also Id., 20 J. Law & Com. 1, 9 Fn. 32 (2000).

(39)　Lipman, F. D., 24 Bus. Law 789, 798 (1969)；Ohio Grain Co. v. Swisshelm 318 NE2d 428, 430 (1973). See also Barron, P. & Dunfee, T. W., 24 Clev. St. L. Rev. 171, 203 (1975)；Murray, J. E. Jr., 51 Ore. L. Rev. 269, 280-1 (1972).

(40)　Murray, J. E. Jr., 20 J. Law & Com. 1, 9 (2000)；Bayway Refining v. Oxygenated Marketing　215 F3d 219, 224 (2000)；In re Chateaugay Corp. 162 BR 949, 957 (1994)（客観的面での判断基準として、当事者間の従前の取引過程、交換された確認書の数、当該業界の慣習、条項の顕著性をあげる。）.

(41)　Union Carbide Corp v.　Oscar Mayer Foods Corp.　947 F2d 1333, 1336-1337 (1991)；In re Chateaugay 162 BR 949, 957 (1994)；Bayway Refining v. Oxygenated Marketing 215 F3d 219, 226 (2000). Trans-Aire Intern. v. Northern Adhesive Co. 882 F2d 1254, 1262-3 (1989) は、特定目的の適合性及び商品市場性に関する担保を負わないとする条項は、不意打ちには該当しないが、相手方に不合理な困難性（unreasonable hardship）を課すものであって、機能的には担保を放棄または免除する条項と同じであって、これらの条項と同様に実質的と解されるとする。

(42)　両基準を使用して判断したものとして、see Miller v. Newsweek, Inc. 660 FSupp 852, 857 (1987). 困難性は、「実質的に経済的に困難となるか」と「当事者間において危険分配の実質的な変更をもたらすか」とに分類される。Bergquist Co. v. Sunroc Corp 777 FSupp 1236, 1246 (1991) は、この見地で、仲裁条項は、仲裁は裁判よりもより迅速で、費用もかからない。仲裁手続に固有な消極的な面（negatives）は両当事者が平等に負担するものである。かつ、仲裁は仲裁人選定手続において当事者にユニークな寄与の機会を与えるものであるとして、仲裁条項は経済的困難、危険分配の点でなんら相手方に不利をもたらさないと指摘する。

第2章　商取引における契約の成否と契約内容

　(43)　Roto-Lith, Ltd. v. F. P. Bartlett & Co. 297 F2d 497, 499（1962）; Earl M. Jorgensen Co. v. Mark Constr. Inc. 540 P2d 978, 981（1975）; Air Products & Chem., Inc. v. Fairbanks Morse, Inc. 206 NW2d 414, 425（1973）; Nordstrom, R. J., Sales, p. 99 ; Duesenberg, R. W. & King, L. P., Sales and Bulk Transfers, 1978, p. 3-26 ; Hawkland, W., 11 Prac. Law. No. 3, 25, 30（1965）. また、救済制限条項については、見解が分かれていたが、買主に利用可能な救済手段を制限する条項は、当事者間の危険分配を変更するもので、かつ、買主に実質的に経済的困難を強いるものであるとされ、実質的変更に該当する解するのが近時の傾向で、間接的損害及び付随的損害に関する責任を免責する条項もこれに該当する。Glyptal Inc. v. Engelhard Corp. 801 FSupp 887, 894（1992）. 損失保証条項は実質的変更に該当する。Trans-Aire Intern. v. Northern Adhesive Co. 882 F2d 1254, 1262（1989）.

　(44)　Cf. Cargill, Inc. v. Stafford 553 F2d 1222, 1225（1977）. Official Comment 4 が、かかる条項を実質的変更としたことに対する批判として、Duesenberg, R. W. & King, L. P., Sales and Bulk Transfers, 1978, pp. 3-24 ～ 25.

　(45)　Cegg. Inc. v. Magic Software Enters., Inc. 2002 WL 31248483（2002）; Valero Marketing & Supply Co. v. Greeni Oy & Greeni Trading Oy 2005 WL 1411065（2005）. 法選択条項も同じく実質的変更である。Reeves Brothers, Inc. v. Capitol-Mercury Shirt Corp. 962 FSupp 408, 412-413（1997）; Dassault Falcon Jet Corp. v. Oberflex, Inc. 909 FSupp 345, 352（1995）. 管轄裁判所選択条項（forum selection clause）は実質的変更に該当しないとする判例として、See Hugo Boss Fash. v. Sam's European Tailoring 742 NYS2d 1, 1（2002）.

　(46)　Figueroa v. KIT-SAn Co. 845 P2d 567, 575（1992）.

　(47)　この点については、道田・前掲論文 JCA ジャーナル 1979 年 10 月号以下も参照。

　(48)　Silverstyle Dress Co. v. Aero-Knitt Mills, Inc. 11 UCCRS 292, 293（1972）; C. M. I. Clothesmaker, Inc. v. A. S. K. Knits, Inc. 380 NYS2d 447, 449-50（1977）; Gaynor-Stafford Industries, Inc. v. Mafco Textured Fibers 384 NYS2d 788, 791（1976）; Dixie Aluminum Products v. MITUBISHI Intern. 785 FSupp 157, 160-161（1992）. ある条項が慣習（custom and usage）により契約内容となることを UCC は否定していない。Duesenberg, R. W., 34 Bus. Law. 1477, 1482（1979）. Schulze and Burch Biscuit Co. v. Tree Top, Inc. 831 F2d 709, 714-715（1987）は、当事者間の取引過程論に依拠して、前 9 回の取引に関しては毎回仲裁条項を含む確認書が送付され、相手方は 10 回目の確認書にも仲裁条項が含まれることにつき充分な認識を有したといえ、不意打ちとはならないのであり、仲裁条項は実質的変更とはならないとする。

　(49)　Suits Galore Inc. v. Stone Ridge Knitting Mills, Inc. 372 NYS2d 686, 687

第 1 節　アメリカ法

(1975). See also S. Kornblum Metals Co. v. Intsel Corp. 342 NE2d 591, 594（1976）。なお、買主の注文で、買主に仲裁に付する権限を認める条項は、買主でなく売主から仲裁の申立がなされたときは、非実質的としたものとして、Tunis Mfg. Corp. v. Mystic Mills Inc. 337 NYS2d 150（1972）。

(50)　Avia Group, Inc. v. Norma J. of California 426 FSupp 537, 540-1（1977）。このほか、仲裁条項につき、10日以内に異議申立をしないと拘束されるとか、仲裁条項は反対申込であり、船積は承諾となるとするものが存する。前者につき、Trafalgar Squares, Ltd. v. Reeves Brothers, Inc. 315 NYS2d 239, 242（1970）。後者につき、Oil Products, Co. v. S. C. M. Corp. 313 FSupp 905, 906（1970）。

(51)　Cf. Supak & Sons MFG. Co., Inc. v. Pervel Industries 463FSupp 177, 180（1978）。もっとも、Tupman Thurlow v. Woolf Intern. Corp 682 NE2d 1378, 1381（1997）では、2年間に約65回の取引が行われ、各取引においては、仲裁条項を含む注文確認書が交付され、給付が為された後に、仲裁条項を含む売買条件が裏面に印刷された支払インボイスが送付される形態をとっていたが、これにつき相手方が何ら異議を申し立てることもなかったという当事者間の取引過程に基づいて、仲裁条項は契約内容となるとされた。

(52)　Comment, 40 Ohio St. L. J. 525, 526（1979）。

(53)　Matter of Marlene Indus. Corp. & Carnac Textiles, Inc. 408 NYS2d 410, 413（1978）。

(54)　Application of Doughboy Industries, Inc. 233 NYS2d 488, 1 UCCRS 77, 84（1962）; In re Barclay Knitwear Co., Inc. 8 UCCRS 44, 45（1970）; Windsar Mills Inc. v. Collins & Airkman 101 Cal Rptr 347, 352（1972）; John Thallon & Co. v. M & N Meat Co. 396 FSupp 1239, 1243-4（1975）; Valmount Industries, Inc. v. Mitsui & Co.（USA）, Inc. 419 FSupp 1238, 1240（1976）; Supak & Sons MFG. Co., Inc. v. Pervel Industries, Inc. 593 F2d 135, 136（1979）; Duesenberg, R. W. & King, L. P., Sales and Bulk Transfers, 1978, p. 3-27. Bayway Refining v. Oxygenated Marketing 215 F3d 219, 224（2000）は、ニュー・ヨーク州法では仲裁に付すには明示の合意を要求しているから、仲裁条項はそれ自体実質的変更にあたるとする。なお、Squillance, A. M., General Provisions, Sales, Bulk Transfers and Documents of Title, 33 Bus. Law. 1875, 1881（1978）は、各事案の事実が実質性判断の唯一の決定的要素であるから、仲裁条項の実質性は推定されるのでなく、立証されることを要するとする。

(55)　Supak & Sons MFG. Co., Inc. v. Pervel Industries 463 FSupp 177, 180-1（1978）。なお、両者が仲裁条項を規定し、一方が仲裁をニューヨークで、他方が香港でなすとする事案で、絶望的に対立しており、仲裁に関する合意は存しないと、対立条項間の差異の程度で実質的判断がなされたものとして、Lea Tai Textile, Co. Ltd.

第 2 章　商取引における契約の成否と契約内容

v. Manning Fabrics, Inc. 411 FSupp 1404 (1975).

(56)　Official Comment 4 及び 5 の例示は混乱を生ぜしめることにつき、Duesenberg, R. W. & King, L. P., Sales and Bulk Transfers, 1978, pp. 3-24 〜 26, 28 〜 29 ; Barron, P. & Dunfee, T. W., 24 Clev St. L. Rev. 171, 192-3 and Fn. 71 (1975).

(57)　オランダの売主がニューヨークの買主に対する卵のニューヨーク渡しでの売買で、苦情申立を荷卸後 14 日以内とするのは、合理的期間といえるとしたものとして、Th. van Huijstee, N. V. v. Faehndrich 10 UCCRS 598, 602 (1972). 契約違反に対する訴訟は当該違反から 1 年以内に提起することを要するとする出訴期間制限条項は合理的で実質的変更には該当しない。Shur-Value Stamps, Inc. v. Phillips Petroleum Co. 50 F3d 592, 597 (1995).

(58)　瑕疵ある場合にその資材の価格に損害賠償を制限する救済方法制限条項は、合理的態様のものといえ、不当な不意打ちには該当せず、契約内容となるとされる。Intrastate Piping v. Robert-James Sales 733 NE2d 718, 723 (2000).

(59)　Matsushita Electric Corp. of America v. Sonus Corp. 284 NE2d 880, 886 (1972). その他、非実質的とされたものとして、Oskey Gasoline & Oil Co. v. OK-Cning Inc. 364 FSupp 1137, 1144 (1973) ; Baumgold Bros., Inc. v. Allan M. Fox Co. East 375 FSupp 807, 813 (1973). 近時では、Intrastate Piping v. Robert-james Sales 733 NE2d 718, 723 (2000) は、合理的な態様の救済方法制限条項は不当な不意打ちまたは実質的に契約を変更するものとはいえないから、何ら異議申立がなされていない当該条項は契約内容となるとする。

(60)　Lawrence's Anderson UCC, § 2-207 : 18; Murray, J. E. Jr., 20 J. Law & Com. 1, 11 (2000) ; American Ins. Co. v. El Paso Pipe & Supply Co. 978 F2d 1185 (1992) ; In re Chateaugay Corp. 162 B. R 949, 956 (1994) ; JOM, Inc. v. Adell Plastics, Inc. 151 F3d 15, 26 (1998), 193 F3d 47, 59 (1999) ; Bayway Refining v. Oxygenated Marketing 215 F3d 219, 223 (2000).

(61)　Official Comment 6; Graynor-Stafford Indus. v. Mafco Text. Fibers 384 NYS2d 788, 789 (1976) ; Ohio Grain Co. v. Swisshelm 318 NE2d 428, 430 (1973).

(62)　Trust Co. Bank v. Barrett Distributors, Inc. 459 FSupp 959, 961 (1978) ; Barron, P. & Dunfee, T. W., 24 Clev. St. L. Rev. 171, 203 (1975). 異議申立は明示性を要求していないから、推断的にもなしうる。Bülow, H. -J., Stillschweigen, S. 99. 合理的期間は数年後でも該当する。Ebaco Serv. Inc. v. Pennsylvania Power & Light Co. 460 FSupp 163, 190-1, 206-7 (1978). なお、本項 a 号と c 号とは同一目的及び同一効果を生ずる。ただ、a 号は申込の文言における事前の異議申立をカバーし、c 号は付加条項が契約内容となる以前に、手紙 (correspondence) 又はその他の手段による異議申立という状況を対象とする。Duesenberg, R. W. & King, L. P., Sales and Bulk

第 1 節　アメリカ法

Transfers, 1978, p. 3-66.

(63) Cf. Roto-Lith, Ltd. v. F. P. Bartlett & Co. 297 F2d 497, 500 Fn. 4 (1962). もっとも、これは変更が実質的変更のときに問題となる。実質的変更であれば、同意されない限り契約内容にならないから、承諾が不着であれば、同意を生ずる余地はない。Duesenberg, R. W. & King, L. P., Sales and Bulk Transfers, 1978, p. 3-87.

(64) Duesenberg, R. W. & King, L. P., Sales and Bulk Transfers, 1978, p. 3-88; Comment, 30 U. Chi. L. Rev. 540, 552 (1963).

(65) Campanelli v. Conservas Altamira, S. A. 8 UCCRS 693, 695-6 (1970); Trafalgar Square, Ltd. v. Reeves Bros. Inc. 315 NYS2d 239, 242 (1970); London Manufacturing, Inc. v. American & Efird Mills, Inc. 360 NYS2d 250, 251 (1974); Silverstyle Dress Co. v. Aero-Knit Mills, Inc. 11 UCCRS 292, 293 (1972).

(66) McCubbin Seed Farm, Inc. v. Tri-Mor Sales 257 NW2d 55, 58-9 (1977).

(67) John Thallon & Co. v. M & N Meat Co. 396 FSupp 1239, 1241 (1975); C. Itoh & Co. (America), Inc. v. Jordan Intern. Co. 552 F2d 1228, 1232-3 (1975); Matter of Marlene Indus. Corp. & Carnac Textiles, Inc. 408 NYS2d 410, 411-2 (1978); Duesenberg, R. W., 34 Bus. Law. 1477, 1482 (1979); Taylor, E. H. Jr., 46 Cin. L. Rev. 419, 445 Fn. 68 (1977); Bülow, H. -J., Stillschweigen, S. 112f.; Id., AWD-BB 1974, 526f.

(68) Official Comment 6; Calamari, J. D. & Perillo, J. M., Contracts, p. 103; Bülow, H. -J., Stillschweigen, S. 104; Weeks, R. W., 52 Ill B. J. 660, 665 (1964); Southern Idaho Pipe & Steel v. Cal-Cut Pipe Idaho 567 P2d 1246, 1254 (1977); Ionics, Inc. v. Elmwood Sensors, Inc. 110 F3d 184, 189 (1997). このことは、ノック・アウト原則 (knock-out rule) と称されており、対立する条項は互いにキャンセルされ、ブランクとなった個所は UCC の補充規定によって補充される。Daitom, Inc. v. Pennwalt Corp. 741 F2d 1569, 1579 (1984); Superior Boiler Works v. R. J. Sanders 711 A2d 628, 635 (1998). なお、禁反言により拘束されるものとして、Hohenberg Bros. Co. v. Killerbrew 505 F2d 643, 646-7 (1974).

(69) Superior Boiler Works v. R. J. Sanders 711 A2d 625, 635 (1998) (船積期日の相違); Challenge Machinery Co. v. Mattison Mach. 359 NW2d 232, 237 (1984)。

(70) Official Comment 6; Bülow, H. -J., Stillschweigen, S. 104; Murray, J. E. Jr., 37 Ford. L. Rev. 317, 320 (1969); Note, 49 Notre Dame Law. 384, 385 (1973); Bosway Tube & Steel v. McKay Mchine Co. 237 NW2d 488, 490 (1975); Jones & McKnight Corp. v. Birdsboro Corp. 320 FSupp 39, 42 (1970). Taylor, E. H. Jr., 46 Cin. L. Rev. 419, 436-8 (1977) は、いずれの条項が以前の取引関係又は取引慣習と一致しているかで区別すべきであり、これらが存しないときに UCC の補充規定で契約内容が決定される、とする。

## 第2章　商取引における契約の成否と契約内容

なお、確認書が口頭合意と異なる条項を含むときに、口頭合意が立証されれば、これが契約内容となりうるとするものとして、Calamari, J. D. & Perillo, J. M., Contracts, p. 103; I. Joseph Co., Inc. v. Citrus Feed Co., Inc. 490 F2d 185 (1974); Harlow & Jones, Inc. v. Advance Steel Co. 424 FSupp 770 (1976).

(71)　Superior Boiler Works v. R. J. Sanders 711 A2d 625, 636 (1998).

(72)　JOM, Inc. v. Adell Plastics, Inc. 151 F3d 15, 25 (1998); 193 F3d 47, 57-8 (1999).

(73)　Corbin on Contract, § 3. 37 at p. 511 Fn. 37;Air Products & Chemicals, Inc. v. Fairbanks Morse, Inc. 206 NW2d 414, 422-3 (1973).

(74)　Corbin on Contracts, § 3. 37 at p. 511; Brewster of Lynchburg, Inc. v. Dial Corp. 33 F3d 355, 363 (1994).

(75)　本項は、行為に基づく契約のみに適用され、書面に基づく契約には適用されない。Southern Idaho Pipe & Steel Co. v. Cal-Cut Pipe & Supply Inc. 567 P 2d 1246, 1253 (1977); Oskey Gasoline & Oil Co., Inc. v. OKC Refining Inc. 364 FSupp 1137, 1145 (1973). かつ、契約の存在が肯定され、契約内容のみが問題となるときは、本項は適用されず合意された約款が適用される。その場合には、明示の合意が存しなくても、UCCがコントロールするのではなく、当事者の取引過程及び取引慣習で補完される。Ebasco Serv. Inc. v. Pennsylvania Power & Light Co. 460 FSupp 163, 207 (1978). See also Barron, P. & Dunfee, T. W., 24 Clev. St. L. Rev. 171, 196 and Fn. 88 (1975).

(76)　Official Comment 7; Shaw, B., 13 Am. Bus. L. J. 185, 192 (1975). See also Taylor, E. H. Jr., 46 Cin. L. Rev. 419, 427 (1977).

(77)　Murray, J. E. Jr., 39 U. Pitt. L. Rev. 597, 624-5 (1978); Brett Fabics, Inc. v. Garan 565 NYS2d 521 (1991). 書面は当事者間で交換されたメモランダムを含む。Calamari, J. D. & Perillo, J. M., Contracts, p. 103; Jones & McKnight Corp. v. Birdsboro Corp. 320 FSupp 39, 42 (1970).

(78)　Nordstrom, R. J., Sales, p. 102; Murray, J. E. Jr., 37 Ford. L. Rev. 317, 328-9 (1969); Resnick, C. H., 18 Bus. Law. 401, 404-6 (1963); Corman, C. W., 42 Wash. L. Rev. 347, 388-9 (1967); McJunkin Corp. v. Mechanicals, Inc. 888 F2d 481, 488, 489 (1989); White Consol. Ind., Inc. v. McGill 165 F3d 1185, 1192 (1999).

(79)　C. Itoh & Co. (America), Inc. v. Jordan Intern. Co. 552 F2d 1228, 1237 (1977).

(80)　Taylor, E. H. Jr., 46 Cin. L. Rev. 419, 430-1 (1977).

(81)　Weeks, R. W., 52 Ill. B. J. 660, 666 (1964); Duesenberg, R. W. & King, L. P., Sales and Bulk Transfers, 1978, pp. 3-74 〜 75; Corman, C. W., 42 Wash. L. Rev. 347, 386

第1節　アメリカ法

(1967); Bosway Tube & Steel v. McKay Machine Co. 237 NW2d 488, 490 (1975); Diamond Fruit Growers, Inc. v. Krack Corp. 794 F2d 1440, 1445 (1986).

(82) C. Itoh & Co. (America), Inc. v. Jordan Intern. Co. 552 F2d 1228, 1237-8 (1977); Dorton v. Collins & Airkman Corp. 453 F2d 1161, 1165 (1972); Shaw, B., 13 Am. Bus. L. J. 185, 192 (1975). もっとも、ある条項が申込には存するが、承諾には存しないときに、承諾で単に購入書条項にのみ限定されるとするだけでは、申込の条項が支配する。このような方法は申込では効力を有するが、承諾では何ら効果を有しないからである。Phillips Petroleum Co. v. Bucyrus-Erie Co. 373 NW2d 65, 69 (1985).

(83) See Hawkland, W., 10 Prac. Law. No. 5, 73, 82-4 (1964); Id., 11 Prac. Law. No. 3, 25, 30-1 (1965); Bülow, H. -J., Stillschweigen, S. 102f.; Ders., AWD-BB 1973, 515.

(84) Barron, P. & Dunfee, T. W., 24 Clev. St. L. Rev. 171, 198-9 and Fn. 100 (1975); Taylor, E. H. Jr., 46 Cin. L. Rev. 419, 432-3, 436-8 (1977); Comment, 30 Baylor L. Rev. 143, 147 (1978). 当事者間の履行過程、取引過程及び取引慣習によって補充することを認めるものとして、see Dresser Indus. v. Gradall Co. 965 F2d 1442, 1451 (1992); Transwestern Pipeline Co. v. Monsanto Co. 53 Cal. Rptr 2d 887, 894 (1996).

(85) これらの点につき、see Taylor, E. H. Jr., 46 Cin. L. Rev. 419, 433 (1977); Barron, P. & Dunfee, T. W., 24 Clev. St. L. Rev. 171, 204, 206 and Fn. 116 (1975).

(86) Murray, J. E. Jr., 37 Ford. L. Rev. 317, 336-8, 343 (1969); Comment, 8 Akron L. Rev. 111, 120-3 (1974). Cf. also Taylor, E. H. Jr., 46 Cin. L. Rev. 417, 440-1 (1977).

なお、最終書面性原則を適用した判例として、See Roto-Lith, Ltd. v. F. B. Bartlett & Co. 297 F2d 497, 500 (1962); Beech Aircraft Corp. v. Flexible Tubing Corp. 270 FSupp 548 (1967); Construction Aggregates Corp. v. Hewitt-Robins, Inc. 404 F2d 505, 510 (1968); Universal Oil Products Co. v. S. C. M. Corp. 313 FSupp 905, 906 (1970).

(87) Hawkland, W., 10 Prac. Law. No. 5, 73, 82 (1964); Id., 11 Prac. Law. No. 3, 25, 30, 32 (1965). Bülow, H. -J., Stillschweigen, S. 103 は、最終書面性原則を本条は阻止しないが、しかしこの原則の弊害を阻止するのが本条3項の目的であるから、最終書面性原則と本条とは両立しない、とする。

(88) Taylor, E. H. Jr., 46 Cin. L. Rev. 419, 444-5 (1977).

(89) Barron, P. & Dunfee, T. W., 24 Clev. St. L. Rev. 171, 196 Fn. 87 (1975).

(90) Taylor, E. H. Jr., 46 Cin. L. Rev. 419, 427-8 (1977).

(91) Barron, P. & Dunfee, T. W., 24 Clev. St. L. Rev. 171, 195, 197 (1975); Corbin

on Contracts, § 3. 37 at p. 519f.; Lawrence's Anderson UCC, § 2-207 : 29 ; Farnsworth, E. A., Contracts, p. 173; Falcon Tankers, Inc. v. Litton Systems, Inc. 355 A2d 898, 906 (1976) ; C. Itoh & Co. (America) Inc. v. Jordan Intern. Co. 552 F2d 1228, 1238 (1977) ; PCS Nitrogen v. Christy Refractories. L. L. C. 225 F3d 974, 980 (2000). Levin, B. A., Applying the UCC's Supplementary Terms to Contracts Formed by Conduct Under Section 2-207(3), 24 UCC L. J. 210, 226-7 (1992) は、公正性、予測性、さらに商取引界の利益の点から、UCCの補充規定を活用するのがベストであるとする。

(92) 判例上でも、「理解しがたい文言の羅列」「余りにも適切に起草されていない」とか「UCC上謎めいたかつ最も困難な規定」という指摘が存する。Southwest Engineering Co. v. Martin Tractor Co. 473 P 2d 18, 25 (1970) ; Roth-Lith, Ltd. v. F. P. Bartlett & Co. 297 F2d 497, 500 (1962) ; Ebasco Serv. Inc. v. Pennsylvania Power & Light Co. 402 FSupp 421, 436 (1975), 460 FSupp 163, 205, 206 (1978).

(93) Hawkland, W., 11 Prac. Law. No. 3, 25, 33 (1964) ; Friedman, L. M. & Macaulay, S., Contract Law and Contract Teaching : Past, Present and Furture, 1967 Wis. L. Rev. 804, 818.

(94) Comment, 8 Akron L. Rev. 111, 117, 119 (1974).

(95) Shaw, B., 13 Am. Bus. L. J. 185, 195-8 (1975) ; Kove, M., 3 UCC L. J. 7, 11-2 (1972) ; Barron, P. & Dunfee, T. W., 24 Clev. St. L. Rev. 171, 205-7 (1975). 立法論に対して批判的なものとして、Shanker, M. G., Contract by Disagreement!?, 81 Com. L. J. 453 (1976).

(96) これらについては、see Lipman, F. D., 24 Bus. Law. 789, 806-7 (1969) ; Bülow, H. -J., Stillschweigen, S. 109; Taylor, E. H. Jr., 46 Cin. L. Rev. 419, 437-8 (1977).

# 第3款　2003年UCC改正法

永年にわたるUCC改正作業が一段落して、改正UCCが2003年に成立し、書式の戦いに関する2-207条も大きな改正をみている。本款では、この点を簡単に検討する。

同年の改正で、現行2-207条は契約の成否と契約内容の両者を規定していたが、契約の成否に関する同条1項の規定は削除され、改正2-206条に移され、専ら、契約内容に関する規定として純化された[1]。つまり、改正2-207条は、タイトルを「契約条項；確

認書の効果」として、

「2-202条に従うこととして、(i)当事者の記録によると契約を確証するものではないが、両当事者の行為によって契約の存在が認められとき、(ii)契約が申込と承諾によって成立しているとき、又は、(iii)いかなる態様であるかを問わず成立した契約を記録によって確認するもので、そこに、確認される契約に対して付加若しくは異なる条項が含まれているとき、において、契約内容は以下の条項となる。

(a)　両当事者の記録に明確に示されている条項

(b)　記録にあるか否かを問わず、両当事者が合意した条項

(c)　本法の規定に基づいて補充されるか又は組み込まれる条項」
と規定した[2]。

本条は、現行2-207条における混乱の解決を意図したものである。そのために、本条は、第一に、契約成否に関する問題には適用されない、つまり、契約が成立したと決定された後の段階でのみ適用される。第二に、形成されたとされた契約の内容を明確にすることを唯一の目的とする。第三に、契約内容となりうる条項を決定する点で、裁判所により広い裁量を認めている[3]。このように、本条の守備範囲は改正前に較べると、大きく異なるが、書式の戦いでは、契約の成否とその内容いかんが眼目であるから、以下では、この二点につき、改正UCCではどのように取り扱っているを検討する。

なお、改正2-207条では、現行規定と異なり、本規定は動産売買に関する全ての契約に適用され、いわゆる「書式の戦い」である契約についてのみ適用されるものではない[4]。したがって、商品の注文がなされ、即座に船積みがなされたことによって成立したか、口頭又は書面の申込に対してその申込に一致した口頭又は書面による承諾によって成立したか、電子商取引か、申込に対して付加又は

第 2 章　商取引における契約の成否と契約内容

異なる条項を含む適時かつ明確な承諾によって成立したか、両当事者の行為によって契約の存在が認められるか、などを問わず、適用される(5)。現行規定が、承諾が付加または異なる条項を含むものである場合に、非商人に対しては単なる提案とされ、商人間では原則として契約内容となるとしているが、改正規定では、取引相手方が商人か非商人かでは区別していず、動産の買主、売主の地位いかんを問わず適用される。

（1）　以下では、2003年改正前の条数は「現行」を、改正後の条数には「改正」を付して表示するが、このことは旧規定が効力を失ったことを意味しない。単に、便宜のためである。周知のように、UCCは、各州でこれを採用するか否かに依存するからである。

（2）　以下では、本条の該当事項は、2-207条(i)、2-207条(a)と表示する。なお、現行及び改正2-202条は、口頭証拠の原則を規定したものである。改正2-207条が口頭証拠原則規定に言及しているのは、不一致の記録の交換を伴う契約のみならず、同条がすべての売買契約をカバーするように拡大されたからである。不一致の記録の交換は、当事者の合意の最終的な表明を示す唯一の記録が通常存在しないから、口頭証拠問題が生じうる。ところが、改正2-207条の拡大された範囲では、このような最終表明が存在することがありえる。そこで、口頭証拠原則に関する改正2-202条に言及したことは、改正2-207条の下で通常は契約内容となる条項の口頭証拠は排除されうることを意味している。Wladis, J. D., 54 SMU L. Rev. 997, 1012 (2001).

（3）　Corbin On Contracts, 2004 Cumul. Supp., §3. 37A at p. 181. なお、改正2-207条には、「記録」の文言が使用されているが、これは、改正2-103条1項m号で「記録とは、有形の媒体に記された情報、または、電子的媒体若しくはその他の媒体に保存され、可視的な形態で再生できる情報を意味する」と定義されている。

（4）　Uniform Commercial Code (Official Text and Comments), 2005 ed., Official Comment, §2-207：1（以下、Official Comment (2005 ed.) と略記）. もっとも、このOfficial Commentは、不可解なものであると指摘されている。つまり、現行規定においても、厳密な意味での書式の戦いとはいえず、一方の書式のみが存する場合でも適用されていたのであり、このCommentは、契約の成立に関する「表面を覆ったものの売買」または「包み込まれたものの売買」の理論による現行規定の誤解に因るものといえる。Cobin On Contracts, 2004 Cumul.Supp., §3. 37A at pp. 182-3.

（5） Duesenberg, R. W. & King, L. P., Sales and Bulk Transfers, 2004, p. 3-118.

　(i)　契約の成否

　この点は、一般的な契約成立規定である改正 2－204 条、申込・承諾に関する同 2－206 条によって決定される[(1)]。この点は、契約の成否に関する前述の理論が妥当するので、繰り返さないが、改正規定における注目すべき点を以下で検討することにする。

　現行 2－207 条 1 項に規定された「鏡像原則」の修正は、改正 2－206 条 3 項に若干の変更があるが、ほぼそのまま採用されている。つまり、同項は、「記録における明確で適時な承諾の表示は、たとえ、申込に付加または異なる条項を含むものであっても、承諾としての効力を有する。」とする。基本的に、これによって、「鏡像原則」を修正すると共に、返答である記録は従来と同様に承諾と解されるが、異なる取引への提案とは解されない[(2)]。しかも、承諾が申込内容とは一致しない条項を含むものであっても承諾としての効果を生じ、契約は成立することになる。ただ、この原則は、承諾の表示が適時かつ明確になされた場合にのみ適用される[(3)]。一般に、申込は口頭又は書面でなすことができるが、承諾の明確な表示は記録上に存する場合にのみ、改正 2－206 条は適用される。この点は、口頭で伝達された条項は必然的に交渉の対象となっているから、現行規定上も暗黙の前提となっていたものである[(4)]。

　さらに、現行 2－207 条但書のように、被申込者が承諾に際して自己の付加または異なる条項に申込者が同意するのでなければ取引をなす意思がないことを表示している場合には、この文言は改正 2－206 条 3 項には存しない[(5)]が、当事者は契約を締結しないという自由を有するし、被申込者は自己の条項のみで取引をする意思を示しており、自己の条項への申込者の同意を待っているのであるから、明確な承諾の表示とはいえないことになる[(6)]。この種の場合には、

第2章　商取引における契約の成否と契約内容

被申込者がその後に履行をなすか、又は何らかの方法で契約の存在を認めるか、相手方がなされた条項に合意するのであれば、別であるが、これらのことがなされないならば、自己の条項に従う旨の記録上の規定は、改正2－204条及び同2－206条によって契約が成立したこととにはならず、改正2－207条は適用されない[7]。相手方の合意に関しては、原則として履行のみで合意と認められることはないが、場合によっては、裁判所は当該事情を考慮に入れて、その裁量で肯定することが認められる[8]。

　また、現行2－207条2項における異なる条項に関する対立を考慮して、付加または異なる条項の文言は削除されている。もともと、両者の区別は容易でなく、かつ、その区別に関する対立は「瑣末なこと」「極度に抽象的で、実際的でない」[9]と指摘されており、削除は適切といえる[10]。同様に、付加条項が実質的か否かによる区別も、それほど明確でなく、判例上も統一がとれていなかったので、この論点を完全に排除することを意図して、改正2－207条では実質的か否かの区別を廃止している。したがって、一方の記録に存する条項が、付加または異なる条項か、実質的か非実質的変更に該当するか否かを問わず、当事者がこれにつき合意しない限り、契約内容とはならない[11]。

　ところで、契約成否についてはUCCの他の規定に委ねているが、改正2－207条は、(i)行為によって、(ii)申込・承諾によって、契約が成立したか、または、(iii)契約成立後の確認記録において付加または異なる条項が含まれている場合と、契約成否の三形態をあげている。本条が契約成否をUCC第2編の他の規定に委ねているのであるから、このような規定が妥当かは疑問である。むしろ、「契約がその方法いかんを問わず成立しているときには、契約内容は以下の通りとなる：……」とするのが妥当であるし、記録による確認を前二者と区別して別個に取り扱うのも、確認書もその他の記録と同

第1節 アメリカ法

様に「記録」であるから、そのように取り扱う必要性があるかは疑問である(12)。

（1） Official Comment, § 2-207 : 2.
（2） Official Comment (2005 ed.), § 2-206 : 2.
（3） Official Comment (2005 ed.), § 2-206 : 3.
（4） Duesenberg, R. W. & King, L. P., Sales & Bulk Transfers, 2004, p. 3-116.
（5） 現行2-207条1項における但書は不必要として削除された。Comment (Proposed revision. Nov. 2000) § 2-207 : 5. Wladis, J. D., The Contract Formation Sections of the Proposed Revisions to U. C. C. Article 2, 54 SMU L. Rev. 997, 1008 (2001) は、現行2-207条但書の削除によって、若干不安定性が生じうると共に、裁判所は効果的な条件付文言に関してより多様な表現を今よりも柔軟に認めることになろうと指摘する。
（6） Official Comment (2005 ed.), § 2-206 : 3 ; Wladis, J. D., 54 SMU L. Rev. 997, 1006 (2001) ; Duesenberg, R. W. & King, L. P., Sales & Bulk Transfers, 2004, p. 117.
（7） Official Comment (2005 ed.), § 2-207 : 2.
（8） Corbin On Contract, 2004 Cumul. Supp. § 3. 37A at p. 186 （ただし、根拠とされた Comment は、Comment (Proposed revision. Nov. 2000), § 2-207 : 2 である。).
（9） Northrop Corp. v. Littonic Indus. 29 F3d 1173, 1175 (1994).
（10） Corbin On Contract, 2004 Cumul. Supp. § 3. 37A at p. 187.
（11） Corbin On Contract, 2004 Cumul. Supp. § 3. 37A at p. 188 （ただし、この意図が貫徹されているか否かは疑問であることも指摘されている).
（12） Corbin On Contracts, 2004 Cumul. Supp. § 3. 37A at p. 183. Duesenberg, R. W. & KIng, L. P., Sales & Bulk Transfers, 2004, p. 118 は、記録による確認をあげたのは、電子商取引を念頭において、規定しておかないと、裁判官によっては誤解して、この契約形態には改正規定は適用できないと解されることを危惧したためであると指摘する。

　　(ii)　契約内容

改正2-207条は、既述のように契約内容いかんについてのみ規定するが、若干検討すべき点が存する。

第一に、付加または異なる条項に関しては確認書のみについて規定し、(i)(ii)については規定を欠く。これは、コモン・ローにおける

第 2 章　商取引における契約の成否と契約内容

「最終書面性」原則の否定は改正 2–206 条 3 項に委ねると共に、現行 2–207 条では、最初に書面を発した (First Shot) 者が有利となる状況が出現するがこれを否定するためであると考えられる。現行規定では、申込で明示の規定を欠くと、商人間取引では、売主側の書式における付加的な条項が契約内容となるかは、これが実質的な変更とはなるか否かによる。基本的には、申込内容が優位となるが、これは約款が申込・承諾のいずれかに存するとを問わず無視されている事実を考慮に入れていないといえる。しかも、当事者は、いずれが申込をなしたかに関して関心を払うことは稀であるのに、現行 2–207 条では、申込者が「最初に書面を発した」ことから、書式の戦いで勝利を得ることになる[1]。改正 2–207 条は、当事者のいずれが申込者となったか被申込者となったかで何ら区別せず、両者の約款に同等の位置づけをなしている[2]。つまり、いずれの書式が最初に送付されたかという問題は重要ではない。契約内容の決定に関しては、最初に送付された書式であってもその後に送付された書式と同様に、重要性を有しないからである[3]。

　第二に、契約内容は、改正 2–207 条によれば、(a)一致した条項、(b)口頭を含めて両当事者が合意した条項、(c) UCC の補充規定、によって形成される。本条は、現行 2–207 条で多数説ともいえる「相打ち理論 (knock-out rule)」をより中立的な形態で採用しており、対立する条項はどのような形であろうとも、契約内容とならないものとする[4]。

　三者のうち、検討を要するのは、改正 2–207 条(a)、(b)である。まず、(a)では、一致した条項についていえば、両当事者が契約締結に又は契約確認に記録を使用した場合に適用される。その場合に、両記録に存する条項が契約内容となる。いずれか一方のみに存する条項は契約内容とならず、そのためのは(b)に基づく合意を要する[5]。論者によっては、条項は必ずしも一致していないが、両者

の記録上に存する場合につき、最小限原則の適用を肯定している。例えば、買主側の記録上では60日払いとされ、売主側の記録上では30日払いとされている場合に、30日という期限で記録上の一致が存すると解すべきであるとする[6]。しかし、支払期日が両者にとって重要であることはさておいても、最小限原則を採用することは、一方を有利に取り扱うことになり妥当とはいえない。

次に、(b)では、両当事者の合意した条項[7]については、改正2-207条に関するOfficial Comment 3によると、両当事者が記録を送付しているが、一方の記録にのみ口頭の合意には存しない付加または異なる条項が存する場合にも合意を肯定できるとされる。例えば、両当事者の書式において特定数量の商品の販売が合意されたが、買主が購入注文書またはその他の記録で、見本のテストの結果で購入を決定するとしていた場合に、売主の見本送付行為は買主の条件に合意したものと解釈され、これが契約内容となるとされる。このことは、一方当事者が他方の条項に合意したか否かを決定することにつき、裁判所に従来よりも広い裁量権を認めていること示している[8]。ある条項が契約に含まれるか又は排除されるかを裁判所の判断に委ねられることになる。したがって、契約内容に関して、裁判所は、たんに最初の書式又は最終の書式に注目するのではなく、いかなる条項がすべての書式に現れているかを発見するために、両書式及びそこに存するあらゆることを比較することになるし、さらに、いずれの書式においても当事者が合意したといえないが、なんらかの形で合意したといえる条項を見いだすことも認められるとされる[9]。この結果は、予測性を犠牲にすることになる。Official Commentでは、ガイドラインが示されているが、それで充分かは疑問であり、判例の動向が注目される。さらに、実質的変更、異議申立の効果（現行2-207条2項b号、c号）の規定が欠けているのは、予測性の点から、現行の規定のほうが良いとする見解[10]も存する。

第 2 章　商取引における契約の成否と契約内容

しかし、この点は、多くの場合、合意が肯定されないことになるから、明定するまでもないといえる。なお、(a)、(b)の適用によっても、空白部分が残る場合には、その部分は、改正 2 - 207 条(c)に基づいて UCC における法定の黙示条項又は契約上の黙示条項によって補完される[11]。

さらに、改正 2 -207 条における Official Comment 4 によると、この合意には、履行過程 (a course of performance)、取引過程及び取引慣行 (usage of trade)[12] から生ずる規定を含むとされ、当事者の一方の記録のみに存する条項であっても、相手方はこれに拘束され、この条項が合意内容となるとされる[13]。

しかし、これが適切かは疑問である。履行過程は、取引過程及び取引慣行とは異なり、契約が成立した後になされる行為に関するものである。つまり、履行過程は当事者がその約束したことがどのような意味を有するかを最も強力に証明するものであると共に、契約上の請求権の放棄 (waiver) または契約内容の修正 (modification) を証明することにもなる。付加条項が履行過程に基づいて契約に含まれるのは、改正 2 - 209 条[14]の要件にしたがって放棄または修正となる場合のみである。かつ、このような契約成立後の条項が契約内容となるのは、それが一方当事者の記録上に存するからではなく、契約内容を変更するという両当事者の意図を証明する両当事者の行為に基づいて承認された条項として適用を見ることになるにすぎない[15]。また、取引過程及び取引慣行によって一方または両者の記録上に存する条項が契約内容となるとするのも、誤解を生じさせる。「合意」に関しては、もともと、履行過程と同様に取引過程及び取引慣行が含む[16]ものとされており、この後二者から引き出される条項は当然のこととして当初の契約内容となるとみなされている[17]。条項は記録上に存するが故に契約内容になるのではなく、記録上に存しなくとも、自動的に契約成立の時点から契約内容に

なっているのである(18)。

　なお、表面を覆ったものの売買契約または包み込まれた契約(layered or rolling contract)、いわゆるパックされた箱の中に商品と契約条件が存し、開披して初めて契約条件を買主が知るという取引形態については、現行2-207条の適用範囲に入るかが問題となっていることは既に述べたが、これについては、改正2-207条は、何ら特別な取り扱いをせず、対立する見解(19)いずれを裁判所が採るべきかについては、態度を決定していない(20)。立法による解決は意識的に回避されているのである。法的に重要でありながら、判例上不安定な問題を解決する機会を逃した主たる理由は、明らかに、UCCが競合する利益間の妥協の産物であるからである(21)。この問題については Step-Saver Case 及び Klocek Case の見解が妥当であろう。口頭で契約が締結された後に商品が送付され、しかもその商品がパッケイジされていて開披しなければ約款を知り得ない状況では、約款に存する付加又は異なる条項が契約内容となるのは、相手方が明示に同意したことを要するのである(22)。立案過程でのコメント(23)で、「当事者間の当初の合意（口頭、電子的手段又はその他の方法による）の後になされた履行は、通常、相手方の記録に存する条項への合意であると解釈されるべきでなく、そのためには記録が当初の合意の内容となっていることを要する」と指摘されていたことが参考になろう(24)。

　基本的に、改正2-207条では、表示が種々の方法を用いてなされ、契約の成立を取り巻く状況が非常に多様であることを認めて、何を当事者が合意したかを決定するために非常に整然とした基本原則を設定するという立場をとっていない。むしろ、多くの問題は、当該事案の事実と状況を基本にして、取引慣行や取引過程、合意の内容となっているとみなすべき条項を含めて、裁判所の裁量に委ねているのである(25)。この改正規定は訴訟コストを削減することになろうと評価する見解も存するが、各州の採用状況及び判例の集積

第2章　商取引における契約の成否と契約内容

に注目する必要がある。

( 1 )　Corbin On Contracts, 2004 Cumul. Supp. § 3. 37A at p. 184.
( 2 )　Official Comment(2005 ed.), § 2-207 : 2; Duesenberg, R. W. & King, L. P., Sales & Bulk Transfers, 2004, p. 3-118.
( 3 )　Mootz Ⅲ, F. J., Frisch, D. & Alces, P. A., Commercial Contracting : Sales, Leases, and Computer Information, 2004, p. 133(以下、Mootz-Frisch-Alces, Commercial Contractingと略記).
( 4 )　Ferriell, J. & Navin, M., Understanding, p. 244 ; Wladis, J. D., 54 SMU L. Rev. 997, 1011(2001); Duesenberg, R. W. & King, L. P., Sales & Bulk Transfers, 2004, p. 3-117～8.
( 5 )( 6 )　Duesenberg, R. W. & King, L. P., Sales & Bulk Transfers, 2004, p. 3-119.
( 7 )　Duesenberg, R. W. & King, L. P., Sales & Bulk Transfers, 2004, p. 3-119は、改正2-207条(b)は、本改正規定の核心であって、本条が成功するか否かは合意概念を裁判所が適切に適用するかに依存するとする。
( 8 )　Comment(Proposed Rev. Nov. 2000), § 2-207 : 2; Corbin On Contracts, 2004 Cumul. Supp. § 3. 37A at p. 188.
( 9 )　Mootz-Frisch-Alces, Commercial Contracting, p. 133.
(10)　Wladis, J. D., 54 SMU L. Rev. 997, 1020-21(2001).
(11)　Duesenberg, R. W. & King, L. P., Sales & Bulk Transfers, 2004, p. 119.
(12)　改正UCCでは、これらは一括して、1-303条に規定している。
(13)　ただ、特定条項の利用が繰り返されているとか、他方の記録上に存する条項に対する異議申立が毎回なされていない状態が継続しても、これらのみでは履行過程などとはならない。Official Comment(2005 ed.), § 2-207 : 4. この点は、現行2-207に関する判例も同様な立場である。Corbin On Contract, 2004 Cumul. Supp. § 3. 37A at p. 189.
(14)　改正2-209条は、現行条文に若干の文言修正をなしたにとどまり、規定内容は変わらない。
(15)　Corbin On Contracts, 2004 Cumul. Supp. § 3. 37A at p. 189.
(16)　改正1-201条b項3号は現行1-201条3項をそのまま採用している。
(17)　Official Comment(2005 ed.), § 2-202 : 2.
(18)　Corbin On Contracts, 2004 Cumul. Supp. § 3. 37A at p. 188.
(19)　Official Comment(2005 ed.), § 2-207 : 5であげるStep-Saver Case 939 F2d 91 (1991), Klocek Case 104 FSupp 2d 1332(2000)の立場とHill Case 105 F3d 1147 (1997)の立場は対立する。一方当事者の書面のみが存する場合につき、前二者は、現行

2—207条の適用を肯定するが、後者は適用を否定している。
  (20)  Official Comment（2005 ed.），§ 2-207：5.
  (21)(22)  Mootz-Frisch-Alces,Commercial Contracting, p. 142.
  (23)  Comment（Proposed Rev. Nov. 2000），§ 2-207：2.
  (24)  Mootz-Frisch-Alces, Commercial Contracting, p. 142.
  (25)  Ferriell, J. & Navin, M., Understanding, p. 245.

# 第2節　イギリス法

　契約成立には申込と承諾の一致を要し、承諾は被申込者が申込に応じて合意を成立せしめる意思をもってなすものであり、申込内容と完全に一致することを要する[1]。したがって、承諾が条件付とか申込内容を変更するとか、申込者の指定した承諾方法期日などを遵守しないときには、承諾の効力を生ぜず、申込の拒絶であり反対申込となる[2]。原申込者はこれを承諾又は拒絶できる。もっとも、申込と承諾とが逐語的に正確に一致していることは必ずしも必要ではなく、単なる些細な付加条項は承諾を無効としない[3]。また、申込者の利益となる新たな条項の付加、法上黙示される条項の明記による申込内容との差異、承諾者がなんらかの譲歩を要求したが拒絶されても申込条項にしたがって履行する用意をなしているとき、商業上の照会にすぎないときには、承諾としての効力を生ずる[4]。そして、承諾は書面又は口頭によるほか、行為によってもなしうる。例えば、購入申込に応じた物品の送付、送付された物品の使用である。この点で沈黙が問題であるが、原則として沈黙は被申込者を拘束しない。つまり、行為による承諾は、被申込者が承諾する意図で行為したときにのみ効力を生ずる。したがって、沈黙は承諾とみなす条項は効力を生じない[5]。

　契約成立に関する、このような伝統的アプローチは、以下のようなメリットを有する。第一に、契約が成立したか否かを決定する際

第 2 章　商取引における契約の成否と契約内容

に裁判所が適用する原則が分かり、ある程度の確実性をもたらす。かつ、契約が締結される前に申込と承諾が互いに正確に一致していなければならないのであるから、契約の成立と契約内容の確定との間には何ら乖離がないことになる。この結果、当事者には、自己の行為を評価する明確な基準が与えられると共に、すべての点について合意しておかないと、裁判所は契約は締結されていないという判決することになるというメッセージが発せられることになる。第二に、すべての契約に適用することができる基準が提供されることになる。他面では、このアプローチについては、批判が強く、それは硬直的すぎるということである。「二者択一」を生じ、売主か買主かいずれか一方の約款が当事者間の関係を支配することになり、裁判所も柔軟な解決策を採ることができなくなってしまう[6]。それにもかかわらず、この伝統的アプローチが根強く支持されているが、取引社会では、契約法の分野では、確実性、つまり、法が適用される基準をを知って、それにしたがって取引を立案することが重要だからである[7]。

（1）　Treitel, G. H., Contract, p. 16 ; Anson-Beatson, Contract, p. 38 ; Waddams, Contracts, p. 38 ; Stone, R., Contract, p. 39. 田中和夫・英米契約法 20 頁。

（2）　Treitel, G. H., Contract, p. 18 ; Anson-Beatson, Contract, p. 39 ; Cheshire-Fifoot-Furmston, Contract, p. 41f. ; Schlesinger(ed.), Formation, pp. 969, 972（Leyser）: Hyde v. Wrench（1840）3 Beav. 334（337）; Northland Airliners Ltd. v. Dennis Ferranti Meters Ltd.（1970）114 S. J. 845; Jones v. Daniel（1894）2 Ch. 332. 田中（和）・英米契約法 15 頁。

（3）　Treitel, G. H., Contract, p. 18 ; Waddams, Contracts, p. 39. な　お、Waddams, supra. p. 49 は、この解釈による解決も考えうるとする。

（4）　Treitel, G. H., Contract, p. 18f. ; Anson-Beatson, Contract, p. 38 ; Schlesinger (ed.), Formation, pp. 970-1（Leyser）; Jacobs, E. J., The Battle of the Forms : Standard Term Contracts in Comparative Perspective, 34 Int. Com. L. Q. 297（299）. なお、黙示的条項につき、see Treitel, G. H., Contract, p. 185f.

（5）　Treitel, G. H., Contract, p. 30f. ; Anson-Beatson, Contract, p. 48 ; Schlesinger

(ed.), Formation, pp. 1116, 1121（Leyser）; McKendrick, E., Contract, p. 45 ; Felthouse v. Bindley（1862）11 C. B. N. S. 869. 田中（和）・英米契約法 25 頁。ただし、当事者間に取引過程が存するときは、異議申立すべき義務が生じ、これをなさないと沈黙による承諾が生じる余地がある。Treitel, G. H., Contract, p. 31 ; Anson-Beatson, Contract, p. 48. See also Schlesinger(ed.), supra, pp. 1116-20（Leyser）.
（6） McKendrick, E., Contract, pp. 28-9.
（7） McKendrick, E., Contract, p. 30.

## 第 1 款　契約の成否

以上の原則は、「書式の戦い」にも適用され、契約は成立しない[1]。被申込者は申込を拒絶して反対申込をなしているし、いずれの当事者をして相手方の約款に拘束されるとするのは不公平であるからである[2]。この反対申込に対して相手方の行為が承諾と認められる限りで、契約は成立する。例えば、書面での承諾自体又はこれに付加した給付の履行[3]とか、長期の取引関係が存し運送人が自己の約款による旨記した引渡証（delivery note）を呈示し倉庫業者が同じく自己の約款に基づき受領する旨のゴム印を押して引渡証を運送人の運転手に手交するのを常とし、運送人がなんら異議を述べない場合[4]とか、売主が自己の約款を記した書面で売却の申込をなし買主が自己の約款を記した書面で注文したが、注文書の下部には申込を自己の約款に基づき承諾する旨及び署名して返還すべき旨を記載した裂き取りスリップ（tear-off-slip）が存し、売主がこれに署名して返還した場合[5]には、承諾であり契約は成立したとされる。この解決策は、承諾と推論させる行為がなされなければ、かつ、なされるまでは契約が全く存しないとするし、成立とその内容を単一問題とするから、比較的単純性を有するという利点がある[6]。

しかし、書面の最終性を取得しようとする果てしない書面の送付[7]、一方当事者が実質的に履行しても、かつ、差異の程度を問

わず黙示的承諾がなされるまでは撤回できるという不当性が存する[8]。そこで、承諾と認めうる行為が存しない限り契約は不存在とするのは商人的理解又は商取引の要求に合致しないから、即座に拘束力ある契約が締結されたと解すべき[9]と指摘されている。契約成立に関しては、当事者間で交換されたすべての書面を顧慮し、これから又は当事者の行為から、約款の差異にもかかわらず当事者がすべての実質的事項につき合意に達しているかを考察すべきであり、したがって、最終書面が送付され、これにつきなんら異議を申立てずに受領されたときに契約は成立することになるとされる[10]。この契約成立に関しては、近時、完全な履行済契約につき、申込・承諾の公式で正確に分析できなくとも、履行過程中に契約は存することになるとした判例[11]が存するのは注目に値する。このケースは、アルミニュウム枠のガラス壁・ドア等のデザイン、供給及び据付を含む建築契約に関するもので、下請契約は完全に履行され、代金も支払われたが、元請契約に基づき瑕疵及び履行遅滞が問題となり、元請会社が仲裁に基づき金員を支払い、これを下請会社に請求した。その際、契約の成否が問題となった。これにつき、傍論ながら、「第一に、英法では契約の成立につき客観説が採られていることは事実である。……基準は誠実な者の合理的な期待である。本件では、思慮のある商人の合理的な期待である。第二に、確かに、申込と承諾の一致が大多数の場合に契約成立のメカニズムであるとされる。書面の交換でなされる契約についてはその通りである。だが、履行中に、かつ、履行の結果として存在するようになった契約については必ずしもそうとはいえない。第三に、取引が未履行ではなく既に履行されているという事実の重さである。……両者によって取引が履行されているという事実からすれば、法的関係に入る意図はなかったと主張するのは非現実的であろう。契約は曖昧さ又は不確定性の故に無効であるとするのは困難であろう。特に、取引が

既履行であるという事実からすれば、不確定性を解決する条項が黙示されているとするか、又は、二者択一的に、交渉で決着を付けられていない事項は非本質的であるとすることも可能であろう。」と指摘されている[12]。当該事案の特殊な状況によるものであるとはいえ、申込・承諾という厳格な拘束は商取引の現実に適合しないのであり、それ故に場合によっては緩和されるべきであるという主張に扉を開くものといえる。ただ、目下のところ、判例は伝統的な申込・承諾という分析を遵守しているにとどまっているが、将来もそのような見解を採るかが注目される[13]。

（1）　もっとも、当事者が電話で交渉し、契約内容の主要な事項につき合意したが、その際、いずれの当事者も自己の約款につき何ら言及していなかった。契約は一部履行されたが、その後に紛争が生じ、両者が自己の約款を援用した事案では、契約は電話でによる交渉で成立しており、両当事者は自己の約款を組み込んでいず、いずれも自己の約款を援用できない、とされた。Lidl UK GmbH v. Hertford Foods Ltd.（20 June 2001. unreported）（Ross, J. Setting the Standareds, 145 Sol. J. 650 (2001) より引用。).

（2）　Cf. Jones v. Daniel（1894）2 Ch. 332 ; Anson-Guest, Contract, 25th ed., p. 35. 契約不成立であるが、当事者が履行行為をなしていた場合には、原状回復による処理がなされることになる。Furmston, M.（ed.), Contract, P. 359 Fn. 1.

（3）　Davies & Co. v. William Old Ltd. 113 Sol. J 262（1969）; Waddams, Contracts, p. 48.

（4）　British Road Services, Ltd. v. Arthur V. Crutchley & Co.［1968］1 All E. R. 811.

（5）　Butler Machine Tool v. Ex-Cell-O Corp.［1979］1 W. L. R. 401. もっとも、本件では、スリップ返還に際し申込における見積書に従って引渡す旨記載した書面を添付していたので、売主側は再反対申込をなしていると主張したが、買主の反対申込で原申込は失効しており、見積書への言及は商取引上価格及び機械の同一性に関するにすぎないし、仮に再反対申込としても、引渡以前に当初の約款を承諾しない旨を買主は明確にしていたから、機械の単なる物理的引渡という事実により、買主が承諾したとはいえない、とされた。［1979］1 W. L. R. 401, 404, 406, 408.

（6）　McKendrick, E., Contract, p. 27, 54f. は、従来の理論で解決するのが、欠陥があっても、安定性・確実性の点で、最善とはいえないが、種々提案されている解

決策よりも優れているとする。

（7） Furmston, M. (ed.), Contract, p. 358 は、書式の戦いは一種の消耗戦であると指摘する。Adams, J. & Brownsword, R., Key Issues, p. 78 は、古典的理論はこの問題を一種のテニス・ゲームのように解決しようとすると指摘する。

（8） Rawlings, R., The Battle of Forms, 42 M. L. R. 715, 717-8 (1979). さらに、Anson-Beatson, Contract, p. 40 は、偶然性に依存することになるとともに、恣意的になる可能性があると指摘する。最終文言性理論による不当性については、see also Furmston, M. et al (ed.), Contract Formation and Letter of Intent, 1998, p. 108f（以下、Contract Formation と略記）.

（9） Anson-Guest, Contract, 24th ed., 1975, p. 38 ; Benjamin, Sale of Goods, 4th ed., 1992, para. 2-013 (Sealy)（以下、Sale of Goods と略記）; Adams, J. & Brownsword, R., Key Issues, p. 78. もっとも、多くの場合、約款の交換は、必ずしも強行しうる契約をもたらさないという事実認識がかなりの程度実際には存するとされる。Beale, H. & Dugdale, T., 2 Brit. J. Law and Society 45, 50 (1975).

なお、両当事者が電話での交渉の段階で自己の約款組込につき何ら言及せず、契約の本質的事項に合意がなされた後に、両者が書面（確認書）で「裏面の約款参照」と指示した場合につき、契約は前段階の口頭の合意でもって成立しており、いずれの約款の適用されず、契約内容は明示に合意されたか又は法によって黙示されたものによって構成されるとした判例も存する。See Lidl UK GmbH v. Herford Foods Ltd. [2001] EWCA 938 (LexisNexis).

（10） Butler Case [1979] 1 W. L. R. 401, 404 (per Lord Denning M. R.). Cf. also Treitel, G. H., Contract, p. 17 ; Beale, H. & Dugdale, T., 2 Brit. J. Law and Society 45, 50-1 (1975) ; Rawlings, R., 42 M. L. R. 715, 718 (1979). しかし、一方当事者が自己の約款に至上約款（Clause paramaunt）、つまり、「すべての注文は当社の見積書及びその後に示される約款条項にのみ基づいて、かつ、これに服して承諾される。これらの条項は買主の注文書に存するいかなる条項にも優先する」という旨の条項を入れているとしても、これらの条項は買主が売主の約款条項に服するという結果を生じない。最終書面性原則の下では、売主はこの条項を含めて自身の条項の適用を放棄していることになるからである。Furmston, M. (ed.), Contract, p. 359. 両当事者が互いにこの種の至上約款を自己の約款に採り入れていると、いずれの当事者も相手方の約款につき合意する意思がないことを示唆しているので、締結された契約が存するとは決していえないことになる。Furmston, M. (ed.), supra; Richards, P., Contract, p. 34.

（11） Trentham Ltd. v. Archital Luxfer Ltd. [1993] 1 Lloyd's Rep 25, 29-30.

（12） Id., p. 27 (per Lord Steyn). そして、「……完全に取引は既履行である本件に

おいては、申込と承諾という式で正確に分析できなくとも、履行中に契約は存在することになった」とする。Id., pp. 29-30（per Lord Steyn）.

(13) Stone, R., Contract, p. 44.

## 第2款　契約内容

では、契約内容はどうなるか。大別して三説ある[1]。第一説は、伝統的な申込承諾理論の適用により最後に送付された書式が承諾されたか否かの分析である（last shot or last post 原則)[2]。これによると、書面の最終性取得という新たな戦いが生じ商取引の迅速性に対応できないし、これが生じなくとも、一方当事者が給付履行をなさなければ契約不存在で相手方はなんら請求権を取得しない。給付履行後に紛争が生ずると、相手方が給付受領により黙示的に承諾したものとされる可能性が強い[3]。

第二説は、被申込者の返答が実質的差異を生じ価格に影響を及ぼす場合には、これにつき被申込者が申込者の注意を特に喚起しない限り差異を援用できないとする（first shot 原則)[4]。この見解では、約款条項は契約成立につき合意が要求される実質的事項に関する条項、契約成立につき合意を要しないがその存在を認識させるにたる特別な指示を要するという価格に影響を及ぼす実質的差異を有する条項、さらに合意及び特別な指示も必要としない条項、とに分類されることになる[5]。しかし、この分類は本質的に恣意的で訴訟増加をもたらし、ほとんどの条項は価格に影響を及ぼしうるから特別の指示は実際的でない[6]。さらに、特別の指示はどの程度をいうのか、両者が特別指示をなした場合はどうなのか、明確でない[7]。

第三説は、両者の約款を一体として解釈すべきとする。両者が調和しうるもので調和した結果を達成しうるときは、これによる。例えば、売主側が引渡方法に関する条項を定め、買主側が引渡時に関する条項を有する場合である。差異が調和できないものであり相互

## 第2章　商取引における契約の成否と契約内容

に矛盾するときは、対立する条項は無視され、合理的推断（reasonable implication）で補完される。多くは、コモン・ロー上の黙示的条項でなされよう[8]。これは、妥当な解決策と思われるが、契約自由尊重が強い英国では裁判官による契約改訂の問題も生じうる[9]。一般には、第一説で処理されている[10]。実務上も、最後になされた約款が優先するという事実認識がある程度存するし、特定条項（例えば、品目（item）とか価格）は明示に合意され、すべての重要な差異は交渉され確定されている[11]。しかも、約款上に存する重要な条項も検討され合意に達している。より基本的には、英法上では、約款条項は一種の一括条項（package）として取り扱われており、分割できないことになるから、契約の存在は両者の一括条項が一致するか、一方当事者が相手方の一括条項を何らかの行為によって承諾したときに肯定されることになる。したがって、最終的には、一方当事者の一括条項が相手方の一括条項に優先するか又は契約が存在しないという二者択一の関係になるのである[12]。

　しかし、そうはいっても、第一説が最善とはいえないことは指摘されている。たとえば、当事者の意図は、事案の諸状況及び当事者の行為から推測されるという原則、これにより結果が得られないときは1967年法国際動産売買法に関する統一法第2付則7条と同様な原則を設けるべきという立法論[13]も存するし、さらには、インフレとか経済的トラブル回避のため及び契約法を学んだ若手のマネジャーの専門家主義（professionalism）により、手続を堅守して法的に強行しうる合意を創造するという傾向が存すると指摘されている[14]。近時では、いずれの約款に基づいて契約が成立しているかを問題とするのではなく、合理的な範囲内で提供役務相当金額の請求（quantum meruit）を認めるという形で、柔軟に解決するのが良いとする見解も有力である[15]。

## 第2節 イギリス法

（1） Cf. Rawlings, R., 42 M. L. R. 715, 716-7（1979）; Butler Case ［1979］1 W. L. R. 401, 404-5（per Lord Denning M. R.）; Cheshire-Fifoot-Furmston, Contract, p. 178 ; Applebey, G., Contract, p. 68f. もっとも、多くの契約は互いに熟知している当事者間で反復してなされる。この場合には、契約は一種の取引過程に基づいてなされることがありうる。そこでは、過去の取引がいずれの当事者の約款に基づいてなされたかという立証の問題となるといえる。Applebey, G., Contract, p. 71. See also Adams, J., The Battle of Forms,［1983］J. Buss. L. 297, 301-2.

（2） 判例としては本書233頁注（3）ないし注（5）掲記のもの及び Nissan UK Ltd. V. Nissan Motor Manufactuaring（UK）Ltd.（1994）Unreported, 26 Octber.（per Nourse L. J.）（LexisNexis）. Treitel, G. H., Contract, p. 19; Major, W. T., The Law of Contract, 5th ed., 1978, p. 10; Rawlings, R., 42 M. L. R. 715, 721（1979）; Beale, H. & Dugdale, T., 2 Brit. J. Law and Society 45, 49-50（1975）. な お、Anson-Guest, Contract, 24th ed., p. 36 は、反対申込を受けたものが直ちに異議申立をしないときには、承諾したものとされる。これは、沈黙による承諾を認めるものであり、いきすぎとす る。Butler Case ［1979］1 W. L. R. 401, 405（per Lord Denning M. R.）, 407（per Bridge L. J.）. Waddams, Contracts, p. 49 は、被申込者の約款の承諾であると共に当該契約の修正への提案と解することも可能とする。

（3） Rawlings, R., 42 M. L. R. 715, 717（1979）; Adams, J.,［1983］J. Buss. L. 297, 298. Applebey, G., Contract, p. 69 も、この解決策は相対的であるが安定性の点で優れているし、伝統的なコモンローの原則に立脚するため容易に適用できるといえるが、他面では、契約が成立しているか、かつ、いずれの条項によってかについては全てか無か（all or nothing）となってしまうし、解決策が硬直的で、当事者をして敵対的な行動を取らせ、自己の条項の基づいてのみ、つまり、附合状態で契約を締結するような状況をもたらす。契約は一方当事者の約款で成立するか、または、契約は成立しないかのいずれかとなり、これは硬直的な選択であると指摘する。

（4） Butler Case［1979］1 W. L. R. 401, 405（per Lord Denning M. R.）. なお、1977年不公正契約条項法の下では、売主が同法により無効とされる異なる条項を含む約款に返答し、買主が物品を受領した場合には、買主のではなく売主の約款で契約内容が定まりうる。See Adams, J., The Battle of Forms, 95 L. Q. R. 481, 484（1979）.

（5） See Rawlings, R., 42 M. L. R. 715, 719（1979）. これは、UCC 2-207条及び1964年国際動産売買契約の成立に関する統一法条約（ハーグ条約）を採用した1967年国際動産売買法に関する統一法第2付則7条2項を想起せしめる。UCC 2-207条については、英国では解決策として不十分という批判が強い。See, Rawlings, R., supra., 718-20 ; Adams, J., 95 L. Q. R. 481, 482-3（1979）. 1967年法についても、実質的変更に該当するか否かにつき問題を生ずるし、非実質的条項の範囲は非常に狭いと

## 第2章 商取引における契約の成否と契約内容

解されるから、妥当な解決をもたらさないとされる。かつ、本条の国内取引への類推も疑問とされる。See Rawlings, R., supra., 721 ; Butler Case ［1979］1 W. L. R. 401, 407-8（per Bridge L. J.）. もっとも、立法論としては、本条と類似の規定を設けるべきことが主張されている。See ［1978］J. Bus. L. 9（Editorial）. Cf. also Anson-Beatson, Contract, p. 40. なお、特別な指示を要件としないが、基本的条項か否かを考慮するのも一つの可能な手段であるという主張も存する。つまり、一般に契約における第一次的義務に影響を及ぼす条項は基本的とされ、第二次的義務にのみ影響を及ぼす条項（例えば仲裁条項）は本質的でない、とする。もっとも、責任制限条項は、保険によるカバーに影響を及ぼすから本質的とされる。Adams, J., 95 L. Q. R. 481, 484（1979）.

（6） Rawlings, R., 42 M. L. R. 715, 718-9（1979）; Adams, J. & Brownsword, R., Key Issues, p. 77.

（7） もっとも、条項の性質で分類せずに、指示態様で区別する見解も存する。Benjamin-Sealy, Sale of Goods, para. 2-013. See also Prausnitz, O., Standardization, p. 53.

（8） Adams, J., 95 L. Q. R. 481, 484（1979）; Lord Denning M. R. in Butler Case ［1979］1 W. L. R. 401, 405. See also Prausnitz, O., Standardization, p. 53 ; Cheshire-Fifoot-Furmston, Contract, p. 178 ; Transmotors Ltd. v. Robertson, Buckley & Co. Ltd. ［1970］1 Llyod's Rep 224, 234（per Mocatta J.）. Vergne, F., The "Battle of the Forms" Under the 1980 United Nations Convention on Contracts for the International Sale of Goods, 33 Am J. Comp. L. 233, 243（1985）は、多くの批判があるけれど、Lord Denning の見解は、古典的原則を契約の実質的な条項と副次的な条項とに分ける見解で補完するものといえ、1980年国際的動産売買契約に関する国連条約19条2項、3項にみられるように、多くの法システムのにおける近代的傾向に一致するものといえると評価するが、この方法は裁判所に広い裁量権を与えるものであって、ある程度、裁判所が当事者間の契約関係における当事者の立場に取って代わることになるとする。Hondius, E. H. & Mahé, Ch., The Battle of Forms : Towards a Uniform Solution, 12 J. Cont. L 268, 269（1998）は、これを相打ち理論（Knock Out 理論）とし、UCC 2-207条3項はこれを使用したものであると指摘する。

（9） Richards, P., Contract, p. 33 は、この見解は当事者の合意を見いだすのに主観的方法を採用するものである。しかし、法の基本的立場は客観的方法に依拠するのであり、このような見解は取り得ないとする。

(10) Cheshire-Fifoot-Furmston, Contract, p. 179; Applebey, G., Contract, p. 71; Dannemann, G., The "Battle of the Forms" and the Conflict of Laws, In : LEX MERCATORIA : Essays on International Commercial Law in Honour of F. Reynolds, 2000, p.

203; O. T. M. Ltd. v. Hydranautics［1981］2 Lloyd's Rep 211, 214, 215; Johnson Matthey Bankers Ltd. v. The State Trading Corporation of India Ltd.［1984］1 Lloyd's Rep 427, 432; Chichester Joinery Ltd. v. John Mowlem & Co. Plc.（1987）42 Build LR 100 (LexisNexis)；Sauter Automation Ltd. v. Goodmann (Mechanical Services Ltd. (1986) 34 Build L. R. 81 (LexisNexis)；Nissan UK v. Nissan Motor Manufacturing (UK), 26 Oct. 1994 (LexisNexis)；Sandrock-Beckmann, Handbuch, S. 130.

(11) Beale, H. & Dugdale, T., 2 Brit. J. Law and Society 45, 50 (1975).

(12) Jacobs, E. J., 34 Int. Comp. L. Q. 297, 313 (1985).

(13) ［1978］J. Bus. L. 9 (Editorial).

(14) Beale, H. & Dugdale, T., 2 Brit. J. Law and Society 45, 51 (1975).

(15) Adams, J.,［1983］J. Buss. L. 297, 301; Benjamin-Sealy, Sale of Goods, para. 2-013. Howarth, W., Contract, Reliance and Business Transactions,［1987］J. Buss. L. 122, 127, 129 も、古典的契約締結理論で実務は動いていず、むしろ、信頼に基づいて行動しており、信頼理論による提供役務相当金額の請求（quantum meruit）によるのが適切であるとする。Cf. also British Steel Corp. v. Cleveland Bridge & Engineering Co. Ltd.［1984］1 All E. R. 504, 511; O. T. M. v. Hydranautics［1981］2 Lloyd's Rep. 211, 214（但し、傍論）; McKendrick, E., The Battle of the Forms and the Law of Restitution, 8 Oxford J. Legal Studies 197, 220f.（1988）.

## 第3款　確　認　書

　商取引上、契約締結後に契約内容確認のために、契約報告書、確認報告書、売買契約書といった名称(1)の書面が送付されることは、イギリスでも変わりはない。しかし、アメリカやドイツとは異なり、これに関する判例はそれほど多くはない。特に、次節で検討するドイツ法におけるような商人間取引における確認書法理、いわゆる沈黙の効果に関する法理論の展開は見られない。このような現状は、イギリスの法文化的背景、さらには、保険および海運に関する紛争処理からの蓄積があるため紛争が生じれば仲裁に委ねることが多いことに起因すると考えられ、それなりに肯定できることである。しかし、そうはいっても、契約内容に関する確認書の効果いかんについては、イギリス法上、どのようになるのかは検討しておく必要が

ある。

　確認書の効果を検討する際には、第一に、一方当事者によって署名がなされた場合、第二に、契約締結前又は締結に際して確認書が送付された場合、さらには、第三に、契約締結後に確認書が送付された場合とを区別する必要がある[2]。

　第一の場合は、口頭又は要点にとどめた簡略な電信による契約締結後に、送付された確認書に受領者が署名して返す場合であるが、これは証明手段の確保を目的とするものといえ、署名者は、イギリス法上の署名の法理によって、原則として確認書の内容に同意したものとされる[3]。

　第二の場合は、契約成立前であるから、申込、承諾の理論で処理されることになる。この場合、確認書の受領者は、送付者が確認書の内容で契約を締結する意思であることを知っているか又は当然知っているものといえ、この申込を明示又は黙示的に承諾すれば、確認書の内容で契約が成立することになる[4]。

　問題は、第三の場合である。つまり、送付された確認書に確認の対象となった契約とは異なる条項又は付加条項が存するときに、これが契約内容となるかである。イギリス法における確認書による約款組込は既に検討した[5]。そこでの検討は、ここでの論点でも当てはまり、原則的には否定される。

　重複するが、要約すると、約款が契約内容となるには、契約締結前又は締結時に合理的に指定されることを要し、契約締結後の指定は法的に無意味であり、契約義務の事後の一方的変更は許容されないからである[6]。相互の合意により契約内容の変更（variation）をなしうるが、これには、申込・承諾と約因の充足を要するのであって、原契約内容と異なる条項を含む確認書の送付がこれに該当するかは疑問である[7]。沈黙の場合が問題であるが、確認書内容が既に締結された契約の内容を構成することはない。原則として、イギリス

法上、単なる沈黙は法的に無価値で、何ら表示価値を付与していないからである[8]。

例外的に、確認書条項が契約内容となる場合が存する。第一は、確認書条項は当事者間の取引過程（a course of dealing）又は慣行（usage）により組み込まれる。これが認められるには、当事者間で定期的に多数の取引がなされており、当該取引過程で、約款の存在およびその適用があることにつき合理的認識手段が取られていること、取引関係が実質的に同一であることを要する[9]。

第二は、禁反言則により、契約締結後に送付されても確認書条項が機能する場合である[10]。この禁反言則適用には、その一般要件上、確認書の受領者が確認書は契約内容を含むものとして承諾することを表示し、かつ、送付者がこの表示に信頼して自己の地位を変更することを要する。受領者の表示は、この者が条項を知って承諾することを要し、送付者は受領者が条項を読んだと推測することは正当化されない。さらに、送付者は、受領者の行為以前に自己の地位を変更するのが通例であるが、この者の信頼の対象は、受領者の行為ではなく、その単なる沈黙にすぎない。単なる沈黙は、取引慣習又は法により異議申立の義務が課されない限り、禁反言を生じないし、かつ、かかる義務を課すのは非常に例外的であり判例上も非常に制限的であるから、禁反言則の活用は一般的には妥当しない[11]。

以上の理論は、一方当事者のみが確認書を送付した場合で、既に締結された契約に対して、確認書において異なる条項又は付加条項が存する場合である。他方、両者が確認書を互いに送付した場合については判例は存しないといえる。おそらくは、既述の理論で解決されると思われるが、当事者の一方もしくは双方が相手方が確認書条項で取引をなすのを常とすることを以前の取引又は一般的商人見解に基づき知りうべきであったときには、原契約は確認書により付

## 第2章　商取引における契約の成否と契約内容

加された条項が契約内容となるという黙示的条件が存するとするのも可能であるし、かつ、両者の確認書条項は、相互に又は原契約と対立しない限りで契約内容となるとする見解も存する[12]。今後、商取引のグローバル化が一層進展すると思われるのであるから、いずれにせよ、判例蓄積が待たれるし、さもなければ立法による解決が必要であろう[13]。

（1）Hogett, A. J. C., 33 M. L. R. 518 Fn. 3（1970）; Fuchs, T., Kaufmännische Bestätigungsschreiben, S. 41.

（2）Fuchs, T., Kaufmännische Bestätigungsschreiben, S. 42.

（3）Fuchs, T., Kaufmännische Bestätigungsschreiben, S. 42; Yates,D. u. Hawkins, A. J., Standard Business Contracts: Exclusions and Related Devices, 1986, p. 68f. 署名法理に一般については、本書36頁以下参照。

（4）Fuchs, T., Kaufmännische Bestätigungsschreiben, S. 47f.; Interfoto Pictures Library Ltd. v. StilettoVisual Programmes Ltd. [1988] 2 W. L. R. 615.

（5）本書53頁以下。

（6）本書53頁。契約締結後の約款開示については、本書11頁以下参照。

（7）本書53頁参照。

（8）Fuchs, T., Kaufmännische Bestätigungsschreiben, S. 59.

（9）Fuchs, T., Kaufmännische Bestätigungsschreiben, S. 70f.; McKendrick, E., Contract Law, p. 194f; Stone, R., Contract, p. 224f.; .Richards, P., Contract, p. 149; Hardwick Game Farm v. S. A. P. P. A. [1969] 2 AC 31; British Crane Hire Corp. v. Ipswich Plant Hire [1974] 1 All. L. R, 1059. 取引過程の理論については、本書17頁以下参照。

（10）本書54頁。確認書と禁反言則との関係についてはFuchs, T., Kaufmännische Bestätigungsschreiben, S. 97f. が詳細に論じている。

（11）禁反原則の適用が否定された事例として、see Roe v. R. A. Nylor Ltd. [1918] 87 L. J. K .B 985. See also Hogett, A, G. C., 33 M. L. R. 518, 524（1970）.

（12）See Hogett, A. C, J, 33 M. L. R. 518, 528（1970）. Hogett自身は、立法的解決を妥当とする。Hogett, A. C, J., supra. p. 529.

（13）Waddams, Contract, pp. 50-1, 55 は、第一に、組込まれる条項の合理性と条項の存在についての認識を与えること、第二に、組込要件における以前の取引関係の考慮、第三に、非良心性理論の発展である。不公正な条項を否定する方法が確立されれば、組込みの問題はその重要性を失うとする。

## 第3節　ドイツ法

　旧約款規制法を制定した当時の西ドイツでも、立法過程で「書式の戦い」は検討された。CDU／CSU案6条は、この問題の解決が重要であること及び最終書面性保持のため当事者が果てしなく書面を交換するのを回避することを提案理由(1)として、「両当事者の引用する約款が全体として又は個々の規定につき対立し、その限りで明示の合意が認められないときは、対立する条項は無効である。5条2文、3文(2)が準用される」と規定した。政府草案では、重要性を認めながらも、従来の判例による民法の一般規定（民法150条2項、151条、154条、155条）適用による解決がすべての個別事案で満足すべき結果を達成できるし、空白が生じたときに制定法で補完するのは必ずしも適切（Sachgerecht）とは思われないとして、規制しなかった(3)。これに対し、連邦参議院は、CDU／CSU案と同旨の規定を設けることを提案していた。これは、いずれの約款も適用されないときは制定法規定により補完されるべきであるし、解決を判例に委ねるのは妥当でなく、相互に対立する約款のいずれが適用されるかにつき推断的承諾を認めるのは法的安全性及び明確性に反する、ことを主たる理由とする(4)。しかし、連邦政府は、この問題が重要なのは商人間取引であり、これについては12条（旧法24条）で2条に対する特則を定めているし、民法の一般規定で具体的事情に適合した解決が可能であり、一般的補充規定を制定法化するのは不当として、明文化に反対し(5)、最終的には本問題につき規定されなかった。したがって、その解決は判例学説に委ねられることになる。

　現行ドイツ民法上も、契約成立には申込と承諾の内容が一致することを要し、承諾は無制限かつ無条件に申込に同意する表示であることを要する。承諾が内容上申込と異なるときは拒絶であり新たな

申込とみなされ（民法150条2項）、契約成立にはこれに対する原申込者の承諾を要する。拒絶であり新たな申込とされる承諾には、申込内容を拡張・制限又は条件もしくは期限を付すとか、保証要求、違約金合意や解除合意を要求するとか、さらに、両当事者にとり自明でない限り申込者にとって有利か否かを問わず送付費用やその方法とか包装方法のように殆んど重要でないか又は制定方法で補充的に含まれる合意の要求も含まれる[6]。もっとも、文言上は一致しないが、承諾が申込の明らかな誤りを訂正するにすぎないとか、申込で言及されていないが事実上又は法的に申込に黙示されていることを明示したときとか、単なる提案にすぎないときには、申込の変更とされない[7]。

（1） BT-Drucksache 7/3200, S. 11. なお、BACDJ案六条も同旨を規定する。BB Beilage 9/1974 zu Heft 26/1974, S. 2 u. 8.
（2） これは、相応する制定法規定、なければ現行の法見解に従う規定で補充するが、この契約補充による契約への拘束が、すべての事情を考慮していずれかの当事者に期待できないときは、契約は無効とする旨、定める。旧法6条2項、3項参照。
（3） BT-Drucksache 7/3919, S. 17f.
（4） BT-Drucksache 7/3919, S. 47f. CDU/CSU案及び連邦参議院案に対する批判として、Siehe v. Westphalen, F. G., Kollision von Einkaufs- und Vorkaufsbedingungen beim Vertragsabschluß, DB 1976, 1319.
（5） BT-Drucksache, 7/3919, S. 60.
（6） Soergel-Lange-Hefermehl, Burgerliches Gesetzbuch, Bd. 1., Allgemeiner Teil, 11. Aufl., 1978, § 150 Rdn. 68（以下、Soergel-Lange-Hefermehl, BGBと略記）。これに該当するかは、表示された意思のみならず、両者の表示の客観的意味内容を基礎として、両当事者の表示内容を解釈により確定することを要する。Soergel-Lange-Hefermehl, a. a. O., § 150 Rdn. 7.
（7） Schlesinger(ed.), Formation, pp. 978-80（Lorenz）.

## 第1款　契約の成否

「書式の戦い」につき、当初、判例学説は、民法150条2項を活

用した同意理論によった (Konsens-Lösung)。承諾者側の自己の約款による旨の指示は約款に関する相違のために民法150条2項の意味における変更を伴う承諾となり[1]、契約成立には原申込者による承諾を要する。この承諾は明示的のみならず推断的行為（例えば、異議申立をせずに商品を受領し一部支払をなすこと）によってもなしうる[2]。これは、相手方によって最後に表示された約款への指定を認識しながら、異議申立をせずに給付提供又は受領をなす者は、自己の約款を放棄し黙示的に相手方の約款を承認するかもしくは相手方が自己の行態をこの意味に解することを認めているからである[3]。これが最終文言性理論 (Theorie des letzten Wortes od. Ping-Pong Theorie) である。もっとも、商人間取引における確認書の場合と異なり、民法150条2項に基づき商人間でもなんら異議申立をなすべき義務は生じないし[4]、沈黙も原則として同意とみなされない[5]。したがって、信義則上、推断的行態により、実際には取引意思が存しないのにこの意思を有しかつ表明したという印象を惹起せしめた者は、あたかも取引意思を表示したものとして取扱われねばならないという要請が働き、当事者の行態は重要でないとは解されず、民法242条に基づき[6]、異議なきかつ推断的な給付提供ないし受領は外部に認識可能な意思表示として、最後に指定された約款への同意と評価される限りで承認として肯定される[7]。

この最終文言性理論によると、契約内容は最後に書面を送付した者の約款で構成されることになる[8]。原申込はその拒絶である新たな申込により全体として失効し、法的には全く存在しないことになるからである。つまり、民法150条2項の文言から、拒絶は申込の全体、したがって、当事者が書面交換により合意に達した事項をも包含することになる。そうでないならば、本条は拒絶の効果を「その限りにおいて」という文言で制限したはずであるがこの制限は意識的になされていないし、契約に関する民法145条ないし157

第2章　商取引における契約の成否と契約内容

条の全体関連からも、すべての点につき合意が達成された場合に初めて契約締結が認められ、かつ、それ以前は当事者の拘束を否定するのが立法者の意図であったことが推論される。さらに、民法154条1項1文からも、このことは明らかである。したがって、最後に指定された約款が契約内容となる[9]。もっとも、原申込において、異なる約款適用には書面による承認を要するとか、商品の無留保の受領は承諾を意味しないという条項が存するときはどうかが疑問となるが、原申込者はかかる条項を援用できない。というのは、注文書などにおけるこの種の条項の将来の行為及び表示に関する事前に定められた効果（Präjudizwirkung）は、変更を伴う承諾により正に拒絶されているからである[10]。なお、いずれの当事者も相手方に最終文言を発していず、その限りで合意が存在しないにも拘らず、両当事者が契約履行を固守したときは、意思の不一致（Dissens. 民法154条、155条）が存し、いずれの約款も適用されないで、制定法規定又は補充的契約解釈で見い出された規定が適用される[11][12]。

　この最終文言性理論は、いずれの当事者が最後に又は特別に強調した形態で自己の約款を指定したか[13]を確定すれば足りるから、非常に簡潔であり、かつ、原則として承諾表示のみが契約内容を決定とする限りで一定の法的安全性が得られるという利点を有する[14]。しかし、理論的にも結果的にも妥当とはいえない。第一に、被申込者の契約表示及び事実上の処分行為（例えば、商品の供給）は原申込者による契約履行前になされており、原申込者の事後の行為が相手方の時間的に先行する行態に影響を及ぼすとは考えられないから、原申込者の契約履行と被申込者の処分行為とには因果関係（Kasualität）が欠けている[15]。第二に、推断的行為に対する一方当事者の信頼保護を最終文言性理論は基礎とするが、保護される信頼とは正当な信頼のみをいい、主観的信頼（Vertrauensseligkeit）ではない。両当事者は契約表示で一定の付随事項につき自己の約款で規制

第3節　ドイツ法

することを欲する旨明らかに表示しており、いずれの指定も異なる約款に対する異議申立を含む[16]。両当事者は原則として自己の約款適用につき同じ利益を有しているが、それにも拘らず両者はこの点につき何もなしていない。しかも、すべての疑問を排除するよう明確に規定することが必要とは考えていないし、最終的には不確定性があるにも拘らず契約履行を予測している。このように、両当事者は同一状況にあるから、一方当事者が相手方負担の下で優位に立つことは認められない。つまり、相手方は自己の約款に附合するという一方当事者の信頼は正当化できないし保護に値しない[17]。第三に、給付の提供又は受領は、当事者は契約成立を約款に依存させないで、むしろ、場合によっては自己の約款の組込なしでの契約締結を甘受することを表示していると評価され、相手方約款適用への同意を正当化するものではない[18]。さらに結果の点も疑問である。行為、心理的状況及び利益状態が同じであるにも拘らず、一方の約款を適用するのは、適用される側にとって非常に苛酷となる[19]。書面などの交換が頻繁になされる商取引の実際においては、最終書面を発したのは誰かは偶然の問題であり、当事者にとって非常に徹底的な結果を偶然に依存させるのは妥当でなく[20]、これを阻止するため書面のやり取り（Ping-Pong-Spiel）という全く望ましくない状態を生ぜしめる[21]。かつ、個別的契約に合意しているときでも自己の約款が効力を失わないためには相手方の書面に対し無回答でいることは許されないとするのでは、注意深い商人にとっても苛酷であり、約款の合理化効果は消失してしまう[22]。さらに、最終文言性理論によると、契約は商品の受領などがなされるまでは全く成立していないことになるし、契約不成立は相互に対する約款に関してではなく全体として生じてしまう[23]。

　近時の判例・学説は、最終文言性理論適用を制限して、契約の成否を約款適用合意に依存させないという当事者の意思が当事者の行

態から認められるか否か、によるとする[24]（部分的意思不一致理論）。当事者が自己の約款のみに基づいてのみ契約締結を欲することを明瞭に表示しているときは民法150条2項により契約は成立しない[25]が、そうでない限り、約款なしでの契約が成立する。「書式の戦い」においては、いずれの当事者の行態からも相手方約款適用への合意とはみなされないが、他面、両当事者は契約を全体として又は部分的に履行することにより契約を有効とみなし、約款適用に関する争いは契約の存立になんら意義を有するとはみなしていない、といえる[26]。つまり、両当事者は締結されるべき取引の本質的事項に関しては合意しており、その限りで契約はすでに成立している[27]といえるし、約款はこれに対し付随的事項を含むにすぎず、いずれの当事者もこれにつき相手方が自己と異なる見解を有していることを知っているか又は知っているはずである[28]。いずれの当事者が契約履行をなせば、合理的評価により、約款上の特定の付随的事項につき合意が存しなくとも、契約は実施されるべきことになんら疑問はない[29]。民法155条からも、契約成立は肯定される。相互に異なる約款条項につき合意が欠けていることは本条の隠れたる不合意となるが、契約の完全な又は部分的な履行により当事者は約款の相互に異なる条項に関する合意は非本質とみなしており、当該条項なしでの契約締結を欲している旨表示しているといえる[30]。民法154条1項の点が疑問となるが、本項は沿革的には本質的事項につき合意がない場合にのみ契約不成立とするものであり[31]、約款の対立における差異は取引の本質（Kern）に属しない付随的事項につき存するのであるから、締結を生ぜしめるという当事者の明瞭な意図に関してはこの解釈原則（Zweifelregelung）は適用されない[32]。かつ、当事者の意思解釈からも本項適用は否定される。本項は、疑わしき場合には、両当事者により契約交渉の際に対象とされたすべての事項は当事者にとり契約締結の不可欠要件であり、かつ、個々

の事項につき明確化することなしに契約締結を認めるのは当事者の意思に反するという考慮に基づく。しかし、当事者が自己の約款の組込みにつき明示に交渉せずに定型的な記載に限定していることは、法的には当事者はこの点につき契約締結上決定的意義を付与していないと評価できる。両当事者が自己の定型的な記載の文言に相応して、事実上自己の約款を基礎として契約締結をなそうと欲するならば、当事者はこの点についての規制を相応な表示により配慮すべきである[33]。明示に相手方と自己の約款の組込みにつき交渉するのを回避したときは、この行態は客観的評価により契約締結につき約款に第二義的意義を与えているという表示意義を有すると解される[34]。

（ 1 ） この点は一般に認められている。Siehe BGH 26. 9. 1973 BGHZ 61, 282, 287 ; BGH 10. 6. 1974 BB 1974, 1136 ; BGH 9. 2. 1977 JZ 1977, 602, 603 ; OLG Köln 14. 4. 1971 BB 1971, 676 ; OLG Hamm 6. 7. 1978 BB 1979, 701 ; LG Hagen 27. 2. 1975 BB 1976, 723 ; Tengelmann, C., Widerstreit der Einkaufs- und Verkaufsbedingungen, DB 1968, 207 ; Raiser, L., Das Recht der allgemeinen Geschäftsbedingungen, 1961, S. 224（以下、AGB と略記）; Schopp, Bestätigung im Handelsverkehr, Rpfl. 1961, 345 ; Vogt, P., Kollidierende Geschäftsbedingungen, BB 1975, 200.

（ 2 ） BGH 19. 1. 1951 BB 1951, 456 ; BGH 17. 9. 1954 BB 1954, 882 ; BGH 26. 9. 1973 BGHZ 61, 282, 287f. ; OLG Köln 14. 4. 1971 BB 1971, 676 ; Ebel, H., Die Kollision Allgemeiner Geschäftsbedingungen, NJW 1978, 1033 ; Gierke-Sandrock, Handels- und Wirtschaftsrecht, Bd. 1., Allgemeine Grundlagen der Kaufmann und sein Unternehmen, 9. Aufl., 1975, S. 46f.（以下、Handels- und Wirtschaftsrecht と略記）. Reichsgericht の判例については、Raiser, L., AGB, S. 224 Fn. 1 引用の判例参照。Vgl. auch LG Hagen 27. 2. 1975 BB 1976, 723 u. OLG Köln 19. 3. 1980 DB 1980, 924.

（ 3 ） Siehe Schmidt-Salzer, J., Geschäftsschreiben als Geltungsgrundlage Allgemeiner Geschäftsbedingungen, BB 1968, 69; Jauernig, O.(hrsg.), BGB, § 305 Rdn. 23 ; OLG Köln 14. 4. 1971 BB 1971, 676.

（ 4 ） Siehe v. Westphalen, F. G., DB 1976, 1317 ; Tengelmann, C., DB 1968, 207. Vgl. auch BGH 6. 2. 1956 WM 1956, 669; OLG Koln 14. 4. 1971 BB 1971, 676.

（ 5 ） 通説・判例である。Siehe BGH 4. 4. 1951 BGHZ 1, 353, 355; BGH 22. 9. 1955

第2章　商取引における契約の成否と契約内容

BGHZ 18, 212, 215, 216）；BGH 26. 9. 1973 BGHZ 61, 282, 285；BGH 10. 6. 1974 BB 1974, 1136；BGH 9. 2. 1977 JZ 1977, 602, 603；Großkomm. HGB, Bd. 3, 3. Aufl., 1968, § 346 Anm. 96 (Ratz)（以下、Großkomm. HGB と略記）；Schneider, W., Schweigen im Handelsverkehr, BB 1951, 742f.；Bork, R., Allgemeiner Teil des Bürgerlichen Gesetzbuch, 2001, Rn. 574（以下、Allgemeiner Teil と略記）。もっとも、両当事者間に緊密な取引関係（例えば、継続的取引関係）が存するときは、異議申立義務が生ずる。BGH 4. 4. 1951 BGHZ 1, 353, 355；Schlegelberger-Hefermehl, HGB, Bd. 4., 5. Aufl, 1976, § 346 Rdn. 101, 106；Götz-Huhn, Das kaufmännische Bestätigungsschreiben, 1969, S. 88（以下、Bestätigungsschreiben と略記）；Flume, W., Allgemeiner Teil des Bürgerlichen Rechts, Bd. 2., Das Rechtsgeschäft, 4. Aufl., 1992, S. 660（以下、Rechtsgeschäft と略記）；Jauernig, O. (hrsg.), BGB, § 147 Rdn. 4. 一定の場合には、沈黙は同意とする旨法定されている（商法75h条、362条、386条1項など）。

（6）　信義則は、民法150条2項の場合にも適用される。BGH 12. 2. 15 BB 52, 238；BGH 26. 9. 1973 BGHZ 61, 282, 288.

（7）　BGH 14. 3. 1963 NJW 1963, 1248；BGH 12. 2. 1952 BB 1952, 238. Siehe auch BGH 9. 2. 1977 JZ 1977, 602, 603. Vgl. auch v. Westphalen, F. G., DB 1976, 1317; Weber, W., Die Allgemeinen Geschäftsbedingungen, 1967, N. 293；Flume, W., Rechtsgeschäft, S. 658ff.；Ders., Das Rechtsgeschäft und rechtlich relevant Verhalten, AcP 161, 67f.

（8）　BGH 14. 3. 1963 NJW 1963, 1248, 1248f.；Vogt, P., BB 1975, 201；Gierke-Sandrock, Handels- u. Wirtschaftsrecht, S. 47; Ebel, H., NJW 1978, 1034. Siehe auch Staudinger-Dilcher, BGB, 12. Aufl., 1979, § 151 Rdn. 13 u. § 155 Rdn. 12.

（9）　Ebel, H., NJW 1978, 1035. なお、Ders., a. a. O. S. 1035f. は、書式の戦いは民法154条1項に該当する。本項は強行的解釈規定であり、契約成立を否定するのは、一方当事者が既に規定した事項と未規定の事項とを関連づけていることを根拠とする。本項の法効果が否定されるのは、未決定事項に関する同意を望む当事者がその充足を契約成立要件としていないか又は未決定事項に関する規制づけをもはや望まない場合のみである。未決定事項は任意法で決定される。したがって、任意法による補充に不同意の一方当事者は、相手方と別異の規制づけをなすか又は部分的になされた合意にも拘らず契約は不成立とされるかであり、第三は与えられない。これによると、本質的事項につき合意が存しても契約締結は即座に肯定されないが、この不利益は民法150条2項で救済されるとする。

（10）　Ebel, H., NJW 1978, 1035；Vogt, P., BB 1975, 200.

（11）　Gierke-Sandrock, Handels- u. Wirtschaftsrecht, S. 47. Schopp, Rpfl. 1961, 346 は、給付もしくは一部給付の受領は、注文確認ですべて完了し異議はないという全

第3節　ドイツ法

く明らかな表示を含むから、意思の不一致は認められない。むしろ、最初の一部給付がなされる前に、相手方約款を承認しない旨明示すべきとする。Siehe auch Heidland, O., Die Praxis, S. 139f.

（12）　Köhler, H., Das Verfahren des Vertragsschlusses, In : Basedow, J.（hrsg.）, Europäische Vertragsrechtsvereinheitlichung, S. 64 は、近時は民法150条2項ではなく、民法154条1項に根拠づけを求める見解が有力であると指摘する。ただし、拒否条項を約款ではなく、明示的に利用している場合には、民法150条2項が適用され、相手がこの条項に附合した場合にのみ契約は成立するが、単なる沈黙では相手方の約款による契約の成立は認められない、とする。これに対して、Schlosser u. a., AGBG, § 2 Rdn. 82 は、民法154条に根拠を求めるのは妥当でないとする。

（13）　BGH 12. 2. 1952 BB 1952, 238 ; BGH 17. 9. 1954 BB 1954, 882 ; OLG Köln 14. 4. 1971, BB 1971, 676. この場合に、信義則又は商慣習に基づき、相手方に約款適用回避のため異議申立義務が生ずるとするものとして、Siehe Schneider, W., BB 1951, 743 ; Stahl, H., Widerspruch zwischen Lieferungs- und Einkaufsbedingungen, DB 1956, 681. v. Westphalen, F. G., DB 1976, 1319 は、消極的な行為をした者を保護する必要はないから、この場合は民法150条2項の解決策で足りるとする。Siehe auch Löwe u. a., AGBG, § 2 Rdn. 49.

（14）　Weber, K., Der Inhalt des Einzelrechtsgeschäfts, S. 42f.

（15）　Weber, K., Der Inhalt des Einzelrechtsgeschäfts, S. 54.

（16）　Zoepke, K., Nochmals : Kollision von Geschäftsbedingungen, DB 1948, 410. Bork, R., Allgemeiner Teil, Rn. 1768 も、明示の拒否条項（Abwehrklausel）が存しなくとも、自己の約款を使用するということ自体から、相手方約款でもって締結する意思がないことは明らかであると指摘する。明白な拒否条項の存在に言及するものとして、Siehe OLG Karlsruhe 8. 8. 1972 BB 1972, 1162 ; OLG Karlsruhe 27. 3. 1973 BB 1973, 816 ; OLG Frankfurt a. M（Beschl.）5. 4. 1975 BB 1975, 1606 ; OLG Hamm 6. 7. 1978 BB 1979, 701 ; LG Hagen 27. 2. 1975 BB 1976, 723. Vgl. auch BGH 10. 6. 1974 BB 1974, 1136 ; BGH 26. 9. 1973 BGHZ 61, 282, 287.

（17）　Weber, K., Der Inhalt des Einzelrechtsgeschäfts, S. 56 ; Raiser, L., AGB, S. 224 ; Schmidt-Salzer, J., BB 1968, 69.

（18）　Schmidt-Salzer, J., AGB, D 68, 72; Ders., BB 1968, 69 ; Ders., Auftragsbestätigung, Bestätigungsschreiben und kollidierende Allgemeine Geschäftsbedingungen, BB 1971, 595 ; Soergel-Lange-Hefermehl, BGB, vor § 145 Rdn. 134 ; Flume, W., Rechtsgeschäft, S. 676 ; Kötz, MünchKomm. BGB, AGBG, 1978, § 2 AGBG Rdn. 29 ; Weber, K., Der Inhalt des Einzelrechtsgeschäfts, S. 51f. ; Schlosser－Coester-Waltjen－Graba, Kommentar zum AGBG, 1977, § 2 Rdn. 119（以下、AGBG と略記）. Siehe auch BGH

第 2 章　商取引における契約の成否と契約内容

26. 9. 1973 BGHZ 61, 282, 288 ; OLG Hamm 6. 7. 1978 BB 1979, 701 ; OLG Köln 19. 3. 1980 DB 1980, 924; BGH 9. 2. 1977 JZ 1977, 602, 603.

(19)　Fikentscher, W., Schuldrecht, 6. Aufl., 1976, S. 104.

(20)　Weber, K., Der Inhalt des Einzelrechtsgeschäfts, S. 57f. ; Zoepke, K., DB 1948, 410 ; Flume, W., Rechtsgeschäft, S. 676 ; OLG Hamm 6. 7. 1978 BB 1979, 701, 702. フォン・ケメラー（桜田訳）「普通取引約款とひな型契約」北大法学論集 28 巻 1 号 12 頁 (1977)。

(21)　v. Westphalen, F. G., DB 1976, 1317 ; Löwe u. a., AGBG, § 2 Rdn. 41 : Raiser, L., AGB, S. 224f. ; Stoffels, M., AGB, Rdn. 319 ; OLG Hamm 6. 7. 1978 BB 1979, 701, 702.

(22)　Weber, K., Der Inhalt des Einzelrechtsgeschäfts, S. 58. Vgl. auch BGH 9. 2. 1977 JZ 1977, 602, 603.

(23)　Weber, K., Der Inhalt des Einzelrechtsgeschäfts, S. 63f. ; Flume, W., Rechtsgeschäft, S. 676 ; v. Westphalen, F. G., DB 1976, 1318; Schlechtriem, P., Die Kollision vom Standardbedingungen beim Vertragsschluß, FS für E. Wahl, 1973. S. 76. OLG Hamm 4. 2. 1985 WM 1985, 785, 787 は、最終文言理論は今日では時代遅れといえる、とする。

(24)　Ulmer u. a., AGBG, 9. Aufl., 2001, § 2 Rdn. 98（本章及び次章では、この 9 版によっている。）．もっとも、Schlechtriem, P., Kollidierende Geschäftsbedingungen im internationalen Vertragsrecht, FG für R. Herber, 1999, S. 44 は、締結問題については、当事者が契約に拘束される意思があったことを必然的に示したか否かが決定的で、これは、契約の実施又は両者の契約履行の開始をなせば肯定される、とする。

(25)　Soergel-Lange-Hefermehl, BGB, vor § 145 Rdn. 135 ; Ulmer u. a., AGBG, § 2 Rdn. 99. Siehe auch Lindacher, W. F., Urteilsanmerkung, JZ 1977, 604 ; Haberkorn, K., Zum Wirksamwerden allgemeiner Lieferbedingungen, MDR 1961, 820 ; Droste, K., Das Recht der Allgemeinen Geschäftsbedingungen, DB 1957, Beilage 10, V (b).

(26)　Kötz, MünchKomm. BGB, AGBG, § 2 Rdn. 31 ; Schlosser u. a., AGBG, § 2 Rdn. 82 ; Erman-Roloff, BGB, § 305 Rdn. 54 ; BGH 25. 6. 1957 WM 1957, 1064, 1066 ; BGH 26. 9. 1973 BGHZ 61, 282, 288f.; BGH 10. 6. 1974 BB 1974, 1136 ; OLG Karlsruhe 8. 8. 1972 BB 1972, 1162 ; OLG Karlsruhe 27. 3. 1973 BB 1973, 816 ; OLG Hamm 6. 7. 1978 BB 1979, 701, 702 ; LG Hagen 27. 2. 1975 BB 1976, 763 ; OLG Koblenz 14. 7. 1983 BB 1984, 1319, 1319f. Siehe auch Krause, H., Auftragsbestätigung und Allgemeine Geschäftsbedingungen, BB 1952, 998 ; Schlechtriem, P., The Battle of Forms under German Law, 23 Bus. Law. 655, 657-8 (1968). フォン・ケメラー（桜田訳）・北大法学論集 28 巻 1 号 12 頁 (1977)。

第3節　ドイツ法

(27)　v. Westphalen, F. G., DB 1976, 1318；Löwe u. a., AGBG, § 2 Rdn. 45：Schlechtriem, P., FS für E. Wahl, S. 76 u. 77；Krause, H., BB 1952, 998. もっとも、本質的部分が対立するときは、契約不成立となる。Schneider, W., BB 1951, 743；Droste, K., DB 1957, Beilage 10, V (b). Siehe auch Götz, D., Zum Schweigen im rechtsgeschäftlichen Verkehr, 1968, S. 258（以下、Zum Schweigenと略記）；Löwe u. a., AGBG, § 2 Rdn. 45.

(28)　約款が相互に対立することを認識していても、また、相手方約款適用につき非常に広範囲な拒否条項を両者が規定していても、両者は原則として取引を欲している。v. Westphalen, F. G., DB 1976, 1318. Siehe auch OLG Karlsruhe 8. 8. 1972 BB 1972, 1162；OLG Hagen 27. 2. 1975 BB 1976, 723；Löwe u. a., AGBG, § 2 Rdn. 45；Schmidt-Salzer, J., AGB, D. 70. 両者が事実上約款条項対立を知らなくとも、取消は認められず、契約成立は肯定される。Ulmer u. a., AGBG, § 2 Rdn. 100. 多くの場合、自己の約款のみを適用し、相手方の約款適用を否定する条項が約款上に規定されているが、これによって契約の成立を否定できない。このような条項は、約款適用問題は当面問題としないで専ら契約成立を意図しているといえる両当事者の事実上の行為に矛盾するといえ、その限りで、個別合意の優先（民法305 b条）に基づき、条項は無視される。Erman-Roloff, BGB, § 305 Rdn. 54. もっとも、一方当事者が明示的に自己の約款の適用を契約成立の絶対的な前提条件としている場合には、明らかな意思の不一致が存し、契約不成立という効果を生じるといえるが、このためには、今日一般的に行われている単なる拒否条項では充分ではない。Stoffels, M., AGB, Rdn. 320.

(29)　Flume, W., Rechtsgeschäft, S. 676；Schmidt-Salzer, J., BB 1968, 69；Ders., BB 1971, 595, 596；Weber, W., AGB, N. 299; Stahl, H., DB 1956, 681；Schneider, W., BB 1951, 743；Raiser, L., AGB, S. 225；Kramer, MünchKomm. BGB, § 150 Rdn. 9；Schlosser－Coester-Waltjen－Graba, AGBG, § 2 Rdn. 119；Staudinger-Dilcher, BGB, § 151 Rdn. 13 u. § 155 Rdn. 12 u. 14; Zoepke, K., DB 1948, 345；Ders., DB 1948, 410；Dittmann-Stahl, AGB, 1977, Rdn. 159；Stoffels, M., AGB, Rdn. 320；Lindacher, W. F., JZ 1967, 605；OLG Karlsruhe 8. 8. 1972 BB 1972, 1162; BGH 10. 6. 1974 BB 1974, 1137；BGH 9. 2. 1977 JZ 1977, 602, 604. Siehe auch Kötz, MünchKomm. BGB, AGBG, § 2 Rdn. 31；Palandt-Heinrichs, Bürgerliches Gesetzbuch, 39. Aufl., 1980, AGBG, § 2 Anm. 6e（以下、Palandt-Heinnchs, BGB, 39 Aufl., ABGBと略記）信義則上、契約不成立を主張できないとするものとして、Siehe BGH 26. 9. 1973 BGHZ 61, 282, 288f.；BGH 25. 6. 1957 WM 1957, 1064, 1066；Soergel-Lange-Hefermehl, BGB, vor § 145 Rdn. 135. なお、Weber, K., Der Inhalt des Einzelrechtsgeschäfts, S. 87ff., 101ff., 115 は、個別契約と約款による合意を可分性を有するものとして、通説と同一結果を認める。Siehe auch Krause, H., BB 1952, 997.

253

(30) Lukes, R., Grundproblem der Allgemeinen Geschäftsbedingungen, JuS 1961, 305 ; Godin, RGRK-HGB, Bd. 3., 2. Aufl., 1953, § 346 Anm. 17d（以下、RGRK-HGBと略記）; Schlechtriem, P., Die Kollision von Standardbedingungen nach BGB und Einheitlichen Kaufabschlußgesetz, BB 1974, 1310 ; Götz, D., Zum Schweigen, S. 259 u. 278f. ; Kötz, MunchKomm. BGB, AGBG, § 2 Rdn. 31. 契約成立を根拠づけるのに民法155条を援用することにつき批判的なものとして、Siehe Zoepke, K., DB 1948, 40; Weber, K., Der Inhalt des Einzelrechtsgeschäfts, S. 74ff.

(31) Schlechtriem, P., FS für E. Wahl, S. 76 Fn. 42. なお、草案78条につき、Mugdam, Die gesammten Materialien zum Bürgerlichen Gesetzbuch fur das Deutsche Reich, Bd. 1., 1899, S. 441（Motive）u. 688（Protokolle）.

(32) Schlechtriem, P., FS für E. Wahl, S. 76 ; Ders., BB 1974, 1310 ; Jauernig, O. (hrsg.), BGB, § 154 Rdn. 2 ; Godin, RGRK-HGB, § 346 Anm. 17d; Krause, H., BB 1952, 998 ; Lindacher, W. F., JZ 1977, 605; Dittmann-Stahl, AGB, Rdn. 159 ; BGH 10. 6. 1974 BB 1974, 1136 ; v. Westphalen, F. G., DB 1976, 1318 ; Schmidt-Salzer, J., BB 1968, 69.

(33) Siehe Schmidt-Salzer, J., AGB, D. 69.

(34) Schmdt-Salzer, J., BB 1968, 69; Medicus, D., Allg. Teil des BGB, Rdn. 435. Ebel, H., NJW 1978, 1036 は反対である。

## 第2款　契約内容

　以上により契約成立は肯定されるが、次に契約内容はどうなるか、が問題となる。まず、合意が欠けているがゆえに両者の約款が全体として脱落する[1]のか、それとも約款が具体的に対立する限りでのみ否定されるのか、であるが、前説は、契約締結を支配する部分的意思不一致状況に一致しないし、当事者の意思にも一致しないから後説が妥当である[2]。次に、欠落部分の補充につき専らもしくはまず第一に任意法[3]によるとするのも、任意法と異なる規制をなそうとする両当事者の一致した意思を適切に評価するものではないから、妥当でない[4]。そこで、契約内容決定については場合を分けて論ずべきである。

　第一に、具体的事案において、自己の約款の放棄を認めて相手方約款適用を承認するときは、この約款が契約内容となる[5]。この

## 第3節　ドイツ法

場合には、約款の承認により全契約が初めて成立するのではなく、すでに以前に締結された契約が、意思不一致により契約内容とならなかった約款の事後の承認により、この約款で補充されるのである[6]。

第二に、両者の約款が相互に対立していないときは、その範囲内で契約内容となる[7]（一致条項適用の原則（Prinzip der Kongruenzgeltung））。この場合、当事者が一致を知っていたか否かを問わない。不意打ち条項（民法305 c条1項（旧法3））に該当しない限り、申込ないし承諾において自己の約款につき事実上なされた組込は、この約款適用を生ずるからである[8]。かつ、一方当事者が、両者の約款が内容上一致して規定している条項につき任意法を援用するため約款の相違を利用することは、自己の先行行為に反する行為（venira contra factum proprium）となり認められないし、指定条項を約款で定めていることにより、意思不一致は異なる条項に関してのみ認められることを要するという解釈が成り立つといえる[9]。なお、一致の範囲は解釈により決定されるが、形式的に個々の規定文言によるのではなく、具体的規定の意味目的と制定法規定の代りに約款で契約関係を形成しようという両当事者の利益が特に顧慮されるべきである[10]。この点で、「共通の最小限度」（例えば、異なる期間設定に関して）を肯定する[11]のは、制限的約款を設定し、したがって、相手方の意思を通常取り入れていない約款利用者の有利となるから、原則として妥当でない[12]。

また、事後の、遅滞なく表示された留保によって、一致した約款条項に基づく契約成立は妨げられる。つまり、約款を使用する者は、必ずしも契約相手方に対して自己の約款を強いることができないことは認識している。互いに自己の約款による申込と承諾がなされた場合、それは、民法133条、157条に基づき、自己の約款の組込は原則として「交渉可能なもの」とみなされると解される。両者の意

思表示の交換によって、両当事者の見地からは、約款の組込に関する交渉は最終的に決着したものとはいえない。両当事者が承諾表示の到達後にも沈黙している場合、つまり、両当事者が、自己の約款の適用のみを固執し、そうでなければ締結しない旨、遅滞なく意思表示をしない場合には、これは、「意味深長な沈黙」と評価され、契約には、自己の約款と一致する限りで、相手方の約款が適用されると解されることになる[13]。

　第三に、両者の約款条項が対立するときは、いずれの約款も契約内容とならず、任意法で補充される[14]。これは、民法306条2項(旧法6条2項)の類推適用によることになる[15]。対立する条項のいずれかが、内容規制により無効とされる場合にも、このことは妥当する[16]。この任意法の活用に対しては、契約は両当事者の意欲していない内容になってしまうという批判が考えられるが、これは妥当ではない。この批判は、両当事者が意思の不一致を知りながらもその解決を欲していないときには両当事者の意図を誤って判断することになるし、意思不一致を知らないときには契約の空白部分は任意法により補完されるという意図が一般に推定されるからである[17]。さらに、任意法は通常の場合に両当事者にとり衡平な解決を図っており、例えば、売主側が遅滞責任とか瑕疵担保責任を排除しても任意法適用により不利となるが、他面では買主側に責問義務(商法377条)を課すことにより、売主側に決定的防禦手段を付与している[18]。なによりも、責任危険は自己の約款適用への盲目的信頼で転化されるべきでなく、この危険にさらされたくないならば商人は自己の約款を個別合意と同一の異論の余地ない契約に基づいてなすべきである[19]。任意法不存在のときは、約款の普及により当該分野で当該契約形成に関する一定の共通の基本的見解が形成されていれば、解釈によりこれが適用される[20]。

　第四に、ある事項につき一方の約款には規定されているが他方に

は規定されていないときは、どうかが問題となる[21]。一方の約款にのみ存する条項は相手方の自己の約款による旨の指示により否定されており、契約内容とならず任意法が適用されるとする見解[22]も存するが、一般には、一方的に規制された約款の問題であり、その適用は解釈により適用されるべき相手方の意思に依存するとされる[23]。自己の約款で規定していないことから必然的に又は原則として任意法を適用する意思であるとは推定できない[24]のであり、同意ないし意思不一致問題と関連づけて解決されるべきである[25]。つまり、当該条項が契約を本質的に変更しないか[26]又は両当事者が客観的に合意できるもので相手方が明示に異議申立をしない[27]ときには、黙示的承諾が認められ契約内容となる。もっとも、制定法上黙示の合意でたるとされていない限り、黙示の合意の存在には厳格な要件が要求されるべきである。さもないと再び民法150条2項による解決が登場する危険性がある[28]。当該条項が規定した者にとって不可欠なものであれば、契約締結に関する明示の合意が欠けているから、民法154条で契約不成立となる。したがって、この者は自己の約款を相手方により事実上承諾されるように配慮すべきであり、これをなさないと当該条項なしで契約が成立するか又は契約不成立となる[29]。しかし、契約不成立をとするのは妥当でなく、相応の配慮をなさなかった者を保護する必要はないから当該条項なしの契約成立を肯定して良いであろう。

なお、約款に拒否条項（Abwehrklausel）が存在するときも若干問題である。ある見解は、この種の条項の文言で区別し、限定的拒否条項（自己の約款が排他的に適用されるとか異なる約款が明示に書面で承認されるときにのみ自己の約款は適用されないという文言の条項）は単純な拒否条項（単に自己の約款を指示するにすぎない条項）を排除し、前者の存する約款が適用される[30]とし、別の見解は、文言でなく、指定表示の形式に基づき、定型的に事前印刷された指定条項と個別的指定条

第2章　商取引における契約の成否と契約内容

項とで区別し、前者は後者に劣後するとする[31]。しかし、一般的な形で定型化された拒否条項は個別契約に関する民法154条1項の合意留保（Einigungsvorbehalt）の枠内ではなんら決定的意義を有しない[32]。かつ、具体的な拒否条項の類型化に基づくと、いずれの当事者もこの種の条項設定により再び手詰り状態が生ずるし、いずれの型に属するかの区別の困難、いずれが優先するかの点で疑問を生ずる[33]。拒否条項の形式で区別するのも、両当事者が個別的指定条項を採用すれば十全な解決策をもたらさないし、指定条項のエスカレーションを生じ、果てしない戦いを回避しようという目的を達成できない[34]。いずれにせよ、「書式の戦い」における必要な法的安全を確保できないから、拒否条項の文言又は形式で区別せず[35]に、既述の方法により原則として任意法適用で処理すべきである。

（1）　Siehe OLG Karlsruhe 8. 8. 1972 BB 1972, 1162 ; OLG Karlsruhe 27. 3. 1973 BB 1973, 816.

（2）　v. Westphalen, F. G., DB 1976, 1320 ; Löwe u. a., AGBG, § 2 Rdn. 46 ; Weber, K., Der Inhalt des Einzelrechtsgeschäfts, S. 116 u. 117f. ; Schlechtriem, P., FS für E. Wahl, S. 77f. Siehe auch Schlechtriem, P., BB 1974, 1310.

（3）　Siehe Zoepke, K., DB 1948, 345 ; Haberkorn, K., MDR 1961, 820 ; Weber, W., AGB, N. 299 ; Ders., Grundfragen zum Recht der Allgemeinen Geschäftsbedingungen (AGB), DB 1970, 2422 ; Flume, W., Rechtsgeschäft, S. 675 ; Lindacher, W. F., JZ 1977, 605 ; Grasmann, S., DB 1971, 563 ; Emmerich, V., Die Problematik der Allgemeinen Geschäftsbedingungen, JuS 1972, 365 ; Ders., Urteilsanmerkung, JuS 1974, 114f. ; Medicus, D., Allg. Teil des BGB, Rdn. 435 ; Erman-Roloff, BGB, § 305 Rdn. 55 ; OLG Karlsruhe 8. 8. 1972 BB 1972, 1162.

（4）　Ulmer u. a., AGBG, § 2 Rdn. 101; Löwe u. a., AGBG, § 2 Rdn. 46; Tengelmann, C., DB 1968, 208 ; OLG Dusseldorf 24. 4. 1996 NJW-RR 1997, 946, 947. Vgl. auch Ebel, H., NJW 1978, 1036.

（5）　Schlechtriem, P., FS für E. Wahl, S. 77 u. Fn. 44; Ders., BB 1974, 1310 ; Kramer, MünchKomm. BGB, § 150 Rdn. 9; Schmidt-Salzer, J., AGB, D 79; Ders., BB 1971, 596 ; Leo, Die Exporteurbedingungen, ZBH 1926, 120. 場合によっては、自己の約款適用を強く主張し、相手方がそれにも拘らず履行したときは、信義則上、この者の約

款が適用される、としたものとして、BGH 14. 3. 1963 NJW 1963, 1248. Vgl. auch BGH 26. 9. 1973 BGHZ 61, 282, 287f. なお、補充的解釈方法によるとか、一方当事者の約款利用に関する利益が明らかに相手方の利益よりも勝るときには相手方約款の無視も許容されるという理由で、一方の約款の適用を肯定する見解も存する。Siehe Götz-Huh, Bestätingsschreiben, S. 54. もっとも、沈黙又は給付の受領では、相手方約款適用に合意したものとはいえない。Schulte-Nolke, H., HK-BGB, § 305 Rdn. 20; Jauernig, O.(hrsg.), BGB, § 305 Rdn. 23.

（6） Schlechtriem, P., FS fur E. Wahl, S. 77. Siehe auch Raiser, L., AGB, S. 225 ; Haberkorn, K., MDR 1961, 820.

（7） Palandt-Heinrichs, BGB, 39. Aufl., AGBG, § 2 Anm. 6e ; Soergel-Lange-Hefermehl, BGB, vor § 145 Rdn. 135 ; Ulmer u. a., AGBG, § 2 Rdn. 101 u. 102 ; Dittmann-Stahl, AGB, Rdn. 160; BT-Drucksache 7/3919, S. 48; Raiser, L., AGB, S. 223 ; Schneider, W., BB 1951, 743; Schlechtriem, P., FS für E. Wahl, S. 77f.; Weber, K., Der Inhalt des Einzelrechtsgeschäfts, S. 118 ; v. Westphalen, F. G., DB 1976, 1320 ; Schlosser u. a., AGBG, § 2 Rdn. 85 ; Stoffels, M., AGB, Rdn. 321 ; Schulte-Nölke, H., HK-BGB, § 305 Rdn. 20 ; BGH 20. 3. 1985 NJW 1985, 1838, 1839 ; BGH 23. 1. 1991 NJW 1991, 1604, 1606; Baumbach-Hopt, Handelsgesetzbuch, 30. Aufl., 2000, § 346 Rdn. 22（以下、HGBと略記）.

（8） v. Westphalen, F. G., DB 1976, 1320. Siehe auch Droste, K., DB 1957, Beilage 10, V(b).

（9） Schlechtriem, P., BB 1974, 1310 ; v. Weatphalen, F. G., Vertragsrecht, § 38 Vertragsabschlisskaluseln, Rdn. 32.

（10） Ulmer u. a., AGBG, § 2 Rdn. 102 ; Wolf u. a., AGBG, § 2 Rdn. 78 ; Stoffels, M., AGB, Rdn. 322. Siehe BGH 23. 1. 1991 NJW 1991, 1604, 1605.

（11） Dittmann-Stahl, AGB, Rdn. 160; BT-Drucksache 7/3919, S. 48.

（12） Ulmer u. a., AGBG, § 2 Rdn. 102 ; Wolf u. a., AGBG, § 2 rdn. 78 ; Schlosser, u. a., AGBG, § 2 Rdn. 85.

（13） Köhler, H., In; Basedow, J.(hrsg.), Europäische Vertragsrechtsvereinheitlichung, S. 65.

（14） Götz, D., Zum Schweigen, S. 259 u. 279 ; Kramer, MünchKomm. BGB, § 150 Rdn. 9 ; Schlechtriem, P., FS für E. Wahl, S. 77 ; Ratz, Großkomm. HGB, § 346 Rdn. 116 ; Godin, RGRK-HGB, § 346 Anm. 17d ; Dittmann-Stahl, AGB, Rdn. 160 ; Soergel-Lange-Hefermehl, BGB, vor § 145 Rdn. 135 ; Löwe u. a., AGBG, § 2 Rdn. 46 ; Raiser, L., AGB, S. 225 ; Schulte-Nölke, H., HK-BGB, § 305 Rdn. 20 ; Baumbach-Hopt, HGB, § 346 Rdn. 22 ; v. Westphalen, F. G., Vertragsrecht, § 38 Vertragsabschlussklauseln, Rdn. 28 ; BGH

第 2 章　商取引における契約の成否と契約内容

25. 6. 1957 WM 1957, 1065 ; BGH 10. 6. 1974 BB 1974, 1136 ; OLG Karlsruhe 27. 3. 1973 BB 1973, 816 ; OLG Frankfurt a.M(Beschl.) 5. 4. 1975 BB 1975, 1606 ; OLG Hamm 6. 7. 1978 BB 1979, 702 ; OLG Hamm 11. 7. 1983 BB 1983, 1814, 1815. もっとも、相手方に有利な条項は任意法に優先して適用されるとする見解も存する。Siehe Medicus, D., Allg. Teil des BGB, Rdn. 435 ; Soergel-Lange-Hefermehl, BGB, vor § 145 Rdn. 135 ; Flume, W., Rechtsgeschäft, S. 675 ; Schlosser, u. a., AGBG, § 2 Rdn. 85. しかし、この種の条項は、通常他と分離して孤立的に解しえないし、かつ、約款設定者にとって計算された他の条項との関連を否定してしまうことになる。Kramer, MünchKomm. BGB, § 150 Rdn. 9 Fn. 17. なお、Bork, R., Allgemeiner Teil, Rn. 1768 は、一致する限りで約款は適用されるが、そうでない限り、いずれの約款も合意されていないとして適用されないとするが、空白を何によって補充するかについては言及していない。

(15)　Stoffels, M., AGB, Rdn. 321. 旧法では同法 6 条 2 項の類推適用である。Ulmer u. a., AGBG, § 2 Rdn. 103; Kötz, MüunchKomm. BGB, AGBG, § 2 Rdn. 31 ; Kramer, MünchKomm. BGB, § 150 Rdn 9 ; Löwe u. a., AGBG, § 2 Rdn. 46 ; OLG Köln 19. 3.1 980 DB 1980, 924, 925f.

(16)　Wolf u. a., AGBG, § 2 Rdn. 80 ; Stoffels, M., AGB, Rdn. 322 ; BGH 19. 6. 1991 NJW 1991, 2633, 2634f.

(17)　Schlechtriem, P., FS für E. Wahl, S. 77.

(18)　v. Westphalen, F. G., DB 1976, 1320.

(19)　Krause, H., BB 1952, 998 ; v. Westphalen, F. G., DB 1976, 1320 ; Löwe u. a., AGBG, § 2 Rdn. 49 ; Weber, W., DB 1970, 2423.

(20)　Raiser, L., AGB, S. 225. Weber, K., Der Inhalt des Einzelrechtsgeschäfts, S. 125 は、商慣習、特別な取引慣行などによるとする。なお、フォン・ケメラー（桜田訳）・前掲論文北大法学論集 28 巻 1 号 12 頁（1977）参照。

(21)　この問題は、「書式の戦い」の範囲に入らないかとも考えられるが、一般に肯定される。Schlechtriem, P., BB 1974, 1310 Fn. 20a. Vgl. auch Mayer, K., Der Eigentumsvorbehalt bei sich widersprechenden AGB, NJW 1978, 1057.

(22)　Dittmann-Stahl, AGB Rdn. 160 Fn. 121.

(23)　Ulmer u. a., AGBG, § 2 Rdn. 104; Löwe u. a., AGBG, § 2 Rdn. 47 ; Schlechtriem, P., FG für R. Herber, S. 48f. Erman-Roloff, BGB, § 305, Rdn. 56 は、契約内容にはならないとする。BGH 24. 10. 2000 NJW-RR 2001, 484, 485 も同旨

(24)　Ulmer u. a., AGBG, § 2 Rdn. 104 ; Leo, ZBH 1926, 119.

(25)　v. Westphalen, F. G., DB 1976, 1320. Siehe auch BGH 20. 3. 1985 NJW 1985, 1838, 1839f.

(26) Schlechtriem, P., FS für E. Wahl, S. 78 ; Raiser, L., AGB, S. 223.

(27) Raiser, L., AGB, S. 224 ; Weber, K., Der Inhalt des Einzelrechtsgeschäfts, S. 119ff. 当該条項が当該取引分野で取引慣行（handelsüblich）であるときは、相手方の黙示的合意を基礎としうる。Ulmer u. a., AGBG, § 2 Rdn. 104 ; Löwe u. a., AGBG, § 2 Rdn. 47. Siehe auch LG Hagen 27. 2. 1975 BB 1976, 723. 反対するものとして、Ebel, H., NJW 1978, 1037 ; Schlosser, u. a., AGBG, § 2 Rdn. 85.

(28) v. Westphalen, F. G., DB 1976, 1320 u. 1321 ; Löwe u. a., AGBG, § 2 Rdn. 48.

(29) v. Westphalen, F. G., DB 1976, 1320f. Vgl. auch Mayer, K., NJW 1978, 1038; Staudinger-Dilcher, BGB, § 155 Rdn. 14.

(30) Grasmann, S., DB 1971, 563 ; BGH 12. 2. 1952 BB 1952, 238; BGH 17. 9. 1954 BB 1954, 882 ; OLG Köln 14. 4. 1971 BB 1971, 676. Siehe auch Schneider, W., BB 1951, 743 ; Stahl, H., DB 1956, 681.

(31) Schmidt-Salzer, J., BB 1971, 596 ; Ders., AGB, D 69. なお、この見解によると、指示につき両者が同一の形式をとるときは、契約は成立しないが、給付が提供され受領されると、推断的に、かつ、約款なしで契約が締結されるとする。Ders., BB 1971, 596f. Siehe auch Schlechtriem, P., FS für E. Wahl, S. 77 Fn. 44.

(32) v. Westphalen, F. G., DB 1976, 1319. Siehe auch Schmidt-Salzer, J., BB 1971, 556; Weber, K., Der Inhalt des Einzelrechtsgeschäfts, S. 58f.

(33) v. Westphalen, F. G., DB 1976, 1319 ; Schlechtriem, P., FS für E. Wahl, S. 71 Fn. 71 u. 77 Fn. 45 ; Löwe u. a., AGBG, § 2 Rdn. 45 ; Lindacher, W. F., JZ 1977, 604 ; Dittmann-Stah, AGB, Rdn. 156 ; Schlosser u. a., AGBG, § 2 Rdn. 83. 近時の判例はこの区別をなしていない。OLG Karlsruhe 8. 8. 1972 BB 1972, 1162 ; OLG Frankfurt a. M (Beschl.) 5. 4. 1975 BB 1975, 1606 ; LG Hagen 27. 2. 1975 BB 1976, 723. Siehe auch BGH 10. 6. 1974 BB 1974, 1136.

(34) Dittmann-Stahl, AGB, Rdn. 157 u. Fn. 117 ; Löwe u. a., AGBG, § 2 Rdn. 45 ; Weber, K., Der Inhalt des Einzelrechtsgeschäfts, S. 59f.

(35) v. Westphalen, F. G., DB 1976, 1319 ; Ulmer u. a., AGBG, § 2 Rdn. 98 u. 99. Siehe auch Flume, W., Rechtsgeschäft, S. 667 ; Raiser, L., AGB, S. 225 ; Soergel-Lange-Hefermehl, BGB, vor § 145 Rdn. 135.

## 第3款　確認書

では、確認書の場合はどうか。口頭契約締結後に口頭合意を拘束的かつ確定的なものとして記載した書面が送付され、そこで約款の

指定が行われる。これについては商人間確認書 (das kaufmännische Bestätigungsschreiben) として特別の法理が存し、この書面の受領者が遅滞なくその内容に異議を申立てないと、たとえその内容が口頭合意を修正するものであっても原則として契約内容となる（確認書の創設的効力）[1]。したがって、確認書で指定された約款は適時の異議申立がなければ契約内容となる[2]。問題は、互いに自己の約款を指定した確認書を送付したときに、異なる又は付加的な約款に関する合意が欠けているにすぎないから契約は口頭合意で成立しており原則として無効とならない[3]が、いずれの確認書における約款が契約内容となるか、である。確認書法理によれば、当事者の一方が異議申立をなしたときは相手方はこれに対し異議申立をなすことを要し、沈黙していると異議申立に同意したものとされ、異議申立をした者の約款が決め手となる[4]。いずれの当事者も異議申立をしていないときは、相互に相手方の約款に拘束され、したがって、より遅い確認書の約款が決め手となる[5]。しかし、これは契約の非実際的分割を生じ妥当でない。当事者は一種の明らかな又は隠れた意思不一致（民法154条、155条）の状態になる[6]し、相互に相手方の確認書に同意したとみなされ、なんら意思一致は存せず、統一的契約内容は存在しないことになってしまう[7]。むしろ、両者の確認書は、先取りされた異議申立とみなされるべきである。自身ですでに確認書を送付した者は、契約内容に関する自己の見解を提示しており、決して沈黙とみなされない[8]し、いずれの当事者も相手方の書面から相手方が異なる契約内容を主張していることを知っているから異議申立の要件をみたしているといえる[9]。より端的に言えば、異議申立は不要であり、いずれの当事者も異議申立をなさなくとも相手方の約款に服するものとはされない[10]。契約内容は、口頭合意、場合によっては両確認書における一致する約款条項[11]、いずれも存しないときは任意法で補充される[12]。もっとも、両確

認書の異なる内容が従来の交渉の範囲内である(13)か、又は、ある条項が一方に存し他方に存しないときで、当該条項が経済的合理性の要求に合致するものであり当該取引分野で慣行的で相手方にとっても不意打ちとなりえないとき(14)は、適時の異議申立が必要で、これをなさないと当該条項に同意したものとされる。ただし、後者の場合、当該条項を含まない確認書が任意法を参照するつもりなのか又はいわば黙示的に任意法とは異なるが取引慣行上のものの適用を肯定するつもりなのかは問題である。不完全な確認書は解釈により補充されるから、解釈上任意法を参照すべきものであれば、相手方の任意法を修正する確認書条項が適用されるべきではない(15)。

（1） ドイツの商人間取引における確認書法理の詳細については、本書122頁以下及び拙稿「商取引における契約確認書について」一橋論叢85巻5号（1981）、同「契約確認書の法理についての一考察」NBL243号（1981）参照。

（2） いわゆる確認書には、注文確認書と真正確認書とが存する。以下で論ずるのは、真正確認書についてである。注文確認書については、異議申立義務は存せず、この場合の「書式の戦い」は、既述の原則で処理される。Kötz, MünchKomm. BGB, AGBG, § 2 Rdn. 9 ; Schmidt-Salzer, J., BB 1971, 596 u. 597 ; Palandt-Heinrichs, BGB, 39. Aufl., § 148 Anm. 2 a bb ; Ratz, Großkomm. HGB, § 346 Anm. 103 u. 106 ; Weber, W., AGB, N. 269. Vgl. auch Kramer, MünchKomm. BGB, § 151 Rdn. 30 u. Fn. 86.

（3） Ratz, Großkomm. HGB, § 346 Anm. 116; Götz-Huhn, Bestätigungsschreiben, S. 78f. ; Raiser, L., AGB, S. 223. Vgl. auch Droste, K, DB 1957, Beilage 10, V (b) ; Schlegelberger-Hefermehl, HGB, § 346 Rdn. 123 ; Oßwald, Der sogenannte Vertragsschluß durch kaufmännisches Bestätigungsschreiben, 1975, S. 348（以下、Der sogenannte Vertragsschluß と略記）.

（4） Schopp, Rpfl. 1961, 345 ; Koehler, W., Allgemeine Verkaufsbedingungen, 1934, S. 25（以下、Verkaufsbedingungen と略記）; Godin, RGRK-HGB, § 346 Anm. 16i.

（5） RGZ 88, 377, 380. Vgl. auch Droste, K, DB 1957, Beilage 10, V (b) ; Tengelmann, C., DB 1968, 206 ; Weber, W., DB 1970, 2422.

（6） Götz-Huhn, Bestätigungsschreiben, S. 74 ; Götz, D., Zum Schreiben, S. 275 ; Kuchinke, K., Zur Dogmatik des Bestätigungsschreiben, JZ 1965, 168 Fn. 5.

（7） Stern, Stillschweigen bei sich kreuzenden kaufmännischen Bestätigungs-

schreiben, DJZ 1923, Sp. 166. かつ、送付者を保護する特別な必要性も存しない。
Oßwald, Der sogenanntenVertragsschluß, S. 350; Kuchinke, K., JZ 1965, 169 Fn. 50.

（8） Götz-Huhn, Bestätigungsschreiben, S. 74 ; Götz, D., Zum Schweigen, S. 275 ; Koehler, W., Verkaufsbedingungen, S. 25 ; Schlegelberger-Hefermehl, HGB, § 346 Rdn. 129 ; Schlosser u. a., AGBG, § 2 Rdn. 80; BGH 25. 6. 1957 WM 1957, 1064, 1065 ; BGH 28. 5. 1973 BB 1973, 1044, 1045.

（9） Schlegelberger-Hefermehl, HGB, § 346 Rdn. 123 ; Soergel-Lange-Hefermehl, BGB, § 145 Rdn. 44 ; Ratz, Großkomm. HGB, § 346 Anm. 116 ; Palandt-Heinrichs, BGB, 39. Aufl., § 148 Anm. 2 b bb ; Schmidt-Salzer, J., BB 1971, 597 ; Schlechtriem, P., FS für E. Wahl, S. 79 ; BGH 10. 7. 1961 BB 1961, 954 ; OLG Stuttgart 28. 9. 1961 BB 1962, 349 ; Kramer, MünchKomm. BGB, § 151 Rdn. 33 ; Löwe u. a., AGBG, § 2 Rdn. 60; Droste, K, DB 1957, Beilage 10, V (b).

(10) Diederichsen, U., Der "Vertragsschluß" durch kaufmännisches Bestätigungsschreiben, JuS 1966, 138; Schmidt-Salzer, J., AGB, D. 79 ; Baumbach-Hopt, HGB, § 346 Rdn. 22 ; Kuchinke, K., JZ 1965, 169 Fn. 20 ; Weber, W., DB 1970, 2422 ; BGH 10. 7. 1961 BB 1961, 954 ; OLG Stuttgart 28. 9. 1961 BB 1962, 349 ; BGH 21. 3. 1966 NJW 1966, 1071; Raiser, L., AGB, S. 223.

(11) Oßwald, Der sogenannte Vertragsschluß, S. 349 ; Godin, RGRK-HGB, § 346 Anm. 16i ; Götz-Huhn, Bestätingungsschreiben, S. 75 ; Götz, D., Zum Schweigen, S. 275 ; Koehler, W., Verkaufsbedingungen, S. 25 ; Kramer, MünchKomm. BGB, § 151 Rdn. 33 ; Schlegelberger-Hefermehl, HGB, § 346 Rdn. 123 ; Ratz, Großkomm. HGB, § 346 Anm. 116 ; Stern, DJZ 1923, Sp. 166 ; Schopp, Rpfl. 1961, 345. もっとも、補充的解釈原則又は信義則により一方の確認書における約款の適用を認める見解も存する。Siehe Götz-Huhn, Bestätigungsschreiben, S. 80; Diederichsen, U., JuS 1966, 128. なお、Ratz, a. a. o は、一方の確認書が他方のよりも完全に契約内容を再現しているときは、より完全な確認書の受領者は、その適用を避けるためには原則として沈黙することは許されないとする。Siehe auch Oßwald, Der sogenannte Vertragsschluß, S. 349.

(12) Götz-Huhn, Bestätigungsschreiben, S. 75 u. 78 ; Götz, D., Zum Schweigen, S. 275 ; Kötz, MünchKomm. BGB, AGBG, § 2 Rdn. 30 ; Weber, W., DB 1970, 2422f. ; Schlechtriem, P., FS für E. Wahl, S. 80 ; Koehler, W., Verkaufsbedingeungen, S. 25 ; Oßwald, Der sogenannte Vertragsschluß, S. 352 u. Fn. 345 ; Basedow, MünchKomm. Schuldrecht, § 305 Rdn. 102.

(13) Ratz, Großkomm. HGB, § 346 Anm. 116 ; Godin, RGRK-HGB, § 346 Anm. 16i ; Schlegelberger-Hefermehl, HGB, § 346 Rdn. 123 ; Droste, K, DB 1957, Beilage 10, V (b).

(14) Baumbach-Hopt, HGB, § 346 Rdn. 22 ; Löwe u. a., AGBG, § 2 Rdn. 60 ; BGH 21. 3. 1966 NJW 1966, 1070 ; Schmidt, K., MünchKomm. HGB, § 346 Rdn. 164. 判例に批判的なものとして、Götz, D., Zum Schweigen, S. 276 Fn. 346 ; Kramer, MünchKomm. BGB, § 151 Rdn. 33 ; Medicus, D., Bürgerliches Recht, 18 Aufl., 1999, Rdn. 66.

(15) Götz-Huhn, Bestätigungsschreiben, S. 78 ; Götz, D., Zum Schweigen, S. 276 Fn. 346.

## 第4節　国際的統一法

現代における国際的取引の重要性からみて、国際的統一法がいかなる解決策を用意しているかは無視できない。そこで、1964年国際動産売買契約の成立に関する条約、1980年国際的動産売買契約に関する国連条約、私法統一国際協会による「国際商事契約に関する原則」、ヨーロッパ契約法委員会による「ヨーロッパ契約法原則」に焦点をあてて、検討する。

### 第1款　1964年国際動産売買契約の成立に関する条約

1964年国際動産売買契約の成立に関する条約（以下、ULFと略記）7条[1]は、

「(1) 付加、制限又はその他の修正を含む承諾は、申込の拒絶であり反対申込となる。

(2) しかし、申込に対する返答が、承諾を意図しながらも付加又は異なる条項を含み、それらが申込条項を実質的に変更していないときは、申込者が遅滞なくその相違につき異議を申立てないならば、この返答は承諾となる。申込者がこの異議申立をなさなければ、契約条項は承諾に含まれた修正を伴う申込条項である。」

と規定する[2]。ULFは、契約は申込と承諾で成立するという立場[3]とり、契約は意思の一致（meeting of minds）を要するから、無

第2章　商取引における契約の成否と契約内容

条件の承諾 (clean acceptance) のみが直ちに契約締結をもたらすのであり、申込と一致しない承諾は拒絶で反対申込であるという基本原則を本条1項で明定する[4]。拒絶で反対申込となるのは、承諾を意図しない返答であり、形態 (form) 又は変更の重要性により契約を完結しないという意図を明らかに示すすべての返答である[5]。これは、申込と承諾表示との文言の相違を基準とすることになるが、それ以外にも、申込で特定事項につき規定していないがULF 4条2項に基づき解釈で補完されるときに承諾表示で別異の規定をなしている場合、承諾者がその承諾を反対確認に依存させているか又は締結された契約の撤回を留保する場合、申込で書式や通知手段を事前に規定しているか又は承諾表示の内容に一定の具体的内容を要求しているときに承諾者がこれを遵守しない場合も該当する[6]。もっとも、申込と承諾との文言に相違があっても本質的事項につき合意があれば、この相違が翻訳の不完全、書き誤り、タイプの打ち間違い、語学力の不十分性などで生じたときは本条1項に該当しない[7]し、さらに、承諾が将来の取引関係の発展のための提案をなすとか、単なる期待の表明にすぎないとか、申込自体では明定していないがULF 4条2項により解釈で補完される事項を定めているにすぎないときも該当しない[8]。ULF 7条1項に該当する変更などのときは、原申込者による承諾又はULF 6条2項による承諾と同視すべき行為により、契約成立となる[9]。

　以上の原則に対し、ULF 7条2項は例外を定め、承諾を意図する返答が、付加又は異なる条項を含むものであっても、それが申込条項を実質的に変更しないならば、原則として承諾として効力を生じ、契約内容は承諾に含まれた修正を伴う申込条項である[10]。本項は、当事者が申込・承諾の際に (特に、「書式の戦い」において)、非本質的な付随的事項が相互に異なるにも拘らず契約は締結されたものとする商人間取引でしばしば生ずる事態を顧慮したものであり、契約締

結の擬制を規定して、事後になって契約拘束を回避するために申込と承諾の差異を援用して有効な契約締結が存在しないとされる危険を予防している[11]。その際、当事者が契約締結に際して申込と承諾の不一致を看過したか、それとも差異に気づいたが些細なものとみなした結果、この差異により契約が不成立となることを欲しなかったのか否か、は問わない[12]。実質的変更か否かの判断基準は、明定されていない[13]。契約内容、注文数量、当事者の関係、経済状況により異なり、個別事情を考慮して判断されることになる[14]。疑わしきときは、1964年国際動産売買統一法に関する条約（以下、ULISと略記）10条を類推適用して、合理的な者が当事者の地位にあったならばなすであろう判断が基準とされる。つまり、被申込者が返答をなす際に、合理的な者が申込者の地位にあれば変更内容で契約を締結しないであろうことを知っていたか又は知りうるべきであったときは、実質的変更とされる[15]。具体的例を一応示せば、給付範囲の拡大又は縮小、異なる価格の呈示、新たな有効要件の設定、国際的専属管轄条項、ULISの規定を実質的に変更する条項、慣行又は当事者間の以前の取引関係と一致しない条項、などである[16]。これに該当すれば、付加などを伴う承諾はULF7条1項により反対申込で契約は不成立ということになるから、契約成立には明示の同意を要し、単なる沈黙では不十分である[17]。これに反し、非実質的修正を伴う承諾は、契約を成立させ、かつ、この修正は契約内容となるから[18]、申込者がこれを阻止するためには遅滞なく異議申立をなさなければならない（ULF7条2項）。適時の異議申立は、契約締結を遡及的に阻止する[19]。したがって、修正を伴う承諾は、契約を成立させるか否かの決定を申込者の自由裁量に委ねることになる[20]。異議申立の方法は、当該事情における通常の方法でなすことを要する（ULF12条2項）[21]。承諾前における異議申立、例えば約款における慣例的な防止条項は、ULF7条2項の文言上不

十分である(22)。「遅滞なく」の定義は存しないが、沿革的には1959年ローマ条約案11条1項で定義されていた（ULIS 11条と文言上ほぼ同じ）が、本条約が単なる定義規定により過重な負担を課されるのを避けるため削除されたのであり(23)、ULIS 11条における定義を基礎として、当該事情を考慮して最も迅速な異議申立をなすことを要する(24)。なお、行為による契約成立を規定することも提案されたが、条約の全体系を根本的に修正する必要性が生ずること、推断的に成立した契約内容はどうなるか疑問であること、及びULF 3条は方式自由を定め、ULF 4条、6条、7条により当事者の行態から契約上の合意の存在を認めうることを理由に、採用されなかった(25)。

申込と承諾の相違に関するULF 7条2項の解決が妥当かは、疑問である(26)。申込内容を変更する承諾表示を受領した申込者は、変更が実質的か非実質的かを明確に判断できないときには、困難な状況に置かれる。というのは、申込者が回答しなければならないか、そして、どのように回答すべきかは、この区別如何に依存するし、この区別自体必ずしも常に明確にできるものでなく、その判断も裁判所によって確実に是認されるとは予測できないものであるからである(27)。さらに、変更を看過すか又は適時に異議申立をなさないと、申込者はその意思に反して拘束される危険を生じる(28)。このように本項は申込者の不利となるから、疑わしき場合には念のため異議申立をなすべきことになる(29)。これが、迅速な商取引の要請に合致するかは疑問である。他方、承諾表示者も、なんら回答を受領しないときは、契約成否又は契約内容につき不確実な状態に置かれる。付加的になした補完が実質的変更とみなされる可能性を生じうるものであれば、契約の成否が賭けられることになる。変更を非実質的とみなした場合でも、伝達過程における危険を考慮すると、承諾者はこの変更が受け入れられたものと確定的にみなすことはで

第4節　国際的統一法

きない(30)。かくて、この危険を回避するためには、承諾者側もその承諾を反対確認に依存させることが必要となり(31)、迅速な商取引の達成は確保し難くなる(32)。

　ULFは、「書式の戦い」を7条で処理する(33)。「書式の戦い」は申込と承諾との相違の主たる場合であり(34)、契約の成立及び契約内容は本条を基礎として判断される。承諾表示者の約款が申込者の約款を実質的に変更するものでない(35)ならば、申込者が異議申立を遅滞なくなさないと、承諾者の約款で契約内容が定まる。つまり、承諾者が最終書面性を有すれば、この約款が適用される(36)。しかし、実際上はこれは稀である。この点、約款は事前に作成され具体的取引に関連するものでないという性格づけにより、常に非実質的変更とすることも考えられるが、かかる評価は当事者の意図に反するし、申込者の約款における防止条項の存在からみて、妥当でない(37)。むしろ、「書式の戦い」においては、相互の約款上、瑕疵担保請求権、給付期間及びその徒過に関する効果、免責条項、仲裁条項、裁判管轄条項などが存し、その相違は一般に実質的変更と解される(38)。したがって、原則として契約は不成立であり、契約成立には原申込者の承諾を要する(39)。この場合、沈黙は承諾とみなす条項は効力を生じない（ULF2条2項）。これは、ULF2条1項は、すべての契約当事者は自己の表示の支配者である旨を確定し、自己が拘束を欲する表示の効果及び射程距離を定め、かつ、その限界を定めうるとするが、一方当事者は相手方を拘束できないから、強行法的にULF2条2項で申込者は沈黙を承諾とみなす旨定めえないとしたためである(40)。ただし、ULF2条1項により、事前の交渉、当事者間で確立された慣行及び商慣習により、沈黙も承諾としての効果を生じうる(41)。もっとも、ULF7条は同6条2項と結合することにより、非実質的変更と同一結果を生じうる。承諾は、申込者に到達することを要する（ULF6条1項）が、事実上の行為によって

第 2 章　商取引における契約の成否と契約内容

もなすことができ[42]（ULF 6 条 2 項）、したがって、物品の発送もしくは送金、申込でなされた第三者への直接給付、申込と共に送付された商品の利用もしくは消費、請求書の送付は、承諾と等価となりうる[43]。

「書式の戦い」において、実質的変更が承諾者によりなされたときも原則として契約成立は否定されるが、原申込者による本項に該当する行為により、反対申込の推断的承諾が生じ、承諾者の約款が適用されることになる[44]。しかし、これは最終書面性を有する者が自己の約款を適用できることになり妥当な解決策とはいえない。むしろ、契約締結の意図を明確に示す当事者の表示又は行態が存すれば、約款の相違があっても、契約は成立し、対立する約款の代りに ULIS の規定が適用されるとすべきである[45]。

なお、ULF は確認書に関する規定を明定していない。契約締結の確認書（注文確認書）と既存の拘束的合意の単なる証明である確認書（真正確認書）という二種のものが存し、当事者はこの差異を知らない[46]し、確認書につき規定すべき一般的必要性が認められないし、法的解決にとり明らかに共通の原則（Kern）が欠けていることから、明文化されなかった[47]。したがって、注文確認書は承諾であり、そこでの変更は ULF 7 条及び 6 条 2 項で処理される[48]。真正確認書のときは、既存の契約の成否及び内容に変更を及ぼさない。ULF 7 条 2 項は、商人間の確認書に対する沈黙の場合をカバーしない[49]。ただ、ULF 2 条 1 項による商慣習に基づき、確認書受領者は自己の沈黙につき責を負わされ、確認書における付加又は異なる条項に同意したものとされることがある[50]。その限りで、遅滞なく異議申立をなすべき義務が課される。

（1）　本条約の邦訳として、谷川・国際商事法務 2 巻 443 頁（1974）参照。
（2）　もっとも、本条は任意規定であり、かつ ULF 2 条 1 項の留保の下にある。
Siehe Schlechtriem, P., BB 1974, 1311. 詳細は、Dölle-Schlechtriem, Kommentar zum

Einheitlichen Kaufrecht. Die Haager Kaufrechtsübereinkommen vom Juli 1964. 1976, EAG, § 7 Rdn. 22f.（以下、Die Haager Kaufrecht, EAG と略記）.

（3） Stumpt, H., Einheitliches Gesetz zum Abschluß internationaler Kaufvertäge über bewegliche Sachen, AWD-BB 1965, 12; Dölle-Schlechtriem, Die Haager Kaufrecht, EAG, § 4 Rdn. 2.

（4） Schmidt, F., 14 Am. J. Comp. L. 1, 23（1965）; Dölle-Schlechtriem, Die Haager Kaufrecht, EAG, § 7 Rdn. 3 ; Mertens-Rehbinder, Internationales Kaufrecht. Komm. zu den Einheitlichen Kaufgesetzen, 1975, EAG, § 7 Anm. 3（以下、Internationales Kaufrecht, EAG と略記）; Lagergren, G., Formation of Contract, In : Honnold, J. O.（ed.）, Unification of the Law Governing International Sales of Goods. The Comparison and Possible Harmonization of National and Regional Unifications. 1966, pp. 56, 67（以下、Unification of the Law と略記）. この原則は広く承認されている。Honnold, J. O., A Comparison of National and Regional Unification of the Law of Sales and Avenues Toward the Harmonization : Prospects and Problems, In : Id.（ed.）, Unification of the Law, p. 10 Fn. 8 ; v. Caemmerer, E., Die Ergebnis der Konferenz hinsightlich der Vereinheitlichung des Recht des Abschlusses von Kaufverträgen, RabelsZ 29（1965）, 127.

（5） Honnold, J. O., In.: Honnold, J. O.（ed.）, Unification of the Law, p. 10.

（6） Dölle-Schlechtriem, Die Haager Kaufrecht, EAG, § 7 Rdn. 3f., 16 ; v. Caemmerer, E., RabelsZ 29（1965）, 116 ; Lagergren, G., In : Honnold, J. O.（ed.）, Unification of the Law, p. 68 ; Mertens-Rehbinder, Internationales Kaufrecht, EAG, § 2 Anm. 6. さらに、承諾表示で本条約又は 1964 年国際動産売買統一法に関する条約（ULIS）の完全なもしくは部分的な削除をなす場合や、申込者が申込でなんら約款を基礎としていないか又は自己の約款を基礎とするときに承諾表示者側で自己の約款を明示に引用した場合も該当する。Mertens-Rehbinder, Internationales Kaufrecht, EAG, § 2 Amn. 5 u. § 7 Anm. 4 ; Dölle-Schlechtriem, Die Haager Kaufrecht, EAG, § 7 Rdn. 3.

なお、ULF 3 条は、申込及び承諾につき特別の要式を要求していないが、これは任意規定であり、かつ、ULF を支配する当事者自治の優先原則（ULF 2 条）により、本条を当事者は修正できる。したがって、両当事者は契約締結につき明示又は黙示に要式を合意できるし、いずれの当事者も相手方に特定の要式の遵守を要求できる。Dölle-Reinhart, Die Haager Kaufrecht, EAG, § 3 Rdn. 30 ; Mertens-Rehbinder, Internationales Kaufrecht, EAG, § 3 Anm. 2 ; v. Caemmerer, E., RabelsZ 29（1965）, 116 ; Stötter, V., Internationales Einheitskaufrecht, 1975, EAG, § 3 Anm. 4（以下、Einheitskaufrecht, EAG と略記）; Graveson-Cohn-Graveson, The Uniform Law on International Sales Act 1967, 1968, p. 113（以下、Uniform Law と略記）. そして、これらの場合には、要式としたことにつき当事者がいかなる効力を付与したか、つまり、当事者が単に

## 第 2 章　商取引における契約の成否と契約内容

証拠手段のためになしたのか、それとも、要式に表示の本質的意義を付与したかによる。前者であれば、契約の有効性は要式の遵守に依存しないが、後者であれば、不遵守は ULF 7 条 1 項に該当し、表示は拒絶であり反対申込である。多くの場合は、契約の締結及び内容についての立証手段を創造しようとするのが当事者の意思といえる。Dölle-Reinhart, Die Haager Kaufrecht, EAG, § 3 Rdn. 33f. See also Lagergren, G., In : Honnold, J. O. (ed.), Unification of the Law, p. 68 ; Dölle-Schlechtriem, Die Haager Kaufrecht, EAG, § 7 Rdn. 4.

（7）　Dölle-Schlechtriem, Die Haager Kaufrecht, EAG, § 7 Rdn. 8.

（8）　Dölle-Schlechtriem, Die Haager Kaufrecht, EAG, § 7 Rdn. 9f. See also Lagergren, W., In : Honnold, J. O. (ed.), Unification of the Law, pp. 67-8. 承諾での変更が、申込者にとってのみ有利なときも、承諾の有効性に影響を及ぼさない。Mertens-Rehbinder, Internationales Kaufrecht, EAG, § 7 Anm. 4.

（9）　Mertens-Rehbinder, Internationales Kaufrecht, EAG, § 7 Anm. 3 ; Dölle-Herber, Die Haager Kaufrecht, EAG, § 2 Rdn. 5 ; Dölle-Schlechtriem, Die Haager Kaufrecht, EAG, § 6 Rdn. 19.

(10)　これは、契約締結より早い段階で生ぜしめる効果を生ずるが、他面では、承諾でなした修正につき原申込者の最終的承諾がなされる前に、承諾者の自己の反対申込を撤回するという権限に不確定性を生ぜしめる。Farnsworth, E. A., Formation of International Sales Contract : Three Attempts at Unification, 110 U. Pa. L. Rev. 305, 323 (1962).

(11)(12)　Mertens-Rehbinder, Internationales Kaufrecht, EAG, § 7 Anm. 5.

(13)　Mertens-Rehbinder, Internationales Kaufrecht, EAG, § 7 Anm. 8.

(14)　Dölle-Schlechtriem, Die Haager Kaufrecht, EAG, § 7 Rdn. 12; Mertens-Rehbinder, Internationales Kaufrecht, EAG, § 7 Anm. 8 ; Graveson-Cohn-Graveson, Uniform Law, p. 117.

(15)　Mertens-Rehbinder, Internationales Kaufrecht, EAG, § 7 Anm. 8 : Dölle-Schlechtriem, Die Haager Kaufrecht, EAG, § 7 Rdn. 12 ; Stötter, V., Einheitskaufrecht, EAG, § 7 Anm. 3b ; Löwe u. a., AGBG, Anh. § 2 Rdn. 20. これに対して、Grüter, K., Die Auftragsbestätigung nach einheitlichem Kaufrecht, RIW-AWD 1975, 613 は、目的、基準、効果が異なるから、本質的変更か否かは ULF 7 条 2 項を基準として解釈すべきであり、本条の立法目的から、非本質的変更とは、事後の重要な段階（Hochspielen）において、契約拘束を回避するのが嫌がらせと思われるもののみをいうとする。

(16)　Dölle-Schlechtriem, Die Haager Kaufrecht, EAG, § 7 Rdn. 12 ; Mertens-Rehbinder, Internationales Kaufrecht, EAG, § 7 Anm. 9 ; Graveson-Cohn-Graveson, Uniform Law, p. 117 ; Grüter, K., RIW-AWD 1975, 612 u. 613 ; Schlechtriem, P., BB 1974,

第4節　国際的統一法

1311.

(17)　Stötter, V., Einheitskaufrecht, EAG, §7 Anm. 4. もっとも、ULF 2条1項における申込、確立された当事者間の関係、商慣習により、実質的変更が申込者が沈黙していても承諾されたものとされる余地があるし、ULF 6条2項の承諾と同視すべき行為により同様の効果が生じうる。Dölle-Schlechtriem, Die Haager Kaufrecht, EAG, §7 Rdn. 22; Mertens-Rehbinder, Internationales Kaufrecht, EAG, §7 Anm. 8f.

(18)　Farnsworth, E. A., 110 U. Pa. L. Rev. 305, 323（1962）は、これは反対申込に対する原申込者による承諾の効力というよりは、原申込を修正する被申込者による承諾として効力を生ずるとする。

(19)　Dölle-Schlechtriem, Die Haager Kaufrecht, EAG, §7 Rdn. 13. Cf. also Schmidt, F., 14 Am. J. Comp. L. 1, 25（1965）.

(20)　Grüter, K., RIW-AWD 1975, 612. 沈黙又は不作為は、付加又は異なる条項への同意となるとするものとして、Stumpt, H., AWD-BB 1965, 13 ; Lagergren, G., The Uniform Law on Formation of Contracts for the International Sale of Goods, [1966] J. Bus. L. 22, 26.

(21)　Dölle-Schlechtriem, Die Haager Kaufrecht, EAG, §12 Rdn. 28 ; Mertens-Rehbinder, Internationales Kaufrecht, EAG, §7 Anm. 6 ; Graveson-Cohn-Graveson, Uniform Law, p. 116; Stötter, V., Einheitskaufrecht, EAG, §12 Rdn. 4.

(22)　Dölle-Schlechtriem, Die Haager Kaufrecht, EAG, §7 Rdn. 12. もっとも、申込者はULF 7条2項の制限をなすこと（これはULF 2条1項で許容される）により、変更を伴う承諾はすべて反対申込とする効果を生ぜしめることはできる。Dölle-Schrechtriem, a. a. O. なお、Schmidt, F., 14 Am. J. Comp. L. 1, 25（1965）は、条約は完全でなく、申込者が付加条項を認めない場合につき、補充規定を設けるのがより適切とする。

(23)　v. Caemmerer, E., RabelsZ 29（1965）, 135. なお、v. Caemmerer, E., a. a. O. S. 135f. は、削除につき疑問とする。

(24)　Dölle-Schlechtriem, Die Haager Kaufrecht, EAG, §7 Rdn. 16; Mertens-Rehbinder, Internationales Kaufrecht, EAG, §7 Anm. 6 ; Stötter, V., Einheitskaufrecht, EAG, §7 Anm. 3c ; Graveson-Cohn-Graveson, Uniform Law, p. 117.

(25)　v. Caemmerer, E., RabelsZ 29（1965）, 138f. ; Dölle-Reinhart, Die Haager Kaufrecht, EAG, §3 Rdn. 11. Siehe auch Dölle-Schlechtriem, Die Haager Kaufrecht, EAG, §4 Rdn. 2.

(26)　立案段階で、すでに、実質的か否かの区別が曖昧であるから、法的安全性を害するとして削除が提案されていた。v. Caemmerer, E., RabelsZ 29（1965）, 127 Fn. 107. See also Schlechtriem, P., BB 1974, 1311.

(27) Dolle-Schlechtriem, Die Haager Kaufrecht, EAG, § 7 Rdn. 17.

(28)(29) Mertens-Rehbinder, Internationales Kaufrecht, EAG, § 7 Anm. 7.

(30)(31) Dölle-Schlechtriem, Die Haager Kaufrecht, EAG, § 7 Rdn. 17.

(32) ULF 7条2項による解決が、近代商取引の要求に合致し、妥当とするものとして、Stumpt, H., AWD-BB 1965, 13 ; Aubrey, M., The Formation of International Contracts, with Reference to the Uniform Law on Formation, 14 Int. Comp. L. Q. 1011, 1017 Fn. 25 (1965) ; The Law on Formation. Part Ⅲ of the United Kingdom Delegation to the Diplomatic Conference on the Unification of Law Governing International Sale of Goods held at the Hague from April 2 to April 25, 1964, In : Some Comparative Aspects of the Law Relating to Sale of Goods, Int. Comp. L. Q. Supp. Pub. No 9 (1964), p. 54.

(33) Schlechtriem, P., BB 1974, 1310. もっとも、事前の交渉、慣行及び慣習から、一方当事者の約款の適用が生じうる。つまり、当事者が従来の取引関係の継続中に部分的に異なる約款を規則的に送付し、それにも拘らず、以前の取引の完結につき一方の約款を基礎とするか、又は当事者が一方の約款を基準とする旨表示して、この種の相違に関する問題を解決していた場合で、承諾者の約款がこれに該当すれば、ULFの適用余地はない。Dölle-Schlechtriem, Die Haager Kaufrecht, EAG, § 4 Rdn. 35, § 7 Rdn. 20; Mertens-Rehbinder, Internationales Kaufrecht, EAG, § 4 Anm. 18.

(34) Farnsworth, E. A., 110 U. Pa. L. Rew. 305, 322 (1962).

(35) 例えば、両者の約款の相違がとるに足りないとか、承諾者のみがULISに含まれた規定と実質的に一致する約款を利用するという極く限られた場合である。Mertens-Rehbinder, Internationales Kaufrecht, EAG, § 7 Anm. 9 ; Graveson-Cohn-Graveson, Uniform Law, p. 117.

(36) Dölle-Schlechtriem, Die Haager Kaufrecht, EAG, § 7 Rdn. 19. これにより、承諾者の優位が生じ、契約締結手続における役割分配を偶然的事象に依存させるという効果を生ずる。Schlechtriem, P., BB 1974, 1311. もっとも、申込者はULF 7条2項を制限して、変更を伴う承諾はすべて反対申込とするという防止条項により、この効果を阻止できる。Dölle-Schlechtriem, Die Haager Kaufrecht, EAG, § 7 Rdn. 19.

(37) Dölle-Schlechtriem, Die Haager Kaufrecht, EAG, § 7 Rdn. 20; Grüter, K., RIW-AWD 1975, 612; Schlechtriem, P., BB 1974, 1311. Vgl. auch Mertens-Rehbinder, Internationales Kaufrecht, EAG, § 7 Anm. 9.

(38) Schlechtriem, P., BB 1974, 1311. Siehe auch Mertens-Rehbinder, Internationales Kaufrecht, EAG, § 7 Anm. 9; Löwe u. a., AGBG, Anh. § 2 Rdn. 22.

(39) Schlechtriem, P., BB 1974, 1311; Stötter, V., Einheitskaufrecht, EAG, § 2 Anm. 5a; Dölle-Schlechtriem, Die Haager Kaufrecht, EAG, § 7 Rdn. 19. もっとも、この場合でも、当事者が約款の排除につき合意していれば約款なしの契約が成立する。

第 4 節　国際的統一法

この種の合意は、通常契約を実際に履行することによって認められるとするものとして、Löwe u. a., AGBG, Anh. § 2 Rdn. 22; Mertens-Rehbinder, Internationales Kaufrecht, EAG, § 7 Anm. 9; Stötter, V., Einheitskaufrecht, EAG, § 2 Anm. 5b.

(40)　Mertens-Rehbinder, Internationales Kaufrecht, EAG, § 2 Anm. 4; v. Caemmerer, E., RabelsZ 29 (1965), 113; Lagergren, G., [1966] J. Bus. L. 22, 23; Stötter, V., Einheitskaufrecht, EAG, § 2 Anm. 6. もっとも、ULF 2 条 2 項は、一方的表示によるもののみを排除するのであり、両当事者の合意で沈黙を承諾とみなすとするのは可能である。Dölle-Schlechtriem, Die Haager Kaufrecht, EAG, § 2 Rdn. 10.

(41)　Dölle-Schlechtriem, Die Haager Kaufrecht, EAG, § 6 Rdn. 36f.; Dölle-Herber, Die Haager Kaufrecht, EAG, § 2 Rdn. 10; Graveson-Cohn-Graveson, Uniform Law, p. 112; v. Caemmerer, E., RabelsZ 29 (1965), 113 Fn. 50a; Lagergren, G., [1966] J. Bus. L. 22, 24; Id., In : Honnold, J. O. (ed.), Unification of the Law, p. 65; Mertens-Rehbinder, Internationales Kaufrecht, EAG, § 2 Anm. 7.

(42)　規定文言上は、行為のみをあげるが、すべての行態が承諾と等価とされる。Dölle-Schlechtriem, Die Haager Kaufrecht, EAG, § 6 Rdn. 27. Cf. also Farnsworth, E. A., 110 U. Pa. L. Rev. 305, 324 (1962); Graveson-Cohn-Graveson, Uniform Law, p. 116.

(43)　Dölle-Schlechtriem, Die Haager Kaufrecht, EAG, § 6 Rdn. 28f.; Mertens-Rehbinder, Internationales Kaufrecht, EAG, § 6 Anm. 7f. もっとも、この認定には慎重を要する。Mertens-Rehbinder, Internationales Kaufrecht, EAG, § 7 Anm. 9; Graveson-Cohn-Graveson, Uniform Law, p. 116; v. Caemmerer, E., RabelsZ 29 (1965), 124; Löwe u. a., AGBG, Anh. § 2, Rdn. 21.

(44)　Schlechtriem, P., BB 1974, 1311; Dölle-Schlechtriem, Die Haager Kaufrecht, EAG, § 7 Rdn. 19.

(45)　Dölle-Schlechtriem, Die Haager Kaufrecht, EAG, § 7 Rdn. 20. 解釈上、この解決策を肯定するものとして、Schlechtriem, P., BB 1974, 1311; Grüter, K., RIW-AWD 1975, 613; Löwe u. a., AGBG, Anh. § 2 Rdn. 22.

(46)　Lagergren, G., In : Honnold, J. O. (ed.), Unification of the Law, p. 69. 区別が困難であることにつき、Dölle-Schlechtriem, Die Haager Kaufrecht, EAG, § 6 Rdn. 41.

(47)　Dölle-Schlechriem, Die Haager Kaufrecht, EAG, § 6 Rdn. 39. 各国の法状態につき、Schlesinger(ed.), Formation, vol. 1., 1968, pp. 135-7; Ebenroth, C. T., ZVglRWiss 77 (1978), 164ff.

(48)　詳細については、Grüter, K., RIW-AWD 1975, 612. Siehe auch Dölle-Schlechtriem, Die Haager Kaufrecht, EAG, § 7 Rdn. 21, § 6 Rdn. 40; Dölle-Reinhart, Die Haager Kaufrecht, EAG, § 3 Rdn. 43.

(49)　v. Caemmerer, E., RabelsZ 29 (1965), 127f.; Ebenroth, C. T., ZVglRWiss 77

(1978), 182 ; Dölle-Schlechtriem, Die Haager Kaufrecht, EAG, § 7 Rdn. 21 ; Mertens-Rehbinder, Internationales Kaufrecht, EAG, § 7 Anm. 10.

(50) Dölle-Schlechtriem, Die Haager Kaufrecht, EAG, § 6 Rdn. 39, 41, § 7 Rdn. 21 ; v. Caemmerer, E., RabelsZ 29 (1965), 125f. ; Mertens-Rehbinder, Internationales Kaufrecht, EAG, § 6 Anm. 12f, § 7 Anm. 10; Ebenroth, C. T., ZVglRWiss. 77 (1978), 183f. ; Löwe u. a., AGBG, Anh. § 2Rdn. 23 ; Grüter, K., RIW-AWD 1975, 611.

## 第2款　1980年国際的動産売買契約に関する国連条約

1980年国際的動産売買契約に関する国連条約 (United Nations Convention on Contracts for the International Sales of Goods.<sup>(1)</sup>以下、CISG と略記) 19条は、

「(1)　申込に対し承諾を意図する返答が、付加、制限又はその他の変更を含むときは、返答は申込の拒絶であり反対申込である。

(2)　しかし、申込に対し承諾を意図する返答が付加もしくは異なる条項を含むものであっても申込条項を実質的に変更しないときは、申込者が不当な遅滞なしに口頭で相違につき異議申立をするか又はその趣旨の通知を発したときを除き、返答は承諾となる。申込者が異議申立をなさないときは、契約条項は承諾に含まれた修正を伴う申込条項である。

(3)　付加もしくは異なる条項が、特に、価格、支払、商品の品質及び数量、引渡地及びその時期、相手方に対する一方当事者の責任の範囲又は紛争の解決に関するものであるときは、申込条項を実質的に変更したものとみなす。」

と規定する<sup>(2)</sup>。本条1項は、ULF 7条1項と同じで、契約上の債務は相互の合意の表明から生ずるという伝統的理論を基礎として、意図された承諾が申込と完全に合致しないならば、承諾でなく拒絶かつ反対申込であり、契約成立には相手方の承諾を要する<sup>(3)</sup>。そして、被申込者が申込条項に概括的に同意するが、ある条項につき

交渉を欲しているという一般的事実をも考慮に入れる。つまり、さらに商議するという意図が明らかであり、当事者の意図が反対であるにも拘らず、契約成立を認めるのは行き過ぎである。仮りに、この伝統的法原則が望ましい結果を生ずるとはいえない状況があるとしても、各国で認められた原則を変更する必要はなく、例外は本条2項で定める[4]。同項は、ULF 7条2項とほぼ同じ[5]で、申込に対する返答が承諾として表示され意図されているが、些細な点で申込と異なるときにつき、原則を定める[6]。付加又は異なる条項を含む返答を基礎として契約が締結されたか否かの問題が生ずるのは、例えば価格変動などにより申込者が返答を受領後で履行開始前に契約に拘束されることを欲しない場合であるが、この場合には、原則として本項により申込者は契約に拘束される[7]。かつ、多くの場合、承諾を意図する返答に含まれる付加又は異なる条項は実質的でないから、契約は承諾における条項で修正された申込条項を基礎として締結されることとなる[8]。

ただし、これは次の二場合には適用されない。一つは、申込者が異議を申立てれば、契約成立にはさらに商議が必要である[9]。申込者に異議申立を課すのは不当といえるかもしれないが、返答における付加又は異なる条項に申込者が同意しないときに申込者が返答に対して応答しないのは非常に稀であるし、しかも、申込者は最初に契約締結を欲した当事者であり、契約締結を求めて被申込者と商議を継続することが期待できるから、不当とはいえない[10]。いま一つは、返答における付加又は異なる条項が実質的変更であるときは、返答は承諾でなく反対申込である[11]。

本項については、現代の貿易慣行上要求されているとして積極的に肯定する見解も存した[12]が、本条1項で表明された基本的原則に矛盾するとか、何が実質的変更を構成するかにつき当事者の見解が非常に異なるのは国際取引上不適切であるという批判が存し

た[13]。しかし、国際取引の実際上、申込に対し新たな内容や条件を付した応答がしばしばなされ、細部についてまで厳格な合意の成立を要求するのは妥当でない[14]。そこで、妥協が成立し、実質的変更の曖昧さを除去するため、本条3項でその解釈規定を設けている[15]。実質的変更の範囲については、本条約の審議過程で目的物、数量及び価格の変更のみに限定する提案もなされたが、仲裁条項なども等しく重要とされた[16]。さらに、原案たる UNCITRAL 条約案17条3項但書では、「被申込者が申込に基づき又は当該事案の特殊な状況により申込者にとって承諾可能と信ずべき事由を有するときは、実質的変更に該当しない」旨規定していたが、審議過程で要件が主観的として削除された[17]。この関連で、3項で規定された事項は例示的列挙であることには争いがないが、これらの事項が具体的事案における重要性を考慮せずに実質的変更と解されるのか、それとも、評価余地のあるものと解されるのかについては見解は分かれる。有力説は、重要性につき反証を許さない推定を規定したものとする[18]。多数説は、3項は解釈規定であって、個別事案における事情、当事者間の慣行などに基づいて変更を許容するものであるとして、反証を許す推定規定とする[19]。有力説も、本条約9条1項および7条1項の適用は肯定しており、商人間の慣行に基づく変更は認めている[20]。したがって、両者はそれほど差異があるとも思われないが、沿革および取引の安定性からみれば、有力説が妥当である[21]。

　本条が、「書式の戦い」に対して解決策を用意しているといえるかは疑問である。約款[22]の対立において、些細な変更といえるならば本条で処理可能といえるが、申込者が自己の約款を申込に装備していれば、承諾者も申込者は承諾に添付された異なる約款に即座に同意していないことを推察できるし、相互の約款には本条3項例示の事項を含んでおり非実質的変更に該当しない[23]。また、承諾

## 第4節　国際的統一法

者の約款に対する申込者の単なる沈黙はなんら同意を意味しない（18条1項2文参照）し、申込者側の契約履行行為が承諾者の約款への推断的同意（なお、18条3項参照）を意味するのかも8条の解釈規定及び19条の評価に基づき疑問である[24]。むしろ、明らかな意思の不一致が存し、これは本条約で規制していない有効性問題（4条2文(a)）に該当し、準拠法原則で解決されることになる[25]。このように、当初は解するのが有力であったが、今日では、書式の戦いの解決は、立案段階でこれに関する特別規定をもうける提案は拒否されたのであるから、19条でもってなされるべきとされる[26]。相互の約款が非本質的部分についてのみ異なるならば、本条2項によって相違につき原申込者が異議を申立しなければ、契約は成立することになる[27]。しかし、通常は相互の約款は実質的に異なっているのであるから、19条1項によって契約は成立せず、自己の約款を伴う承諾は反対申込となる。そして、19条を文字通り適用すれば、意思の不一致（Dissens）のために契約成立が否定されるか、又は、契約履行がなされたならば、最後に送付された約款が適用されることになる[28]。しかし、最終文言理論には国際取引の実情に適合しないという欠陥[29]が存するのであるから、契約締結意思の点で疑問がなく、特に契約履行行為によって約款の対立は契約成立に障害とはならないと当事者はみなしているといえ、契約成立は肯定される[30]。したがって、契約内容についていえば、対立していない部分は有効であって、対立する実質的事項については制定法規定（本条約の規定）が適用される[31]。19条はこの解決策を排除しない。つまり、6条によって条約の規定を修正又は異なる効力を定めることが認められており[32]、19条はまさにこの適用範囲に属するし、当事者は、一致している限り、19条を修正し、これとは異なる承諾表示によって有効な契約承諾の効果を付与しうるからである。その結果、単に異なった点についての合意が成立しないことになる

第2章 商取引における契約の成否と契約内容

からである(33)。この解決策は、多くの国が採用するものといえるが、国際的取引に関する条約であるから、明文化が望ましいといえよう。

この点に関しては、本条約では採用されなかったが、立案過程で検討された規定(34)における解決策が注目される。つまり、申込及び承諾において両当事者が書式を使用した場合には、当事者は書式の印刷された条項を読み比較することは極く稀である。当事者にとって重要なのは書式に書き込まれた (be filled in) 条項であり、これが一致すれば印刷された条項間に非常な差異があっても当事者は契約は締結されたものとして通常は行為する(35)から、印刷されていない条項（つまり、個別契約に特有の条項）が実質的に異ならないときには、契約は締結されている(36)とする。そして、契約内容に関しては、印刷されていない条項と印刷された条項とで区別し、前者については承諾で含まれた修正を伴う申込条項とする(37)。後者については、両者の約款が合致する条項のみが契約内容となる(38)。一方にのみ存する条項及び両約款で対立する条項は契約内容とならず、補完は慣習 (usage)、当事者間で確立された慣行又は適用可能な実質法 (substantive law) によりなされる(39)。この規定は、承諾が申込に対して実質的変更を含むときには、実質的変更が印刷された条項か又は印刷されていない条項に存するかを問わず、申込の拒絶となるべきものとして、削除された(40)。確かに、条項が印刷されたか否かで区別するのは妥当といえないが、行為による契約成立を肯定し、契約内容の補完に関する規定を存置するほうが、「書式の戦い」における解決策としてはより適切であったと思われる。

では、確認書(41)についてはどうか。立案段階では、「事前になされた売買契約につき契約締結後確認書が合理的期間内に送付されたときは、確認書における付加もしくは異なる条項が印刷されていないものであっても、それが契約を実質的に変更しないか又はこれら

の条項に対する異議申立の通知（notification）が確認書受領後遅滞なくなされないならば、契約内容となる。確認書における印刷された条項は、相手方により明示又は黙示に承諾されたときは、契約内容となる」と規定していた[42]。これは、確認書受領者側に、確認書条項が自己の契約に関する了解と一致するか否かを確かめさせ、一致しなければ異議申立をなすべき義務を課すものである。これをなさなければ、確認書条項が実質的変更とならない限り契約内容となる。したがって、契約内容は、実質的変更でなく、かつ、異議申立されなかった印刷されていない条項プラス明示又は黙示に承諾された印刷された条項から成ることになる[43]。これにつき、作業部会は、この規定の有用性を認めたが、付加又は変更を伴う承諾は申込の拒絶であり反対申込であるとする基本原則に反するし、印刷されたか否かで区別するのは相当でなく、かつ、実質性が余りに曖昧であるという見解も存したので、将来の検討に委ねた[44]。最終的には、UNCITRAL条約案にも本条約にも確認書に関する規定は採用されなかった。これは、契約締結後の契約変更は当事者の合意を要すべきである[45]し、確認書に関する沈黙の効果につき法システム上相違があり[46]、いずれを強制するにしても当事者のいずれかに不利益を生ずるから、統一法として規定するのは不可能とされたためである[47]。今日では、国際私法によって適用される具体的国内法にゆだねるという見解も有力であるが、具体的商取引分野において国際取引につきそれ相応の取引慣習（Verkehrssitte）が存するか又は当事者間に合意内容を確認書によって確定するという慣行が存する場合にのみ、本条約9条に基づいて商人間の確認書に関する原則が効力を生ずると解されている[48]。

（1）本条約は、1980年4月10日国連主催の外交会議で採択されたもので、本条約の草案は、国連国際商事取引法委員会（UNCITRAL）による1978年国際的動産売買契約に関する条約案である。本条約原文は、道田信一郎・国際商事法務8巻8号

第 2 章　商取引における契約の成否と契約内容

391 頁（1980）、邦訳は南敏文・NBL215 号 17 頁（1980）参照。UNCITRAL 条約案原文は、27 Am. J. Comp. L. 325, 325-44（1979）; UNCITRAL Yearbook Vol. 9（1978）, 14-21; RabelsZ 43（1979）, 528-61 に発表されている。なお、以下においては、原資料は、UNCITRAL Yearbook Vol. 8（1977）, Vol. 9（1978）にも収録されているが、引用は Documents による。また、以下では、国連条約と表記した場合は、この条約を指し、かつ、条数は特に断らない限り、この条約のそれを指す。

（2）　本条をめぐる、当時の社会主義国と西欧諸国との対立が存し、それが文言に反映したことにつき、See Vergne, F., 33 Am. J. Comp. L. 233, 235-8（1985）.

（3）　Report of the Secretary-General : formation and validity of contracts for the international Sale of Goods, A/CN. 9/128, Annex Ⅱ, § 7 para. 2（以下、Report of the Secretary-General で引用）; Commentary on the Draft Convension on the Formation of Contracts for the international Sale of Goods as approved by the Working Group on the international Sale of Goods at its ninth session, A/CN. 9/144, § 13 para. 2（以下、Commentary on the Draft Convention で引用）; Draft Commentary on Articles 1 to 13 of the Draft Convention on the Formation of Contracts for the International Sale of Goods as approved or deterred for further Consideration by the Working Group on the International Sales of Goods at its eighth session, A/CN. 9/WG. 2/WP. 27, § 7 para. 2（以下、Draft Commentary で引用）。もっとも、承諾における文言は、申込との差異により当事者の債務（obligation）を変更するものでない限り、申込文言と正確に同一文言を使用する必要はないし、かつ、単なる照会とか条項付加の可能性への提案とかも、本項における拒絶で反対申込とはならない。Report of the Working Group on the International Sale of Goods on the Work of its ninth session, A/CN. 9/142, paras. 214-5（以下、Report of Working Group. 9th sess. で引用）; Commentary on the Draft Convention, A/CN. 9/144, § 13, paras. 3-4; Report of the UNCITRAL, on the work of its eleventh session. Genenal Assembly. 33rd Sess. Supplement No. 17（A/33/17）Annex Ⅰ, Summary of deliberations of the commission on the draft Convension on the Formation of Contracts for the International Sale of Goods, para. 154（以下、Summary of deliberations of the Commission で引用）. Ferrari, MünchKomm. HGB, Bd., 6. 2004, CISG Art. 19 Rdn. 3.（以下、Münch Komm. CISG と略記）Cf. also UNCITRAL, Eleventh session. Summary Record of the 119th Meeting, A/CN. 9/SR. 199, paras. 23, 29, 32, 33, 35, 43（以下、Summary Record で引用）. Magellan Intern. Corp. v. Salzgitter Handel GmbH 76 FSupp 2d 919, 925（1999）は、19 条 1 項は UCC が採用していない「鏡像」原則を反映するものであると指摘する。

（4）　Report of the Working Group on the International Sale of Goods on the Work of its eighth session, A/CN. 9/128, para. 107（以下、Report of the Working Group. 8th

第 4 節　国際的統一法

sess. で引用）; Report of Secretary-General, A/CN. 9/128, Annex Ⅱ, § 7 paras. 3-4 ; Commmentary on the Draft Convention, A/CN. 9/144, § 13 para. 6 ; Draft Commentary, A/CN. 9/WG. 2/WP. 27, § 7 para. 3. See also Eorsi, G., Problems of Unifying Law on the Formation of Contracts for the International Sale of Goods, 27 Am. J. Comp. L. 311, 322（1979）; Vergne, F., 33 Am. J. Comp. L. 233, 253（1985）. Skurs, C., Harmonizing the Battle of Forms : A Comparison of the United States, Canada, and the United Nations Convention on Contracts for the International Sale of Goods, 34 Vand. J. Transnational Law 1481, 1495（2001）は、このような鏡像原則を採用したのは、この原則はコモンロー体系と大陸法体系のいずれの国においても採用されており、国連条約の異なる法伝統を有する国々間の調整を計るという方針と一致すること、さらに、この原則の結果が非常に厳格なものであっても、この原則は米国の統一商法典の規定よりもより予測可能で、しかも、適用が容易であることに基づくと指摘する。

（5）UNCITRAL 条約案 17 条も ULF と同文といえるが、本条約の審議過程で、異議申立方法につき、発信主義を明確化するため、口頭又は通知を発すれば足りると修正され、申込者は相違点を受け入れ難い旨を発信すれば足りることとなった。条約局法規課・国際的動産売買に関する国際条約及び時効条約修正議定書採択会議報告書（1980）14 頁以下（以下、報告書と略記）。

（6）Report of the Secretary-General, A/CN. 9/128, Annex Ⅱ, § 7 para. 5 ; Report of the Working Group. 8th sess., A/CN. 9/128, para. 108 ; Commentary on the Draft Convention, A/CN. 9/144, § 13 para. 7; Draft Commentary, A/CN. 9/WG. 2/WP. 27, § 7 para. 4.

（7）Report of the Secretary-General, A/CN. 9/128, Annex Ⅱ, § 7 para. 9.

（8）Report of the Secretary-General, A/CN. 9/128, Annex Ⅱ, § 7 para. 6 ; Commentary on the Draft Convention, A/CN. 9/144, § 13 para. 8 ; Draft Commentary, A/CN. 9/WG. 2/WP. 27, § 7 para. 5. Staudingers BGB, Wiener UN-Kaufrecht（CISG）, 2005, Art 19 CISG, Rn. 12（Magnus）（以下、Staudinger-Magnus, Wiener UN-Kaufrecht と略記）も、この解決策は相違につき合意が欠けているため、厳密にいうと契約自由の原則に一致しないが、この解決策は信義則の原則および実際上の理由から正当化される。さもないと、些細な相違でもって契約締結が妨げられることになってしまうし、その責問は原申込者（Offerenten）がなすべきものだからであるとする。See also Honnold, J. O., Uniform Law for International Sales under the 1980 United Nations Convention, 3rd ed., 1999, Sec. 167（以下、Uniform Law と略記）.

（9）Report of the Secretary-General, A/CN. 9/128, Annex Ⅱ, § 7 para. 6 ; Commentary on the Draft Convention, A/CN. 9/144, § 13 para. 9.

（10）Report of the Secretary-General, A/CN. 9/128, Annex Ⅱ, § 7 para. 8 ; Report

第2章　商取引における契約の成否と契約内容

of the Working Group, 9th sess., A/CN. 9/142, para. 216 ; Summary of deliberations of the Commission, General Assembly, 33rd sess., Suppl. No. 17（A/33/17), Annex Ⅰ, para. 160. なお、異議申立の時期につき、当初「遅滞なく（wothout delay)」という文言であったが、申込者に若干の考慮期間を与えるため「不当な遅滞なく（without undue delay)」に変更された。Summary of deliberations of the Commission, General Assembly, 33rd sess., Suppl. No. 17（A/33/17), Annex I, para. 170. なお、異議申立の手段は問われず、口答、書面、さらには電子的手段でもってなし得る。かつ、異議がなされると、契約は成立せず、原申込者の約款でもって成立することはない。Staudinger-Magnus, Wiener UN-Kaufrecht, Art 19 CISG, Rn. 13f. この点につき、Murray, J. E. Jr., 20 J. Law & Com. 1, 42（2000）は、このような、申込者に、考え直すことを認めて、明確な承諾に存する些細な差異を発見することによって、一方的に撤回する機会を認めることが妥当か否かは疑問であり、UCC 2 − 207条2項c号による解決策のほうが優れているとする。

（11）　Report of the Secretary-General, A/CN. 9/128, Annex Ⅱ, § 7 para. 7 ; Commentary on the Draft Convention, A/CN. 9/144, § 13 para. 10; Draft Commentary, A/CN. 9/WG. 2/WP. 27, § 7 para. 6. そして、この場合、申込者がその後に商品の船積、代金支払その他の履行を開始すると、6条2項（条約18条に相当）により反対申込を承諾したものとされ、したがって、契約は締結され、その内容は反対申込の条項であるとされる。Report of the Secretary-General, supra; Commentary on the Draft Convention, supra.

（12）　Report of the Working Group, 8th sess., A/CN. 9/128, para. 108; Id., 9th sess., A/CN. 9/142, para. 226 ; Eörsi, 27 Am. J. Comp. L. 311, 322（1979).

（13）　Report of the Working Group, 8th sess., A/CN. 9/128, para. 109 ; Summary Record, A/CN. 9/SR199, paras. 21-60 ; Summary of deliberations of the Commission, General Assembly, 33rd sess, Suppl. No. 17（A/33/17), Annex I, para. 165. See also Eörsi, G., 27 Am. J. Comp. L. 311, 322（1979). 本条約の審議過程でも、この理由で本条2項、3項の削除が提案されたが、否決された。条約局法規課・報告書14頁。

（14）　条約局法規課・報告書14頁。See also Summary of deliberations of the Commission, General Assembly, 33rd sess., Suppl. No. 17（A/33/17), Annex I, para. 157.

（15）　Eörsi, G., 27 Am. J. Comp. L. 311, 322, 323 (1979). なお、当初、「特に（among other thing)」の文言は存しなかったが、限定列挙（exhaustive list）と解されるのを回避するため、この文言が付加された。See Summary of deliberations of the Commission, General Assembly, 33rd sess., Suppl. No. 17（A/33/17), Annex I, para. 167 ; Summary Record, A/CN. 9/SR197, para. 45. 何が実質的変更に該当するかは、統一性を促進し、合意を保持するという政策上、制限的に解釈されねばならない。Viscasillas, d. P. P., Contract Conclusion under CISG, 16 J. Law & Com. 315, 337 (1997).

（16）　条約局法規課・報告書14頁。どのような条項が実質的変更に当たるかについては、個別事案における事情を考慮する必要があることはいうまでもないが、具体的には、Siehe Ferrari, MünchKomm. HGB, CISG, Art. 19 Rdn. 11, 12; Kühl, S. u. Hingst, K. -M., Das UN-Kaufrecht und das Recht der AGB, FG für R. Herber, S. 55f. Neumayer, K. H., Das Wiener Kaufrechtsübereinkommen und die sogenannte 《battle of forms》, FS für H. Giger, 1989, S. 518 は、仲裁条項を重要な変更に当たるとすることには、取引内容の決定及び履行になんら関係を有しないことから疑問とする。さらに、Schlechtriem, P., Kollidierende Geschäftsbedingungen im internationalen Vertragsrecht, FG für R. Herber, 1999, S. 44 は、相違の程度、つまり、実質的か否かは、重要ではない。国連条約19条は、歴史的に狭い観念に基づくものであって、契約が一致した表示―申込と承諾―によってのみ成立するとし、契約締結行為と契約内容の規定とを結びつけるのは時代遅れであると批判的である。

（17）　条約局法規課・報告書14頁。See also Eörsi, G., 27 Am. J. Comp. L. 311, 322-3 (1979); Summary of deliberations of the Commission, General Assembly, 33rd sess, Suppl. No. 17 (A/33/17), Annex I, para. 168. 実質的な変更に該当するか否かは、基本的には、修正にもかかわらず、客観的にみて原申込者の同意が期待できるか (rechnen) 否かによることになる。Piltz, B., Internationales Kaufrecht. Das UN-Kaufrecht (Wiener Übereinkommen von 1980) in praxisorientierter Darstellung, 1993, § 3 Rn. 89, 90（以下、Kaufrecht と略記）; Staudinger-Magnus, Wiener UN-Kaufrecht, Art. 19, Rn. 19. なお、統一性を促進し、合意を保持するという政策から、何が実質的変更を構成するかについては制限的に解釈されねばならないのであり、19条3項にあげられた特定事項はこの政策のために狭く解されねばならないとする。See Viscasillas, d. P. P., 16 J. Law & Comm. 315, 337f. (1997).

（18）　Herber, R. u. Czerwenka, B., Internationales Kaufrecht. Komm. zu dem Übereinkommen der Vereinten Nationen vom 11. April 1980 über Verträge über den internationalen Warenkauf, 1991, Art. 19 Rn. 11（以下、Herber-Czerwenka, Internationales Kaufrecht と略記）; Bianca, C. M. & Bonell, M. J. (ed.), Commentary on the International Sales Law. The 1980 Vienna Sales Convention, 1987, Art. 19 Secs. 2. 7, 3. 1 (Farnsworth); Ludwig, K. S., Der Vertragsschluß nach UN-Kaufrecht im Spannungsverhältnis von Common Law und Civil Law, 1994, S. 333f.（以下、Vertragsschluß と略記）; Fox, T., Das Wiener Kaufrechtsübereinkommen. Ein Vergleich zum italienischen und deutschen recht, 1994, S. 54.（以下、Kaufrechtsübereinkommen と略記）.

（19）　Staudinger-Magnus, Wiener UN-Kaufrecht, Art. 19 Rn. 16; Schlechtriem, P., Einheitliches UN-Kaurecht, 1981, S. 43, Fn. 181（以下、UN-Kaufrecht と略記）; v.

## 第2章 商取引における契約の成否と契約内容

Caemmerer, E. u. Schlechtriem, P. (hrsg.), Kommentar zum Einheitlichen UN-Kaufrecht, 2. Aufl., 1995, Art 19 Rn. 8 (Schlechtriem) (以下、v. Caemmerer-Schlechtriem, UN-Kaufrecht と略記); Soergels BGB, Bd. 13, Schuldrechtliche Nebengesetz 2, 13. Aufl., 2000, Art 19 CISG Rn. 3 (Lüderitz/Fenge) (以下、Soergel-Lüderitz-Fenge, CISG と略記); Piltz, B., Kaufrecht, § 3 Rn. 87; Karollus, M., UN-Kaufrecht. Eine systematische Darstellung für Studium und Praxis, 1991, S. 70 (以下、UN-Kaufrecht と略記); Neumayer, K. H., FS für H. Giger, S. 520; OGH 20. 3. 1997 ZfRV 1997, 204, 207; Ferrari, MünchKomm. HGB, CISG, Art. 19 Rdn. 10. See also Honnold, J. O., Uniform Law, Sec. 169; MünchKomm. BGB, Bd. 3b, Schuldrecht Besonderer Teil I., 4. Aufl., 2004, CISG Art. 19 Rdn. 7 (Gruber) (以下、Gruber, MünchKommBGB, CISG と略記)。

(20) Herber-Czerwenka, Internationales Kaufrecht, Art. 19 Rn. 12.

(21) さらに、他の条項が実質的と考えられるかの点で、付加された又は異なる条項は本条3項にリストアップされた要素 (element) と関連することがその基準となるかが問題となる。この関連性は解釈上非常に狭くにも広くにも取りうるのであって、裁判所による解決は実質的変更の観念に関連して異なってしまう、といえる。See Vergne, F., 33 Am. J. Comp. L. 233, 256 (1985).

(22) 約款の組込は、本条約自体によって判断されるのであり、国際私法の原則にはよらないことは一般に認められている。Siehe Schmidt-Kessel, M., Einbeziehung von Allgemeinen Geschäftsbedingungen unter UN-Kaufrecht, NJW 2002, 3444, 3444; BGH v. 31. 10. 2001, NJW 2002, 370, 371.

(23) Huber, U., Der UNCITRAL-Entwurf eines Übereinkommens uber internationale Warenkaufverträge, RabelsZ 43 (1979), 444; Kühl, S. u. Hingist, k. -M., FG für R. Herber, 1999, S. 56.

(24) Huber, U., RabelsZ 43 (1979), 444f. なお、Huber, U., a. a. O. S. 445 は、19条が最終文言性理論を指示するという危険は存せず、全くその逆であるとする。Schlechtriem, P., UN-Kaufrecht, S. 44 は、約款は3項に規定された事項を通常定めているから、実質的修正に該当するといえ、本条約は書式の戦いにつき規定を設けていないから、最後に自己の約款を指定した者の約款が適用されるとすることで足りるとする。

(25) Huber, U., RabelsZ 43 (1979), 445. Ebenroth, C. T., Internationale Vertrags-gestaltung im Spannungsverhaaltnis zwischen AGBG, IPR-Gesetz und UN-Kaufrecht, JBl 1986, 681, 686 も、条約は約款の組込につき規定していないのであって、組込には準拠法によって定まるとする。なお、Neumayer, K. H., FS für H. Giger, S. 521f, bes. S. 523 は、実質的変更では反対申込であり、契約は不成立であるが、非実質的なものであれば、契約は成立する。しかし、不一致の事項に関しては、本条約7条に基づき

客観法が適用されるが、承諾者側の約款には規定されているが、原申込者側の約款には規定されていない事項については、承諾者側の約款条項が適用され、任意法規定の活用の余地はないとする。

(26) Kühl, S. u. Hingst, K. -M., FG für R. Herber, S. 55 ; Staudinger-Magnus, Wiener UN-Kaufrecht, Art. 19 Rn. 20 ; Viscasillas, d. P. P., 16 J. Law & Com. 315, 341 (1997).

(27) Ferrari, MünchKomm. HGB, CISG, Art. 19 Rdn. 15.

(28) Staudinger-Magnus, WienerUN-Kaufrecht, Art. 19 Rn. 22 ; Ludwig, K. S., Vertragsschluß, S. 340 ; Ferrari, MünchKomm. HGB,CISG, Art. 19 Rdn. 15. Farnsworth, E. A., Formation of Contract, In : Galston, N. M. & Smit, H.（ed.）, International Sales : The United Nations Convention on Contracts for the International Sale of Goods, 1984, §3-17 は、条約における19条1項で規定された鏡像原則は実際上殆どのケースに適用され、同条2項における例外が適用されるケースは非常に少ないであろう。この結果を生じるためには非常に多くの交渉が必要とされようと指摘されかもしれないが、米国の統一商法典（UCC）が生み出した論争と不安定性を考えれば、条約の解決策は、保守的なものであろうとも、一つの堅実な解決策といえようとする。Viscasillas, d. P. P., 16 J. Law & Com. 315, 341（1997）は、本条約の起草者は、確実性と法的な客観性（legal objectives）の確保を求めて、申込と承諾につき意思表明（will declarations）の見地を採用したのであって、この点から、最終書面性理論（last shot theory）を肯定する。

(29) 交渉はある程度長引くものであり、誰が交渉を申込という形で総括するのかはむしろ偶然に左右されるものである。しかも、一方当事者が具体的契約のために自己の承諾表示に入れるような条項と異なって、約款指定は具体的事案に関連して意識的に決定した結果ではない。申込と承諾という形で明確に決定できないのが国際取引の実情である。Siehe Kröll, S. u. Hennecke, R., Kollidierende Allgemaine Geschäftsbedingungen in internationalen Kaufverträgen, RIW 2001, 736, 739 ; Fox, T., Kaufrechtsübereinkommen, S. 57. かつ、最後に表示された約款についての合意が存しないので、場合によっては当事者は自己の約款を再三再四固執することも考えられる。

(30) BGH 9. 1. 2002 NJW 2002, 1651, 1652 ; Soergel-Lüderitz-Fenge, CISG, Art. 19 Rn. 5 ; Gruber, MünchKomm. BGB, CISG Art. 19 Rdn. 20.

(31) Staudinger-Magnus, Wiener UN-Kaufrecht, Art. 19 Rn. 24 ; Honnold, J. O., Uniform Law, Sec. 170. 4 ; Vergne, F., 33 Am. J. Comp. L. 233, 256f（1985）; Kühl, S. u. Hingst, K. -M., FG für R. Herber, S. 57 ; Holthausen, R., Vertraglicher Ausschluß des UN-Übereinkommens über internationale Warenkaufverträge, RIW 1989, 513, 518 ;

第 2 章　商取引における契約の成否と契約内容

BGH v. 9. 1. 2002 NJW 2002, 1651, 1653 ; Schlechtriem, P., FG für R. Herber, 1999, S. 46f. Soergel-Lüderitz-Fennge, CISG, Art 19, Rn. 5 は、取引の開始に際しては誰が承諾者になるかは偶然なものであるから、19 条 2 項は適用できず、約款を考慮せずに本条約の規定が適用されるとして、結論的には同旨である。このような見解に対して、Plitz. B., Kaufrecht, § 3 Rn. 96 は、解釈に際しては、国際性及び統一的適用と国際取引における信義則の保持する必要性を考慮すること、さらに、条約の欠缺部分は本条約の基礎となっている一般原則又は国際私法の原則に基づいて適用される法によって補充されることを要する旨規定する本条約 7 条に反するのであって、むしろ、最終文言性理論による解決を支持する。根拠は異なるが、残余部分は有効であって、空白部分は制定法（本条約）による補充を認める見解を否定して、意思の不一致による契約の不成立、ないしは、実質的変更に該当しなければ、最終文言性理論による解決を肯定するものとして、Karollus, M., UN-Kaufrecht, S. 70f ; Fox, T., Kaufrechtsübereinkommen, S. 56f. Herber-Czerwenka, Internationales Kaufrecht, Art. 19 Rn. 18 は、実質的変更に該当する場合には、最終文言理論による解決は適用できず、契約なき状態が生じるのであって、当事者は法的安定性を得たいならば、約款使用に際しては承諾の際に慎重に行為することが必要であるとする。

(32)　Kröll, S. u. Hennecke, R., RIW 2001, 736, 741 は、本条約 6 条による排除又は修正には推断的な合意では不十分であり、相手方の沈黙にこの効果を認めることはできないと指摘する。EKG につき、BGH 4. 12. 1985 BGHZ 96, 313, 320f. むしろ、Kröll, S. u. Hennecke, R., aaO, S. 742f. は、当事者表示に関する本条約 8 条に依拠して、ことに、同条 3 項（「当事者の意思又は合理的な者が有するであろう見解を確定するには、すべての重要な事情、特に当事者間の交渉、当事者間に生じた慣行、慣習及び当事者の事後の行為、を考慮することを要する」）に基づいて、当事者は相互に対立する約款の適用なしで契約を締結することを優先しており、相打ち方式を認めることができるとする。Siehe auch Sieg, O., Allgemeine Geschäftsbedingungen im grenzüberschreitenden Geschäftsverkehr, RIW 1997, 811, 814. しかし、一般的には、黙示的的であっても肯定されている。Holthausen, R., RIW 1989, 513, 515.

(33)　v. Caemmerer-Schlechtriem, UN-Kaufrecht, Art. 19 Rn. 20 ; Staudinger-Magnus, Wiener UN-Kaufrecht, Art. 19 Rdn. 25 ; Gruber, MünchKomm. BGB, CISG, Art. 19 Rdn. 24f. ; AG Kehl 6. 10. 1995 NJW-RR 1996, 565, 565f. ; Ferrari, F., Vertraglicher Ausschluss des CISG, ZEuP 2002, 737, 741f. ; Kuhl, S. u. Hingst, K. -M., FG für R. Herber, S. 57.

(34)　Report of the Secretary-General, A/CN. 9/128, Annex Ⅱ, § 7 (b).

(35)　Report of the Secretary-General, A/CN. 9/128, Annex Ⅱ, § 7 para. 10. Cf. also Draft Commentary, A/CN. 9/WG. 2/WP. 27, § 7 para. 8 ; Summary of deliberations of the

Commission, General Asembly, 33rd sess., Suppl. No. 17 (A/33/17), Annex I, para. 157.

(36)(37)　Report of the Secretary-General, A/CN. 9/128, Annex Ⅱ, §7 para. 11.

(38)(39)　Report of the Secretary-General, A/CN. 9/128, Annex Ⅱ, §7 para. 12.

(40)　Report of fhe Working Group, 8th sess., A/CN. 9/128, para. 109.

(41)　確認書は、取引を書面に記載して証拠を創出するのみならず、契約内容につき書面送付者より理解されたものとして相手方に知らせるために送付され、その送付が通常行われること及び当事者で交渉されなかった条項を含む約款の指定がそこでなされていることは、UNCITRAL でも認めている。See Report of the Secretary-General, A/CN. 9/128, Annex Ⅱ, §7 para. 14；Report of the Working Group, 8th sess., A/CN. 9/128, para. 111；Draft Commentary, A/CN. 9/WG. 2/WP. 27, §7 para. 7.

(42)　Report of the Secretary-General, A/CN. 9/128, Annex Ⅱ, §7 Ⅲ.

(43)　Report of the Secretary-General, A/CN. 9/128, Annex Ⅱ, §7 para. 14-5. なお、Report of the Secretary-General, supra. para. 15 によると、印刷された条項に関する黙示的承諾は、これらの条項に関する過去の契約慣行又は当該契約に関してこれらの条項と一致する態様での行為の存在を示すことによって立証されるが、承諾されたことの立証責任は、送付者側に存するとされる。

(44)　Report of the Working Group, 8th sess., A/CN. 9/128, paras. 111-3.

(45)　Report of the Working Group, 9th sess., A/CN. 9/142, para. 228.

(46)　この点につき、イギリス法とドイツ法（当時は西ドイツ法）との相違を如実に示すものとして、OLG Hamburg 1. 6. 1979 NJW 1980, 1232.

(47)　詳細は、Siehe Huber, U., RabelsZ 43(1979), 447f. OLG 22. 2. 1994 IPRax 1995, 393, 394 も、本条約は契約成立についての立証手段として確認書が意義を有するかについては何ら述べていないが、商人間における確認書に対する沈黙の効力は本条約では契約締結をもたらさないことは確かであるとする。

(48)　Schlechtriem, P., UN-Kaufrecht, S. 44；Staudinger-Magnus, Wiener UN-Kaufrecht, Art. 19 Rn. 26；Ferrari, MünchKomm. HGB, CISG, Art. 19 Rdn. 17；Piltz. B., Kaufrecht, §3 Rn. 58. 59；Karollus, M., UN-Kaufrecht, S. 72；Herber-Czerwenka, Internationales Kaufrecht, Art. 19Rdn. 17；Honnold, J. O., Uniform Law, Sec. 160；Fox, T., Kaufrechtsübereinkommen, S. 73f.；Gruber, MünchKomm. BGB, CISG Art. 18 Rdn 24f. この点に関しては、Esser, M. J., Die letzte Glocke zum Geleit? ZRvgl 29 (1988), 167, 186f. が詳細である。もっとも、本条約が適用される場合に、口頭の契約が締結されたか否か、かつその内容いかんが問題となるときには、確認書は、立証手段としてはその意義を有する。Gruber, aaO. Rdn. 26. 近時、確認書によって得られる法的安全性は相当なメリットをもたらすし、法的紛争の回避に寄与することを考えると、確認書の創設的効力を規定するのが適切であることを指摘する見解もみられる。Siehe

Kröll, S. u. Gennecke, R., Kaufmännische Bestätigungsschreiben beim internationalen Warenkauf, RabelsZ 67 (2003), 448 bes. 491f.

## 第3款 国際商事契約に関する原則

　国際的取引に関して、私法統一国際協会 (UNIDROIT) が、近時「国際商事契約に関する原則 (UNIDRIOT Principles of International Commercial Contracts)」を公表しており注目されている。UNIDROIT は、早くから一連の統一的な契約原則につき立案を行っていたので、最初にこれを検討する。

　まず、UNIDROIT は、契約成立一般に関する統一法案 (Draft Uniform Law on the Formation of Contracts in General) 7条[1]で、

　「(1)　付加、制限又はその他の修正を含む承諾は、申込の拒絶であり反対申込である。

　(2)　しかし、申込に対する返答が、付加又は異なる条項を含むものであっても、申込条項を実質的に変更しないときは、申込者がその相違に対して即座に (promptly) 異議申立をなさなければ、承諾となる。申込者が異議申立をなさないときは、契約は承諾に含まれた変更を伴う申込条項で締結されたものとする。」

と規定し、ほぼ ULF 7条と一致する。本条1項は、広く承認された原則である[2]。本条2項については、これは反対申込に他ならないとする法体系も存する[3]し、実質的変更は余りに曖昧で実際上かなりの不確実性及び多くの紛争を生じるという批判が存することから、削除して、1項に「純粋に口頭であるかもしくは申込内容の些細な変更にすぎない承諾における付加又は変更は、申込条項の変更とされない」とする文言を付加する旨の見解も表明された[4]。しかし、多くの法システムは、実質的変更でないときは申込者が迅速に対応するのでなければ申込者により黙示に承諾されたものとし、最終合意の構成部分となることを明示に認めていることから、本文

第4節　国際的統一法

言となっている[5]。

確認書については規定を新設し、8条で、

「(1)　契約締結後、一方当事者が相手方に口頭で既に合意されたことを書面で確認する意図で書面を交付し、この書面が本来の合意条項に付加又は変更する条項を含むときは、書面受領者の沈黙はこの条項への承諾とならない。ただし、この条項が当事者間で確立している取引過程と一致するときは、この限りでない。

(2)　前項の規定は、付加又は変更する条項が一方当事者又は相手方より契約締結後に送付されたインボイスに含まれているときにも適用する。」

と規定する。

本条は次の二場合を対象とする。一つは、口頭又は非公式な通信により契約締結はすでになされているが、一方当事者が相手方に単に合意を確認する目的で書面を送付し、これに当事者間で交渉されなかった条項を含む場合である。いま一つは、契約締結後、一方当事者が相手方に履行に関するインボイス又はその他の書面を送付し、これに本来の契約条項に付加又は変更する条項が含まれている場合である[6]。これらの場合につき、明示に規定する必要性があるのか、かつ、明示に規定するのが望ましいかという疑問も存するが、明らかに商取引上頻発するものであり、なんらかの方法でこの問題を処理すべきとされた[7]。問題は、確認書又はインボイスにおける付加もしくは変更は、書面受領者がこれに対し異議申立をしないとこの者を拘束するか、である。ドイツの判例は確認書につき名宛人の沈黙はこの者による黙示的承諾となるとするし、インボイスについてはフランス法及びベルギー法が同一原則を認めていると思われる[8]。この解決策で足りるとするのが多数見解であったが、他方ではこれだと約款を強要することができ、かつ、通常明らかに経済的優位にある者が有利となるという批判も存した[9]。さらに、

第2章　商取引における契約の成否と契約内容

他の多くの法システムでは、名宛人の沈黙は、条項が以前の契約で組込まれているか、又は、条項が同種の取引で一般的に使用され、かつ、当事者間の取引過程もしくは当該取引分野の慣行に一致する場合にのみ、例外的に承諾となるとする[10]。そこで、本条1項で沈黙の承諾能力を否定し、例外として但書規定を設け、インボイスにつき2項で1項を準用する。

「書式の戦い」については、UNIDROITでは、契約解釈一般に関する統一法案 (Draft Uniform Law on the Interpretation of Contracts in General)[11] 8条2項、3項で、

「(1)　(略)

(2)　各当事者が自己の約款を指定したときは、最後に送付され、かつ、拒絶されなかった約款が適用される。

(3)　相手方が最後に送付された約款を拒絶するか又はいずれの当事者も相手方の約款を拒絶しているときは、契約は約款なしで締結されたものとみなされる。ただし、約款に関する合意又は相手方の異なる約款に関する合意が存しないことを明らかに示す言明 (declaration) を受領した者が、直ちに契約締結につき異議申立をなしたときはこの限りでない。」

と規定する[12]。本条1項は、約款は明示の合意又は契約締結時に相手方が約款の存在を知っていたかもしくは知りうべきであった場合に適用される旨明定する[13]。しかし、商人間取引では、両契約当事者が自己の約款利用を意図し、その目的で申込又は承諾で約款を明示に指定することは実務上しばしば生ずる。そこで、第一に、拒絶されなかった約款に基づいて契約は締結されたものとする（8条2項）。これは、前記の契約成立一般に関する統一法案7条と矛盾するように思われるが、同条での問題は申込と承諾が契約成立を生じうるか否かの決定であるのに対し、本項では、当事者は明らかに契約の本質的条項につき合意しており、ただいずれの約款が適用さ

第4節　国際的統一法

れるかが確定していないので、その解釈問題は、最後に送付され相手方からなんらの反応もなされていない約款の有利に解決されるものとされる[14]。第二に、各当事者が相手方の約款適用につき明示に異議申立をなしているときには、契約成立を原則として肯定し、いずれの約款も適用されないとする（8条3項）。この場合、契約の本質的事項に関する合意が欠けているとして契約成立を否定することも考えられるが、多くの法システムで採用されている方法をとりいれている[15]。しかし、欠落した部分を何によって補充するかについては明文規定を本条約案は欠いているし、最終文言性理論で解決を図るのは疑問である。

ついで、UNIDROIT は、国際的商事契約原則（UNIDROIT Principles of International Commercial Contracts）（以下、UNIDROIT 原則と略記）を立案している。

UNIDROIT 原則[16]は基本的に可能な限り契約を維持し、契約の存在又は有効性が問題とされるケース、さらには解除が生じるケースを少なくすることを意図する。契約の存在又は履行過程で通常問題が生じても、当初の契約を破棄して、代替商品を市場で他に求めるよりも、できる限り契約を生かすほうが当事者の利益に合致するからである。そこで、契約は申込の承諾又は合意を示すのに十分な当事者の行為によって成立するとする（UNIDROIT 原則2.1.1）。行為による契約成立を認めるのは、商取引の実務では、特に複雑な取引においては、長い交渉の後に、確証できる申込承諾という結果を生じないで締結されることが多い。このような場合、拘束的な合意に達したのか、かつ、その時点はいつかを決定するのは困難であって、むしろ、重要なのは、契約成立の時点を決定できなくとも、当事者の行為が合意の存在を証明するのに十分なものであれば、契約は締結されたとすることである、とされたためである[17]。そして、申込に対し承諾で申込内容に付加又は修正を加えたときには、国連条

約19条2項と同様な規定をおく（UNIDROIT 原則 2.1.11 (2)）。「鏡像原則」の難点を回避したものであるが、「実質的」修正か否かは、抽象的に決定できず、ここの事案の状況による。付加又は異なる条項が、たとえば、価格、支払い方法、非金銭債務における履行時及び場所、責任限度、紛争解決に関するものであれば、通常は、申込の実質的修正となるが、必ずそうなるとはいえない。この点で考慮に入れるべき重要な要素は、付加又は異なる条項が当該取引分野で一般的に使用されていて、申込者に不意打ちとなるものではないか、それともこれに該当するか、である[18]。さらに、契約がまだ締結されていない段階とは異なって、すでに契約は締結されているが、契約内容を確認するために一方当事者が書面を送付することが行われるが、その際、この書面に事前に合意された内容に付加又は修正する条項が存することがある。この場合、書面が契約締結後に合理的期間内に送付され、契約の確認を意図するものであるが、付加又は異なる条項を含むときは、この条項は契約内容となる。但し、実質的に契約を変更するか、または書面の受領者が不当な遅滞なく相違につき異議申立をした場合は契約内容にならないものとする（原則 2.1.12）。これは、実際上、書面が真正の確認書か、注文の確認かが明確でない場合が多々生じるが、両者を同様に取り扱うことにすれば、書面が付加又は異なる条項を含む書面がいずれの態様に属するかを決定する必要はないことを理由とする[19]。

ところで、書式の戦いについては、UNIDROIT 原則 2.1.22 は、「両当事者が約款を使用し、約款条項に関する点を除いて合意に達したときは、契約は合意された条項及び実質的に共通している (common in substance) 約款条項に基づいて締結されたものとする。但し、一方当事者が、かかる契約に拘束されるつもりはない旨、事前に明確に指摘したか、またはその後に不当な遅滞なく相手方に通知したときはこの限りでない」と規定する[20]。

第 4 節　国際的統一法

　基本的には、本原則はお互いの約款に注意を払わずに契約を締結するのが現状であるという認識に立脚して、当事者は約款条項の対立を知らずにいるのであり、結果として、事後になって契約の存在に疑問を呈するとか、履行が開始された場合には最後に送られた約款又は自己の指摘した約款の適用を主張することは許されるべきでないとする[21]。そこでは、書式の戦いは交渉の問題ではなく、戦略的な砲撃 (bombardment) の問題であって、対立する書式の交換は伝統的な意味での意図の表明とは考えられない。その分析は申込・承諾の枠組から分離されるべきである。というのは、この枠組内での概念でもっては、書式の戦いによって生じた問題の適切な解決策を全く提供できないことは既に明らかにされているからである、という考慮が基本となっているといえる[22]。そして、契約内容は合意された条項及び実質的に共通する約款条項よって構成される（いわゆるノックアウト理論）。但し、明示に又は事後であっても不当な遅滞なく自己の約款に基づかない契約には拘束されない旨を相手方に通知した場合は、この理論の適用はなく、自己の約款とは異なる約款条項で構成された契約に拘束されるのを避けることができる[23]。逆にいえば、約款を使用して取引する者は、自己の約款の組込は原則として交渉過程にあると考えているといえ、両者の意思表示の交換をもって、両当事者の見地から、約款の組込に関する交渉過程は最終的に決着したとはいえない。両当事者が承諾意思表示の到達後沈黙していた場合、つまり、いずれの当事者も遅滞なく自己の約款でのみ締結するのであり、そうでなければ締結しないことを表示しない場合にはじめて、これが「意味深長な沈黙 (beredtes Schweigen)」と評価できるのであって、相手方の約款が自己の約款と一致している限りで、契約には相手方の約款が適用されるべきであると解されるのである[24]。

　もっとも、どの程度であれば、「明示性」を充足するかは明文化

されていないが、約款上でこの種の条項を含んでいるのでは不十分であることは疑いない[25]。また、本原則は上記の原則によって契約成立が肯定された場合に、どのようにして契約内容の空白を補充するかについては、規定を設けていないが、本原則のすべての補充規定を依拠すべき法 (background law) として参照するのが論理的とされる[26]。

また、確認書に関しては、同原則2.1.12条で
「書面が契約締結後合理的な期間内に送付され、契約を確認するためのものであって、その書面に付加または異なる条項が含まれている場合には、その条項は契約内容となる。ただし、条項が契約を実質的に変更するか、受領者が不当な遅滞なく相違に異議を申し立てたときはこの限りでない」
とする。本条は、口頭か又は合意の本質的内容を定める書面の交換によって、既に契約は締結されているが、その後、一方当事者が相手方に既に合意されたことを確認するために書面を送付したが、その書面には付加又は異なる条項が含まれていた場合を対象とし、実質的変更にあたるか又は不当な遅滞なくして受領者が異議申し立てしないと、確認書条項が契約内容となるとする。実質的変更かは、各個別事案の状況に照らして判断される。例えば、仲裁条項の付加は一般に実質的変更となるが、この条項が当該取引分野で標準的に行われているものであれば、その付加は実質的変更に該当しない[27]。また、本条にいう確認書は広義に解され、例えば、当該取引分野又は国において慣行とされている限り、口頭又は略式の文書交換によって締結された契約の内容を明確にするためになされるインボイスやその他の類似の書面であってもよいが、締結後合理的期間内に送付されることを要し、これに該当しないと、確認書は重要性を失い、受領者側の沈黙はその内容での承諾とは解されないことになる[28]。

第 4 節　国際的統一法

（ 1 ）　Draft Uniform Law on the Formation of Contracts in general revised by the Steering Committee on the Progressive Codification of International Trade Law and Explanatory Report prepared by the Secretariat. Study, L-Doc. 11-UNIDROIT 1977, pp. 1-4（以下、Study L-Doc. 11 で引用）に全条文が記載されている。邦訳は高桑昭・NBL 160 号 11 頁（1978）参照。

（ 2 ）　Study L-Doc. 11, p. 12 ; Bonell, M. J., The UNIDROIT Initiative for the progressive Codification of International Trade Law, 27 Int. Comp. L. Q. 413, 422（1978）.

（ 3 ）　Study L-Doc. 11, p. 13 ; Bonell, M. J., 27 Int. Comp. L. Q. 413, 422（1978）.

（ 4 ）　UNIDROIT draft uniform law on the formation of contracts in general : analysis of the replies to the Questionaire prepared by the Secretariat. Study L-Doc. 9-UNIDROIT 1976, p. 7（以下、Study L-Doc. 9 で引用）.

（ 5 ）　Study L-Doc. 11, p. 13; Bonell, M. J., 27 Int. Comp. L. Q. 413, 422（1978）. なお、本条約案は、承諾は明示・黙示になしうることを認める（6 条 1 項、2 項）。黙示の承諾は、申込に基づき又は当事者間で確立されている取引過程により、申込を承諾するという被申込者の意図につきなんらの疑問がない場合（例えば、履行行為、商品の発送、代金の支払）に認められる。もっとも、沈黙は承諾とみなすという申込で一方的に定められた条項は、無効である（6 条 3 項）。詳細につき、See Study L-Doc. 11, pp. 11-2; Bonell, M. J., 27 Int. Comp. L. Q. 413, 420-1（1978）. Cf. also Study L-Doc. 9, pp. 6-7.

（ 6 ）　Study L-Doc. 11, p. 13 ; Bonell, M. J., 27 Int. Comp. L. Q. 413, 422（1978）.

（ 7 ）　Study L-Doc. 9, p. 8.

（ 8 ）　Study L-DOC. 11, p. 13 ; Bonell, M. J., 27 Int. Comp. L. Q. 413, 423（1978）.

（ 9 ）　Study L-Doc. 9, p. 8.

(10)　Study L-Doc. 11, pp. 13-4 ; Bonell, M. J., 27 Int. Comp. L. Q. 413, 423（1978）.

(11)　Draft Uniform Law on the Interpretation of Contracts in general with Questionnaire（prepared by the Secretariat of UNIDROIT）. Study L-Doc. 12-UNIDROIT 1977（以下、Study L-Doc. 12 で引用）. 本条約案は、既述の契約成立一般に関する統一法案と共に将来の法典の一部を構成するものと意図されている。Study L-Doc. 12, p. 1 para. 3.

(12)　これは旧東ドイツの 1976 年国際経済契約に関する法律 33 条 2 項、3 項とほぼ同じである。もっとも、旧東ドイツでは、契約補充につき同法 42 条（裁判所又は仲裁裁判所の契約補充を規定）による旨の文言が存した。同法一般については、Endeüber, F., Internationale Wirtschaftsverträge der DDR, ZHR 140（1976）, 442ff. ; Maskow, Neue Regelung der internationalen Wirtschaftsverträge, RIW-AWD 1976, 687ff.

第2章　商取引における契約の成否と契約内容

（13）　Study L-Doc. 12, pp. 13-4 ; Bonell, M. J., 27 Int. Comp. L. Q. 413, 434（1978）.

（14）　Study L-Doc. 12, pp.14-5 ; Bonell, M. J., 27 Int. Comp. L. Q. 413, 435（1978）.

（15）　Study L-Doc. 12, p. 15 ; Bonell, M. J., 27 Int. Comp. L. Q. 413, 435（1978）.

（16）　契約成立に関して、UNIDROIT原則、UCC、リステートメント、国連条約を比較検討したものとして、Levy, D. A., Contract Formation Under the UNIDROIT Principles of International Commercial Contracts, UCC, Restatement, and CISG, 30 UCC L. J. 249（1998）が参考になる。

（17）　Comment 2 to Art. 2. 1. 1. 条文及びComemmtは、International Institute for the Unification of Private law（UNIDROIT）, UNIDROIT Principles of International Commerce Contracts 2004による。なお、Bonell, M. J., From UNIDROIT Principles 1994 to UNIDROIT Principles 2004 : A Further Step Towards a Global Contract Law, 37 UCC L. J. 49（2004）は、1994年版との比較及びUNIDROIT原則の各国に対する影響につき検討するとともに、2004年版の原則全文が掲載されている。

（18）　Comment 2 to Art. 2. 1. 11. さらに、当該条項が当事者間の以前の契約に含まれていたか、変更が原申込者にコスト負担をもたらすものか否か、も判断に際して指標となりうる。したがって、通常、変更が原申込者にとって利益となるか又はコスト上中立的である場合には、実質的な変更とはならないといえる。Köhler, H., In : Basedow, J.（hrsg.）, Europäische Vertragsvereinheitlichung, S. 47.

（19）　Comment 1 to Art. 2. 1. 12 ; Bonell, M. J., An international restatement of contract law, 1994, p. 69（以下、International Restatementと略記）; Köhler, H., In : Basedow, J.（hrsg.）, Eurōpaische Vertragsrechtsvereinheitlichung, S. 52. なお、実質的変更に該当するか否かは個別事例の具体的状況に照らして決定されるが、本条は確認書を送付する一方当事者が相手方に、承諾のために正規に署名して返送するように明示に求めている場合には適用されないのであって、この場合には、書面が変更をなしているか否か、さらに、変更がある場合にはそれが実質的修正に該当するか否かも、問題とならない。名宛人によって、明示に承諾されているからである。Comment 1 to Art. 2. 1. 12.

（20）　本原則は約款の組込につき契約成立に関する一般の原則の適用（本原則2. 19）によるとする。この結果、約款の組込には明示又は黙示に指定することを要し、黙示的指定が認められるためには、約款の組込が当事者間で確立された取引過程に即応するか又は約款によるという慣行が当該取引に関与する当事者に広く知られ、かつ、一般的に遵守されている場合である。Bonell, M. J., International Restatement, p. 92.

（21）　Comment 3 to Art. 2. 1. 22; Bonell, M. J., International Restatement, p. 72.

（22）　Perillo, J. M., UNIDRIOT Principles of International Commercial Contracts :

## 第4節　国際的統一法

The Black Letter Text and a Review, 63 Ford. L. Rev. 281, 289（1994）. もっとも、Hondius, E. H & Mahé, Ch., The Battle of Forms : Towards a Uniform Solution, 12 J. Cont. L. 268, 272（1998）は、後述のヨーロッパ契約法原則も含めて、両原則は一見すると申込・承諾という一般原則に対して一種の例外を規定しているようにみられるが、実際的な結果の点では、この原則の適用からそう異なっているとはいえないとする。

（23）　Bonell, M. J., International Restatement, p. 72 ; Comment, Illustration 1 to Art. 2. 1. 22. Sacco, R., Formation of Contract, In : Hartkamp, A. et. al（ed.）, Towards a European Civil Code, 2nd. ed., 1998, p. 198 も、この解決策が適切とする。Perillo, J. M., 63 Ford. L. Rev. 281, 288（1994）も、本原則では、書式の戦いは革新的で、一般的に健全な処理がなされていると評価する。

（24）　Köhler, H., In : Basedow, J.（hrsg.）, Europäische Vertragsrechtsvereinheitlichung, S. 65.

（25）　Bonell, M. J., International Restatement, p. 73 Fn. 13 ; Comment, Illustrations 1-3 to Art. 2. 1. 22. See also Hondius, E. H. & Mahe, Ch., 12 J. Cont. Law 268, 274（1998）. もっとも、オフィシャル・コメントにおけるケース3では、申込者がその申込において「自己の約款に基づいてのみ契約する意図であることを約款条項ではなく非約款条項で示したのに対して、被申込者が承諾の際に自己の約款を添付したときは、申込者の約款の組込が肯定されるとするが、このような解釈が妥当するかは、非常に疑問とされる。Köhler, H., In : Basedow, J.（hrsg.）, Europäische Vertragsrechtsvereinheitlichung, S. 63 Fn. 84.

（26）　Bonell, M. J., International Restatement, p. 71f. なお、UNIDROIT 原則と国連条約との関係が問題となるが、Viscasillas, d. P. P., UNIDROIT Principles of international Commercial Contracts : Sphere of Application and General Provisions, 13 Ariz. J. Int. Comp. L. 383, 410（1996）は、国連条約は書式の戦いにつき規定していず、UNIDROIT は明定していると解して、国連条約を補完するために、UNIDROIT 原則 2. 1. 22 に規定する解決策を適用することになろうとする。さらに、国連条約と UNIDROIT 原則とが同一契約を構成する場合につき、まず、当事者が UNIDROIT 原則の適用を明示し、国連条約についてはなんら言及していない場合には、前者が優先する。国連条約6条は当事者が欲するならば条約の規定から離脱することを認めているからである。次に、当事者が両者を適用することに明示に合意したときは、特別法と一般法との関係で、国連条約による処理が優先する。というのは、国連条約は特別法であるばかりでなく、締約国の国内法でもあるから、国連条約がより適切であると考えられるとする。

（27）　Comment 1 and Illustrations 2-3 zu Art. 2. 1. 12.

(28) Comment 2 and 3 to Art. 2. 1. 12.

# 第4款　ヨーロッパ契約法原則

　次に、ヨーロッパ契約法原則は、同原則2：208条で、申込に対して、返答（Reply）で付加・変更を加えている場合につき、重要な変更か否かで区別する。つまり、重要な変更であれば、拒絶であり、新たな申込となる（同条1項）。重要な変更に該当しなければ、付加・変更は契約内容となる（同条2項）。ただし、申込者が承諾を申込内容に限定するか、遅滞なく、返答における付加・変更につき異議を申し立てたときは、申込は異なるか又は付加されたことによって拒絶されたものと看做される。同じく、被申込者が付加・変更条項に対する申込者の同意を条件とし、申込者が合理的期間内に同意をなさなかった（同意は被申込者に到達することを要する。）ときも同様とする（同条3項）。返答における重要でない付加・変更条項は、多くの場合、契約を明確にし、解釈に資するためになされるか、当然のこととして規定されなかった事項（omitted terms）を補充するにすぎないからである。この種の場合には、申込者は同意できないと考えるならば異議を申し立てるべきである[1]。重要な変更に該当するかは、被申込者自身がこれを知っていたか、又は、合理的な者が、申込者と同様な立場にあったならば、当該条項で契約を締結すべきか、又はいずれの条項で締結すべきかを決定する際に影響を及ぼすであろうと考えるものであるかが基準となる。本原則では、国連条約19条3項のような重要事項のリストをあげることは、採用されなかった。これは、リストは例示的とならざるを得ないし、重要事項と規定しても、当該取引分野では当該事項が通常的になされていることがあり得るからである（たとえば、紛争解決に関する仲裁条項）[2]。返答に重要な変更に当たる付加・変更が含まれているときは、反対申込であって、原申込者の承諾が契約成立には必要である。この承

諾は明示なされるか、又は、たとえば、原申込者が契約を履行するとか、相手方の履行を受領といった行為によってもなされうる[3]。

次いで、同原則2：209条は、書式の戦いにつき「約款条項の対立」という表題の下で

「(1)当事者が、申込と承諾が対立する約款 (general conditions of contract) に関する点を除いて、合意に達したときは、それにも拘わらず契約は形成されたものとする。約款は実質的に共通している限りで契約を構成するものとする。

(2)しかしながら、以下の場合は契約は形成されないものとする。

　(a)一方当事者が、前項に基づく契約に拘束される意思がないことを事前に明示に、かつ、約款上の規定によらずに、指示したとき、又は、

　(b)一方当事者が遅滞なく相手方に対して、かかる契約に拘束される意思がないことを通知したとき。

(3)約款とは、一定種類ものであるが不特定多数の契約のために事前に定型的に作成された条項をいう。」
と規定する。

本条の目的は、書式の戦いという状況で、契約を維持し、適切な解決策を提供することである。まず、契約の維持については、両当事者の約款が異なっていたとしても契約は成立するとする。本原則2：208条は、申込と異なる承諾は、相違が実質的でない場合にのみ効力を有し、さもなければ、申込の拒絶又は新たな申込とみなされるとして、承諾による修正につき一般原則を定めるが、本条はその例外を定めている。また、通常は新たな申込を受領した者がこれに対して異議を申し立てず、契約を履行するならば、契約の存在を認めたものと推定されることになる（本原則2：204）が、これに対して、本条は、契約の成立は履行がなされた場合で、かつその時にというのではなく、約款の交換で認められることになる。本条の下

では、契約に拘束されるのを欲しない当事者は、事前に又は事後にその旨示すことが必要となる[4]。事前の、この旨の指示は、明示になされることを要し、約款条項という形でなすのでは不十分である。通常、約款条項で自己の約款でなければ拘束される意図はない旨定める一方当事者は、相手方の対立する条項については沈黙していて、あたかも契約が存在しているものとして行為することが経験的に示されている。したがって、当該条項はこの者自身の行為に矛盾しており、これを肯定することはルールに反するといえるからである[5]。

次に、契約が成立した場合に、契約内容はいずれの約款によって構成されるが問題となるが、本原則は従来の最終書面性理論（last shot theory）及び最初書面性理論（first shot theory）のいずれも採用せずに、約款が実質的に共通している程度で、約款条項が契約内容を構成するとする。互いの約款が対立する限りで、互いに相打ち（knock out）となる。これは、いずれの当事者も相手方の約款の適用を欲していず、いずれの約款も相手方約款に優先すべきではないからである。しかも、従来の理論によると、優先をいずれが取得するかはしばしば偶然性に依存することになる。問題は実質的に共通しているかの判断基準であるが、その規定表現の同一性ではなくて、結果の同一性によることなる[6]。しかし、これが常に容易であるとは必ずしもいえない。Comment 自体が挙げている例を紹介すると、申込者が申込に際して自己の約款で紛争が生じたときはロンドンにおいて仲裁に服する旨の条項を設けていたが、相手方も承諾に際して約款ですべての紛争はストックホルムでの仲裁に服するという条項を定めていた場合、申込と承諾においては仲裁に言及している点で共通といえるが、約款条項は実質において共通とはいえず、したがって、仲裁の場所が合意されていない。では、当事者は仲裁に合意したといえるか。裁判所によっては、当事者は訴訟よりも仲

裁を望んだとして、民事及び商事に関する管轄及び判決執行に関するブリュッセル条約2条の原則を適用して、仲裁の場所は被告の営業所所在地と決定するであろう。しかし、他の裁判所では両当事者もしくは一方当事者は特定の場所が肯定された場合にのみ、仲裁に服する旨合意したと解して、仲裁条項を無視して、訴訟を認めることになろう[7]。

そして、互いにノック・アウトされた結果生じた空白は、裁判所が本原則の規定をもって補充することになるが、その際には、関連取引分野の慣習及び当事者間慣行が特に重要である。これらが存しないときは、契約の性質・目的を考慮して、信義誠実及び公正な取引の基準を考慮して空白を補充することになる[8]。

なお、確認書については、本原則2：210条で、
「営業者（professionals）が契約を締結したが、最終書面の形で具体化していないときに、遅滞なく一方当事者が契約の確認を意図した書面を相手方に送付し、そこに付加又は異なる条項が含まれていたときは、この種の条項は契約内容となる。ただし、

(a)当該条項が契約内容を実質的に変更するものである場合、または、

(b)書面受領者が遅滞なく異議を申立てた場合、

は、この限りでない」

とする。これは、営業者、つまり、商取引に従事する者の間で、契約を締結したが、いかなる内容で締結されたかが完全に明確でない場合が起こりうる。その場合、一方当事者が、合意されたと信じる条項、黙示的に含まれていると信じる条項を含む確認書を送付ことは、履行前に契約内容を確認するために必要なことである。多くの場合、既に合意され、かつ、確認された事項を再確認する必要はないから、受領者は沈黙によって確認書に同意する。したがって、この場合、沈黙は同意と看做される。不同意ならば、遅滞なく異議を

申立てなければならない[9]。この原則が適用されるには、(i)商人間取引に限定され、商人・非商人間、私人間の取引は除かれる、(ii)確認は書面の形態でなければならない、(iii)契約は全ての契約内容を記録したといえる書面（document）という形態で具体化されていず不完全である、(iv)確認は交渉後遅滞なく受領者に到達することを要するとともに、確認は交渉に関連したものであることを要する、(v)受領者が確認書に対して遅滞なく異議を申立てず、しかも、実質的な変更に該当しないことを要すること、が必要である[10]。

（1） Lando, O. & Beale, H (ed.), Principles of European Contract Law, Part Ⅰ and Ⅱ, 2000, Art. 2 : 208 Comment B.(1)（以下、Lando-Beale, European Contract Law と略記。）.

（2） Lando-Beale, European Contract Law, Art. 2 : 208 Comment C.

（3） Lando-Beale, European Contract law, Art. 2 : 208 Comment C, E & Notes 4.

（4） Lando-Beale, European Contract Law, Art. 2 : 209 Comment C. 1. この点で、UNIDROIT 原則とは異なる結果が生じる。つまり、当事者が自身の約款でのみ締結する意図を示していた場合の効果である。この場合、当事者は実質において共通であるが、事前に両当事者の約款の適用を拒否していることになる。UNIDROIT 原則では、この場合、契約が存在していることにはなんら影響を及ぼさないが、ヨーロッパ契約法原則では逆の結論となる。See Hondius, E. T. & Mahé, Ch., 12 J. Cont. Law 268, 273（1998）.

（5） Lando-Beale, European Contract Law, Art. 2 : 209 Comment C. 1.

（6） Lando-Beale, European Contract Law, Art. 2 : 209 Comment C. 2.

（7） Lando-Beale, European Contract Law, Art. 2 : 209 Comment C. 2 Illustration 2. See also Hondius, E. H. & Mahé Ch., 12 J. Cont. Law 268, 274（1998）.

（8） Lando-Beale, Eruropean Contract Law, Art. 2 : 209 Comment C. 2. 本原則 6 : 102 条は、明示の条項に加えて、契約には当事者の意図、契約の性質及び目的、信義誠実及び公正な取引、から生じる黙示の条項が含まれると明定する。

（9） Lando-Beale, European Contract Law, Art. 2 : 210 Comment A.

（10） Lando-Beale, European Contract Law, Art. 2 : 210 Comment B.

## 第5節　オランダ法

1992年に部分的に施行された新オランダ民法第6編225条は
「(1)　申込と異なる承諾は新たな申込とみなされ、原申込の拒絶とみなされる。

(2)　申込に対して承諾を意図した回答が副次的な事項についてのみ申込と異なるものであるときは、この回答は承諾とみなされ、この承諾に基づいて契約は成立する。ただし、申込者がこの相違に対して遅滞なく異議を申し立てたときはこのかぎりではない。

(3)　申込と承諾とが異なる約款を指定しているときには、承諾における指定は効力を生じない。ただし、承諾で申込における指定における約款の適用を明示に拒絶したときはこの限りでない」
と規定する。同法同編217条ないし225条は、「契約の成立」を取り扱っているが、本質的には、国連条約に取り入れられた1964年ハーグ条約 (ULF) の規定に基づいている。特色的なのは、他国の場合と異なって、書式の戦いにつき最初書面性 (first shot) の原則を採用していることである (第6編225条3項本文)。これは、相手方の約款を最初に受け取った者は、明確な異議申立または交渉の打ち切りによって状況を明確にすることができるのであって、これらの手段のいずれもなさなかったならば、自己の取引相手方の約款に拘束されるとしてもこの者にとってはなんら驚くべきことにはならないと考えられるからである[1]。

そして、被申込者には申込者の約款が排他的に適用されるのを拒絶する権利が認められ、第二の指定で、第一の指定を明示に拒否していた場合には、最初書面性 (first shot) の原則は適用されない (本条3項但書)[2]。「明示」の拒絶といえるには、約款上での拒否条項という形では不十分であるし、契約相手方の書面 (Briefbogen) にお

ける事前作成の拒絶では充足しない。かつ、拒絶は具体的個別事例毎になされていることを要する[3]。明示の拒絶が肯定されると、申込を修正する承諾に関する規定（本条1項、2項）が適用される。つまり、契約の不存在という結果を生じることもあるし、書面の交換にも拘わらず沈黙している当事者の行為によって、契約が存するとされることもあり得る。この場合には、契約内容は当事者に共通な条項を含めて第6編248条1項（慣行、信義則）に基づいて構成されることになるとされる[4]。また、本条2項が適用されるような、対立する約款条項が副次的な差異すぎないときは、原則として、契約には、被申込者の約款がその内容となる[5]。

なお、本条自体は任意法であるから、第一の約款指定の効力を当事者は変更できる。これは、約款に含まれていない条項という形でなし得る。もっとも、約款上で、当該約款条項と一致しない条項は無効であるという規定は必ずしも無用なものとはいえない。当事者が既に多数回に及び契約締結をしており、一方当事者が常に相手方の約款を承諾していたときには、この者は自己の約款を最初に指定したことを援用できない。特に、相手方の約款が自己の約款の適用を明示に否定していた場合はそうである[6]。

このオランダ法における解決策は、商取引上、契約の存在を肯定する点で妥当とされる。また、当事者が最終文言性理論に立脚して自己が最後に自己の約款を指定したとして、契約の締結を遅らせるという試みを助長しない点で経済的にも利点がある。かつ、最終文言性理論によるよりも、最初に約款を指定したかを確定するのはより容易といえるとされる[7]。ただ、その解決策が複雑であること、若干予測性を欠く点で疑問が指摘されている[8]。

他方、商人間確認書に関しては、民法上、なんら特別な規定を設けていない。合意された契約内容とは異なる確認書の内容が、例えば、明示の承諾又は行為によって、契約内容となるかは、法律行為

## 第5節　オランダ法

に関する総則規定によって処理される。つまり、主として、民法典第3編33条、35条及び37条1項によることになる。その際、当該取引分野の慣行及び当事者間の取引慣行を尊重することを要する(9)。これらの条項につき、若干、敷衍しておくと、まず、法律行為は法律効果を生じさせるという意思が必要であり、この意思は表示（declaration）によって明らかにされる（民法典第3編33条）。この表示は、いかなる形のものであってもよく、例えば、口頭、書面、サイン、ジェスチャアー、行為、さらには、相手方に、契約を締結する意思があるという信頼を生じせしめるならば、作為（act）でなくともよい(10)。そして、表示においてその意思が欠缺したときは、この表示又は行為につき、相手方が当該事情において合理的な見地から、特定の趣旨が表示されたと解したならば、意思の欠缺をこの者に対して主張できない（同35条）。基本的には、法律効果を生じせしめる意思が必要なのであり、これがなければ表示者はこれに拘束されない。しかし、内心の意思と表示された意思とが食い違っていても、相手方が正当に後者を信頼したときは、表示内容に拘束される。正当な信頼か否かは、当該事案における全ての事情に照らして判断され、例えば、法律行為の性質、相対的であるが両当事者の専門的知識、契約が締結されなかった場合と締結された場合の両当事者の相互の利害得失の対比、などである。なお、相手方はこの権利を行使するか否かは任意で、この権利を行使しなければ、例えば、契約は締結されないことになる(11)。さらに、表示は、別段の合意がなされていない限り、いかなる形態でもなしえるし、かつ、行為（conduct）からも推論されうる（同37条1項）。したがって、当事者は、契約自由の原則上、契約内容の修正又は契約の終了には書面でなすことを要すると定めることは可能で、確認書も肯定される。当該個別事情に基づいて、沈黙又は不作為は、承諾が意図されていたという結論を生ぜしめる。

第2章　商取引における契約の成否と契約内容

　ただ、約款で確認書による旨定めている場合には、相手方は当該条項を無効とする権利を有するし、場合によっては、当該条項が不当に負担を課すものとして無効とされうる（民法典第6編233条a号）[12]。

（1）　Neumayer, K. H., FS für H. Giger, S. 506. Busch, D. et al.（ed.）: The Principles of European Contract Law and Dutch Law. A Commentary, 2002, p. 124（以下、The Principles of European Contract Law と略記）は、この最初書面性原則（first shot）が選択されたのは、基本的に申込者の期待を保護することにあったと指摘する。

（2）　Hartkamp, A. S., Einführung in das neue Niederländische Schuldrecht, Teil I, AcP 1991, 398, 403 ; Busch et al.（ed.）, The Principles of European Contract Law, p. 124.

（3）　Bitter/Drion/Groenewegen, Landesbericht Niederlande, In : v. Wesphalen, G. F., Handbuch des kaufvertragsrechts in den EG-Staaten einschl. Österreich, Schweiz und UN-Kaufrecht, 1992, Rn. 48 ; Busch et al.（ed.）, The Principles of European Contract Law, p. 124.

（4）（5）　Busch et al.（ed.）, The Principles of European Contract Law, p. 124, 125. なお、オランダ法では、理論上、その意味内容では若干の差異はあるが、慣習と慣行は区別されていない。詳細は、See Id., supra p. 42.

（6）　Bitter/Drion/Groenewegen, Landesbericht Niederlande, In : v. Westphalen, F. G., Handbuch, Rn. 50.

（7）　Dannenmann, G., LEX MERCATORIA : Essays on International Commercial Law in Honour of F. Reynolds, p. 202.

（8）　Busch et al（ed.）, The Principles of European Contract Law, p. 125.

（9）　Busch et al（ed.）, The Principles of European Contract Law, p. 126.

（10）（11）　Busch et al（ed.）, The Principles of European Contract Law, p. 81.

（12）　Busch et al（ed.）, The Principles of European Contract Law, p. 98f., 112.

## 第6節　日本法

### 第1款　申込・承諾に関する一般原則

　契約の成立には、申込と承諾の内容が合致（双方の表示行為の客観的意味内容の合致）[1]することを要し、申込者が合意を要するものとして表示した限り、すべての事項につき一致することを要する[2]。したがって、申込に条件その他の変更を加えて承諾したときは、拒絶であり新たな申込をなしたものとみなされる（民法528条）[3]。これは、このような承諾で契約成立を認めると申込者の利益が不当に侵害される危険性があること[4]から、基本的に申込の拒絶とする[5]。他方、被申込者が申込に変更を加えて承諾する場合には、被申込者がその承諾を有効な申込でないことを知っていれば新たな申込をなす意思を有すると解することができるし、たとえ被申込者が申込に変更を加えたことを知らないときでもなおその変更された内容で契約を締結する意思を有するから、新たな申込とみなすのが当事者の意思に合致する[6]し、かつ、取引上の便宜にも適する[7]ので、その旨明定されたのである[8]。変更を加えた承諾とは、申込と承諾がその内容の点で異なるすべての場合をいい、したがって、申込内容の拡張、縮小及びその他の変更を加えたすべてを包含する[9]。例えば、価格の変更、条件又は期限の付加、解除権能の請求もしくは拒絶、違約金の請求もしくは拒絶をなす承諾をいう[10]。そして、申込の固有的内容もしくはそれと不可分な関係を有するとみるべき点の変更のみならず、変更を加えた点が重要か否かも問わず、たとえ物品の荷造り方法に関する変更であっても該当する[11]。

　もっとも、申込内容変更の可能性についての照会、要望、提案にすぎないときは申込の拒絶とはみなされない[12]し、さらに、申込

内容が可分性を有する[13]場合に一部について承諾するとか又は申込の全部を認めながらその内容を拡張して承諾したときは民法528条に該当せず、申込と合致する限度で契約は成立する[14]。

そして、変更が民法528条に該当すると、契約成立には原申込者による承諾を要する[15]。この承諾は黙示でも足りる。例えば、履行行為をなした場合で、申込に応じて注文品を送付するとか、申込と同時に発送した商品につき代金を支払うとか、である[16]。では、承諾による変更が反対申込となる場合に、沈黙により契約は成立するか。申込受領者による沈黙は、原則として承諾とはされない[17]。たとえ、申込者が「諾否の回答がなければ承諾されたものとみなす」旨定めても、申込受領者に諾否の義務を負わせることはできず、契約成立の効果をおしつけることはできない[18]。申込は申込受領者に承諾をなす権利を生ぜしめるのみでなんら義務を負担させることはできないのであり、申込受領者は承諾するか否かはその自由であって、申込者に対して諾否の返答をなすべき義務を負わないからである[19]。この点に関じて、任意規定ながらも商法509条は例外を定め、平常取引をなす者（いわゆる得意先）から営業の部類に属する契約の申込を受けた商人に対し、得意先に対する商人の信用上及び一般慣例上その商人は必ず申込に対し諾否の通知を発すべきものとし[20]、これをなさないと承諾したものとみなしている[21]。これは、取引の迅速簡易化のため最も必要であって、法律で各商人にこの義務を負わせても敢て干渉に失することもないし、かつ、民法526条2項では不十分だからである[22]。つまり、申込者が承諾の通知を放棄したか否か、通知を不要とする慣習が存するか否かは事実において非常に疑わしいし、たとえその条件を備えた場合であっても民法はただ承諾の通知をなさずして契約の成立すべきことを定めるのみで、申込者において果して契約成立するか否かを知ることができない。かつ、承諾の意思ありと認めるべき事実の存否も不明

だからである⁽²³⁾。もっとも、法は被申込者に諾否の通知を発することを要すると明言するが、これは拒絶の場合にのみ通知を要するという趣旨で、決して通知の独立の義務を負担せしめたものではない⁽²⁴⁾。

この義務が生ずるには、第一に、被申込者が商人であることは当然であるが、申込者は非商人でもよいが被申込者である商人と平常取引をなす者、取引先でなければならない⁽²⁵⁾。平常取引をなす者であれば商人は申込者の資力信用などにつき知っているから特別の考慮を要することなくその諾否を決しうるし、このような関係のない者についてもこの義務を認めるのは商人にとって酷だからである⁽²⁶⁾。したがって、平常取引をなす者とは、継続的取引関係が従来から存し今後も予想される得意先か仕入先をいい、商人間に以前一、二回の売買取引があってもこれを以って直ちに平常取引をなす間柄とはいえない⁽²⁷⁾。

第二に、申込内容は、平常取引関係と一致する必要はない⁽²⁸⁾が、被申込者である商人の営業の部類に属する契約、つまり、その商人の営業の目的とする法律行為（通常は基本的商行為）で、直接性を要する⁽²⁹⁾。そして、通知は即時と異なり遅滞なくなせば足りる。即時とすると商人の便否を全く度外視する嫌いがあるので、遅滞なくとして当事者双方の利害を調和させている⁽³⁰⁾。

この通知義務を怠ると、承諾擬制により承諾の意思の有無を問わず契約成立の効果を生ずる⁽³¹⁾。つまり、契約は当然に成立し、申込者被申込者共にこれに拘束され、申込者は単に承諾があったものとみなしえる権利を有するにとどまらない⁽³²⁾。契約不成立として、諾否の通知がないことによって被った損害の賠償を申込者が相手方に請求できるとすることも考えられるが、損害賠償請求は費用時日を徒費し好結果を奏するのが難しいので、申込を承諾したものとみなし契約を成立せしめるのが適切である。かつ、申込者にも十分な

第2章　商取引における契約の成否と契約内容

満足を与えることができるし、被申込者の意思からみても多くの場合適合する[33]。したがって、損害賠償の問題を生ずることなく、当然に契約成立の効果を生ずる[34]。もっとも、正当事由により申込を知らなかった場合[35]、無能力その他通知を発しなかったことにつき過失がなかった場合には、承諾したとみなされない[36]し、すでに一度明確に拒絶の表示をなせば、その後同一の申込を再度受けてもさらに返答すべき義務はない[37]。

さらに、申込承諾以外に、意思実現による契約成立が考えられる。申込者の意思表示（黙示を含む）又は取引上の慣習（申込者の所在地における慣習）[38]により承諾の通知を必要としない場合には、契約は承諾の意思表示と認むべき客観的事実の行われたときに成立する[39]（民法526条2項）。このような客観的事実が存するか否かは具体的に各個の場合に判断すべき問題であるが、契約により取得する権利の実行行為（例えば、申込と共に送付された商品の転売又は消費）、契約により負担する債務の履行行為及びその準備行為がこれに該当する[40]。そして、かかる行為が承諾の意思表示となることを知らないでなされたとしても、承諾の意思表示と認められるべき客観的事実があれば契約は成立する[41]。もっとも、意思実現も申込内容と付合すること[42]及び承諾の意思あること[43]を要する。

（1）　詳細は谷口知平編・注釈民法(13)債権(4)（1966）114頁以下（谷口）（以下・注釈民法(13)と略記）、賀集唱・民法判例百選Ⅰ総則・物権（1989）44頁、星野英一「契約の成立」谷口知平・加藤一郎編・民法演習Ⅳ債権各論（1964）9頁以下参照。なお、星野英一・民法概論Ⅰ（序論・総則）（改訂版）（1974）177頁（以下、民法概論Ⅰと略記）も参照。もっとも、契約の要素たる点につき合致を欠けば契約は不成立である。大判昭和19年6月28日民集23巻8号387頁、千葉地判昭和39年1月24日判時394号77頁。

（2）　定説である。三宅正男・契約法（総論）（1978）3頁、17頁（以下、契約法と略記）。判例として、大阪地判年月日不詳新聞416号5頁、大阪区判大正10年11月1日新聞1948号19頁。なお、大阪地判大正10年3月25日新聞1890号20頁参照。

## 第6節　日本法

（3）　明治23年商法（法32号）296条（ロエスレル草案341条）は、申込者において拒絶又は新たな申込とみなしうる旨規定していた。しかし、申込者の特権とみるということを顕わしたように見せるのは隠当でないし、取引上申込に変更を加えることは頻繁に生ずることから、この規定は改正された。法典調査会・民法議事速記録24巻116丁以下、なお、岡松参太郎・注釈民法理由下巻債権編（1899）439頁以下（以下、注釈民法理由下と略記）も参照。

（4）　神崎・商行為法74頁。

（5）　かつ、承諾者は、変更を加えることにより申込に同意しないこと及び変更された申込内容で申込者と契約を締結する意思を表示したものであるから、申込の拒絶とされる。梅謙次郎・民法要義巻之三債権編（訂正30版）（1910）396頁（以下、民法要義債権篇と略記）。なお、申込の拒絶とみなされるから、これによって原申込は失効し、変更した承諾をした後に無条件の承諾をしても契約は成立しない。神崎・商行為法73頁、我妻栄・有泉亨・債権法（法律学コンメンタール篇3）（1951）245頁（以下、コンメンタール債権法と略記）。

（6）　石坂音四郎・日本民法第三編債権第五巻（訂正四版）（1916）1866頁（以下、債権と略記）、岡松・注釈民法理由下439頁、磯谷幸次郎・債権法論（各論上巻）（再版）（1929）88頁（以下、債権法論と略記）、鳩山秀夫・日本債権法（各論上）（26版）（1921）45頁（以下、債権法各論と略記）。

（7）　末川博・契約法上（総論）（1963）43頁（以下、契約法上と略記）、久保岩太郎・渉外判例百選（増補版）79頁（1976）。

（8）　立法過程では、明文化する必要があるか疑問とされたが、当事者の意思からみれば法文の如くなるが、意思表示の形の上からみれば法律が余程干渉したようになり、理屈に拘泥すれば非常に反対を主張する余地があるとして、明定された。法典調査会・前掲速記録24巻117丁。もっとも、本条は任意規定である。

（9）　神戸寅次郎・契約総則（注釈民法全書8）（1915）337頁（以下、契約総則と略記）。

（10）　神戸・契約総則338頁、烏賀陽然良・商行為法（1935）8頁註25（以下、商行為法と略記）、我妻・有泉・コンメンタール債権法245頁。

（11）　神戸・契約総則338頁。

（12）　神崎・商行為法73頁。

（13）　申込者は、申込により表示した内容で契約を締結する意思を有するから、その内容によって承諾すること、したがって、申込は不可分でその全部につき承諾をなすことを要する旨、定めることができる。石坂・債権1864頁。

（14）　末川・契約法上43頁、石坂・債権1865頁、大判昭17・9・28法学12巻322頁。もっとも、申込を単に拡張したにすぎないときは、場合によっては、原申込を

## 第2章　商取引における契約の成否と契約内容

承諾すると共に、拡張された点については新たな申込と解すべきとする見解も存する。谷口編・注釈民法(13) 173頁（遠田）、田島順・債権法（1940）353頁（以下、債権法と略記）。なお、変更は契約の成否につき重要性を有することを要し、軽微な付随的内容の変更にすぎないときは契約は成立するとする説も有力である。我妻・有泉・コンメンタール債権法245頁、磯谷・債権法論89頁、久保・前掲渉外判例百選（増補版）79頁。

(15)　梅・民法要義債権篇396頁、我妻・有泉・コンメンタール債権法245頁、磯谷・債権法論88頁、田島・債権法353頁、神崎・商行為法74頁。

(16)　我妻栄・債権各論上（民法講義V）(1962) 64頁（以下、債権各論と略記）、三宅・契約法17頁、大判昭和8年4月12日民集12巻15号1461頁。

(17)　末川・契約法上34頁、磯谷・債権法論91頁以下、田島・債権法348頁。

(18)　神崎・商行為法68頁、谷口編・注釈民法(13) 165頁以下（遠田）、我妻・有泉・コンメンタール債権法242頁、乾「沈黙と承認」国経6巻4号85頁以下、宇都宮地判大正12年3月27日評論12商162。

(19)　石坂・債権1822頁。もっとも、不承諾のときは特に通知を要するという当事者間の特約又は取引上の慣行があるとか、既存の取引関係から当事者間において申込受領者が特に不承諾の通知をなすべき信義則上の義務があると認められる特殊の事情があるときは、沈黙によって契約が成立する（定説）。

(20)　商法修正案参考書239頁以下。

(21)　本条は、隔地者間における承諾期間の定めのない申込の場合に適用され、対話者間については商法507条による。田中他・コンメンタール商行為法（1973）97頁以下（喜多）（以下、田中＝喜多・商行為法と略記）、西原寛一・商行為法（1964）128頁（以下、商行為と略記）、水口・商行為法論（1921）157頁註1、158頁（以下、商行為と略記）、商法委員会議事要録5巻26丁。

(22)　商法修正案参考書239頁以下、青木徹二・商行為論（全）(1906) 41頁以下（以下、商行為論と略記）、田中耕太郎・商行為法講義要領（1932）27頁（以下、商行為法と略記）。青木・商行為論43頁は、立法論としては、商人のなした広告、その他の申込の誘引に応じて申込をなした場合にも、この義務を課すべきとする。

(23)　岡野敬次郎・商行為及保険法（1928）16頁（以下、商行為と略記）。

(24)　岡野・商行為16頁以下、米谷隆三・商法概論I営業法（三版）(1944) 397頁（以下、商法概論と略記）。田中（耕）・商行為法27頁は、諾否の通知とは、承諾又は拒絶の通知を意味する、とする。

(25)　西原・商行為128頁、神崎・商行為法69頁、岡野・商行為17頁、烏賀陽・商行為法8頁、米谷・商法概論397頁、田中・喜多・商行為法97頁、水口・商行為153頁以下。

(26) 水口・商行為154頁、小町谷・商行為法（1938）46頁（以下、商行為法と略記）、商法委員会議事要録5巻26丁。

(27) 田中・喜多・商行為法98頁、西原・商行為128頁、大判昭6・9・22法学1巻233頁。

(28) 田中・喜多・商行為法98頁、岡野・商行為17頁、小町谷・商行為法46頁。

(29) 通説・判例である。判例としては、札幌高判昭和33年4月15日判時150号30頁、大阪高判昭和40年3月24日金融法務407号11頁、東京地判昭和52年4月18日判時850号3頁。詳細は、神崎・ジュリ昭和52年度重要判例解説98頁参照。

(30) 商法修正案参考書240頁、田中・喜多・商行為法97頁、水口・商行為156頁、青木・商行為論43頁。立法過程では、「相当の期間内」「正当の理由なくして」の文言に修正すべく提案されたが、いずれも否定された。商法委員会議事要録5巻28丁以下。なお、この通知は発すれば足り、その着否の危険は負担しないが、遅滞なく発した事実の立証責任は、被申込者たる商人に課される。水口・商行為156頁、烏賀陽前掲書8頁註30。

(31) 田中・喜多・商行為法98頁、三宅・契約法26頁、大分地判昭36・11・6下民集2巻11号2670。

(32) 田中（耕）・商行為法27頁、水口・商行為157頁以下、神崎・商行為法69頁、米谷・商法概論397頁。曽野和明・ジュリ昭53年度重要判例解説278頁以下は、本条の効果は、沈黙者から主張できず、申込者がその効果付与を希望するときに限り、被申込者に対して制裁的に働くとする。なお、申込内容に関する錯誤、詐欺・強迫による沈黙は承諾とみなされないとして、本条を制限的に解するものとして、神崎克郎「商事売買における当事者の沈黙」私法28号178頁（1966）、同・商行為法70頁。竹田省・判例批評法学論叢18巻6号156頁（1927）は、黙示の承諾と認むべき事情があるからでなく、むしろ当事者の利益較量の見地から直接これを承諾とみなすとする。

(33) 商法修正案参考書240頁以下、青木・商行為論42頁以下。青山衆司・商行為（1901）80頁は、損害賠償とすると、訴訟の多発を生じ、商の本質に反するため、一般の弊害を防止するため、この規定を置くとする。

(34) 西原・商行為128頁、水口・商行為155頁以下。

(35) 商法委員会議事要録5巻28丁以下。

(36) 田中・喜多・商行為法98頁、西原・商行為128頁、米谷・商法概論397頁。

(37) 烏賀陽・商行為法9頁註32、西原・商行為128頁、神崎・商行為法70頁、72頁註17。

(38) 三潴信三・契約法（1937）35頁（以下、契約と略記）、鳩山・債権法各論68頁、神戸・契約総則309頁。これは、申込者が契約成立を全く知らないことがあ

りうるし、予期に反し不測の損害を被るからである。石坂・債権1902頁、磯谷・債権法論107頁。もっとも、慣習は、事実たる慣習で、かつ、当事者がこれによるべき意思を有したと認められる場合か否かを問わない。三潴・契約34頁以下、石坂・債権1902頁。

(39) 鳩山・債権法各論69頁、神戸・契約総則323頁以下、三潴・契約36頁、法典調査会・前掲速記録24巻74丁、82丁。申込者側で、この事実を知っていることは必要ない。末川・契約法上50頁、三宅・契約法27頁。

(40) 末川・契約法上50頁、神崎・商行為法67頁、神戸・契約総則318頁以下、我妻・債権各論71頁、三宅・契約法25頁以下、法典調査会・前掲速記録24巻74丁。

(41) 三潴・契約35頁、鳩山・債権法各論64頁。

(42) 大阪区判大正10年11月11日新聞1948号20頁。

(43) 神戸・契約総則310頁以下、我妻・債権各論71頁、石坂・債権1897頁、田島・債権法358頁以下、青木・商行為論41頁。意思実現が黙示の意思表示及び単なる沈黙と異なるかについては、見解が分かれる。これにつき、鳩山・債権法各論64頁以下、三宅・契約法25頁、27頁註2参照。なお、立法者は、承諾者が黙っていた場合でも本項が適用されると解したようである。法典調査会・前掲速記録24巻102丁。

## 第2款　契約の成否

では、「書式の戦い」についてはどうなるのか。これに関する判例は我国では皆無といえるし、学説も言及するものは少ない。既述の諸外国の状況からみると奇異の感を与えるが、これは、我国では、成約のみが目標とされ書式の違いに注目することは多くなく、契約事後交渉への過大な期待によって処理がなされるし、かつ、そこでは営業の交渉における腕が期待され、日本的感覚で自己の約款を援用するのは企業信用上好ましくない[1]。しかも、契約を友好的な信頼関係とし両当事者の対立よりも協同・協力の関係と考える契約観（誠心誠意条項、別途協議条項の存在）、終身雇用制によるロングラン的思考、力関係の影響、契約できちっと定めると柔軟性が欠けるから曖昧模糊にして両者の協調による融通無礙の運用を好む性向及び問題発生の確率が小さいこと[2]に基因するものといえる。

第6節　日本法

　このような特殊性により「書式の戦い」が裁判上顕在化していないことから、我国におけるこの問題解決を等閑視することはできない。企業における約款の普及や契約観の変化により将来においてはこの問題が重要性を帯びてくると予測されるし、取引関係断絶をも覚悟して契約成否や契約内容を争うことは現在でも考えられる。

　では、その解決はどのようになされるのか。従来の考え方によれば、民法528条が適用され、申込における約款と承諾における約款が対立するときは、承諾は申込に付加・変更をなしており、申込の拒絶でかつ新たな申込となり、原則として契約不成立とならざるをえない[3]。ただ、黙示の承諾、民法526条2項、商法509条に該当すれば、申込を変更した承諾で契約が成立し、契約内容もこれによることになる。しかし、この解決策は、黙示の承諾が相手方の約款の適用への合意と解しうるかはドイツでも論じられているように疑問であるし、民法526条2項及び商法509条は「書式の戦い」の状況を完全にカバーしうるものではない。何よりも、書面の最終性獲得への果てしない循環を生じさせるおそれがあるし、結果的には契約の成否及び内容を偶発性に依存させることになるのであり、これによって一方当事者を有利に取り扱うべき根拠は存しない[4]。

　そこで、民法528条を制限的に解し、同条は申込者の利益が不当に侵害される危険性から契約不成立とするにすぎず、付加条項が全体として申込を実質的に変更するものでない場合には申込が拒絶されたものと解すべきでない[5]。したがって、申込が承諾を申込内容に限定しているか又は申込の変更が契約の全内容上その成否に関する程度に重要であれば民法528条の効果が生ずるが、軽微で付随的内容の変更にすぎないときは契約はその変更にも拘らず成立する[6]。そして、契約内容については、申込者が承諾の通知を受けた後相当期間内に異議申立を述べないとその付加条項のついた承諾の内容にしたがって契約が成立するとする説[7]と、変更された部

317

分はさらに両当事者の協議と信義則とによって決定されるべきとする説[8]とが存する。前説は、原申込者に相当期間内での異議申立義務を課すことになり、その不作為はこの者の不利に働くことになるが、このような異議申立義務を課していない現行法上からは疑問である。仮に、商法509条に根拠を求めるとしても、本条適用には平常取引のあることを要件とし、このような関係がなければ諾否義務は課されないから、「書式の戦い」のすべての状況を処理できない。かつ、変更を伴う承諾で契約内容が決定されるという難点を伴う。後説は、このような義務づけを問題としないで契約成立を肯定するのは妥当といえるが、契約内容につき両者の協議又は信義則による補完をなす点で、協議が調わなければどうなるのか、信義則によるのが妥当かが疑問となる。さらに、両説は、重要な変更か否かに契約の成立を依存させているが、このことは民法528条の文言上存しないことはさておいて、相互の約款の相違は重要な変更に該当することが多いと思われるし、重要性判断が客観的に明確に判定できず取引の安全を害する結果を生ぜしめる。

「書式の戦い」については、契約の成否と契約内容とに分けて考察すべきである。まず、契約の成否については、契約の主要な部分（基本的部分）につき合意が存すれば、つまり、目的物の種類、品質、数量、価格ぐらいが一致していれば、契約の成立を認めてよい[9]。実務的にも、基本的条件につき合意があれば付帯的条件につき合意がなくても契約成立として処理するようである[10]。「書式の戦い」は事後になって履行内容が問題となってはじめて生ずるのであり、この段階で契約不成立といってみても当事者は申込を拒絶することなく成立したものとして履行段階に入っており、当事者の了解とは異なってしまう[11]。

ただ、民法528条の点をどう考えるかが疑問となる。元来、申込と承諾の不一致が生ずるのは、(i)改めて承諾がなされて契約が成立

するか、逆に改めて承諾がなされず契約不成立となるかという場合と、(ii)文書（手紙、電話、テレックス、書式）や会話の面では内容に不一致があっても契約の存在を前提として履行行為が実行される場合とに区別される。民法528条は、申込と承諾の内容が正確に一致してはじめて契約が成立するという伝統的契約観念に立脚して、一方が相手方の意思表示に変更を加える場合に対応して、これを明文化したものに他ならず、(i)の場合を前提とする立法といえる[12]。この場合はまさに民法528条の適用される場面であり、これで処理してよいといえる[13]。しかし、「書式の戦い」では通常(ii)のパターンをとる契約締結であり、これを民法528条は本来的に念頭においていないから適用範囲外であり、適用ありとすると実際の法的安定性を崩すことになる[14]。民法528条により契約不成立とする考え方は、約款と個別契約を一体化して全体として一個の意思表示と解するものであるが、しかし、個別契約と約款とは峻別される（意思表示の可分性）[15]。個別契約では、その意思形成は個々の事項にのみ向けられており、かつ、その意思は具体的個々の内容に対して強く関連しており、不一致であればさらに商議し、場合によっては取引が回避される。

　これに対し、約款においては、個々の条項の意思形成は具体的契約締結段階よりも前の段階である設定に向けられており、原則として具体的な個々の内容への商議は意図されていず、さらに、個別合意により形成された契約の核心（Vertragskern）の付随点のみを含み、その目的は契約成立をなすことではなく、個別合意により成立した契約を内容上補完せんとするものである[16]。したがって、約款の差異は個別契約の成否に影響を及ぼすものではなく、これを一体化して把握するのは妥当でない。まして、我国においては約款の厳格な遵守は一般的に行われず、約款は金庫の奥に眠っている状態といわれている[17]点からみても、一体化を強調するのは行き過ぎであ

る。このように、約款の差異は個別契約の成立に影響を及ぼさないと解することは、われわれのように約款そのものと約款による契約を峻別する見解からも支持できる[18]。もっとも、約款に契約締結条項が存するときは一体化把握をすべきと考えられるかもしれないが、契約締結条項自体が約款条項として存在することから、約款によるとの合意対象とならず個別契約の内容にもならないといえるし、できる限り強い文言で約款を契約内容としようとする意図の表れと解しうるから、個別契約の成立を否定するものとはいえない[19]。しかも、「書式の戦い」においては、当該契約締結条項の黙示的放棄が認められる[20]ともいえるから、この条項の存在自体から一体化把握を肯定できない。

(1) 沢木「日本人の契約観」神島ほか・日本人と法 (1978) 130 頁以下 (以下、日本人と法と略記)。

(2) 日本人の契約観一般については、神島ほか・日本人と法における沢木・前掲レポート及びそこでの座談会、星野他「わが国社会における契約観(1)〜(2)」NBL200 号、201 号、203 号 (1980)、川島・日本人の法意識 (1967) 87 頁以下参照。

(3) 沢木・前掲レポート神島ほか・日本人と法 128 頁。なお、道田・前掲論文 JCP ジャーナル 1979 年 12 月号 25 頁以下、同・前掲論文法学論叢 94 巻 3・4 号 7 頁以下。高桑昭・国際商取引法 (2003) 62 頁は最終書面性の原則で処理されるとする。

(4) なお、曽野・前掲論文国際私法の争点 100 頁参照。

(5) 神崎・商行為法 74 頁。

(6) 磯谷・債権法論 89 頁、神崎・商行為法 74 頁以下、75 頁注 (1)、我妻・有泉・コンメンタール債権法 245 頁、谷口編・注釈民法(13) 173 頁 (遠田)、久保・前掲渉外判例百選 (増補版) 79 頁。

(7) 神崎・商行為法 74 頁以下、75 頁注 (1) 及び三井物産業務本部編・輸出の実務 (新版) (1975) 153 頁 (以下、輸出と略記)。

(8) 我妻・有泉・コンメンタール債権法 245 頁、谷口編・注釈民法(13) 173 頁 (遠田)、田島・債権法 353 頁。なお、横田・債権各論 (1921) 26 頁は、契約は完全に有効に成立し、法律の規定をもってこれを補充できるとする。

(9) 代理店契約研究会「代理店・特約店取引の研究——商社取引の場合(7)」NBL 158 号 33 頁 (星野) (1978)、川又・前掲論文大隅還暦記念 295 頁。一般的に契

約成立を肯定するものとして、米谷・約款法487頁以下、大塚龍児「約款の解釈」民法の争点227頁（1978）。谷口「契約の成立」新版民法演習4債権各論（1980）4頁以下は、契約成立を認める方向に解釈すべきものと解するのがよいだろうとする。ちなみにスイス債務法2条1項は、当事者がすべての本質的事項につき合意したときは、付随条項の留保は契約が拘束性を有することを妨げるものではないと推定されると規定する。これにつき、Siehe, Schönenberger-Jäggi, Komm. zum Schweizerischen Zivilgesetzbuch. Bd. V, 1a, Obligationenrecht, 3. Aufl., 1973, §2 Anm. 32f.（以下、ORと略記）．

(10)　代理店契約研究会・前掲NBL 158号33頁（M氏）。これは、不利な場合は放置しておくし、保険的にみても、問題が起きるのは1000件中1件位で、ただそのときに精力的に煮詰めればよいと考えていることによるという。なお、NBL 159号31頁（岩城）参照。北川俊光・柏木昇・国際取引法（1999）55頁も、被申込者は、表面上、条件の一致した注文請書を送付することで契約は成立したと考えるであろう、とする。

(11)　曽野・前掲論文国際私法の争点100頁、道田・前掲論文JCPジャーナル1979年12月号26頁。Siehe auch Eugster, B., Gegensätzliche Verweisung auf Allgemeine Geschäftsbedingungen durch Offereten und Akzeptanten, SJZ 1978, 344.

(12)　道田・前掲論文法学論叢94巻3・4号8頁。なお、法典調査会・前掲速記録24巻26丁、117丁参照。

(13)　実務上も、特殊な機械、高価品とか、それに類する場合は、通常約款によらず、一条一条契約書を作るし、月に2、3回船積するというような場合には、いずれの約款でやるかをはっきり決めているとされる。代理店契約研究会・前掲NBL 158号34頁（M氏）、36頁（谷川、星野、M氏）。

(14)　道田・前掲論文法学論叢94巻3・4号8頁。曽野・前掲論文国際私法の争点100頁は、取引の実情は単純でなく、文渉過程におけるやりとりと、当事者の事後の行動から遡及的にみて契約は成立していたと認めざるをえない場合も多いとする。なお、三井物産業務本部編・輸出153頁参照。

(15)　もっとも、申込が可分性を有するときは、一致している範囲内で契約成立は認められているから、個別契約の成立を肯定し、約款の差異はこれに影響を及ぼさないとすることも考えられる。

(16)　Siehe Weber, K., Der Inhalt des Einzelrechtsgeschäfts, S. 94-102.

(17)　星野ほか・前掲NBL 201号34頁以下。

(18)　詳細は、拙著・約款法の基礎理論（1995）251頁。制度理論に立脚する見解でも、約款の差異があっても、個性的契約が直接不成立となるわけのものではないとする。米谷・約款法487頁以下。なお、Helm, J. G., Grundlagen einer normativen

Theorie allgemeiner Geschäftsbedingungen, In : FS für Ludwig Schnorr von Carolsfeld, 1973, S. 68 は、約款の法規範性を肯定するが、附合契約が無効であるときは、附合契約と当該債務契約（例えば、売買契約）間の関係には民法 139 が適用され、この規定に基づいて、約款への附合が無効にもかかわらず、個別契約が保持されるか否かが決定されるとする。

(19) これらにつき、Siehe Weber, K., Der Inhalt des Einzelsrechtsgeschäfts, S. 102f.; Schmidt-Salzer, J., Rechtsprobleme der Schriftformklauseln, NJW 1968, 1257ff.

(20) なお、山中・契約総論（1949）123 頁参照。

## 第3款　契約内容

では、契約内容の補完はどうなるか。この点につき、米国のように明文（UCC 2 - 207条2項、3項）で解決していないし、ドイツのように判例学説がほぼ固まっているとはいえない我国の現状では困難な問題である。一つの解決策は、いずれかの約款が適用されるとすることである[1]。これは、最終文言性理論の是認であり、かつ、両当事者が約款を読みもせずに取引を進行させていること及び自己の約款内容すら熟知せずに取引をなす（約款作成者と現実の取引担当者とは異なる）ことから、いずれの約款も優先させるべき根拠は存しない。履行行為もしくは沈黙は相手方約款適用の承認とは解されないし、予防条項の顕著性に着目するのも妥当とはいえない[2]。いま一つは、当事者間に合意が無いものとして任意法を適用すること（任意法の補充機能）も考えられる[3]が、任意法自体が必ずしも存在しないことも考えられるし、任意法を修正し取引の合理化を指向する約款の存在を無視することはできない。したがって、契約内容の補充は場合を分かって考察すべきである。

第一に、両者の約款が一致するときは、その限りで一致した条項で補完される[4]。いずれの当事者も自己の約款で処理する意思を有していたのであるから、一致する限り契約内容となることにより不利益や不意打ちは生じない。かつまた、一致する条項が自己の約

款に含まれているのに当該条項の適用否定を主張するのは、自己の行為に矛盾する行為として否定される。さらに、我国の多数説によると交叉申込による契約成立は肯定されていることは、一致する条項が契約内容となることの補強理由となりうるといえる。この場合に、任意法による補完は当事者の意思に反するし、約款の効用を減殺してしまうから妥当でない。この解決策は、われわれの見解からも支持できる。つまり、起発契約たる「約款による契約」における附合が生じていないだけであり、一致する限り当該条項が適用されることについては意思推定が働くからである。

　第二に、両者の約款が不一致の場合には、いずれの約款も不適用で、当事者間の慣行、商慣習（法）、任意法、いずれも存しなければ一般的法見解により補完される[5]。優先順位もこれによる。商慣習（法）は、任意法改廃力を有しうるし、約款条項と異なる商慣習（法）の優先も認められる。任意法は若干問題であるが、任意法自体は立法者により通常の場合のために規定され、そこには事物の本質から生ずる正当性保障を含んでおり（任意法の秩序機能）、したがって、約款による任意法修正には限界が存すると解される[6]から、肯定できる。われわれの立場からも、附合が生じていないし、一致する条項でなく対立する条項であるから意思推定も働かないので、この解決策は肯定できる[7]。

　第三に、ある条項が一方の約款に存し、他方に存しないときは、当該条項が当該取引の一般的見解に合致すれば結果的にこれが適用されることになるが、そうでない限り適用なく、任意法で補完されるべきことになる[8]。一方の約款にのみ存する条項で契約内容を補完するのは、相手方約款に存しないことのみでは正当化できないし、相手方の予測にも反するからである。

　以上の解決策に対しては、個別契約と約款そのものの峻別を肯定するとしても、条項が一致するか否かにより約款を個々の条項に分

解するという考察が許されるか、が疑問となる。約款は一体として(en bloc, als Ganzes) 契約内容となるとされるし、設定者は条項の相互連関を顧慮して各条項を定めていると解しうるからである。しかし、前者は約款の拘束力に関するものであるし、後者については、残余部分有効条項（当約款のある条項が無効でも他の条項は効力を保持する旨の条項）の存在、さらには、特約及び個別合意の優先が認められているし、しかも、当事者の合理的意思及び取引安全性要求への合致から約款の一部無効は肯定されている[9]から、特に障害とならない。

では、確認書[10]の場合はどうか。確認書は、既に成立した契約の証拠を確保するため、つまり、契約内容を確認し後日の紛争を防止することを主たる目的として作成され送付されるが、この確認書は契約成立の要件ではないし、かつ、この作成を契約成立要件とする慣習は存しない[11]。問題は、確認書において口頭合意で約定されなかった条項の追加及び約款の指定がなされることがあり、この追加条項及び約款指定が既存の契約関係にいかなる効果を及ぼすか、である。

契約内容として規定すべき条項を無意識に失念して契約締結後にこれを発見することもあるし、逆に、国際取引においては契約は電報又はテレックスで締結されることが多く全条項を打電すると長くなるので、特に問題となる事項以外は意識的に省き、詳細は確認書に委ねることが多いからである[12]が、追加条項は既存の契約成立に影響を及ぼさないのであり、かつ、既存の契約に対して補充的条項に限られ、契約の内容を根本的に変更するような性質の条項を追加することは認められない[13]。そして、確認書の機能からみて、商人間取引で口頭による契約成立後時間的に直接接続して送付された確認書に合意と異なる記載が存するときは、確認書受領者が合理的期間内に異議申立をなさないと、確認書内容にしたがって契約が

修正されたものとされる[14]。この確認書法理によると、両者が相互に自己の約款による旨の指定をなした確認書を送付したときは、両当事者は共に異議申立をなすことを要し、これをなさないと相手方の約款が契約内容となり、異議申立の循環を生じてしまうし、両者が沈黙しているとより遅い確認書の約款が契約内容となる。しかし、確認書送付により、いずれの当事者も契約内容に関する自己の見解を呈示しているし、相手方の書面から相手方が異なる約款適用を主張していることを知っている[15]といえるから、到達の先後及び異議申立の有無を基準とするのは妥当でない。内容の対立自体から異議申立をすでになしているといえるから、相互の確認書におけるいずれの約款も適用されず、口頭合意、これがなければ、確認書で一致する条項、当事者間の慣行、商慣習（法）、任意法、さらに、一般的法見解で補充すべきである。

（1） 米谷・約款法487頁は、理論的には附合も不成功と解する他ないが、両当事者の上に、より高次の取引社会を想定し、その制度社会の理念たる取引の円滑からみて、いずれか一方の制度的規制をもって成功したものと解すべきであろうとする。なお、大塚・民法の争点227頁、神崎・商行為法74頁参照。北川・柏木・前掲書55頁も、最後に鉄砲を撃った方が勝つ原則（last shot doctrine）が適用という結果になる可能性が大きいのではないだろうかとする。

（2） この点を指摘するドイツの判例として、OLG Köln 19. 3. 1980 BB 1980, 1237, 1239f. なお、大塚・前掲論文民法の争点227頁は、「約款による」取引に当っては、どの約款によるかがまず決定されねばならないとするが、「書式の戦い」においては、これが決定困難であり、いずれかを優先させるのも妥当でないことが問題なのである。もっとも、旧東ドイツの1976年国際経済契約に関する法律33条2項は、最後に送付され、異議申立のなされなかった約款又は条項が適用されるとし、同条3項は、相手方が異議申立をするか、両当事者が相手方の約款に異議申立をしたときは、当該約款又は条項なしに契約は成立し、契約補充は同法42条を類推適用するとする。そして、同法42条2項は、裁判所又は仲裁裁判所は、契約目的、その他の契約内容及び商慣習を基礎として契約形成をなすとする。

（3） なお、米谷・約款法488頁、大塚・前掲論文民法の争点227頁参照。

（4） この点を明言するドイツの判例として、OLG Köln 19. 3. 1980 BB 1980,

第2章　商取引における契約の成否と契約内容

1237, 1240. Siehe auch Weber, K., Der Inhalt des Einzelrechtsgeschäfts, S. 118. 一致しているか否かは、解釈により決定されるが、形式的に個々の文言比較にはよりえない。かつ、「共通の最小限度」はとることができない。なお、大阪高決昭45・8・26判時613号62頁は、申込者が裁判管轄の合意の条項を含む注文書で申込をし、承諾者がこの契約条項と同文の契約条項を記載した注文請書を差し入れて承諾がなされた事案で、承諾者は、管轄合意は申込者の利益を目的とするものであることを知りながら、なんら変更を加えることなく申込を受諾したものであり、申込者側にとって有利な専属的管轄の合意であるとした。これは疑問で、むしろ、付加的管轄合意と解すべきである。

（5）　UCC 2 - 207条3項、ドイツ民法306条2項（旧法6条2項）参照。Siehe auch Weber, K., Der Inhalt des inzelrechtsgeschäfts, S. 125. なお、星野・民法概論 I 178頁は、契約空白一般の補充につき、慣習、任意規定、条理や信義誠実の原則を参考にして空白を補充するとする。

（6）　LG München I, 13. 11. 1911 SeutBl. 76（1911), 217ff. は、当事者の合意による任意法の変更可能性は、当事者合意によって変更が排除されている強行法に対して、この法規範の消極的側面にすぎない。これをもって、任意法の本質（Wesen）は尽きるものではない。むしろ、任意法の本質には、非常に積極的なモーメントが存し、任意法は、立法者が定型的に反復される法関係の経験則に基づき、対立する当事者利益の正当かつ合理的な均衡（Ausgleich）とみなしたものの具体化であり、これを制定法で確定したものであるとする。ドイツで、この秩序機能により約款の内容コントロールをなしたものとして、Siehe BGH 29. 10. 1956 BGHZ 22, 90, 94ff.；BGH 17. 2. 1973 BGHZ 41, 151, 154f. わが国においては、大判大正5年1月29日民録22輯203頁、盛岡地判昭和45年2月13日下民集21巻1・2号314頁参照。なお、拙稿「普通取引約款の司法的規整」私法40号（1978）参照。スイス債務法2条2項は、裁判官は、空白となった付随事項を取引の性質に基づき決定しなければならないとする。その場合、空白補充は、存在する取引慣行、任意法、これらが存しないときは、信義則によりなすことは認められている。Siehe Schönenberger-Jäggi, OR, § 2 Anm. 52 u. 65.

（7）　仮りに、指定が存し、これに対する単なる肯定により附合が成立しているとしても、法規範の対立となり、いずれの約款も優先性を主張できないから、やはり上述の解決策で処理されることになる。

（8）　もっとも Götz, D., Zum Schweigen, S. 259f. は、いわゆる補充的解釈の方法により、当該条項が任意法に比較して個別事案の解決により適切であり、かつ、仮定的当事者意思に合致すれば、これが適用されることもありうるとする。

（9）　一部無効については、Naendrup, P. -H., Die Teilnichtigkeit im Recht der Allgemeinen Geschäftsbedingungen, 1966. 拙稿「ドイツにおける約款の一部無効問題」一橋論叢 64 巻 2 号 85 頁（1970）参照。

(10)　わが国では、いわゆる契約書とされるものには、確認書に該当するものが多いと思われる。拙稿・前掲論文 NBL243 号参照。確認書か否かは、書面の表題いかんによらず、書面の内容を決め手として判断すべきであり、かつ、確認書たることの立証は送付者が負う。なお、契約締結に関する覚書、念書、注文書、注文請書、見積書などにつき、詳しくは、神崎・商行為法 56 頁、58 頁、五十嵐ほか・契約の法律入門（1978）61 頁、74 頁以下（岩城）参照。

(11)　東京地判昭和 31 年 11 月 29 日下民集 7 巻 11 号 3430 頁、同昭和 32 年 7 月 31 日下民集 8 巻 7 号 1366 頁、同昭和 34 年 3 月 26 日下民集 10 巻 3 号 594 頁、神戸地判昭和 37 年 11 月 10 日下民集 13 巻 11 号 2293 頁。署名のうえ返還すべき旨の要求に応ぜず、返送しなかったとしても契約は成立している。神戸地判前掲、大阪地判昭和 39 年 11 月 11 日判時 395 号 44 頁。

(12)　三井物産業務本部編・輸出 152 頁、153 頁。

(13)　三井物産業務本部編・輸出 153 頁、中村・輸入取引の要点（1975）55 頁。

(14)　神崎・商行為法 57 頁、三井物産業務本部編・輸出 153 頁。われわれは、商人間取引におけるこの異議申立義務の根拠は、狭義の法外観説に求められることを論じた。拙稿・前掲論文一橋論叢 85 巻 5 号 72 頁以下（1981）、同・前掲論文 NBL 243 号参照。

(15)　なお、道田・前掲論文 JCA ジャーナル 1981 年 1 月号 32 頁参照。

## 第 7 款　結　語

「書式の戦い」においては、契約の成否とその契約内容が問題となる。わが国では、この問題が顕在化することは日本的契約観[1]のゆえにほとんどないといえるが、近時その重要性が指摘され、解決策も提唱されている。そこで、この問題につき詳細な展開がなされている若干の外国法及び国際統一法を概観し、我国における解決策につき一考察をなした。もともと、現代の商取引は契約の成否を伝統的契約理論における申込承諾できちっと割り切れるものではなく、複雑な経過をたどって、当事者の行態や当該個別事情からみて契約成立とみざるをえない場合が多い[2]。このことは、「書式の戦い」に如実に現われている。この場合、伝統的理論により、申込と

第 2 章　商取引における契約の成否と契約内容

承諾の内容一致（鏡像原則）による契約の成否、さらには、最終文言性理論による一方当事者の約款適用で処理するのは、妥当でない。契約不成立とするのは当事者の予測に反するし、一方当事者に責任逃れの口実を与えることになるし、一方の約款適用についても、「書式の戦い」の状況からみて、一方当事者を相手方よりも有利に取り扱うべき根拠は存しない。他面、相手方より送付された書面（特に、約款）を精読すべきであり、これをなさないのが不利益を受けてもやむをえないとするのも、現代の商取引の実情及び迅速性の要請に合致しない。したがって、民法 528 条適用による契約成否の判断及び同条の制限的解釈による処理によるべきでなく、まず、基本的事項に合意が存すれば、約款の対立にも拘らず契約成立を原則として肯定すべきである。何が基本的事項かについては、価格、数量、品質、履行期は当然該当するといえるが、それ以外については判例学説の発展にまつことになる。この点については、UCC 2 - 207 条 2 項 b 号の実質的変更に関する判例及び 1980 年国連条約 19 条 3 項の実質的変更に関する解釈規定は一つの参考となるであろう。

　契約内容に関しては、いずれか一方の約款を決め手とするのは妥当でない。さらに、本稿で検討した外国法及び国際的統一法では、承諾による変更が非実質的であるときは原申込者による適時の異議申立がない限り、承諾修正された内容を伴う申込条項とし、この点は最初書面性原則が逆に支配することとなる。しかし、実質的変更か否かについては、米国における多数の訴訟が提起されていることや国際統一法（特に、ULF 及び 1980 年国連条約）における立案過程での論議でもみられるように、この基準は妥当でない。そこで、ドイツ法にならって、この基準をとらずに、契約内容補完につき、いずれの約款も決め手とすることなく、場合を分かって検討すると共に、特に、任意法活用による補完を妥当とする旨指摘した。「書式の戦い」の解決策として、売主買主を代表する各種の同業団体による、

種々の類型毎に双方にとり公正な標準約款を作成することにより、終息を告げることができるとする提案[3]がなされている。しかし、売主買主の利害が非常に対立するから標準的約款設定の実現性は乏しいし、仮りに実現しても、両契約当事者の業種は多様であるし、かつ、必ずしも標準的約款利用を強制できないであろう。逆に、強制してしまうと、商取引の自由な発展を阻害してしまう危険性も存する。このようにみると、既述の解決策に頼らざるをえないであろう。

さらに、相打ち理論 (Knock out theory) では、取引当事者によりよき約款を作成するというインセンティブを生じない難点があるとして、裁判官は、両者の約款うち、より効率的な約款ないしはより公正な約款を選択して、それが契約内容となるとする見解 (The efficiency-based best-shot, The best-Shot Rule) が主張されている。興味ある見解であるが、両者の約款のうち、より効率的 (ないしはより公正な) 約款を判定する基準を何に求めるのか、また、裁判官にこのような判断を求めるのが適切かは疑問であり、既述の解決策が妥当と考えられる。

(1) この点につき、星野他・前掲座談会 NBL 200 号〜203 号参照。
(2) このことを的確に指適するものとして、曽野・前掲論文国際私法の争点100頁。
(3) 川又・前掲論文大隅還暦記念308頁註 (66)。
(4) Rühl, G., 24 U. Pa. J. Int'l Econ. L. 189, 222f (2003) ; Goldenberg, V. P., 76 Or. L. Rev. 155, 166f. (1997).

# 第 3 章 「言語の危険」問題

　国際取引においては、取引当事者の使用する言語が当然異なりうる。この場合、特定言語の使用を要求する旨を定める制定法を有する国(1)はそれほど多くはない。当事者は、当事者自治の原則からみて自国語以外の言語を使用できるし、また、それほど熟達していない言語であるか否か、現在通用している言語か否かを問わず任意の言語を使用できる。勿論、取引当事者はその取引に使用する言語を明示又は黙示的に合意できる。黙示の場合には、契約締結前及び契約締結に際しての全事情から推論される。特に、当事者が契約交渉に特定言語を使用し、専らその言語でのみ相互に書面交換をなしているか、口頭の交渉でこれを使用しているか、当該業界の団体により制定された書式のうち特定の言語版を使用しているか、契約が一般的に特定の、国際的に承認された言語を利用している取引に関するか（例えば、国際的石油取引における英語）、既存の取引で当事者が一定の言語を利用していたか、などの事情が考慮にいれられる(2)。

　通常は、一方当事者の母国語が選択されることが多いといえるが、場合によっては、「中立言語」が選択されることもある。これは、当事者の自国語が余り一般的に使用されていず、このため国際語のいずれかが選択されるとか、いずれの当事者も自国語を選択しようと努めたが奏功せず、妥協として、両当事者が理解できる「第三」の言語を使用することがあるからである(3)。

　合意が存する限り、相手方は、その言語による意思表示については、自己がその言語に通じていないことを主張できないし、自己が当該言語に十分に熟達していないのであれば翻訳を配慮すべきであるが、表示が当該言語以外の言語でなされているときはその理解に

## 第3章 「言語の危険」問題

努める必要はないことになる[4]。

　問題は、この合意が存しないときで、交渉の際に使用された言語と契約書作成に使用された言語とが異なる場合に、いずれの当事者が言語の危険を負担するのか、である。つまり、外国語の誤解から生ずる不利益をいずれが負担するのか、翻訳[5]がなされるべきだとすればいずれの当事者がそれをなすべきなのか、取引相手方にとって外国語である場合にはこの者に対して説明義務が生ずるのか、複数言語で契約書面が複数存在するとき、その間の相異はどのように処理されるのか、さらに、交渉言語とは異なる言語で契約書が作成されている場合、契約は成立しているのか、ことに、約款は組込まれているのか等の複雑な問題が生ずる[6]。一般には、この「言語の危険」は誰が負担するかについては、契約の成立及び意思表示の有効性を決定する法秩序によって原則として決定されることになる[7]が、ドイツ法上では、「言語の危険」は「沈黙」と同様に特別に連結されるべきという見解が有力である。これによると、いずれの場合もある行態が同意として行為者に帰責されるかという問題であり、表示意思及び取引意思が内心の事実として存在するか疑わしいといえるから、ドイツ法が契約準拠法であっても、当該言語に通じていない者の常居所（ないしは営業所）が契約を交渉し締結した国以外にある場合は、この者の常居所（ないし営業所）における法が決め手となるべきとされる[8]。この見解は外国語に通じていない者の保護を意図したものといえるが、法適用に不安定性をもたらすし、保護の点は実質法の問題であることから、言語の特別連結点は否定的に解される[9]。

　以下においては、「言語の危険」については、契約に特定の国の法が適用される場合において言語もこの国の言語が決め手となるという前提の下で検討することにする[10]。

(1) 例えば、フランスでは一定分野につきフランス語使用令が存する。Loi n 75-1349 du 31 decembre 1975. Relative a l'emploi de la langue francaire, J. O. Vom 4. 1. 1976 p. 189. これにつき、Siehe Soulas de Russel, Auswirkungen des Gesetzes über die Verwendung der französischen Sprache, RIW/AWD 1976, 694 ff. 本法は、その後、1994年7月29日判決でその一部につき憲法違反とされたこともあって、1994年8月4日付法律（Nr. 94/665）でフランス語保護の新法が制定されている。この新法では、広告、労働契約等を対象とするが、我々の観点から注目に値するのは、公法人との契約はフランス語で起草されねばならず（勿論、翻訳の添付は許される）、これに反する契約は相対的に無効であり、外国語で起草された契約条項を一方契約当事者は相手方の不利に援用できない、とされる。新法の内容及びEC法との関係については、Endros, F., Das französische Sprachschutzgesetz und seine Unvereinbarkeit mit EG‐Recht, RIW 1995, 17. なお、その他の国については、Beckmann, K. F., Das Sprachenstatut bei intenationalen Geschäftsverträgen, 1980, S. 27f.（以下、Sprachenstatutと略記）

(2) Beckmann, K. F., Die Bedeutung der Vertragssprache im internationalen Wirtschaftsverkehr, RIW 1981, 79, 80f.; Sandrock-Beckmann, Handbuch, S. 343f.

(3) Beckmann, K. F., RIW 1981, 79, 81. 林脇トシ子「国際契約と言語」現代契約法大系第8巻国際取引契約(1)（1983）131頁以下（以下、現代契約法大系第8巻と略記）も参照。

(4) Beckmann, K. F., RIW 1981, 79, 82; Sandrock-Beckmann, Handbuch, S. 341.

(5) ドイツにおける公証人による翻訳につき連邦証書法（Beurkundungsgesetz）16条参照。わが国でも、公証人法27条は証書作成には日本語の使用を要し、同法29条は嘱託人が日本語を解しないときは証書作成には通事の立会を要するとする。

(6) ドイツ法とイタリア法に限定されるが、契約の分野以外における言語が異なることにより生ずる法問題については、Petzold, E., Das Sprachrisiko im deutch‐italienischen Rechtsverkehr, Jb für Italienisches Recht 2（1989），77が詳論している。

(7) Siehe Sandrock-Beckmann, Handbuch, S. 341f.

(8) Jayme, E., Sprachrisiko und Internationales Privatrecht beim Bankverkehr mit ausländischen Kunden, FS für J. Barmann, 1975, S. 514-5.

(9) Stoll, H., Internationalprivatrechtliche Probleme bei Verwendung Allgemeiner Geschäftsbedingungen, FS für G. Beitzke, 1979, S. 763f.; Linke, H., Sonderanknüpfung der Willenserklärung?, ZvglRWis 79（1980），1, 23f., 37f., 47f.; Otto, H. -H., Allgemeine Geschäftsbedingungen und Internationales Privatrecht, 1984, S. 200f.（以下、AGBと略記）; Spellenberg U., Fremdsprache und Rechtsgeschäft, FS für M. Ferid, 1988, S. 466; Fischer, G., Verkehrsschutz im internationalen Vertragsrecht, S. 42f.; Roth, W. -H., In-

ternationales Versicherungsvertragsrecht, 1985, S. 624 ; Sandrock-Beckmann, Handbuch, S. 366f. なお、近時の法改正による民法施行法 31 条改正により「言語の危険」に関する特別連結点という有力説はその立脚点を失った旨指摘するものとして、Siehe Schwarz, E., Das "Sprachrisiko" im internationalen Geschäftsverkehr － ein deutsch‐portugiesischer Fall, IPRax 1988, 278, 279 ; Petzold, E., Jb für Italienisches Recht 2（1989）, 77, 95f.

(10)　Beckmann, K. F., Sprachenstatut, S. 47, 52f. ; Ders, RIW 1981, 79, 80. もっとも、この見地に立つと、複数言語国家の場合が疑問となるが、これは、複数言語国家において契約がもっとも緊密な関係を示す地域で使用されている言語と解される。Beckmann, K. F., Sprachenstatut, S. 55f.

なお、ヨーロッパ連合が近時顧客に理解できる一定の契約言語の利用を多くの指令で定めているのが注目される。これらの点については、Siehe Downes u. Heiss, Sprachregulierungen im Vertragsrecht : Europa- und internationalprivatrechtliche Aspekte, ZVglRWiss 98（1999）, 28 ; Freitag, R., Sprachenzwang, Sprachrisiko und Formanforderungen im IPR, IPRax 1999, 142 ; Heiss, H., Die Richtlinie über den Fernabsatz von Finanzdienstleistung an Verbraucher aus Sicht des IPR und des IZVR, IPRax 2003, 101, 103f.

## 第 1 節　アメリカ法

　複数言語、複数文化の国であるアメリカでは、1990 年代では、148 ケ語を超える言語が使用されており、2300 万を超える米国人がその家庭では英語以外の言語を話しているといわれる[1]。この様な状況にもかかわらず、一般には、契約の客観理論では、ある者が自己の行為の法的結果を意図したか又は理解することという要件をなんら課していないため、単に、約款を読まなかったか又は附合することの法的結果を考慮しなかったという理由では救済を求める権利を有しないとされる。

　そこでは、人は書面の内容を知っており、少なくともその内容の文字通りの意味を理解しているものと法は推定するのである。この原則は、合意からの救済を求める当事者が教育を殆ど受けていない

か又は無学であっても適用される(2)。また、署名した者は、書面の内容を読まなかったとか、いかなる内容のものか知らなかったといったことは主張しえないのであり(3)、このことは附合契約においても妥当するとされる(4)。そして、不十分な読み書き能力しか有しない場合には、当該契約に署名する前に契約内容を読んでくれるか又は説明してくれる者を手配するのが、この者の義務であるとされる(5)。この原則は、言語の危険においても適用される(6)。

　近時の判例をあげると、米国の企業（原告）が、ドイツに本店を有するドイツの企業（被告）から機械を購入し、その後、担保義務違反で損害賠償を請求したが、「担保：VDMA (Verband Deutscher Maschinen- und Anlagenbau e. V.) ルールに従って 6 ケ月」という条項が存し、VDMA ルールによると、供給者の本店所在地が全ての契約上の争いの裁判管轄地とされ、かつ、ドイツ語で書かれていた事案で、「契約に署名した者はその条項を知っているものと推定され、かつ、それに拘束されることに同意しているというのが契約法の基本原則である。原告が、参照文言（by reference）によって VDMA ルールを契約に組み込んでいる購入申込書を読まなかったことはなんら免責の理由とならない。また、ルールがドイツ語で書かれていたという事実も、契約の実現（enforcement）を排除しない。実際、視力に障害があるか又は無学なもの（又は単に契約言語に通じていない者）が契約内容を調べて知ることなしに署名したならば、この者はこれに拘束されよう。単なる無知（ignorance）は当事者をしてその義務（obligation）を免れしめないのであり、この者は合意の条項に拘束される。我々は経済取引が世界的な規模でなされる環境で生活しており、契約が国籍を異にし、かつ、異なる言語を話す当事者間でなされることはごく普通のことである。しかし、書面上の条項を理解せずに又は調べることなく同意する者は自己の危険でそうしているのである。本件において、活字は大きくはないが、読み易いものである。

## 第3章 「言語の危険」問題

そして、原告がドイツ語に達者でなくとも、独英辞書又は（よりよいといえるが）通訳の助けをかりて、原告は、僅か2頁であるVDMAルールを完全に理解できたであろうことは確かである」とされる[7]。もっとも、取引相手方の地位、給付の性質などを考慮して、非良心性理論による内容規制が働くことはいうまでもない[8]。

さらに、近時では、消費者保護の下に、消費者にとって英語以外の親しい言語で日常取引がなされている場合にはこの言語で契約が行われるべきことを要求する制定法上の手当がなされている[9]。

(1) Ramirez v. Plough, Inc., 12 CalRptr 2d 423, 430 (1992). このような状況では、当然に、コミュニケーションの問題が生ずるが、近時では、製造物責任に関し、製造業者が英語以外の言語、つまり、第二言語で製造物の危険性につき消費者に警告する義務が米国では問題となっている。これにつき、詳しくは、See Richmond, D. R., When Plain Einglish isn't : Manufacturers' Duty to Warn in a Second Language, 29 Tort & Insurance L. J. 588 (1994).

(2) Farnsworth on Contract, Vol. 1, 1990, p. 481 (以下、Farnsworth on Contract と略記).

(3) See Farnsworth on Contract, P. 481 Fn. 10 ; Corbin on Contracts, § 4. 13 at p. 636; Ideal Loan of New Orleans, Inc. v. Johnson 218 So2d 634, 635 (1969) ; Cohen v. Santoianni 112 NE2d 267, 269 (1953) (条項を読み理解したか否か、または読むことができたか否かを問わない) ; Stockinger v. Central National Ins. Co. 128 NW2d 433, 437 (1964) ; Hicks v. Bridges 580 So2d 743, 746 (1991) ; Fincher v. Dempsey 433 SE 2d 78, 79-80 (1993) ; Kenol v. Nelson 581 NYS2d 415, 417 (1992). しかし、この原則が必ずしも貫徹されていない旨指摘するものとして、See Comments, 11 San Diego L. Rev. 415, 417-8 (1974).

(4) Izzy v. Mesquite Country Club 231 CalRptr 315, 319 (1986) ; Heartland Health Systems v. Chamberlin 871 So2d 8, 10-11 (1993) ; U. S. Fidelity & Guar. Co. v. Burress 844 FSupp 1475, 1481 (1994).

(5) Haines v. St. Charles Speedway 874 F2d 572, 575 (1989) ; Roberd v. First Federal Savings & Loan Association 490 SW2d 243, 245 (1973) ; Nguyen Ngoc Giao v. Smith & Lamm, P. C. 714 SW2d 144, 146 (1986) ; Shklovskiy v. Khan 709 NYS2d 208, 208 (2000) ; Comments, 11 San Diego L. Rev. 415, 420 (1974). Shirazi v. Greyhound Corp. 401 P2d 559, 562 (1965) は、明確に、自身が英語を理解する能力に欠けている

## 第1節　アメリカ法

ことを知っている取引相手方がチケットの内容を知るように務めるのがこの者の義務であり、取引相手方の能力が十分でないことを発見して小荷物のレシートに印刷された制限条項を知らせるという企業の義務は存しない、と指摘する。

（6）　Secoulsky v. Oceanic Steam Nav. Co. 112 NE 151, 152（1916）; Calamari, J. D., Duty to Read—A Changing Concept, 43 Ford. L. Rev. 341, 346-7（1974）; Calamari, J. D. & Perillo, J. M., Contracts, p. 397. もっとも、Comments, 11 San Diego L. Rev. 415, 425-438（1974）は、相互の合意（mutual consent）の欠缺、詐欺の主張を肯定すると共に、契約の取消（rescission）及び文書訂正命令（reformation）、口頭の証拠原則（parol evidence rule）の不適用が可能とする。

（7）　Paper Exp., LTD. v. Pfankuch Maschinen GmbH 972 F2d 753, 757（1992）; Lawler v. Schumacher Filters America, Inc. 832 FSupp 1044, 1051（1993）. See also Gaskin v. Stumm Handel GmbH 390 FSupp 361, 365-368（1975）; Sampson Plastic v. Extrusionstechnik 718 FSupp 886, 890（1989）; Karlberg European Tanspa v. JK-Josef Kratz 618 FSupp 344, 347（1985）（但し、本件契約は書式契約にも附合契約にも該当しないとする）.

書面を読むことができない者は、署名する前に書面の内容を読み、説明してくれる信頼できる者を手配するのがその義務であり、これを怠ることは過失（重過失）に該当し、内容を知らなかったとして契約を解除することは禁反言される。Sutton v. Crane 101 So2d 823, 825（1958）; Merrill Lynch, Pierce, ETC. v. Benton 467 So2d 311, 313（1985）. See also Pimpinello v. Swift & Co. 170 NE 530, 530-1（1930）; Ellis v. Mullen 238 SE2d 187, 189（1977）; Shirazi v. Greyhound Corp. 401 P2d 559, 561（1965）; Albers v. Nelson 809 P2d 1194, 1197（1991）; Comments, 11 San Diego L. Rev. 415, 419-22（1974）. この過失原則は、(i)無学か、そうでないとしても書面を理解できないか、(ii)書面の内容につき積極的な不実表示がなされ、署名者がこの表示を信頼するのが当然であるとされるか、(iii)書面提示者が何らかのトリックや策略を用いて書面を読むのを妨害した場合、には適用されないとするものとして、See Dorrity v. Greater Durham Building & Loan Ass'n 169 SE 640（1933）; Ciampoli v. Prudential Ins. Co. of America 63 A2d 883, 885（1949）. Comments, 11 San Diego L. Rev. 415, 423-4（1974）も、過失及び禁反言の原則は読むことができる者に妥当するのであり、読むことができない者にはより緩やかな基準が適用されるべきであり、少なくともカリフォルニア州ではこれが認められているとする。

（8）　Brooklyn Union Gas Company v. Jimeniz 371 NYS2d 289, 291-2（1975）; Jeferson Credit Corp. v. Marcano 302 NYS2d 390, 393-5（1969）; John Deere Leasing Co. v. Bluebaugh 636 FSupp 1569, 1572（1986）; Calamari, J. D. & Perillo, J. M., Contracts, p. 402f.; Comments, 11 San Diego L. Rev. 415, 438-444（1974）.

第3章 「言語の危険」問題

(9) 例えば、California Civil Code, Sec. 1632 参照

## 第2節 イギリス法

　英法でも、契約書面に署名した者は、読まなかったときでもこれに拘束される[1]。たとえ、無学であっても、相手方がこれを知らなければ同様である[2]。そして、このことは取引相手方が外国人で、英語を読めなかった場合でもなんら差異を生じないとされる[3]。もっとも、この原則で処理されなかった事例も存する。これは、英国人でドイツ語を話せない原告が、ドイツの機械製造業者と機械の購入契約を口頭で締結したが、交渉は英語でなされた。この口頭契約は書面で確認され、原告にはその注文確認書が2セット送付され、1セットに署名してこれを返送し、他の1セットは自己が保管していた。返送した書面にはドイツ語で印刷された約款が裏面に存し、そこには管轄条項も含まれていた。ところが、原告の保有していたほうには裏面になにも印刷されていなかったし、この2セットの書面の表頁には他のセットの裏面に印刷された約款を参照する旨の文言は存しなかった事案で、「書面が契約上のものとして意図され、かつ、被申込者による署名によってこのことが認められる場合であっても、被申込者が、書面に存するある条項又は多数の条項への同意を拒絶するような方法でミスリードされたか否かを問題とする余地がある。客観的に観察して、合理的な者が原告の立場にあったならば、裏面に印刷されたもの（原告が理解できなかったものである）は重要でないとみなし得ると当然に決定できるものであったといえよう。原告は2組の書面間の相違によりミスリードされたのであり、実際に管轄条項の組込に同意していなかったといえる」[4]とされた。本件は、英法における約款の組込には合理的な通知を要するという原則の適用であり、上述の署名に関する原則を変

更するものとはいえない。この様に署名の原則が尊重されるのは、署名は契約に対する署名者の同意の証拠を構成するのであり、一方当事者は相手方の合意を示すものとしてその署名を信頼できることにある。したがって、一方当事者が詐欺または不実表示をなしたときは、この者は相手方の署名を信頼する根拠に欠けることになる。

他方、今日のように約款の利用が非常に普及し、かつ、取引が迅速になされる状況では、取引相手方は多数の条項を含む約款を読むのに十分な時間を有せずに署名することはしばしば生ずるが、この場合でも、単に書面を読まなかったことのみを根拠に契約の拘束力を否定するのは妥当でない。署名を求められた者は書面の内容につき質問することができるのであり、これをなさないならば、署名をなすことによって契約に存するいかなる危険であれ承諾したものと解されるし[5]、書面に署名を求められたときは、法的に重要な効果を伴うものであることは今日では誰でも知っていることである。もっとも、書面を提示する者が相手方は書面に存する特定条項を承諾するつもりがないことを知っており、かつ、署名者が書面内容につき質問しなかったことにつき正当な理由がある場合には、署名に関する原則は適用されない[6]。

さらに、英法上、約款の組込には合理的通知[7]をなしていることを要するが、これは当事者が属する顧客のクラスにとって合理的に十分とされるものであれば足り、相手方の個人的な事情、例えば、視力に障害があるかとか無学であるとか、さらに、英語を解することができないという事情は問題とされない[8]。

そこでは、一方当事者が相手方に条項をみる機会を与えている限り、相手方が契約に合意するという事実によって、自己が現実にかつ合理的な根拠に基づいて相手方が合意していると信じているのであれば、相手方を書面の条項に拘束することが正当化されるのである。つまり、客観テストにより、契約当事者は読んだか否かを問わ

## 第3章 「言語の危険」問題

ず自己が気づいているか又は当然気づくべきであったとされる書面の条項に拘束されるのである(9)。しかし、約款を援用する企業側で、相手方が語学力の点で不十分であることを知っていた場合は状況は異なる。このような知られた能力の不十分性により相手方が不利とならないように、通知は相手方に十分知り得るように特別な手段をとる必要がある。例えば、合理的に実行できるものであれば、相手方が使用されている言語を理解できないことを知っている場合には、相手方に対してはこれを翻訳することが必要となる(10)。

（1） L'Estrange v. F. Graucob, Ltd. [1934] 2 KB 394, 403. 但し、詐欺又は不実表示の場合は例外となる。不実表示につき、See Curtis v. Chemical Cleaning and Dyeing Co. [1951] 1 KB 805, 809 ; Treitel, G. H., The Law of Contract, 8th ed., 1991, p. 291（本節ではこの8版によっており、以下では、Contract, 8th ed. と略記). なお、L'Estrange Case は今日の約款の普及からみて妥当とはいえないとして批判的に検討するものとして、see Spencer, J. R., [1973] Cam. L. J. 104.

（2） Cartwright, J., Unequal Bargaining, p. 45. 文字を読めない者であって、署名したにもかかわらず、契約に拘束されないとされた事例として、Hitchmann v. Avery (1892) 8 TLR 698 があるが、これは、契約書を提示され、読むように求められたが、読めないことを相手方に述べていた場合である。近時、文字を読めない者であって、企業がこれを知らなかったが、証書作成否認の答弁（non est factum）を肯定した事例として、See Lloyds Bank v. Waterhouse [1991] Fam. Law. 23. 本件については、See Cartwright, J., A Gurantee Signed by Mistake, [1990] LMCLQ 338.

なお、証書作成否認答弁が成立するためには、(i)署名者が恒常的にまたは一時的に自身になんら責められるべき過誤なしに書面の目的を現実に理解することができない状況にあり、(ii)実際に署名した書面と署名するものと考えていた書面との間に根本的な相違があり、(iii)署名者が不注意でなかったこと、を要する。See Saunders v. Anglia Building Society [1971] AC 1004 ; Cartwright, J., Unequal Bargaining, pp. 46-7 ; Treitel, G. H., Contract, 8th ed., p. 292-4. これを主張できる者には、不完全な教育しか受けられなかったとか、病気であったとか等の理由で理解できなかった者のみならず、騙されて署名した者、したがって、視力に障害がある者、文字の読めない者、老齢者、英語を理解できない者も該当する。Treitel, G. H., Contrct, 8th ed., p. 292.

（3） Treitel, G. H., Contract, 8th ed., p. 197; Atiyah, P. S., An Introduction to the

Law of Contract, 4th ed., 1989, p. 194; Yates, D., Exclusion Clauses, p. 54; Fong Gaep v. Reynolds（1863）2 W. & W.（L）80（相手方は中国人で、英語は話せたが、読めなかったにもかかわらず、拘束されるとされた（未見）; The Luna［1920］P 22, 28. ただし、Sankey L. J. in Thompson v. London, Midland and Scottish Railway Co.［1930］1 K. B. 41, 56 は、時刻表に存する約款が中国語で印刷されていて、そのため約款を理解できないものであったならば、この者は約款に拘束されるとはいえないであろうと指摘している。

（4） Harvey v. Ventilatorenfablik Oelde［1989］T. L. R. 138,［1990］C. L. Y. No. 647.

（5） Cartwright, J., Unequal Bargaining, pp. 48-9, 51.

（6） Cartwright, J., Unequal Bargaining, pp. 49-50.

（7） 通知については、see Clarke, M., Notice of Contractual Terms,［1976］Camb. L. J. 51.

（8） Chitty on Contracts, Vol. 1, 26th ed., 1989, Para. 784（Guest, A. G.）; Thompson v. London, Midland and Scottisch Railway Co. Ltd.［1930］1 K. B. 41.

（9） Cartwright, J., Unequal Bargaining, pp. 39-40.

（10） Treitel, G. H., Contract, 8th ed., pp. 199-200 ; Geier v. Kujawa, Weston & Warne Bros. Transport［1970］1 Lloyd's Rep. 364, 368. なお、約款の一部のみを翻訳した場合には、残余部分は重要でないことを示唆することになり、企業側はこれを援用しえなくなる場合も生じえる。Treitel, G. H., supra.; H. Glynn（Covent Garden）, Ltd. v. Wittleder［1959］2 Lloyd's Rep. 409, 420.

# 第3節　ドイツ法

本問題につき詳細な理論が展開されているのはなんといってもドイツ法である。これは、第二次世界大戦後における、当時の西ドイツの積極的な外国人労働者の受入に伴い[1]、「言語の問題」[2]がクローズ・アップされたためである。つまり、ドイツ語をマスターしていない外国人労働者が、ドイツ語で作成された契約書に署名した場合、その内容の不知を主張できるか、言語上の誤解の危険をこの者が負担しなければならないのか、特に雇用関係清算証明書（Ausgleichsquittung）[3]の効力に関して、これが問題とされ、多くの判

第3章 「言語の危険」問題

例・学説が展開された。

当初は、契約は当該外国人労働者の使用する言語で作成されていることを前提とせず、法的地位はドイツ語で書かれた内容で定められ、言語不知の主張は認めれなかった。自己が理解していない契約内容に同意しないならば、照会すべきであり、それにもかかわらず、そのような契約内容に同意を表するか又は署名するのであれば、そこには、ドイツ語の契約内容に同意するという意思が推断的に表明されているとされたのである[4]。しかも、必要があれば外国人労働者側で翻訳者を手配すべきとされた[5]。

しかし、これではドイツ語に熟達していない外国人労働者の保護が欠けることから、強く批判され、その後は、判例は、ドイツ語に熟達していない外国人労働者の署名は放棄意思が存しないから拘束しないと解するのが大勢であり、さらには、使用者が翻訳という配慮義務に反しているから書面は無効とか、外国人労働者が書面の内容を理解した場合のみ適用されるのであり、この理解したか否かは証明責任の問題で、使用者側で相手方が理解したか又は当然理解しえたものであったという事情を証明しなければならないとして、いずれにせよ、無条件の拘束性を肯定していない[6]。学説もこの立場を支持する。

その根拠は一般的に法的拘束意思の欠缺に求められている。つまり、法的拘束意思の存否は客観的尺度で当該事情を熟知している表示受領者の見地から探求されねばならない。外国人労働者による書面への署名に際しては、客観的な、当該事情を熟知している第三者が使用者の立場におかれたならば、相手方はドイツ語を知らないか又は未熟であり、法的拘束意思の存在は放棄契約（放棄意思）に向けられているとは必ずしも認められないことを認識していたか又は当然認識すべきであったと考えられ、使用者と外国人労働者間にはこの種の契約は一般に成立していないとする[7]。その後、この成

第3節　ドイツ法

果が約款にも展開された[8]のである。

以下、最初に「言語の危険」一般につきどのような理論構成が採られているかをみた後、約款につき検討する。

(1) 当時、既に西ドイツは移民国（Einwanderungsland）となっているといわれ、1979年現在で約400万人の外国人が居住しており、その3分の1がトルコ、残りをチェコ、イタリア、ギリシャ、スペイン、ポルトガル等の出身者で占めているとされる。Siehe Jayme, E., Das "Sprachrisiko" im deutschen und internationalen Privatrecht unter besonderer Berücksichtigung der Rechtsprobleme türkischer Arbeitnehmer in der Bundesrepublik Deutschland, Annales de la Faculte de Droit d'Istanbul 44 (1981), 364, 364.

(2) この概念がドイツではじめて現れたのは、1965年に発表されたHohn, H., Ausländische Industriearbeiter und deutsches Recht, BB 1965, Beilage 10, S. 9f. においてであるとされる。Siehe Jayme, E., Annales de la Faculte de Droit d'Istanbul 44 (1981), 364, 366.

(3) これは、労働関係終了に際し、使用者が残余給料の支払と職歴証明書（Arbeitspapiere）（給与所得税算出データ認定カードと保険証（Versicherungskarte）の交付をなすのに対し、退職労働者が署名し、かつ、これらの受領を確認し、労働関係に基づく請求権はなんら有しない旨記載された書面である。法的性質などについては、Siehe Müller, B., Anfechtung und Kondiktion der Ausgleichsquittung im Arbeitsrecht, BB 1976, 1466, 1467f.

(4) Hohn, H., BB 1965, Beilage 10, S. 9.

(5) 使用者側が翻訳者を配慮すべきとするのは、使用者の配慮義務を超えるとするものとして、Siehe Kunster, E., Probleme der Ausgleichsquittung, BB 1968, 1204, 1206.

(6) 若干の判例をあげる。LAG Ba-Württbg (Stuttgart) 30. 12. 1970 DB 1971, 245 ; LAG Berlin 7. 12. 1972 BB 1973, 1030 ; LAG Hamm 2. 1. 1976 BB 1976, 553. 判例の概観については、Siehe Brill, W., Der ausländische Arbeitnehmer in der arbeitsgerichtlichen Rechtsprechung, BB 1976, 1276, 1279f. ; Jayme, E., Annales de la Faculte de Droit d'Istanbul 44 (1981), 363, 367-373 ; Reithmann, C. (hrsg.), Internationales Vertragsrecht. Das internationale Privatrecht der Schuldverträge, 4. Aufl., 1988, Rdn. 758（Martiny）（以下、Internationales Vertragsrecht と略記). Becker, F. u. Braasch, D., Recht der ausländischen Arbeitnehmer, 2. Aufl., 1983, S. 63f. も、近時は法的に重要な表示につき、判例は使用者側に「言語の危険」を負担させていると指

343

摘する。

（7） Müller, B., BB 1976, 1466, 1469 ; Basedau, D., Nochmals : Probleme der Ausgleichsquittung, BB 1969, 1316, 1318 ; Trinkner, R., Urteilsanmerkung, BB 1967, 999, 1000f. Siehe auch Münchener Kommentar zum Bürgerlichen Gesetzbuch, Bd. 7, EGBGB, 2. Aufl., 1990, Vor Art. 11 Rdn. 143 - 147（Spellenberg, U.）（以下、Münch-KommBGB, EGBGBと略記）; Spellenberg, U., FS für M. Ferid, S. 471. Jayme, E., Annales de la Faculte de Droit d'Istanbul 44 (1981), 363, 373f. は、労働法における「言語の危険」問題を伝統的な意思表示の原則で処理するのは不十分で、契約締結上の過失理論が考慮されるべきである。出発点は契約以前の及び契約上の情報伝達義務（Informationspflichten）であり、これは使用者の配慮義務を構成するもので、この義務違反は契約解消（Vertragsaufhebung）に基づく請求権という形での損害賠償を成立せしめるとする。

（8） この点は、旧法の類推適用を肯定し、特に、不意打条項（旧法3条（民法305ｃ条1項））、不明確原則（旧法5条（民法305ｃ条2項））を含めた約款の解釈原則の適用を主張する見解も有力である。Siehe Preis, B., Abschied von der Ausgleichsquittung?, AuR 1979, 97.

## 第1款　一般的な「言語の危険」問題

これについては、問題にすること自体を否定する見解[1]がある。つまり、いわゆる「言語の危険」については、なんら特別な処理を必要としない。これは、主張証明責任（Darlegungs- und Beweislast）の対象であり、言語上の誤解の危険は、自己又は相手方によってなされた表示の特定の内容から自己に有利な法効果を推論する者が負担する。というのは、この者は自己又は相手方がこの表示をなしたことを主張立証しなければならないからであるとする。しかし、一般には、「言語の危険」の問題の特殊性は肯定されており、その解決として、意思表示の到達（Zugang）説又は形式（Form）説とが対立している。

意思表示の到達問題と解する見解は、言語の理解の問題は意思表示の有効性又は欠陥（Angreifbarkeit）の問題とし、法律行為上の表示の受領者が表示の言語を理解していない限り、到達していないと

する。つまり、受領者にとって理解できない文言の使用であるときは、到達が欠けているため表示の無効をもたらす[2]。表示者は表示手段を任意に選択できるが故に、表示者は受領者の理解可能性を考慮にいれなければならないのである[3]。到達が有効といえるためには、事実上の認識を要するものではなく、知ることができたか、または、受領者が通常の状況では表示内容を知り得たであろうし、かつ取引慣行（Gepflogenheit）に基づき受領者はこれを事実上なしたと当然期待できる場合であることが必要であるから、これが欠けているならば意思表示は有効とはならない[4]。通常、期待できるのは表示受領者が居住している地域の言語への認識である[5]。もっとも、例外は認められ、国際商取引における商人は外国語を理解していなければならないし、また、使用者は外国人である使用人にドイツ語の理解を期待できず翻訳者を配慮しなければならない[6]。

　他方、形式問題と解する見解は、すべての意思表示はその法的効果の開始を外部に明確に示すという一種の「形式（Form）」を有していることを前提とする。表示によって選択された形式は、表示がいかなる内容を有すべきかにつき疑いの余地なく示していることを要する。受領者によって理解できない形式でなされたときは、表示は無効である[7]。表示手段の選択は表示者側で自由になし得ることであるが、表示は相手方に理解し得るものであることを要する。したがって、原則として不知の言語に関する受領者の能力を顧慮することを要する[8]。言語の危険は到達の問題と解されているが、発信の原則が適用されるならば、表示は既に送付の際にいかなる言語でなすことができるか確定していなければならないから、この問題は意思表示の形式の問題である[9]。もっとも、表示の相手方が自己が熟達している言語の使用を放棄するか、当事者間で使用言語の合意をしたか又は特定言語の使用が慣行（Usancen）である場合は例外とされる[10]。

第3章 「言語の危険」問題

　結果的には両説にそれほどの差異はないといえるが、到達問題と解するのが通説といえよう。この見解によれば、個別事案の特殊性を考慮し得る(11)し、意思表示の成立には相手方の了解を要するという原則は言語の使用についても制約をもたらすからである(12)。

　なお、到達が肯定されても、錯誤による取消（民法119条1項）、隠れた意思の不一致（Versteckter Dissens）又は解釈原則の適用は肯定されている(13)。しかし、このような個別契約法理による処理では約款における「言語の問題」を妥当に解決できない。契約締結手続における役割割当（Rollenverteilung）は、到達問題又は錯誤問題として処理するのに決定的なものであるが、必ずしも常に明確に解決できるものではなく、かつ、しばしば偶然性に支配されるとともに、約款を利用する企業によって自己の有利にと操作されてしまう(14)。

（1）　Basedau, D., BB 1969, 1316, 1318. Gola, P. u. Hümmerich, K., Das "Sprachrisiko" des ausländischen Arbeitnehmers, BlStSozArbR 1976, 273, 275 も、個別事案で、客観的第三者の見地から表示者が法効果を意図した表示をなしたか否か、そして、受領者の見地からこの表示がいかなる内容を有するかによるのであり、労働法において「言語の危険」に関する理論を展開する必要はないとする。

（2）　Flume, W., Rechtsgeschäft, S. 249; Medicus, D., Allg. Teil des BGB, Rdn. 296; Schlechtriem, P., Das "Sprachrisiko"—ein neues Problem?, FG für H. Weitnauer, 1980, S. 143; Münchener Kommentar zum Bürgerlichen Gesetzbuch, Bd. 1, Allgemeiner Teil, 3. Aufl., 1993, § 130 Rdn. 20（Forschler）.

（3）　Spellenberg, U., FS für M. Ferid, S. 475.

（4）　Schlechtriem, P., FG für H. Weitnauer, S. 136. Siehe auch LAG Hamm (Beschl.) 4. 1. 1979 NJW 1979, 2488.

（5）　Medicus, D., Allg. Teil des BGB, Rdn. 296; Flume, W., Rechtsgeschäft, S. 250.

（6）　Medicus, D., Allg. Teil des BGB, Rdn. 296. OLG Hamm 8. 2. 1995 NJW-RR 1996, 1271, 1272 は、商人といえども、国際的商取引において外国語を理解していなければならないものではないが、場合によっては照会するとか通訳を利用するなどの責務を負うことが認められるとする。

（7）　Reinhart, G., Verwendung fremder Sprachen als Hindernis beim Zustandekommen von Kaufverträgen?, RIW 1977, 16, 19; Ders., UN‐Kaufrecht, 1991, Art. 11

Rdn. 6（以下、UN-Kaufrechtと略記）; Schutze, R. A., Allgemeine Geschäftsbedingungen bei Auslandsgeschäften, DB 1978, 2301, 2304.

（8） Reinhart, G., RIW 1977, 16, 19 ; Ders., UN-Kaufrecht, Art. 11 Rdn. 6.

（9） Reinhart, G., RIW 1977, 16, 19 ; Ders., UN-Kaufrecht, Art. 11 Rdn. 6 ; Dölle-Reinhart, Die Haager Kaufrecht, EKG Art. 15 Rdn. 39. Schwarz, E., IPRax 1988, 278, 279は、言語に熟達していない者の正当な利益保護の見地から、形式問題と解するのに反対する。

(10) Schutze, R. A., DB 1978, 2301, 2304.

(11) Schlechtriem, P., FG für H. Weitnauer, S. 136 ; Petzold, E., Jb für Italienisches Recht 2 (1989), 77, 96. その具体的内容については、Siehe Schlechtriem, P., a. a. O. S. 137.

(12) v. Caemmerer-Schlechtriem, UN-Kaufrecht, Art. 11 Rdn. 14. Siehe auch John, U., Grundsätzliches zum Wirksamwerden empfangsbedürftiger Willenserklärungen, AcP 184 (1984), 385, 399.

(13) Schlechtriem, P., FG für H. Weitnauer, S. 138-139.

(14) Schlechtriem, P., FG für H. Weitnauer, S. 139.

## 第2款　約款と「言語問題」

　約款法に関する法原則が発展をみているドイツ法では、この問題に関しては使用もしくは使用されるべき言語という特別な問題ではなく、約款の組込という一般的問題に還元される。

　当初、判例の多くは約款における「言語の危険」を外国人である契約相手方に課しており、ドイツ国内で締結された契約はドイツ法に服し、かつ、ドイツ人である契約相手方はイタリア語を理解できなかったのであるからイタリア語の約款は契約内容とならないとされた。逆に、外国人にとって約款の内容を無理のない方法で知りえれば十分であるという理由をもって、外国人にドイツ語の約款の適用を肯定した。さらには、外国人はドイツの法取引に参加したという理由づけでもって約款の適用を肯定した。このような処理は、安易に「言語の危険」を外国人に課するばかりでなく、外国人が約款に同意したという擬制の下に、この者の服している法秩序にとって

第3章 「言語の危険」問題

不知の法原則を有する法制度が適用されるという難点が存する[1]。その後、約款規制法の制定をみたドイツでは、より詳細な展開がみられる。

既に、本書第1章第2節で論じたように、民法305条2項（旧法2条1項）によって、約款の組込には、企業が約款を適切な方法で指定するることを要すると共に、相手方に期待できる態様でその内容につき認識可能性を生ぜしめていることを要する。これに対して、相手方の適用同意の要件は、なんら独立の意義を有しない。この要件は、相手方が約款の内容を知っていることとか、約款の組込に明示の同意を要するとするものではなく、民法151条に基づく推断的同意で足り、相手方の行為が事情に基づき約款への同意とみなし得るものであれば足りる[2]。前述の二要件が充足されれば、企業が当該約款で締結する意思であることははっきりしているし、かつ、相手方による契約締結は客観的に約款への同意を意味するからである[3]。以下では、約款の指定と内容を知る可能性[4]の二要件について概観する。

まず、第一の要件としての約款の指定であるが、規定の文言からも明らかなように「明示」であることを要する。この指定の意味目的は、契約相手方に締結されるべき契約の内容は企業の約款によって定められることを明確にさせると共に、約款内容を知り得る可能性を利用できるようにすることにある[5]。したがって、一義的で明確な形でなされていなければならず、推断的指定又は取引慣行の引用では不十分である[6]。そこで、「言語の危険」との関係では、この指定が契約言語ないしは交渉言語[7]でなされている場合に、この要件を充足するかが問題となる。これにつき、指定は、契約相手方が組込意思を疑いもなく認識かつ理解できるように言語上も内容上も明確で平明であることを要し、相手方が指定を明らかに理解できない場合には、これを説明しなければならないのであり、こ

の明示性の要件はドイツ語での指定を明らかに理解できない外国人にも適用され、使用された交渉言語及び契約言語が何かには依存しないとする見解[8]、さらには、未だ契約は成立していないから、契約言語は指定又は掲示に関する言語につき決め手とならないとする見解[9]もあるが、一般には、外国語による指定は、それが交渉言語である場合に限り明示性の要件を充足するとされる[10]。もっとも、交渉言語でない外国語による指定であっても、相手方がこの言語を容易に理解できるか又は商人間の国際的取引におけるように一般的に使用されている言語（例えば、英語）である場合には充足するとされる[11]。なお、指定が交渉言語でなされている限り、契約相手方がこの言語につきその熟達度が低く実際には約款内容を吟味する能力に欠けていても、これは問題とならない[12]。この者のために当該言語に熟達した代理人又は通訳によってなしえるからである[13]。共通の交渉言語が存しない場合には、相手方の言語又は一義的な記号（Zeichen）で指定をなすことを要する[14]。

次に、明示の指定の代わりに例外として認められる掲示[15]の場合（例えば、ドイツ語での掲示）については、掲示を見る側の見地が基準であることは一致しているが、具体的には見解は分かれる。つまり、企業が顧客が外国人であることを予測しなければならないものであれば、例えば、外国人の旅行団体や観光客であるときは、掲示はこの顧客の言語でなすことを要するが、顧客のうち外国人であるのが非常に稀で、予測しえない場合には、この者の言語を考慮することを要しないとする見解[16]、契約交渉がドイツ語でなされていない限り、企業はこの言語不知の顧客に対して約款を援用できないのであり、これはこの者が顧客として現れることを予測すべきか否かを問わないとする見解[17]、国内に居住する外国人は翻訳者又はドイツ語に堪能な代理人を利用するかその他の方法で掲示の内容を理解するように配慮できるのであるから、国内の企業はこの者が掲

第3章 「言語の危険」問題

示を理解しているか又は何らかの方法をもってその内容を知るように努めることを前提としうるとする見解[18]とが存する。原則は明示の指定であり、掲示は例外にとどまる点からいえば、厳格に解され、相手方の理解しえる言語でなすことを要し、前述の場合では、ドイツ語での掲示では不十分といえるが、他面では、実際上例外として掲示を認める必要性も大きいから、企業はこの種の契約締結においては相手方はドイツ語を理解できると推定できるといえる[19]。同様に、国際語での掲示でも足りるといえる。

次に、第二の要件としての相手方の約款内容の理解可能性であるが、この可能性を生ぜしめるのは企業の責務であり、顧客にとって約款本文が理解の容易なかつ読み易い形態であることを要する。読み易さは全く平易に読めるように活字の種類及び大きさを配慮することを意味する[20]から、本稿では理解の容易さについて検討すれば足りる。

理解の容易さの基準は、当該取引圏に属する法律に習熟していない平均的顧客が理解できるかによるのであり、具体的顧客がその個人的な能力に基づき約款内容を第三者の専門的な助言なしに理解できるものであるか否かによらない[21]。ドイツ国内の企業とドイツ人である顧客間の取引における契約においては約款本文がドイツ語で作成されていることが読み易さの前提条件となる。他の言語（例えば、英語）の使用は、それが短く、簡単に理解できる内容であって、この言語の認識が当該顧客圏に期待できる場合にのみ十分とされる[22]。問題は、約款本文が契約言語ないしは交渉言語とは異なる言語で作成されていた場合には、この要件を充足するかである。これについては、一般に、約款本文が交渉言語で作成されているか、または、これに該当しない場合は企業が約款本文につき理解し易いように翻訳につき配慮することを要する[23]。これは、相手方には不知の言語による約款内容を当然に知るとは期待できないからであ

る⁽²⁴⁾。したがって、交渉言語で作成されている限り、契約相手方が当該言語の理解が不十分であっても、そこから生ずる全ての不利益をこの者は甘受しなければならないのであり、逆に、企業は相手方の言語の理解困難につき何らかの方法で考慮にいれるという法的義務を負わないという利益を享受する⁽²⁵⁾。もっとも、交渉言語で約款が作成されていれば、約款の組込を肯定するのは行き過ぎであるという見解も存し、これは、相手方が、当該言語をマスターしている程度が明らかに非常に低く、複雑な約款内容を理解するのが殆ど不可能である場合には、つまり、非常な努力を要するか又は片言しか話せない場合には、当該言語による表示を到達したものと承認するつもりであるとか又は翻訳義務を引受けるという法律行為上の意思を表示しているとはいえないのであり、この者は単に事実上の語学知識、しかも、具体的な範囲でのみ示しているにすぎないのであって、これ以上のことを企業側は期待することはできない⁽²⁶⁾とする。確かにこのことはある面では妥当するが、しかし、その程度ならば当該言語を交渉言語とせずに自己が熟達している言語を選択するとか又は通訳を使用するとかの方法を講ずるべきであり、その危険は予測すべきであろう。

したがって、原則として前述の問題は否定的に解されるが、ただ、約款作成に使用された言語を相手方が十分にマスターしているか又は約款が国際語で作成され、この言語を知っていることが国際取引では当然に考慮できるものであるときは、例外が認められる⁽²⁷⁾。一般には、国際取引に従事している商人は状況及び分野に基ずき国際語のいずれかを知っているものと考えられる⁽²⁸⁾。なお、交渉言語で作成されていない契約書式に署名がなされた場合もについては、内容を理解せずに又は理解しえないにもかかわらず、書式契約に署名した外国人は危険表示をなしており、書式契約の内容に拘束されるとする見解も⁽²⁹⁾あるが、この場合も契約相手方による約款内容

第3章 「言語の危険」問題

の認識可能性を生ぜしめるという企業に要求される責務の放棄とは解されない[30]。

さらに、「言語の危険」に関連して、契約言語が母国語である者に説明義務が課されるかも一個の問題である。母国語を契約言語として使用できる者はこのこと自体非常な利益であり、かつ、相手方が当該言語を理解できないことを認識できるならば、信義則上説明義務が課されるとする見解[31]もあるが、この義務に関しては、相手方の理解困難が契約言語による約款内容の多義性にあるのか、それとも、相手方が契約言語を十分に知っていないことによるかで区別すべきである。前者の場合であれば、当然表示者が明確にするように努めなければならず、さもないと、自己にとって不利な解釈が適用されることになる。民法305c条2項（旧法5条）における不明確原則の適用である。後者の場合には、相手方の負担となり、翻訳者を利用しなければならず、これをなさないと、契約言語による表示を誤解したことから生ずる全ての不利益を甘受しなければならない[32]。

以上の「言語の危険」に関するドイツ法の処理は、言語能力に欠ける相手方にとっては不利となる場合が生じうるが、その場合には、民法305c条1項（旧法3条）の不意打条項の適用又は内容規制の諸手段が活用されることになる。ことに、前者の適用は、条項内容が契約相手方の主観的観念と予測とは乖離している場合であり、条項が内容上不当でなくとも、条項内容と契約相手方の認識及び経験範囲との明白な相違が決め手となるから、契約相手方の生活環境を規制する法（Umweltrecht）に基づくこの者の期待を保護できることになる[33]。

（1）　以上の点については、Jayme, E., Allgemeine Geschäftsbedingungen und internationales Privatrecht, ZHR 142（1978）, 105, 110f. による。Siehe auch Ders., FS für J. Barmann, 1975, S. 511; Schlechtriem, P., FG für H. Weitnauer, S. 131f.

第3節　ドイツ法

（2）　Ulmer u. a., AGBG, § 2 Rdn. 61; Locher, H., AGB, S. 44.

（3）　Medicus, D., Allg. Teil des BGB, Rdn. 408.

（4）　論者によっては、この二要件を区別せずに、いずれも原則として名宛人の母国語（Muttersprache）によるとか、外国人である顧客にとっても理解できる態様でなすことを要するとする。これらにつき、Siehe Spellenberg, U., FS für M. Ferid, S. 480; Kötz, MünchKomm. AGBG, § 2 Rdn. 9. もっとも、Spellenberg, U., a. a. O. は、母国語でなくとも、当事者が実際に十分に理解している他の言語でも良いとする。そして、企業はこのようなことを知ることは要求されないが、相手方の母国語以外の言語を使用したときは、この者の言語の知識の危険を負担し、場合によってはこれを証明しなければならないとする。

なお、民法305条2項、3項（旧法2条）は商人間取引には適用されない（民法310条1項（旧法24条1号））から、商人間取引においては組込要件は緩和され、それなりの配慮（例えば、取引慣行の肯定）がなされるが、以下に述べることはほぼ妥当する。

（5）　BGH 18. 6. 1986 NJW-RR 1987, 112, 113.

（6）　Locher, H., AGB, S. 36.

（7）　交渉言語とは、両契約当事者が交渉の際に一致して実際に利用した言語であり、契約言語とはこれをもって契約が締結されるかないしは契約書作成に使用される言語である。Ulmer u. a., AGBG, Anh. § 2 Rdn. 15; Reithmann-Martiny, Intenationales Vertragsrecht, Rdn. 146 ; Schwarz, E., IPRax 1988, 278, 280 ; Teklote, S., Die einheitlichen Kaufgesetze und das deutsche AGB-Gesetz, 1994, S. 94（以下、Die einheitlichen Kaufgesetze と略記）; OLG Stuttgart 16. 6. 1987 IPRax 1988, 293, 294. 両者を区別して論ずるのが一般的であるが、論者によっては同義に使用されている。Sandrock-Beckmann, Handbuch, S. 347f. u. S. 365f. 及び Beckmann, K. F., RIW 1981, 79, 81f. は、契約言語で統一して検討している。

（8）　Soergel-Stein, AGBG, § 2 Rdn. 7.

（9）　Koch-Stübing, AGB, § 2 Rdn. 18.

（10）　Ulmer u. a., AGBG, § 2 Rdn. 24 ; Dittmann-Stahl, H., AGB, Rdn. 173; Schlosser u. a., AGBG, § 2 Rdn. 4 u. 28a ; Schmidt-Salzer, J., AGB, D. 106 ; Schwarz, E., IPRax 1988, 278, 280 ; Reithmann-Martiny, Internationales Vertragsrecht, Rdn. 146 ; Schlechtriem, P., FS für H. Weitnauer, S. 141 ; OLG Frankfurt 27. 4. 1976 RIW 1976, 532, 533 ; LG Berlin 10. 6. 1981 NJW 1982, 343, 344 ; OLG Stüttgart 16. 6. 1987 IPRax 1988, 293, 294 ; BGH 10. 3. 1983 BGHZ 87, 112, 114. もっとも、Hausmann, R., StaudingersKomm. EGBGB, § 31 Rdn. 107 は、商人間取引と異なり、非商人が取引相手方であって、契約締結前の書面による交渉において異なった言語が利用されていると

## 第3章 「言語の危険」問題

きは、一方的に企業によって利用された交渉言語でのみの指定では不十分である。また、同じく、契約言語であっても、これが共通か又は顧客に既知の交渉言語と異なっており、異なる契約言語の使用が企業のイニシアチブであるときは、そのような指定では不十分であるとする。Siehe auch Wolf u. a., AGBG, Anh. § 2 Rdn. 42.

(11) Wolf u. a., AGBG, § 2 Rdn. 10 ; Teklote, S., Die einheitlichen Kaufgesetze, S. 109 ; Baumbach-Duden-Hopt, HGB, 28. Aufl., 1989, (5) AGBG, § 2 Anm. 5B a) u. b). Hausmann, R., StaudingersKomm. EGBGB, § 31 Rdn. 105 は、英語の他に、場合によってはフランス語又はスペイン語を世界語にあげているが、これらの言語の使用が当該分野で典型的であって、当該取引分野で活動する商人にとってその使用が期待できるものである場合にのみ肯定できるとする。なお、OLG Karlsruhe 11. 2. 1993 DZwir 1994, 70, 71 では、売主はドイツに営業所を有し、買主はイタリアに有していて、契約交渉はイタリア語でなされ、その後、売主が注文確認書で裏面にドイツ語で印刷されて約款を英語で指定した事案につき、世界語での指定がなされており、商人間取引ではこれで足りるのであって、売主にイタリア語での約款を求めるか又は何らかの方法で約款の翻訳をなすことは買主にとって非常に困難とはいえないとして、組込が肯定されたが、本件でこのようにいえるかは疑問である。

(12) Schmidt-Salzer, J., AGB, D. 106 ; Teklote, S., Die einheitlichen Kaufgesetze, S. 99f. ; v. Westphalen, F. G., Vertragsrecht, § 26 Rechtswahlklauseln, Rdn. 19 ; BGH 27. 10. 1994 NJW 1995, 190, 190.

(13) Locher, H., AGB, S. 37 ; OLG München 20. 3. 1975 MDR 1975, 841, 841 ; LG Koln 16. 4. 1986 WM 1986, 821, 822.

(14) Wolf u. a., AGBG, § 2 Rdn. 10.

(15) 掲示でたりるとされるのは、条文上明かであるように契約締結の態様からみて明示の指定が非常に困難である場合で、契約当事者間の人的コンタクトが欠けている自動販売機利用によって成立する契約、いわゆる「社会的接触」に基づく契約、さらに、クリーニング業、劇場の携帯品預り所やプール切符売り場等が該当する。最後のものについていえば、これらの企業の使用人に個々の場合に明示の指定を要求することによりこれらの者の役務義務の履行を本質的に困難にするのは立法者の目的ではありえないし、しかもこれらの場合には顧客は取引慣行に基づき約款の組込を考慮にいれているし、明確に見ることができる掲示によって注意を促しえるからである。これらの点については、Siehe Ulmer u. a., AGBG, § 2 Rdn. 38f. なお、立法趣旨については、Siehe auch BT-Drucksache 7/3919, S. 18.

(16) Weimar, W., Die vom Verwender von AGB anzuwendende Sprache bei Ausländern als Vertragspartnern, DB 1978, 243, 243 ; Koch-Stübing, AGB, § 2 Rdn. 18.

(17) Ulmer u. a., AGBG, Anh. § 2 Rdn. 15 ; Stein, A., AGBG, § 2 Rdn. 23. もっとも、

国際語（例えば、英語又はフランス語）でなされている場合は十分とする。Ulmer u. a., a. a. O.

（18）　Locher, H., AGB, 38; Schubert, W., Urteilsanmerkung, JR 1983, 459, 459 ; Wolf u. a., AGBGB, Anh. § 2 Rdn. 43. なお、Locher, H., a. a. O. は、顧客が外国人であるのが通常か又は稀かで区別するのは、実際上なしえない。これによれば、極論すると、クリーニング業又は銀行は全ての西欧語、南欧語及び無数の非西欧語でなすことを要することになってしまう、と指摘する。

（19）　Hausmann, R., StaudingersKomm. EGBGB, § 31 Rdn. 108 は、契約交渉がドイツ語ではなく、例えば、英語でなされたときは、ドイツ語での掲示は十分でない、とする。

（20）　約款は平均的顧客によって容易にかつルーペなしに読めるものでなければならない。BGH 30. 5. 1983 NJW 1983, 2772, 2773 ; OLG Hamm 20. 11. 1987 NJW-RR 1988, 944, 944.

（21）　Ulmer u. a., AGBG, § 2 Rdn. 51 ; Wolf u. a., AGBG, § 2 Rdn. 27.

（22）　Ulmer u. a., AGBG, § 2 Rdn. 51 ; v. Westphalen, F. G., Vertragsrecht, § 26 Rechtwahlklauseln, Rdn. 18（取引相手方が具体的に使用された世界語も理解していることを要するとする。）. LG Berlin 10. 6. 1981 NJW 1982, 343, 344 は、交渉がベルリンでドイツ語でなされたが、約款は英語で作成されており、かつ、約款は交付ないしその他の方法で入手できるようになっていなかった事案で、付随状況も考慮にいれて旧法2条1項2号（民法305条2項2号）を充足していないとする。なお。言語の類縁性があるからといって、当該言語を知りえたとはいえない。OLG Frankfurt 28. 4. 1981 IPRax 1982, 242, 242.

（23）　Ulmer u. a., AGBG, Anh. § 2 Rdn. 16 ; Wolf u. a., AGBG, § 2 Rdn. 28 ; Schwarz, E., IPRax 1988, 278, 280 ; Hausmann, R., StaudingersKomm. EGBGB, § 31 Rdn. 106 ; Schutze, R. A., DB 1978, 2301, 2304f.; v. Westphalen, F. G., Vertragsrecht, § 26 Rechtswahlklauseln, Rdn. 17; OLG Karlsruhe 9. 5. 1972 DB 1972, 1914, 1914 ; OLG Düsseldorf 2. 11. 1973 AWD 1974, 103 ; OLG Hamburg 1. 6. 1979 NJW 1980, 1232, 1233. Siehe auch Teklote, S., Die einheitlichen Kaufgesetze, S. 100. 翻訳の義務づけは、交渉言語でない相手方の表示を理解ないしは受け入れるという義務をいずれの当事者も負っていないからである。Siehe Sandrock-Beckmann, Handbuch, S. 349. もちろん、契約相手方が翻訳又は説明を放棄した場合は、当然に旧法2条2号（民法305条2項2号）の要件を充足する。Soergel-Stein, AGBG, § 2 Rdn. 23. また、契約相手方が当該語学に熟達した者によって代理されている場合も、翻訳は不必要である。Löwe u. a., AGBG, Ahn. § 2 Rdn. 13.

（24）　Löwe u. a., AGBG, § 2 Rdn. 17. 一般的には、通常の場合には交渉言語とは異

第3章 「言語の危険」問題

なる言語での表示の受領者に、民法149条の法思想に基づき異議申立義務が課されるとすることも考えられるが、むしろこの責務が課されるのは例外的に信義則上要求される場合に限定されると解される。Siehe Beckmann, K. F., Sprachenstatut, S. 64f., 72, 84f.

（25） Siehe Sandrock-Beckmann, Handbuch, S. 347f.；Beckmann, K. F., Sprachenstatut, S. 82f.

（26） Spellenberg, U., FS für M. Ferid, S. 481.

（27） Ulmer u. a., AGBG, Anh. § 2 Rdn. 17; Schlosser u. a., AGBG, § 2 Rdn. 28a；Otto, H.-H., AGB, S. 185；Schutz, R. A., DB 1978, 2301, 2305；Reinhart, G., Zum Sprachenproblem im grenzüberschreitenden Handelsverkehr, IPRax 1982, 226, 228；Schwarz, E., IPRax 1988, 278, 280. なお、Schwarz, E., a. a. O. は、この場合、「言語の危険」を表示者に課するのは信義に反するであろうとする。

（28） 商人間取引では、この点は肯定されている。Thamm-Pilger, AGBG, Anh. § 9：Internationaler Geschaftsverkehr, Rdn. 10；AG Russelsheim 27. 6. 1997 TranspR 1999, 256, 256. もっとも、Beckmann, K. F., Sprachenstatut, S. 76ff. は、国際語といっても、スペイン語及びフランス語の点については、商人だからといってこれに通じているとはいえず、個別的に判断せざるをえないから、そうなると明確性と法的安定性を阻害するから、この二言語については否定的に解されるとすると共に、英語についても契約準拠法（Vertragsstatut）と言語準拠法（Sprachenstatut）とを同一視する立場から疑問とする。さらに、Wolf u. a., AGBG, Anh. § 2 Rdn. 40；Spellenberg, U., MünchKomm. BGB, EGBGB, vor § 11 Rdn. 87 は、商人間取引であっても世界語に通じていると一般的にいえるかは疑問とする。

（29） Schmidt-Salzer, J., AGB, D. 107; Wolf u. a., AGBG, Anh. § 2 Rdn. 40（商人間取引につき肯定）.

（30） Ulmer u. a., AGBG, Anh. § 2 Rdn. 16; Wolf u. a., AGBG, § 2 Rdn. 28；Spellenberg, U., FS für M. Ferid, S. 485.

（31） Jayme, E., FS für J. Barmann, S. 516, 521.

（32） Beckmann, K. F., RIW 1981, 79, 82；Ders., Sprachenstatut, S. 86ff；Sandrock-Beckmann, Handbuch, S. 350f.

（33） Schlechtriem, P., FS fur H. Weitnauer, S. 141-142. 旧法3条（民法305 c条1項）における「不意打ち（Überraschend）」概念が契約相手方の主観的予測ないし観念を基準とすることにつき、Kötz, MünchKommBGB, AGBG, § 2 Rdn. 8.

第3節　ドイツ法

## 第3款　異なる言語による複数契約書

　自国語で作成された契約書と並んで契約相手方の言語又は国際語で同一内容の契約書を作成するということが国際取引上しばしば行われる。勿論、合意された契約内容に関して争いが生ずると、当該取引の完了のみならず、相手方を将来の顧客として失うし、自己の暖簾も傷つけることになる。その面からいえば、契約内容につき事後になって見解の相違が生じないように契約を起草しておく必要が大きいが、この点に適合するのは契約を一言語で作成することである。そうはいっても、国際取引では、取引相手方の必要性に応じて、複数言語を等しく契約言語として採用することがある。つまり、自己の母国語を唯一の契約言語となしえないならば、この言語を多数の契約言語のうちの一つとして使用することが有利であるし、翻訳不可能な用語による混乱も回避できる。なによりも、今日の国際的な三角貿易（internationale Dreiecksgeschäfte）における必要性が大きい[1]。その場合、いずれの言語で作成された契約書を正文とし、これが他方に優先する旨規定されているか、もしくは当事者間の契約交渉や従来の取引関係等によりこの旨認められるならば、これが尊重される[2]ことになる。契約書における言語条項で、いずれの言語のものも基準となる旨定められているか、または、いずれの契約当事者も各自国語での書面を交換をしており、その後両者の使用する言語で複数の契約本文が作成されて、各々署名された場合には、いずれも同等に並存して適用される[3]ことになるが、問題はこの両者間に相違がある場合である。

　類似の問題は国際法上も生じており、種々の理論構成がみられる[4]。例えば、訴訟が継続しているか又は訴訟の管轄権を有する裁判所の所在地で使用されている地の言語のものが優先するとする説（法廷地言語原則）、正文とされるもののうち、最も多く支持され

357

第3章 「言語の危険」問題

る解釈が決め手とされるとする説 (いわゆる多数原則)、対立する言語表現に際して両言語において一致するものが適用され、一方又は他方においてこれを超えるものは適用されないとする説 (最小共通分母原則 (Gemeinsamer-Nenner-Regel od. Regel vom kleinsten gemeinsamen Nenner))[5]、契約当事者の給付と反対給付とができる限り均衡するように解釈されねばならないとする説 (均衡原則 (Ausgewogenheitsregel))、不十分な又は不正確な表現よりも明確な適切な表現が優先するとする説 (明確性原則)、まず第一に交渉されていた原案ないしはその際に使用された作業言語 (Arbeitssprache) によるものが、その後に翻訳されたものに優先するという説 (作業言語原則 (Arbeitssprachenregel))、いずれの当事者も自己の言語によるものに拘束され、相手方の言語によるものに存する利益を援用できないとする説 (自国語原則 (Landessprachenregel))、契約の解釈は当事者の歴史的意思 (historischer Wille)、つまり、両当事者が契約締結の際に実際に意欲したものに基づくとする説、当事者の歴史的意思の探求が効を奏しないときには、契約の意味目的に最も良く一致するものが優先するとする説 (目的論的解釈) などがある。

これらの見解はいずれも一長一短があるが、裁判官による自由な解釈という危険性があるとはいえ、最後の二説が私的自治の見地からは妥当といえる。国際法上も、1980年発効の「条約法に関するウィーン条約」33条4項は条約法の定める解釈に関する一般規定をもっても正文間の比較が意味の相違を生ずる場合につき「条約の趣旨及び目的を考慮して、すべての正文について最大の調和が図られる意味を採用する」と規定する[6]。

このことは、私法上の複数言語による複数契約書が存し、その間に相違がある場合にも、妥当するといえる。つまり、何よりも、まず第一に、契約締結時における両当事者の意思探求がなされるべきであり、これが一義的に確定しえないときは当該契約の意味目的に

合致する解釈が採られるべきである[7]。

（1） Beckmann, K. F., Sprachenstatut, S. 41-45.
（2） この場合、他の一通は翻訳又は写しとして作成されることになるが、これと正文とされるものとの相違が生じても、正文が基準とされ、これ自体は全く消極的なものにとどまるが、正文に矛盾があるとか疑問が生ずるときには、これは意味探求の資料、つまり、解釈手段となりうる。Dolle, H., Zur Problematik mehrsprachiger Gesetzes- und Vertragstexte, RabelsZ 26（1961）, 4, 24f.
（3） Westrick, K., Vertragsgestaltung im internationalen Geschäftsverkehr, NJW 1967, 2090, 2091. そして、契約当事者はいずれの言語をもってもその表示をなしえ、相手方がその使用された言語をマスターしていない場合には、相手方がその危険負担する。Beckmann, K. F., Sprachenstatut, S. 106ff.
（4） 以下は、主として Sandrock-Beckmann, Handbuch, S. 360f.；Beckmann, K. F., Sprachenstatut, S. 117f.；Mossner, J. M., Die Auslegung mehrsprachiger Staatsverträge, ArchVR 15（1971/72）, 273, 281f. による。
（5） これによると、ある言語における語がa及びbの意味を有し、これに対応する他の言語の語がb及びc、またはbのみの意味を有するときは、bの意味のみが基準とされねばならないことになる。Mossner, J. M., ArchVR 15（1971/72）, 273, 284.
（6） 本条約の経過については、Siehe Mossner, J. M., ArchVR 15（1971/72）, 273, 291f. なお、本条約も含め、国際法上における複数言語による条約の解釈につき、Siehe Hilf, M., Die Auslegung mehrsprachiger Verträge, 1973.
（7） Beckmann, K. F., RIW 1981, 79, 82；Ders., Sprachenstatut, S. 136f.；Dolle, H., RabelsZ 26（1961）, 4, 27f., 30. 約款が異なる言語で作成されているときは、交渉言語で作成された約款が契約内容となる。Jauernig, O.（hrsg.）, BGB, § 305 Rdn. 14；BGH（Beschl.）28. 3. 1996 NJW 1996, 1819, 1819.

# 第4節　日本法

わが国で、交渉言語と異なる言語で契約書が作成されるという事例はごく稀と思われ、判例・学説上、この点に言及したものはそれほど多くはない。判例上では、船荷証券上の「運送契約の効力は英国法による」旨の条項が存し、これにつき英文を解しない者がこの

第3章 「言語の危険」問題

記載あることを知らないで受け取ったものであるから、この点につき合意あるとはいえないと主張された事案で、前記約款につき合意なき事実を認めるに足らず、この主張は採用することをえず[1]とされた。また、近時では、米国法人と日本人との間の日本における特許権についての専用実施権設定契約につき「当事者間に本件契約についての準拠法を定める明示の合意があったことを認めるに足りる証拠はないが、本件契約は日本における特許の実施についての契約であり、基本契約も付随契約もその契約書は日本語で記載されており、基本契約は東京で締結されたものであることからすれば、本件契約の準拠法は日本法とするすることに当事者の黙示の合意があったものと認められる」[2]として言語が準拠法判断基準の一要素とされているのが注目される。

このような状況は、ある面では当然ともいえる。つまり、日本語の言語としての特殊性からみて、国際取引において日本語が交渉言語として使用されることは極く稀であったであろうし、仮に使用されたとしても、日本語と外国語の両者による契約書をいずれか又は両者を正文とする措置が取られたと思われる。取引分野によっては国際語の英語で作成するという慣行が存する。また、国内における外国人との取引にも、従来は国際語、ことにその一つである英語による処理がなされていたといえる。しかし、いわゆる国際化の進展と共に、このような状況は変わらざるをえなくなろう。

ところで、国際私法上、言語が問題とされるのは補助準拠法として認められるか、である。つまり、準拠法単一の原則の下では、契約関係のあらゆる問題は契約準拠法に従って解決されることになるが、契約関係に属する問題のなかにはその性質上これと特別な関係を有する法秩序によって処理されるのが合目的的であるものがあるといえる。そこで、契約準拠法によって排除されていず、かつ、当事者が反対の意思を表示していない限りで、特定の事項に関してこ

## 第4節　日本法

れと相当な関係にある国の法律が適用されることになる。これが、補助準拠法であり、言語に関しては契約解釈の点で考慮され、契約書が契約準拠法所属国以外の国語で作成され、その契約書に当該言語の母国の法律用語が用いられたときは、その用語の解釈は、その国語所属国の法原則が適用されるとされる[3]。契約準拠法は契約の成否、効力の法的評価を任務とするものであるのに対し、この解釈に関する準拠法は語義の解明を任務とし、したがって、副次的な「補助」準拠法にとどまる[4]。他方、言語の補助準拠法性を否定する見解も多く、当事者自治の範囲内で当事者における具体的な約定の代わりに当該言語所属国法の規定をもって意思表示の内容とするという実質法的指定と解している[5]。このように、国際私法上の言語の補助準拠法性に関しては学説の対立はあるが、契約文言の母国法が契約上の法律用語の解釈につき適用されることは一般に承認されている[6]。とまれ、国際私法上、言語が問題とされるのは上記のような場合であって、本稿の関心である言語の危険について詳論されることはないようである[7]。

以下では、準拠法は日本法であり[8]、かつ、国際契約では事実上当事者間に完全な合意がなりたつことは期待できないものであるから、契約の要素について当事者の合意が合致していて、契約書まで作成されているときは少なくとも契約は成立しているとみる[9]という前提の下で、約款における言語の危険問題に限定して簡単に検討する。

ここでは、前述ドイツ法で使用されたように、契約交渉に使用された言語を交渉言語、契約書作成に使用された言語を契約言語とする。当事者は交渉言語か契約言語かを問わず、当事者間において使用されるべき言語を当事者自治の原則上自由に設定できる[10]。これが明示的又は黙示的に合意されている限り、これによることを要し、これ以外の言語を使用した者は相手方の語学能力による危険を

第3章 「言語の危険」問題

負担するのであり、場合によっては翻訳することが必要で、この翻訳による過誤についても危険を負担することになる。問題は、このような合意が存しないときで、ある言語で契約交渉がなされたが、この言語とは別の言語で約款が作成されている場合に、約款は個別契約に組込まれているか、である。

判例理論によれば、「当事者双方が特に約款によらない旨の意思を表示しないで契約したときは反証なき限りその約款によるの意思をもって契約したものと推定すべき」[11]という意思推定理論に立脚しており、そこでは、推定を覆すためにはある条項の存在を知らなかったことの立証では足りず、そのような条項を含む約款による意思がなかったことを立証しなければならない[12]ので、かなり困難である。現に、判例上、約款による旨の記載があるならば、約款が契約成立後に送付されているとか、契約締結当時約款の詳細を知らなかったなどということは、約款による旨の意思の推定を妨げないとされる[13]し、さらに、保険約款に関するが、保険約款を承認の上保険契約を申し込む旨の文言が記載されている申込書を保険契約者が作成して契約を締結したときは、たとえ保険契約者が視力障害であって、右契約の内容を告げられず、これを知らなかったとしても、なお約款による意思であったと推定すべき[14]とされる。したがって、判例によれば、約款内容の不知は契約相手方が負担することになり、ただ問題は「約款による」旨の指定が十全になされているか否かということになる。

他方、学説上、通説ともいえる「約款による」という慣習（民法92条）又は慣習法が成立しているという白地慣習（法）説[15]によれば、取引上の慣行によりある種の企業取引をなす場合には個々の契約締結のうちに当然に約款による意思を推論すること、つまり約款による旨の表示の規範化により真の意思を必要としない[16]とされるから、言語の危険は契約相手方が負担することになる。この白地

## 第4節　日本法

慣習（法）説については、相手方が約款条項の意味・内容をわかっておらず、かつ、わかることを予定せずにそれと無関係に内容抜きの取引慣習というのはありえないし、さらに、取引慣行とは契約当事者にとって統一的のものであって、一方当事者が力で押しつけ、相手方が納得していないものは取引慣行ではない[17]と批判されている。このことは、国際的取引における言語の危険においてはよりいっそう妥当するといえよう。この点、1980年国際的動産売買契約に関する国連条約9条2項は「別段の合意がない限り、当事者は、契約又はその成立に関して、当事者が知り又は当然知るべきであった慣習で、国際取引において当該特定取引に含まれる種類の契約をなす者に広く知られ、かつ、通例遵守されているものを、黙示的に適用するものとしたとされる」[18]とするのが示唆的である。ところで、約款法規範説では、約款現象を、個別契約と約款自体とに峻別し、両者を架橋するのが「約款による契約」と解する[19]が、そこでは、約款による旨の指定とこれについての相手方の認識必然性を生ぜしめることが必要で、これをなすのは企業側の責務となるから、言語の危険は検討を要する問題である。

まず、「約款による」旨の指定については、交渉言語又は両当事者が合意した言語（以下、交渉言語で代表する）でなされることを要する。指定は、相手方をして約款の存在ないし約款の内容を了知ないし理解の可能な状態におくために相当な方法が採られることを要するからである[20]。この指定は、場合によっては掲示でなすこともできるが、当然明確であると共に、同様に交渉言語でなされていることを要する。もっとも、交渉言語が日本語である場合は、日本語の特殊性から国際語による掲示もなすことを要するとすることも考えられるが、国際語といっても英語以外については疑問が生じ、複数言語での掲示を要することになる。元々、交渉言語に日本語が選択されたのであるから、相手方の語学能力いかんを問題にする必要

第3章 「言語の危険」問題

はないし、掲示での指定が必要となるのは、大量取引であることはいうまでもないとして、特に迅速性が要求される種類の取引であることからみて、企業側は相手方の語学能力に信頼してよいといえる。

では、約款は交渉言語で作成されていることを要するか。相手方が行使ないし利用するか否かを問わず、相手方に約款内容を知り得る状態ないし機会を保障することは必要であるから、これは積極に解される。ただ、国際的取引において、特定取引分野で一般的に使用されている言語での作成は、肯定される。この場合は、約款自体が交渉言語で作成されていなくとも、当該取引をなす者は、当該取引分野での慣用的言語を知っているものといえるからである。

なお、日本語と外国語という複数言語で約款が複数作成され、いずれも正文とされているが、両者間に相違が存する場合は、当該顧客圏の一般的理解可能性という約款解釈によることになるが、これが存しないならば、目的論的解釈[21]によることになろう。しかし、複数正文の場合には、当事者間の紛争に直結するおそれが大きいから、いずれの言語による約款が最終的な根拠となるかを明らかにし、他は当事者の理解の便宜のための訳文である旨を定めておくのが適切である[22]。

以上のような「言語の危険」問題の法的処理は、場合によっては相手方に酷な結果を生じるといえる。例えば、交渉が英語を使用してなされ、約款が日本語で作成されている場合であるが、かかる場合には、不意打条項は契約内容とならないとか、信義則等の内容規制手段が活用されることになる。後者については疑問ないとしても、前者については我国で肯定できるか疑問が生じ得る。これは、ドイツ民法305 c条1項（旧法第3条）に明文化されているものであるが、わが国においても、既に判例上「実際保険契約者が普通約款の内容に通暁しないでこれによって契約するのは多くはその約款の内容いかんにかかわらず概して適当なことに信頼して契約するものにほ

第4節　日本法

かならない」(23)旨立言されており、学説上もこの場合拘束力は認められない(24)と解しているから、これの活用は肯定できよう。

（1）　東京控判・判決年月日不詳新聞515号8頁。
（2）　東京高判平成2年9月26日判時1384号97頁。なお、準拠法の判断につき、使用言語の点を考慮にいれたものとして、横浜地判大正7年10月29日評論八巻諸法4頁参照。もっとも、言語を基準として黙示的準拠法指定を肯定できるものでないことはつとに指摘されている。松岡博「判例解説」渉外判例百選（増補版）（1976）69頁、烁場準一・渉外判例百選（増補版）71頁（1976）、林脇・前掲論文現代契約法大系第8巻140頁以下。
（3）　沢木敬郎「契約準拠法と補助準拠法」海外商事法務49号30頁（1966）、溜池良夫・国際私法講義（1993）354頁、澤田壽夫・曾野和明ほか・国際取引法講義（1982）21頁（澤田）、山田鐐一・国際私法（1982）293頁（以下、国際私法と略記）、江川英文・国際私法（改訂）（1974）222頁、實方正雄・国際私法概論（1950）230頁。なお、この立場にたつ判例として東京控判昭和7年12月27日新聞3531号15頁があげられるが、これは、保険証券には本証券記載の印刷された部分の解釈に関し保険金の支払並びに損害の決定については本保険は英国の法令及び慣習に従うべき旨の記載が存し、この記載があるから、これらの事項については特に英国の法令及び慣習によるべき旨の合意が契約当事者間に成立したものと認定するを相当としたものである。折茂豊・国際私法（各論）（新版）（1979）130頁注（1）（以下国際私法各論と略記）は、実質法的指定を認めたものとみられうるであろうとする。学説における前述の立言は約款を念頭においていると思われるが、約款解釈の原則上、わが国でその用語が通常理解されている意味に解すべきで、このような慣用の意味がない場合に当該言語の本国での当該取引における用語の意味で解釈すべきである。小町谷操三・海上保険法総論一（1953）64頁、石井・契約條款54頁。国際取引においては、言葉の意味の明確化を目的として、契約書の中に定義規定を設けている場合が多い。林脇・前掲論文現代契約法大系第8巻137頁。
（4）　早川武夫「契約準拠法と解釈準拠法㈢」国際商事法務19巻12号1617頁（1991）。沢木敬郎・国際私法入門（第3版）（1990）189頁も、契約解釈の基本原則は契約準拠法に従って決定されるべきで、その言語に固有の法律上の術語などに限られるべきであろうとされる。
（5）　鳥居淳子「渉外債権契約の補助準拠法」名古屋大学法政論集30号57頁（1965）、折茂・国際私法各論151頁注（10）、林脇トシ子・渉外判例百選（第2版）89頁（1986）、横山潤「補助準拠法」国際私法の争点（1980）103頁、三浦正人編・国際私法（1990）209頁（山本敬三）。なお、補助準拠法一般に関する学説の詳細な

## 第 3 章 「言語の危険」問題

検討については、鳥居・前掲論文参照。

（6） 折茂・国際私法各論 147 頁、150 頁注（5）、鳥居・前掲論文名古屋大学法政論集 30 号 57 頁。東京控判昭和 15 年 4・24 新聞 4587 号 12 頁は、一般に海上保険業者が英文をもって保険証券を発行した場合は契約約款の解釈については英国法の規定並びに慣行に準拠すべき事実たる慣習あること明かである、とする。

（7） 国際取引における言語問題一般を詳論したものとしては、林脇・前掲論文現代契約法大系第 8 巻 130 頁以下が唯一であろうか。ちなみに、ドイツでは、言語の危険に関して言語が特別連結点となるかについては一般的に否定されている。契約締結に適用されうる法の分裂をもたらし複雑化してしまうし、締結準拠法と効果準拠法（Abschluss- und Wirkungsstatut）のできる限りの同時適用（Gleichlauf）という取引安全（Vehrkehrinteresse）に合致しないからである。Siehe Hausmann, R., StaudingersKomm. EGBGB, §31 Rdn. 99.

（8） なお、国際私法上、約款には当事者自治の原則が適用されるかの問題がある。いわゆる附合契約の性質から、これを制限的に解する見解（折茂・国際私法各論 125 頁など）もあるが、一般には、附合契約であっても私法的効果を生ずる契約であることに変わりなく、当事者自治の原則の適用範囲に属するものであり、当事者による明示の準拠法の指定がある以上、公序良俗に反しない限り、その法律を適用するほかないとされる。山田・国際私法 282 頁、沢木敬郎・渉外判例百選（第 2 版）69 頁（1986）。この問題に関し、個々の契約の類型を区別し、各々の類型の特質に応じた処理をするのが最も妥当な解決策である旨指摘するものとして、山田鐐一・沢木敬郎編・国際私法講義（1973）136 頁以下（炑場準一）。準拠法約款については、松岡博・国際取引と国際私法（1993）235 頁以下参照。

（9） 林脇・前掲論文現代契約法大系第 8 巻 135 頁以下、曾野・前掲論文国際私法の争点 100 頁。なお、林脇・前掲は、このような契約の成立につき、特定の実質法に基づく評価というよりも、不文の国際契約法秩序からの評価とする。

（10） ただし、強行的手続きの要請により言語の選択が許されず、日本語によることを要す場合もあることにつき、林脇・前掲論文現代契約法大系第 8 巻 133 頁参照。

（11） 大判大正 4 年 12 月 24 日民録 21 輯 2182 頁。

（12） 上柳克郎「判例解説」損害保険判例百選 11 頁。

（13） 若干の判例をあげると、大判昭和 2 年 12 月 22 日新聞 2824 号 9 頁、同昭和 9 年 1 月 17 日全集 1 輯 3 号 141 頁、東京控判大正 13 年 3 月 24 日新聞 1394 号 24 頁、東京地判昭和 61 年 1 月 30 日判時 1181 号 146 頁、東京高判平成 4 年 12 月 25 日金商 918 号 14 頁。

（14） 最三判昭和 42 年 10 月 24 日裁判集民事 88 号 741 頁。

(15) 石井・契約條款33頁、大隅健一郎・商法総則（新版）(1978) 77頁。
(16) 石井・契約條款34頁注（2）。
(17) 原島重義「約款と『市民法』論」法の科学12号23頁 (1984)、同「契約の拘束力」法セ21巻11号（345号）38頁以下 (1983)。
(18) 同条約における慣習については、曾野和明・山手正史・国際売買法82頁以下 (1993)、拙稿「一九八〇年国連条約における商慣習について」久保欣哉先生退官記念論文集 (1993) 155頁以下参照。
(19) 既に、このような分析は、米谷・約款法468頁以下によって展開されている。われわれもこれを妥当と考える。拙著・約款法の基礎理論 (1995) 251頁以下。
(20) 米谷・約款法472頁。
(21) 約款における目的論的解釈については、米谷・約款法572頁以下、喜多了祐「普通取引約款の解釈」星川長七ほか編・商法総則・商行為法 (1973) 199頁以下。
(22) 林脇・前掲論文現代契約法大系第8巻136頁参照。
(23) 大判大正4年12月24日民録21輯2182頁、大判昭和2年12月22日新聞2824号9頁。
(24) 北川善太郎「約款と契約法」NBL242号81頁 (1981)。

# 第5節　結　語

　約款における言語の危険問題につき、アメリカ法、イギリス法、ドイツ法での法状況をみた後、わが国での解決策を検討してみた。従来、わが国ではこの問題は法理論上検討されていない。日本語という言語の特殊性から、言語の問題が頻発するとはいえないとしても、いわゆる国際化の進展とともに、検討を必要とされることになると思われる。英米法では、署名者の厳格責任の法理があるとはいえ、企業の取引相手方が原則として「言語の危険」を負担するとされ、そこでは、英米法を貫流している個人主義が発現しているといえよう。これに対して、第二次大戦後に労働力を外国人労働者に大きく依存したドイツでは、「言語の危険」問題は雇用契約に関連して展開され、外国人労働者の保護を図る理論構成がなされた。そして、この成果が約款の場合にも適用されることになるが、1976年

## 第3章 「言語の危険」問題

に旧法が制定された以後は、旧法2条1項(民法305条2項)の組込要件における、契約締結に際して、明示の指定(場合によっては掲示でも可)と約款内容の認識可能性との要件を充足するか、という問題として展開され、原則として交渉言語による指定とこの言語による約款作成が要請される。商人間取引においても、この理は緩和されるとはいえ、その緩和は国際語による場合についていえるにとどまり、それ以外ではほぼ妥当するといえる。

わが国においては、「言語の危険」問題は検討されていないといっても過言ではなかろうが、国際化の現状からは看過しえない問題であろう。学説では、白地慣習(法)説では検討を要しないことになろうが、それ以外の契約説等や判例による約款の拘束力に関する理論では「約款による」旨の指定があることが必要と考えられるから、検討は必要である。法規範説では「約款による契約」の面からの検討が必要となる。本稿では、この見地で、原則として、交渉言語による「指定」及び約款の作成を要すると解した。さらに、近時、約款規制法を有したドイツ法上では、約款は相手方の権利義務をそれ相応な構成と適切な表現形式によって、相手方が容易に理解できるように、かつ、正当で、明確な形で示されていることを要するという「透明性の要請(Transparenzgebot)」の理論が展開され、現在では内容規制手段として民法307条1項に明定されているが、約款の組込についても肯定されており、この関連で「言語の問題」も検討されていることは既に指摘した。わが国でも、近時、消費者契約法3条1項で透明性の原則が明文化されており、さらには取引圏の拡大に伴い、この関連で「言語の危険」問題につきより検討する必要があることを改めて指摘したい。

# 事項索引

〔あ行〕

相打ち …………………………302
　――原則 ………………195, 201
　――理論 ……………………224
新たな申込 ……………244, 309
暗黙の了解………………………18
異議申立 …119, 123, 262, 277, 281, 317
意思実現 ………………………312
意思推定理論 …………………362
意思推定論 ……………………146
意思
　――の一致 …………………266
　――の合致……………………39
　――の不一致 ………246, 279, 279
意思表示の可分性 ……………319
意思表示の到達 ………………344
異常な条項 …………………17, 30
市場性 …………………………208
一括条項 ………………………236
一致条項適用の原則 …………255
一般的指定………………………70
一般的取引過程…………………22
印刷された条項 ………………280
インターネット取引 ……134, 161
インボイス ……………………291
裏面参照…………………………13
オンライン取引…………………59

〔か行〕

解釈規定 ………………………278
確認書…53, 180, 222, 239, 291, 324, 327

確認条項 …………………95, 99
隠れた意思不一致 ……………262
過酷な状態 ……………………198
カタログ…………………………72
慣　行……………………………54
完全商人 ………………………105
擬制意思 ………………………148
起発契約 ………………………145
規範的商慣習 …………………116
基本的条項 ……………………238
基本的担保 ……………………207
基本的部分 ……………………318
客観説 …………………………232
救済条項…………………………85
救済制限条項 …………………212
強行規定…………………………63
鏡像原則 …………………170, 221
共通の最小限度 ………………255
協同・協力の関係 ……………316
拒否条項 …………………251, 257
記　録 …………………………220
均衡原則 ………………………358
禁反言……………………………38
禁反言則 ………………………241
組込条項…………………………95
経済的優位 ……………………291
掲　示 …………15, 72, 108, 349
形　式 …………………………345
形式主義…………………………74
継続的取引関係 …………118, 311
契約言語………………76, 353, 361
契約準拠法 ……………………361

事項索引

契約書 …………………………168
契約書面性 ………………………3, 5
契約成立 …………………………167
契約内容の変更 …………………240
言語の危険 ………………………332
言語の特別連結点 ………………332
言語の問題 ………………………161
顕著性 ……………………………184
限定列挙 …………………………284
行　為 ……………183, 185, 229, 293
　——による契約成立 …………268
公運送人 …………………………23
交叉申込 …………………………323
公　示 ……………………………155
交渉言語 ……76, 81, 86, 138, 348, 350,
　　　　　　　　　　　　353, 361
口頭証拠の原則 …………………220
合理的手段 ………………………44
合理的通知 ………………………339
合理的な認識手段 ………………3
合理的認識可能性 …………81, 136
合理的認識手段 …………………9
合理的認識手段提供の存否 ……15
国際語 …………………351, 356, 357
小商人 ……………………………105
異なる条項 …………………194, 222
個別契約 …………………………125
個別合意 …………………………319
個別合意の優先 …………………125
困難性 ……………………………211

〔さ　行〕

最終書面性 ………………………171
最終書面性原則 …………………194
最終文言性 ………………………245

最小共通分母原則 ………………358
最小限原則 ………………………225
最初書面性原則 …………………194
採用意思 …………………………145
詐欺法 ……………………………180
作業言語 …………………………358
錯　誤 ……………………………40
参照文言 …………………………13
残余部分有効条項 ………………324
自国語原則 ………………………358
自己の言表に反することは許され
　ない ……………………………83
事後の指定 ………………………153
事実上の黙示的契約 ……………185
事実問題 …………………5, 10, 25, 197
実質的差異 ………………………235
実質的修正 ………………………294
実質的変更 ………………196, 222, 267, 277
実質的変更条項 …………………182
実質法の指定 ……………………361
指　定 …………………5, 14, 107, 151
指定の形態 ………………………70
修正された承諾表示 ……………179
従前の取引関係 …………………197
主観的意思 ………………………2
受信ルール ………………………56
受領証 ……………………………5
準拠法原則 ………………………279
準拠法単一の原則 ………………360
商慣習 ………………………115, 124, 147
商慣習法 …………………………124
条件付同意条項 …………………181
証書作成否認答弁 …………39, 340
承　諾 ………………2, 181, 200, 229
承諾擬制 …………………………311

| | |
|---|---|
| 商人間確認書 …………………262, 306 | 沈　黙 ……110, 123, 175, 183, 229, 241, 269, 279, 303 |
| 商人間取引 ……194, 104, 196, 245, 304 | 通　知………………………………11, 311 |
| 商人間における確認書 ……………122 | 提供役務相当金額の請求 …………236 |
| 商人間の確認書 ……………………270 | 電子商取引 …………………………219 |
| 承認条項………………………………38 | 電話による契約締結…………………83 |
| 情報開示義務…………………………82 | 同意理論 ……………………………245 |
| 情報提供……………………………154 | 透明性 ………………………………156 |
| 条約法に関するウィーン条約 ……358 | 透明性原則……………………………91 |
| 書式契約………………………………63 | 特別な合意……………………………23 |
| 書式の戦い…………………………168 | 取引過程 ……18, 54, 203, 210, 226, 241 |
| 署　名……………………3, 36, 335, 339 | 取引過程論 …………………………212 |
| 書面条項 ……………………………123 | 取引関係………………………………17 |
| 書面による確認 ……………………179 | 取引慣行 ………………………114, 226 |
| 信義則 ………………………………245 | 取引慣習 ………………………203, 281 |
| 真正確認書 ……………263, 270, 294 | 取引コスト …………………………173 |
| 身体的障害 ………………………87, 93 | 努力義務 ……………………………154 |
| 人的接触………………………………73 | |
| 信　頼 ………………………………182 | 〔な　行〕 |
| 推断的行態 …………………………110 | 内容認識の可能性 …………………151 |
| 推断的行為 …………………………245 | 日本的契約観 ………………………327 |
| 推断的指定 …………………………107 | 任意法 ………………25, 256, 306, 326 |
| 推断的承諾 …………………………270 | ——の秩序機能 ……………………323 |
| 推定規定 ……………………………278 | ——の補充機能 ……………………322 |
| 世界語 ……………………………81, 86 | 認識可能性 ……………………108, 153 |
| 責　務…………………………………95 | 認識必然性 ……………………………5 |
| 創設的効力 …………………………289 | ノック・アウト ………………215, 303 |
| ソフトウェア取引 …………………173 | ノック・アウト理論 ………………295 |
| 〔た　行〕 | 〔は　行〕 |
| 諾否の通知 …………………………310 | 白地慣習(法)説 ……………………362 |
| 知覚障害………………………………86 | 白地商慣習(法)説 …………………147 |
| チケット ………………………………14 | 発信主義 ……………………………283 |
| 遅滞なく ……………………………268 | 発信ルール……………………………56 |
| 仲裁条項 ………………………199, 211 | 反対申込 ………………183, 229, 276 |
| 注文確認書………72, 122, 125, 263, 270 | |

371

事項索引

| | |
|---|---|
| 非良心性 | 211 |
| 不意打ち | 5, 124, 198 |
| ——条項 | 44 |
| 不意打条項 | 352, 364 |
| 付加条項 | 194 |
| 複数言語 | 357 |
| 附合契約 | 147 |
| 附合行為 | 151, 158 |
| 不合理な条項 | 17 |
| 不作為 | 183 |
| 不実表示 | 37 |
| 付随的事項 | 248 |
| 不注意 | 41 |
| 部分的意思不一致理論 | 248 |
| 部分的変更 | 196 |
| 平均的顧客の理解力 | 84 |
| 平均的理解力 | 70 |
| 平常取引をなす者 | 310 |
| 変更約款 | 22 |
| 放棄条項 | 136 |
| 法廷地言語原則 | 357 |
| 法問題 | 10, 25 |
| 保険約款 | 64, 154 |
| 母国語 | 352 |
| 補充規定 | 201, 203 |
| 補助準拠法 | 360 |

〔ま 行〕

| | |
|---|---|
| 明確かつ適時の表示 | 181 |
| 明　示 | 295 |
| 明示性 | 296 |
| 明示性要件 | 69 |
| 明示的指定 | 113 |
| 「明示」の拒絶 | 305 |
| 明示の指定 | 70 |
| 明示の同意条件 | 183 |
| 明　瞭 | 76, 153 |
| 申　込 | 2, 229 |
| 黙示的 | 107 |
| 黙示的指定 | 298 |
| 黙示的承諾 | 110, 297 |

〔や 行〕

| | |
|---|---|
| 約款指定 | 74 |
| 約款条項の内容 | 15 |
| 約款内容の合理性（公正妥当性） | 148 |
| 約款による契約 | 145 |
| 約款の事前開示 | 148 |
| 約款法規範説 | 363 |
| 読みやすさ | 86, 109 |

〔ら 行〕

| | |
|---|---|
| ライセンス契約条項 | 174 |
| 理解しやすさ | 84, 109 |
| 履　行 | 185, 194 |
| 履行過程 | 226 |

〔わ 行〕

| | |
|---|---|
| 枠組契約 | 100, 111 |

〈著者紹介〉
石原　全（いしはら　あきら）

1940年生れ
一橋大学法学部卒業。博士（法学）
現在　関東学院大学法学部教授

[主著・主論文]
約款法の基礎理論（有斐閣）（1995）
「約款解釈における不明確原則」『商事法の現代的課題』（1985）
「買主の責問義務に関する一考察」判例タイムズ635号（1987）
「約款における『透明性』原則について」法学研究（一橋大学研究年報）28号（1996）
「品質保証書における責問義務条項」法学研究（一橋大学研究年報）33号（2000）

信山社双書

## 約款による契約論

2006年2月28日　第1版第1刷発行　3232-01011
P392, ¥5600, B600・020

著　者　石　原　　全
発行者　今　井　　貴
発行所　株式会社信山社
〒113-0033　東京都文京区本郷6-2-9-102
Tel　03-3818-1019
Fax　03-3818-0344
henshu@shinzansha.co.jp
出版契約 3232-01010　Printed in Japan

© 石原 全 2005　印刷・製本／松澤印刷・大三製本
ISBN 4-7972-3232-3　C3332　分類 324.520
3232-0101-012-060-020
禁コピー　信山社 2005

―― 既刊・新刊 ――

広中俊雄編著 **日本民法典資料集成1**
第1部 民法典編纂の新方針

A5倍判変形　特上製箱入り 1540頁　本体10万円　18年3月まで特価

①民法典編纂の新方針　②修正原案とその審議：物権編関係　③修正原案とその審議：総則編関係　④修正原案とその審議：債権編関係上　⑤修正原案とその審議：債権編関係下　⑥修正原案とその審議：親族編関係上　⑦修正原案とその審議：親族編関係下　⑧修正原案とその審議：相続編関係　⑨整理議案とその審議　⑩民法修正案の理由書：前三編関係　⑪民法修正案の理由書：後二編関係　⑫民法修正の参考資料：入会権資料　⑬民法修正の参考資料：身分法資料　⑭民法修正の参考資料：諸他の資料　⑮帝国議会の法案審議―附表民法修正案条文の変遷

信山社

―――― 既刊・新刊 ――――

## 新堂幸司監修　日本裁判資料全集 1・2

判例研究の方法論で夙に指摘されているように事実の精確な認識の上にたって、法の適用ひいては判決の結論が妥当かどうか判断されなければならない。ロースクール時代を迎えて、実務教育の重要性が言われるようになったが、そのための裁判資料は十分であったか。判例研究が隆盛を極めている今日、ここに、日本裁判資料全集を刊行を企図する所以である。

中平健吉・大野正男・廣田富男・山川洋一郎・秋山幹男・河野敬　編

### 東京予防接種禍訴訟　上　三〇〇〇〇円
### 東京予防接種禍訴訟　下　二八〇〇〇円

小笠原正・塩野宏・松尾浩也編集代表

## スポーツ六法　信頼の編集・分かりやすい編集　三二〇〇円

―――― 信山社 ――――

―――― ブリッジブック ――――

| | | |
|---|---|---|
| ブリッジブック憲法 | 横田耕一・高見勝利編 | 二〇〇〇円 |
| ブリッジブック商法 | 永井和之編 | 二二〇〇円 |
| ブリッジブック裁判法 | 小島武司編 | 二二〇〇円 |
| ブリッジブック国際法 | 植木俊哉編 | 二〇〇〇円 |
| ブリッジブック日本の政策構想 | 寺岡寛著 | 二一〇〇円 |
| ブリッジブック先端法学入門 | 土田道夫・高橋則夫・後藤巻則編 | 二〇〇〇円 |
| ブリッジブック先端民法入門 | 山野目章夫編 | 二〇〇〇円 |
| ブリッジブック法哲学 | 長谷川晃・角田猛之編 | 二〇〇〇円 |
| ブリッジブック国際関係学 | 田中孝彦編 | 近刊 |
| ブリッジブック日本の外交 | 井上寿一著 | 二〇〇〇円 |
| ブリッジブック民事訴訟法 | 井上治典編著 | 二一〇〇円 |

―――― 信山社 ――――

――― 既刊・新刊 ―――

債権総論　　　　　　　　　　　　　　　　潮見佳男著　五六三一円
債権総論〔第2版〕I　債権関係・契約規範・履行障害　潮見佳男著　四八〇〇円
債権総論〔第3版〕II　債権保全・回収・保証・帰属関係　潮見佳男著　四八〇〇円
契約各論 II　総論・財産移転型契約　潮見佳男著　四二〇〇円
不法行為法　　　　　　　　　　　　　　　潮見佳男著　四七〇〇円
不当利得法　　　　　　　　　　　　　　　藤原正則著　四五〇〇円
イギリス労働法　　　　　　　　　　　　　小宮文人著　三八〇〇円
プラクティス民法債権総論〔第二版〕　潮見佳男著　三三六〇円
プラクティスシリーズ　債権総論　　平野裕之著　三八〇〇円

信山社

―― 既刊・新刊 ――

危険負担と危険配分　新田孝二著　一二〇〇〇円

公害・不法行為論　伊藤　進著　六〇〇〇円

損害額算定と損害限定　ヘルマン・ランゲ著　西原道雄・齋藤修訳　二五〇〇円

メディクスドイツ民法 上　河内宏・河野俊行監訳　二〇〇〇円

危険負担と危険配分　新田孝二著　二〇〇〇円

ドイツ債務法現代化法概説　半田吉信著　二〇〇〇円

民事手続法研究　第1号　松本博之・徳田和幸責任編集　三五〇〇円

21世紀の日韓民事法学　一〇〇〇〇円

信山社

―――― 既刊・新刊 ――――

| | | |
|---|---|---|
| 医事法への招待 | 中谷瑾子 編 | 三六〇〇円 |
| 一〇ヶ国語による病院パスポート | 高久文麿 監修 | 四六六〇円 |
| 現代ストレス学 | 新井節男・三戸秀樹ほか 著 | 二八〇〇円 |
| 偽りの肉体――性転換のすべて―― | 近藤聡子・カンブラート・シッフェルス 編著 | 二六〇〇円 |
| ライフズ・ドミニオン | ドォーキン 著 水谷英夫・小島妙子 訳 | 六四〇〇円 |
| 脳死と臓器移植（第三版） | 町野朔・秋葉悦子 編 | 二三〇〇円 |
| 安楽死・尊厳死・末期医療 | 町野朔・西村秀二・山本輝之ほか 編著 | 三〇〇〇円 |
| 分かりやすい債権総論概説（民法概説Ⅳ） | 中野哲弘 著 | 三〇〇〇円 |
| 分かりやすい民事訴訟法概説 新版 | 中野哲弘 著 | 二二〇〇円 |

信山社

―――― 既刊・新刊 ――――

死 ひ と つ　唄　孝一 著　二五〇〇円

臓器移植法を考える　黒須三恵 著　一五〇〇円

難　病 ――難病検診の意義とその役割　佐藤司ほか 著　二七〇〇円
導入対話による医事法講義

医事法の現代的諸相　三鷹医師会 編　六〇〇〇円

反 脳 死 論〔増補版〕　植木哲・丸山英二 編　八〇〇〇円

来栖三郎著作集（全三巻）　西村克彦 著　三四九五円

椿寿夫著作集（全二〇巻予定）

―――― 信山社 ――――